浙江省马克思主义执政党
浙江省社科院21世纪马克
浙江省马克思主义理论研　　　　　　　　丛

马克思主义理论研究

浙江省马克思主义理论研究文集

16

主　编　黄　宇
副主编　唐晓燕

浙江工商大学出版社
ZHEJIANG GONGSHANG UNIVERSITY PRESS | 杭州

前 言

习近平总书记《在纪念马克思诞辰 200 周年大会上的讲话》中指出："马克思给我们留下的最有价值、最具影响力的精神财富,就是以他名字命名的科学理论——马克思主义。这一理论犹如壮丽的日出,照亮了人类探索历史规律和寻求自身解放的道路。"[①]马克思主义是普遍真理,是人类思想的宝贵财富,也是我们革命、建设、改革各个时期立党立国的指导思想和理论基础。马克思主义中国化的理论成果是马克思主义理论向实践自觉流动和实践向理论自觉提升的辩证统一,是马克思主义在中国发展的崭新科学形态。马克思主义是马克思主义中国化的"根",马克思主义中国化像一根"藤"贯穿着其理论成果,马克思主义中国化的三次理论飞跃所产生的毛泽东思想、邓小平理论、"三个代表"重要思想、科学发展观、习近平新时代中国特色社会主义思想是这根"藤"上依次结出的"硕果",这根"藤"和这些"硕果"的"根"就是马克思主义普遍真理,所扎根的土壤就是中国具体实践。中国革命、建设、改革开放和新时代所取得的成果都是我们党自觉接受马克思主义指导的结果,离开了马克思主义的指导,就不可能有马克思主义中国化;同时,在中国革命、建设、改革开放和新时代的实践过程中,我们党获得了许多新经验、探索了许多新规律,这些内容虽然在马克思主义经典作家的书本里找不到,却是在马克思主义指导下获得并能指导现实实践的重要内容,是发展着的马克思主义的现实内容。因此,马克思主义的最大特征是其实践性。在百年未有之大变局与时代主题发生变化,世情、国情、党情急剧变化的情况下,推进马克思主义中国化时代化,用马克思主义中国化时

---

① 习近平:《在纪念马克思诞辰 200 周年大会上的讲话》,《人民日报》2018 年 5 月 5 日。

代化最新理论成果武装全党、教育群众，坚持马克思主义在意识形态领域的指导地位，用一元化引领多样化，充分展示当代马克思主义的理论风采、实践指导和强大生命力，是当前最为迫切的任务。不容忽视的是，现实生活又让人感到马克思主义似乎处于尴尬境地，在学理研究中，存在着众多分歧、困惑甚至误区；在实践中，出现了许多理论与实践的矛盾、理论与政策的矛盾、理论与人们思想认识的矛盾，更有甚者，对于马克思主义在中国究竟要不要坚持、能不能坚持、如何才能坚持存在着很多疑虑，漠视、边缘化甚至公然挑战马克思主义指导地位；在意识形态领域中，存在各种否定、歪曲、曲解马克思主义的杂音。作为新时代马克思主义理论研究工作者，坚持和发展马克思主义，不仅要做政治层面的斗争，而且更要做学术、理论层面的讨论、比较、剖析、争鸣和批判，弄清哪些是马克思主义的基本观点、基本理论和基本方法，弄清哪些是非马克思主义或附加在马克思主义名下的错误观点，弄清哪些是过去强调但并不适合于现在的观点，弄清哪些是过去马克思主义经典作家没有提及而在中国特色社会主义伟大实践中总结、凝练、提升的符合马克思主义的立场、观点和方法的被实践证明是正确的并对现实具有重大指导作用的理论原则和经验总结。因而，深入研究马克思主义理论，对于我们继续推进改革开放和中国特色社会主义现代化事业，具有重大的理论意义和现实意义。

马克思曾说过："批判的武器当然不能代替武器的批判，物质力量只能用物质力量来摧毁；但是理论一经掌握群众，也会变成物质力量。"①马克思创建了唯物史观和剩余价值学说，揭示了人类社会发展的一般规律，揭示了资本主义运行的特殊规律，为人类指明了从必然王国向自由王国飞跃的途径，为人民指明了实现自由和解放的道路。马克思主义是人民的理论，第一次创立了人民实现自身解放的思想体系。马克思主义第一次站在人民的立场探求人类自由解放的道路，以科学的理论为最终建立一个没有压迫、没有剥削、人人平等、人人自由的理想社会指明了方向。马克思主义之所以具有跨越国度、跨越时代的影响力，就是因为它植根于人民之中，指明了依靠人民推动历史前进的人间正道。马克思强调，"全部社会生活在本质上是实践的"，"哲学家们只是用不同的方式

---

① 《马克思恩格斯选集》第1卷，人民出版社2012年版，第9页。

解释世界，问题在于改变世界"。① 实践的观点、生活的观点是马克思主义认识论的基本观点，实践性是马克思主义理论区别于其他理论的显著特征。马克思主义不是书斋里的学问，而是为了改变人民历史命运创立的，是在人民求解放的实践中形成的，也是在人民求解放的实践中丰富和发展的，为人民认识世界、改造世界提供了强大精神力量。马克思主义是实践的理论，指引着人民改造世界的行动。马克思主义是不断发展的开放的理论，始终站在时代前沿。马克思一再告诫人们，马克思主义理论不是教条，而是行动指南，必然随着实践的变化而发展。一部马克思主义发展史就是马克思、恩格斯以及他们的后继者们不断根据时代、实践、认识发展而发展的历史，是不断吸收人类历史上一切优秀思想文化成果丰富自己的历史。因此，马克思主义能够永葆其美妙之青春，不断探索时代发展提出的新课题、回应人类社会面临的新挑战。

《共产党宣言》发表一百七十多年来，马克思主义不仅深刻改变了世界，也深刻改变了中国。正如毛泽东所指出的："领导我们事业的核心力量是中国共产党，指导我们思想的理论基础是马克思列宁主义。"②马克思主义始终是我们党和国家的指导思想，是我们认识世界、把握规律、追求真理、改造世界的强大思想武器。随着时代的发展，我们要不断推进马克思主义中国化时代化，让马克思主义放射出耀眼的真理光芒。实践证明，马克思主义的命运早已同中国共产党的命运、中国人民的命运、中华民族的命运紧紧连在一起，它的科学性和真理性在中国得到了充分检验，它的人民性和实践性在中国得到了充分贯彻，它的开放性和时代性在中国得到了充分彰显！

与时俱进是马克思主义的理论品格。理论的生命力在于不断创新，推动马克思主义不断发展是中国共产党人的神圣职责，也是学术界理应担当的重要职责。我们要坚持和运用马克思主义的立场、观点和方法，坚持用马克思主义观察时代、解读时代、引领时代，用鲜活丰富的当代中国实践来推动马克思主义发展，用宽广视野吸收人类创造的一切优秀文明成果，坚持在改造客观世界的同时，努力改造主观世界，坚持在改革中守正出新、不断超越自己，在开放中博采众长、不断完善自己，在实践中总结经验、不断充实自己，不断深化对共产党执

---

① 《马克思恩格斯选集》第 1 卷，人民出版社 2012 年版，第 135—136 页。
② 《建国以来毛泽东文稿》第 4 册，中央文献出版社 1990 年版，第 554 页。

政规律、社会主义建设规律、人类社会发展规律的认识,不断开辟当代中国马克思主义、21世纪马克思主义新境界!

浙江是中国革命红船起航地、改革开放先行地、习近平新时代中国特色社会主义思想重要萌发地。浙江正扎实推动共同富裕和中国式现代化建设,积极打造共同富裕先行示范区,努力成为新时代全面展示中国特色社会主义制度优越性的重要窗口。浙江省马克思主义理论研究具有很好的研究环境、聚合平台和人才队伍,在浙江省宣传系统、党校系统、社科院系统、高校系统拥有一大批马克思主义理论研究的知名专家学者。他们积极参加马克思主义理论研究和建设工程,每年发表高质量的论文数百篇,出版专著数十部。浙江省内高校大多数成立了马克思主义学院,拥有马克思主义一级学科博士点、硕士点十余个,每年培养马克思主义理论研究高级人才上百人,青年才俊正在茁壮成长,使浙江省马克思主义理论研究队伍后继有人、不断壮大。

习近平总书记指出:"党校、干部学院、社会科学院、高校、理论学习中心组等都要把马克思主义作为必修课,成为马克思主义学习、研究、宣传的重要阵地。"①浙江省社会科学院坚持以习近平新时代中国特色社会主义思想为指导,围绕中心、服务大局,以打造一流省级社科院和高端智库为目标,不断强化以科研为中心,重视人才引进与培养,树立学术带头人,搭建学科梯队,持续深化马克思主义研究,加强习近平新时代中国特色社会主义思想研究,取得了一批标志性成果,打造了多个研究与宣传重要平台——浙江省中国特色社会主义理论体系研究中心(中宣部全国重点研究中心)、浙江省马克思主义执政党建设研究中心(中国社科院与浙江省战略合作重点建设平台)、浙江省中国特色社会主义理论研究中心(浙江省首批哲学社会科学重点研究基地)、浙江省社科院21世纪马克思主义研究中心(浙江省哲学社会科学重点研究基地)、《观察与思考》杂志(浙江省马克思主义理论研究和建设工程核心期刊),正在努力朝着构建全国一流学习、研究、宣传马克思主义和习近平新时代中国特色社会主义思想的重要阵地这个方向前进。

为了进一步加强浙江省马克思主义执政党建设研究中心、浙江省社科院21

---

① 《习近平在全国宣传思想工作会议上强调:胸怀大局把握大势着眼大事,努力把宣传思想工作做得更好》,《人民日报》2013年8月21日。

世纪马克思主义研究中心建设,凝聚全省马克思主义理论研究队伍、持续开展浙江省马克思主义理论研究,更好地反映浙江省马克思主义理论研究状况和进展,为浙江省马克思主义理论研究和建设工程提供学术交流平台,浙江省马克思主义执政党建设研究中心、浙江省社科院 21 世纪马克思主义研究中心推出《马克思主义理论研究(16)》,选取了第十六届浙江省马克思主义理论研讨会(绍兴会议)的优秀获奖论文等二十余篇,在一定程度上反映了浙江省马克思主义理论研究的最新成果,今后将每年推出一期,及时反映浙江省马克思主义理论研究,特别是马克思主义中国化理论研究的进展情况,为马克思主义理论研究和建设工程做出应有贡献。

目　录

1

第三编　共同富裕专题研究

第一编　马克思主义基本原理和习近平新时代中国特色社会主义思想研究

全球化时代人类命运共同体的时空景观

洪 波

摘 要：时空观是认知与把握世界的基本坐标，从时空观的变迁中思考并定位人类社会的发展，是构建人类命运共同体的必要前提。全球化导致传统时空观念和时空结构的转变，意味着一个新的时空样态的到来，也意味着世界秩序的重新定位。在21世纪全新的时空场域中，传统的"中心—边缘"结构遭遇解构，人类命运共同体在深刻把握全球化时代时空特征的基础上，建构起"向心—在场"的时空结构，展现出全球时空新景观。

关键词：全球化 人类命运共同体 时空景观

作 者：洪波，绍兴文理学院马克思主义学院教授、硕士生导师，研究方向为马克思主义理论。

时空结构是人类社会的基础性结构，它不是一个形而上学的抽象概念，而是以人类实践活动为其基本内容，并参与形成和建构社会的生产结构、制度结构和观念结构。时空的实践本性使其与人的实践活动、生存方式紧密相连。从社会主体视角检视时空本体论的现实意义，全球化时代多元复杂的时空结构构成人类社会发展的基础性变量。"改变社会的任何规划都必须把握住空间和时间概念及实践之转变的复杂棘手问题"[①]，人类命运共同体突破传统时空结构的局限，在全面审视当今人类实践重大变化和科学把握时代发展趋势的基础上，

---

① ［美］戴维·哈维：《后现代的状况》，商务印书馆2004年版，第274页。

构建新型的时空结构，展现出一个全球时空新景观。

一、时空观的变迁及转向

历史行进到当下的时空境遇，人类的交往比过去任何时候都更全面、更深入、更广泛，这就需要我们从时空观变迁中思考并定位人类社会的发展，从中汲取智慧，走向未来。

（一）时空观的源流与发展

时空观是人类社会在长期实践过程中形成的关于时间和空间的观点与认知，它构成哲学世界观的重要内容。文明诞生之初，人们对于时空的认知是基于朴素生活经验的累积和感性的想象，如古巴比伦人和古印度人认为宇宙是一个南北较长、底部略凹的方盒，而中国在殷末周初提出的"盖天说"认为"天圆如张盖，地方如棋局"。在古希腊文明时期，德谟克里特认为，万物运动离不开时空的制约；亚里士多德则建立了人类历史上第一个相对比较完整的时空理论体系。随着近代自然科学的发展，人们对时空的认知得到了进一步拓展与深化：哥白尼的"日心说"为唯物主义时空观的形成提供了前提条件；布鲁诺和伽利略对时空观做了进一步阐发，他们认为时间和空间是物质存在的绝对形式，时间和空间都具有无限性；笛卡儿继承了亚里士多德的时空观，指出时间具有持续性，而空间则表现出广延性；牛顿系统地阐发了机械唯物主义的时空观。与此同时，时空观与人类的主观感受也产生了密切的勾连：贝克莱认为时间、空间是人的感觉的产物；莱布尼茨提出，时空是精神性实体单子的特殊表现形式；康德从"先验感性论"出发，论证了时空作为主体直观形式的先天普遍必然性；马赫认为，时间和空间是感觉系列调整了的体系，是用以整理认识材料的工具；黑格尔把时间、空间和物质及运动统一起来。17世纪，经典力学的辉煌成就打破了古老的时空观，牛顿提出了脱离物质运动的绝对时空观，并由此确立了经典力学的时空框架；而爱因斯坦相对时空观的提出，不仅对物理学具有重大的推动作用，而且对哲学也具有深远的影响。总之，人类对时空的认知和理解随着实践和科学的发展，由感性到理性、由浅显到深入不断演进和发展，在此过程中实现了物理学时空观和哲学时空观的结合，为现当代的时空观提供了丰富的理论资源。

（二）马克思的时空观命题

与传统哲学抽象、机械和唯心地谈论时空问题不同，"马克思并不是从抽象的物质和运动出发来讨论时空问题的，即满足于谈'物质—运动—时空—规律'的形而上学公式"①，而是将时空观置于实践唯物主义基础之上，从人的实践活动，尤其是从生产劳动出发引申出时空概念，揭示了时空观的社会历史内涵，勾勒出人活动于其中的整体性的世界图景，从而实现了由自然时空观到社会时空观的延伸和转换。在马克思那里，时空不仅是运动着的物质的存在形式，更是人类实践活动的基本形式，它表征着人类实践活动的持续性和规模度。马克思有着强烈的时空直觉，通过对资本流通的分析，他敏锐地发现了时空样态在资本主义时代出现的重大转型，指出："资本一方面要力求摧毁交往即交换的一切地方限制，征服整个地球作为它的市场，另一方面，它又力求用时间去消灭空间。"②资本在空间上的扩张引发了"历史向世界历史的转变"。这是一个时间上持续演进和空间上不断拓展的过程。马克思认为，尽管资产阶级开创了世界历史，但世界历史的必然逻辑是共产主义社会的"自由人的联合体"，从而在唯物史观意义上赋予时空观更多的内涵与深意。

（三）现代性视域下的时空观转向

随着人类实践的不断深入，时空结构和场景表现出新的内容与特质，进一步促进 20 世纪学界对时空研究的转向，也开启了理解社会的一种全新视角和知识系统，它主要沿着两条路径展开：一是在现代性架构下检视空间与社会的交互关系对于社会结构与社会过程的重要性，如吉登斯从时空角度阐释其结构化理论，认为"社会系统的时空构成恰恰是社会理论的核心"③，他把时空视为实践活动中的内在构成性因素，阐明了实践活动的时空特性，开辟了一个新的研究视角；二是借鉴一系列地理学概念和隐喻来探索日益复杂和分化的社会世界，如列斐伏尔、索亚、福柯、詹姆逊、哈维分别从空间生产、人文地理、空间权力、后现代、空间正义角度诠释空间，为人们深入认识时空结构与变化提供了一

---

① 张奎良：《马克思时空观新论》，《江海学刊》2004 年第 4 期。

② 《马克思恩格斯文集》第 8 卷，人民出版社 2009 年版，第 169 页。

③ ［英］安东尼·吉登斯：《社会的构成》，李康、李猛译，生活·读书·新知三联书店 1998 年版，第 196 页。

种新的理解问题意识，即可以从边缘和中心、权力和位置、流动和隔离等概念来认知和理解不同群体在不同时空中的生存境遇。

任何现实问题的研究都必须对当下的时空予以准确的把握。全球化时代时空的变动与重构打破了原先时空的相对独立性，部分瓦解了各个政治共同体长期形成的政治传统，国家、民族、区域等不同层面的共同体，已由空间上单向度的"平面式"存在转变为多向度的"复合式"存在。以等级制、控制式为特征的传统地缘政治体系，已无法适应全球化时代的时空变动，传统的世界政治格局发生着变动，面临着一种"再建构化"的现实需求，在某种程度上向着一种共建、共商与民主的模式转换。

二、全球化时代时空的样态与特征

全球化导致传统时空观念和时空结构的转变，意味着社会生活的重新空间化。在全球化、信息化、网络化的当今时代，时间被遮蔽而空间的共时性凸显，人类实践的时空发生了结构性的变化，时空结构表现出前所未有的复杂性，呈现出新的样态与特征。

（一）时间与空间的"共谋"

全球化首先意味着空间障碍的不断克服、压缩与消除，伴随着空间关系的激烈重组，"全球化空间和超空间与传统空间叠加、交织，改变并重构着人类的活动以及思维方式"[①]，并影响文化和政治生活的每个面向。在全球化的时空结构中，随着时间的线性发展由连续到割裂与分离，空间由整体性而分散化，在这种状况下，无论是政治共同体、经济共同体，还是文化共同体、区域共同体等，都无法在自我封闭的单向度时空中完成自身的历史转换与发展，必然由平面、线性的单向度转为复线、多向、交叠的状态。在一个没有围墙和疆界的世界里，西方与非西方，传统、现代和后现代的制度形态并存，不同的制度与文化观念跨越了自身与他者存在的时空范围，形成时空交叠，并相互影响，其整体呈现出复杂动态的时空流变，可能无法用"共时性"来加以描述和概括。这就是我们所处的

---

① 陈慧平：《空间理论的两个基础性概念再思辨》，《学习与探索》2014年第8期。

时代——一个远近重叠、比肩并置的时代。

(二)"时空压缩"与"时空延伸"的交错

"时空压缩"是由哈维提出的关于资本与时空关系变化的一个重要概念。在哈维看来,一方面,资本的积累与运作诉求超越时空的边界,促成了全球地方的同质化,表现为"时间压倒空间";另一方面,在资本流动与运作过程中,不同的地方对于资本力量的响应不同,因而产生了不同的空间秩序与社会关系,形成了地方差异,即"时间的空间化"。资本主导的时空压缩造成了地方的同质化,意味着世界整体性意识的增强。与哈维强调"时空压缩"不同,吉登斯强调全球化的"时空延伸",他认为"全球化的概念最好被理解为时空延伸的基本方面的表达……我们应该依据时空延伸和地方性环境以及地方性活动的漫长的变迁之间不断发展的关系,来把握现代性的全球性蔓延"①。时空延展的全球整体性空间能够最大限度跨域绝对空间的距离,带来强烈的共同在场感。"时空压缩"与"时空延伸"的交错使在场与缺场共在、同质与异质并进,这种混杂性极大地消解了传统场所的认同维系功能,使人类的生存与发展充满风险性和不确定性。

(三)"流动空间"与"空间异化"的并存

全球化时代资本、信息、技术的弹性与流动性,冲击和解构了自然物理空间所具有的固定性和不变性,使全球空间呈现出流动性和变化性的特质。在流动的空间中,传统样态的人类共同体面临着一些挑战,距离与地方消失、等级制走向瓦解、空间边界变得模糊、空间的尺度和维度得到拓展。流动的空间引发了社会空间的分异,表征着全球化流动并非随机而动或漫无目的,而是在某一时段内体现出特定的选择性和方向性。空间的流动性首先体现为全球范围内各种因素的非对称性关系,主导全球化的发达资本主义国家和被边缘化的落后国家构成了全球化非对称的两极。可见,在由资本逻辑主导的全球化进程中,空间权力与权利配置的失衡、空间资源占有与分配的不均形成全球空间的异化。这种空间景观呈现为一种当代世界秩序无法克服的不平等的政治秩序,表征着

---

① [英]安东尼·吉登斯:《现代性与自我认同:现代晚期的自我与社会》,赵旭东、方文译,生活·读书·新知三联书店 1998 年版,第 23 页。

国际等级性空间秩序的强化，凸显出全球化进程中的空间正义危机。

（四）全球性与地方性的叠加

在传统认知中，全球化与地方性往往被设置于二元结构的两极，在这一结构中，全球化代表着一种高度的流动性、随机性、开放性以及空间的同质化过程；地方性则体现了本土性、稳定性、封闭性以及高度内生的文化传统和地理特性。然而，当代的全球化力量打破了时空的界限，以其流动性、解域化的力量，消解地方原有的政治、文化与社会边界，在全球空间同质化的过程中，基于身份认同的"地方感"与全球性相互关联、相互渗透。"'全球化'是一种非线性的、辩证的过程，在这一过程中，全球的与地方的不再是作为文化的两极而存在，而是作为并联在一起的、相互关联的原则而存在。这些过程不仅仅包括跨边界的相互联系，而且还要将内在于民族国家社会的社会与政治属性加以转化。"①尤其是随着信息技术和互联网的迅猛发展和普及，快捷方便、即时广泛的全球互动平台消解了自然物理时空对社会时空的限制，使全球化与地方化的共存、共融、交织和互动成为现实，体现了全球化进程中地方与全球的结构性变化。

三、全球化时代解构与重构的时空共生演绎

全球化时代的时空变化有其社会历史的现实性内容，而非一种意识形态幻象，正是这种现实性内容，为我们辩证地把握当下全球化内在逻辑及其发展趋势提供了现实依据。

（一）传统"中心—边缘"的解构

任何国际秩序和国际关系，总是在一定的时空结构中发生和展开的。因此，从历时性和共时性视角把握国际体系演变，才能更深入、更全面、更准确地认识全球化时代时空变化的本质和趋势。从历时性看，资本主义在近五百年的发展中，通过殖民掠夺和资本输出获得了发展优势，并以其"复式增长"形成对全球统治与支配的权力体系，持续地造成国际体系的不平等和不公平。历时性

---

① 赵旭东：《世界性、四海一家、天下大同》，《读书》2003 年第 12 期。

形态中的不平等和不公正以压缩的形式体现在共时性形态中。由资本逻辑主导的世界历史进程发展到当今的全球化阶段,所形成的世界体系表现为一种"中心—边缘"结构,这一结构反映出控制与依附、压迫和被压迫、剥削和被剥削的关系。在当前的国际体系中,中心国与边缘国空间上的不平等性已然固化,并日益强化,一些落后国家在全球化过程中不断被边缘化,导致全球范围内的空间歧视、排斥和压迫,凸显了全球化进程中的空间非正义性。

"任何秩序都经历着解构与建构的循环过程,空间秩序也不例外。没有固定的世界,也没有一劳永逸的秩序,当人类把某一阶段的空间秩序固定化、按照人的意愿对'世界'加以操控时,空间秩序就会变得僵化,并与不断扩展的空间相冲击,导致人类社会的落后和混乱,促使人们要求秩序的重建。"①作为一个平衡的系统,世界体系是动态变化的。进入 21 世纪后,随着世界多极化力量的迅速崛起,不平等、不公正的国际旧秩序已经无法适应新全球化时代的时空变动而呈现系统性危机,传统的"中心—边缘"遭遇解构。在此背景下,一种共在共生的新型人类存在方式——全球共同体生存模式成为当今时代发展的迫切要求。

(二)"向心—在场"结构的建构

人类命运共同体在正确把握全球化时代时空变迁的基础上,摒弃了"西方中心主义"价值观,超越"中心—边缘"结构,建构起"向心—在场"结构,推动形成一个公正、合理、均衡的全新时空。

"向心"源自古典力学中的"向心力"。所谓"向心力",指物体做圆周运动时指向圆心的合外力作用力,由此引申为群体成员以群体领导为中心而实施团结协作的程度。"向心—在场"结构中的"中心"并非指"西方中心主义"霸权体系中的某个国家或某些国家,而是人类的共同利益。"向心"能够把共同体成员凝聚起来,通过共同参与、共同协商、共同行动来共同应对人类面临的共同风险,这是人类命运共同体获得生命和生机的客观基础和强大动力。以共同利益作为"向心—在场"结构的中心,体现了人类社会发展的实然与应然。在实然层面上看,当今威胁人类生存发展的全球性问题不是依靠一国或几国的力量所能解

---

① 陈慧平:《空间理论的两个基础性概念再思辨》,《学习与探索》2014 年第 8 期。

决的;从应然层面上看,对于"持久和平、普遍安全、共同繁荣、开放包容、清洁美丽的世界"①的向往是人类社会共同的价值追求。在利益交融的全球化时代,只有将人类共同利益汇聚成"向心",激发各方热情,才能结成休戚与共的命运共同体,从而创造人类更加美好的未来。

如果说"向心"是奠定人类命运共同体时空结构的基点的话,那么"在场"则是稳定这一结构的强力支撑。所谓"在场",即人们彼此在同一个空间之中而没有"缺场者",这是所有交往最重要的形式。"在场"要求建立一种共同身份,破除依附关系,走出制衡与对抗的话语体系,建立平等的对话方式,实现成员角色的新型平衡。在以往单一平面化的世界体系结构中,处于中心地位的西方霸权国家掌握着话语权。随着新兴大国的群体性崛起和西方实力相对衰落,国际权力格局的客观变化要求重新分配话语权,将新兴国家力量和各种非国家行为体纳入国际社会的共同协商体制内,以"去中心"的"共同在场"实现对主体地位的平等性认同。只有共同在场,才能实现时空上的"在一起",才能实现有效互动,从而保证全球治理的合法性和有效性。

"向心"与"在场"是不可分割、相辅相成的,两者具有内在的逻辑统一性,这是人类命运共同体有效运行的根本保证。"向心—在场"结构突破了国家关系线性思维,超越了国别、意识形态和硬实力的差异,保证各成员在地位与权利上的平等,在聚焦人类共同利益的同时关切不同的利益诉求,共商共建共享,形成一个多元立体、共同在场的"引力中心"。

四、人类命运共同体的全球时空新景观

人类命运共同体以时空坐标的运思方式动态地考察国际体系,深刻把握中国与世界关系的历史性变化以及国际体系中权力结构的变化,倡导建立开放性的合作共赢的国际空间,并通过积极的主体性行为维护和实现空间正义,重塑全球时空新景观。

---

① 习近平:《决胜全面建成小康社会 夺取新时代中国特色社会主义伟大胜利》,人民出版社 2017年版,第 58—59 页。

(一)"在场有效性"及其追问

那么,"向心—在场"结构中的多元主体如何参与全球治理? 如何在合作中实现集体行动? 这一时空结构的有效性何以实现? 对此,不免会产生以下追问。

第一个追问:人类命运共同体的时空结构以"在场"为前提,那么,"在场"的价值指向是什么? 对于人类命运共同体的时空结构而言,"在场"指向的是共同体的"在场有效性",这是因为"面对面互动情形下的共同在场作为行动空间性的第一个向度在行动空间性问题中具有很重要的意义"①。只有共同在场,才能沟通协商形成共识,才能实现集体行动。

第二个追问:人类命运共同体时空结构中的"在场"要显示出什么?"在场"意味着对主体内涵的重新界定,它要求以更加平等均衡的新型全球伙伴关系,取代以往世界旧秩序中"不在场"的抽象体系。由于空间是权力的重要组成部分,并影响着世界秩序,因而,"在场"表征着在全球治理中各行为体承担什么角色,发挥什么作用,能否在全球治理体系中产生具有身份地位的话语权和影响力,能否展示出其施动特性。

第三个追问:如何消除"缺场者"? 如果把在场和缺场看作是社会关系中相对的两极,那么,全球治理体系中无话语权的边缘国家就是"缺场者"。如何使"缺场者"产生一种新的"在场"关系,实现"共同在场"? 这就需要通过合理化的机制和制度安排,提高发展中国家在全球治理中的制度性话语权,加强各行为体的多边互动和民主协商,建立起均衡公正的全球治理机制,从而实现"在场有效性"。

(二)共享发展的价值诉求

从价值诉求看,"向心—在场"结构追求平等均衡的新型全球发展伙伴关系,力求实现发展成果世界性共享的价值理念。共享发展的实现需要切实保障和不断增进世界各国的发展能力,确保其享有普遍的、同等的发展权利与发展机会,以提升全球发展的均衡性、普惠性和公平性。在逻辑上,发展成果超越空间界限,由地域性共享扩展至世界性共享是世界历史发展的必然逻辑,共享发展的程度和世界历史的发展程度具有一致性。同时,这一价值目标与马克思世

---

① 郭强:《吉登斯社会行动时空向度模型的知识社会学改造》,《创新》2013 年第 3 期。

界历史理论的价值指归——"自由人的联合体"有着高度契合性,体现了人类命运共同体以"世界历史性"的宏大视域对人类共同福祉的现实关切。

从系统论的角度看,"向心—在场"结构的价值诉求体现在三个方面。一是在时间上,共享发展的实现是一个长期持续的过程,是通过层级递进与循序渐进达成的。为此,必须消除"中心—边缘"结构中的不公平和非均衡性,推进落后国家在发展权利、发展机会和发展成果共享上的平等。二是在空间上,共享发展的主体不是少数人或一部分人,而是全人类,各主体之间是平等的伙伴关系,不存在中心与边缘的等级差异。为此,要超越区域和意识形态的限制,最大限度消除因机会、权利、资源分配的不平等和非均衡所导致的矛盾和冲突。三是在时空的耦合上,"向心—在场"结构的"多元共生、包容共进"进一步促进了时空的耦合度。这一时空结构的价值目标在于通过协同性的共商共建,实现耦合性的共享共赢,从而解决全球治理中有效性与合法性的悖论,建构起一个平衡、和谐、正义的全新时空景观。

(三)空间正义的践行探索

全球化进程在塑造时空的同时,时空也在塑造着全球化进程。当代时空问题,首先是作为反思资本逻辑主导的全球化造成的空间异化而提出的。因此,规制资本逻辑在全球无限制、非正义的空间扩张,改变全球空间非均衡性发展以实现全球空间正义,这是人类命运共同体的价值诉求。在空间领域上,人类命运共同体倡导建立从现实世界到虚拟空间的开放性合作共赢的国际空间,如打造全球气候治理共同体,构建网络空间命运共同体、海洋命运共同体。在空间次序上,人类命运共同体坚持"大国是关键、周边是首要、发展中国家是基础、多边是重要舞台"的外交活动基本框架,以构建全球性的伙伴关系网络为主要路径,形成全方位、多层次、立体化的空间布局。同时,突破国家间各种类型的边界,消解区隔,建立空间连接,谋求共赢的空间发展观,通过"空间修复"重塑全新空间。如以"一带一路"打造互联互通、公平普惠的国际合作新平台,形成全球空间的共享发展模式。人类命运共同体所构筑的差异性包容空间,是实现全球空间正义的应然逻辑,它打破了资本逻辑主导下异化的全球空间秩序,展现出一个平等、合作、开放、互利的全新时空景观,以此确立起中国与世界、现实与未来的关联,体现了一种时代精神的高度自觉。

"中华文化和中国精神的时代精华"三论

吴小英　周慧军

摘　要：习近平新时代中国特色社会主义思想坚持把马克思主义基本原理同中华优秀传统文化相结合，"是中华文化和中国精神的时代精华"，这一新论断深刻地揭示出习近平新时代中国特色社会主义思想与中华优秀传统文化之间的内在联系，彰显了其独有的精神高度、理论深度与文化厚度。从认识论的角度看，习近平新时代中国特色社会主义思想高举自信之旗，确立对中华文化和中国精神的应有态度；从价值论的角度看，习近平新时代中国特色社会主义思想回答时代之问，实现对中华文化和中国精神的历史激活；从实践论的角度看，习近平新时代中国特色社会主义思想开辟创新之路，完成对中华文化和中国精神的转化发展。中华文化和中国精神是习近平新时代中国特色社会主义思想生成与发展的理论根基与创造母体，后者是前者在新时代背景下的理念革新与价值升华。

关键词：新时代　新思想　两个结合　中华文化　中国精神　时代精华

作　者：吴小英，浙江水利水电学院党委副书记、教授，研究方向为传统文化与思想政治教育；周慧军，杭州电子科技大学马克思主义学院硕士研究生，研究方向为思想政治教育。

党的二十大报告指出，习近平新时代中国特色社会主义思想是党的十八大以来我们党"开辟马克思主义中国化时代化新境界"①的理论成果。新思想突出地表现为"两个结合"——把马克思主义基本原理同中国具体实际相结合、同中华优秀传统文化相结合。如果说第一个结合是对中国共产党百年历史经验的传承，那么第二个结合则是党的十八大以来中国共产党的重大理论创新，是马克思主义中国化时代化的鲜明标志，其核心含义是《中共中央关于党的百年奋斗重大成就和历史经验的决议》中概括的"中华文化和中国精神的时代精华"②。根据《辞海》的解释，"精华"亦作"菁华"，指事物最精粹的部分。"中华文化和中国精神的时代精华"一语，是首次对习近平新时代中国特色社会主义思想与中华优秀传统文化之间的内在联系做出的简洁而完整、准确且清晰的界定，可谓微言大义。从多维视角剖析"中华文化和中国精神的时代精华"的深刻内涵，有助于把握习近平新时代中国特色社会主义思想在探寻历史、贴近当下、谋划未来中展现出的精神高度、理论深度与文化厚度。

一、认识论：高举自信之旗，确立对中华文化和中国精神的应有态度

习近平新时代中国特色社会主义思想之所以是"中华文化和中国精神的时代精华"，首先在于其对中华文化和中国精神的科学认识，核心思想概括为文化自信。"四个自信"是习近平新时代中国特色社会主义思想的重要创见之一，其中尤以文化自信最具卓见。在庆祝中国共产党成立九十五周年大会上的讲话中，习近平总书记在道路自信、理论自信和制度自信之外新增了文化自信，并指出"文化自信，是更基础、更广泛、更深厚的自信"③，"四个自信"由此定型。文化自信的提出，将中国自信从制度文化层面深入精神文化层面，背后蕴含着习近平总书记对上下五千多年中华历史的回首与思考，呈现出他对中华文化和中国精神的价值认同与情感展现，是习近平新时代中国特色社会主义思想形成的重要标志之一。

---

① 习近平：《高举中国特色社会主义伟大旗帜　为全面建设社会主义现代化国家而团结奋斗——在中国共产党第二十次全国代表大会上的报告》，人民出版社 2022 年版，第 16 页。

② 《中共中央关于党的百年奋斗重大成就和历史经验的决议》，《人民日报》2021 年 11 月 17 日。

③ 习近平：《在庆祝中国共产党成立 95 周年大会上的讲话》，《人民日报》2016 年 7 月 2 日。

（一）基于唯物史观的客观认知

习近平新时代中国特色社会主义思想坚持历史唯物主义的世界观与方法论，以贯通古今、衔接中外的大历史观探测中华文化源远流长的生命旅程，领会其生生不息的生命本质。以历史眼光看，在世界四大古文明中，中国文化不是最悠久的，却是最持久的。古埃及文明因亚历山大的入侵而被希腊文明所同化，古印度文明由于遭受雅利安人的侵略而衰落，古罗马文明在日耳曼族的占领后逐步消亡，唯有中华文明史延续了五千多年从未中断。这是因为上天对中华特别眷顾吗？非也。回望历史，朝代更迭、蛮夷入侵、外族排挤等从未停止。"在几千年的历史流变中，中华民族从来不是一帆风顺的，遇到了无数艰难困苦，但我们都挺过来、走过来了，其中一个很重要的原因就是世世代代的中华儿女培育和发展了独具特色、博大精深的中华文化，为中华民族克服困难、生生不息提供了强大精神支撑。"[①]可以说，认可中华文化和中国精神存在、发展及演化的历史合理性，是文化自信的前提。

以现实眼光看，中华文化是中华民族在长期实践中形成的独特文化系统，中国精神是一代代中国人在民族进程中沉淀而成的稳定心理品格。讲信修睦、天下大同的道德理想，温良和善、宽以待人的民族品性，宽广厚重、兼容并包的精神基质，圆融祥和、稳而不张的文化底蕴……这些特质不仅因在与他者文化的历史对比中展现出超常的文化稳定性而具有传统魅力，更因在时代发展变迁的现实比较中凸显出强劲的民族生命力而富有时代价值。中华文化记载着中华民族走过的路、吃过的苦、流过的泪，可谓是中华民族古老又常青的生存密码，今天依旧保持着勃勃生机，对当今中国和未来世界都具有长远的意义。站在历史唯物主义的思维坐标下，探索与发掘中华文化的生发与创造、成长与丰盈，是习近平新时代中国特色社会主义思想基于唯物史观的基本立场，也是文化自信的力量源泉。

（二）基于自觉之心的主观认同

文化自信作为对本民族文化的心理认同，是以文化自觉为认知基础的。20世纪90年代初，面对经济全球化冲击下种种文化交锋碰撞的世界图景，忧思中

---

① 习近平：《在文艺工作座谈会上的讲话》，《人民日报》2015年10月15日。

华文化前途的费孝通先生竭力呼吁文化自觉。他指出："文化自觉只是指生活在一定文化中的人对其文化的'自知之明'，明白它的来历，形成过程，在生活各方面所起的作用，也就是它的意义和所受其他文化的影响及发展的方向。"[1]费孝通先生的文化自觉论，旨在唤醒文化主体对于自我文化的责任意识与担当情怀，然而他也承认"文化自觉是一个艰巨的过程"[2]。的确，在对中华文化的观照上，我们曾经走向两个极端：在天朝上国的幻想中陶醉和在欧风美雨的冲击下卑怯。自先秦至明中期，中国多数时间为"大一统"，国家统一、经济强盛、文化繁荣，一直以高昂姿态雄踞世界东方，对朝鲜、日本、越南等周边国家产生深远影响。国家强大所带来的优越感使得中华民族滋生出唯我独尊的自满情绪，国人由此陷入文化自负的狭隘。鸦片战争使沉醉在天国幻想中的中华民族逐渐意识到自身的衰败与落后，并于世界大潮中求索挽救民族危亡的生存之道，同时救亡图存的国人也开始怀疑自身文化的合理性。从洋务运动的"以夷为师"到戊戌维新的"悉从泰西"，再到五四新文化运动喊出"打倒孔家店"的口号，表达出对中华文化的否定。中华人民共和国成立后的激进主义思想倾向以及20世纪80年代后期资产阶级自由化思潮，背后都隐藏着深深的文化自卑。

在百年奋斗的中国共产党的领导下，社会主义中国迎来了从"站起来"到"富起来"再到"强起来"的伟大飞跃，日益走近世界舞台中央，以有力的事实批驳了西方文化中心论和历史终结论，也逐渐唤醒了国人对传统文化的回顾、反思和自觉，其中，习近平总书记是当今具有引领意义的自觉者和自信者。他打破长期文化自卑的思维窠臼，明确反对抛弃中华民族的优秀文化传统；他走访山东曲阜孔庙，到北大探望国学泰斗，出席庆祝孔子诞辰大会并讲话……在多个场合以多种方式表达自己对优秀传统文化的认同与尊崇；他亦提醒大家警惕历史虚无主义，坚定文化自信。这一系列行动唤醒了国人对于中华文化的自觉之心和自信之力。

（三）基于执政之责的科学定位

"如果没有中华五千年文明，哪里有什么中国特色？如果不是中国特色，哪

---

① 费孝通：《论文化与文化自觉》，群言出版社2005年版，第216页。
② 费孝通：《论文化与文化自觉》，群言出版社2005年版，第216页。

有我们今天这么成功的中国特色社会主义道路?"①习近平总书记于 2021 年参观福建武夷山九曲溪畔朱熹园时这清醒的发问,表达出他对中华优秀传统文化深刻影响着当今执政的肯定。中国共产党章程指出:"中国共产党的领导是中国特色社会主义最本质的特征,是中国特色社会主义制度的最大优势,党是最高政治领导力量。"②就其本质而言,中国共产党的领导是对一个国家和民族深层文化结构的塑造与引领。如何塑造与引领? 习近平总书记指出:"我们要虚心学习借鉴人类社会创造的一切文明成果,但我们不能数典忘祖,不能照抄照搬别国的发展模式,也绝不会接受任何外国颐指气使的说教。"③这一论断充分表明,中国共产党始终以开放的胸怀与谦逊的姿态,面对世界范围内不同文明的相遇与交流,但也始终秉持坚定的文化自主性立场,在应对全球思想文化的激荡与争鸣时保持清醒意识和战略定力。尤其"不能数典忘祖"一语,表明了我们应慎终追远、饮水思源。"慎终追远"一词出自《论语·学而》,曾子曰:"慎终追远,民德归厚矣。"表面是指孝顺父母、追慕前贤,其深意是指尊重历史传统、敬畏历史文化,这样社会风气就能趋于淳厚。近代中华文化断层以来,国人对传统缺乏敬畏之心,淳厚温良的风尚不被弘扬,极端例子如"文化大革命"中的"破四旧",年轻人以"打砸抢"为乐,破坏一切既定秩序,导致经济停滞、国家动荡、文化被毁,教训不可谓不深。

作为中国最高政治领导力量的中国共产党,首先就需要解决以怎样的立场、观点和态度看待本民族文化的问题,这也是作为当代中国共产党人行动指南的习近平新时代中国特色社会主义思想首先要解决的问题。习近平总书记在 2021 年中央经济工作会议上以"敬畏历史、敬畏文化、敬畏生态"三个敬畏告诫与会同志,敬畏一词表达出对历史和文化的充分尊重。在敬畏历史与文化的基础上才具备了历史自信、文化自信。中华优秀传统文化"代表着中华民族独特的精神标识"④,"是中华民族的突出优势,是我们最深厚的文化软实力"⑤。这些掷地有声的论断彰显了一个大国执政党应有的底气、骨气和志气。"文化

① 《习近平谈治国理政》第 4 卷,外文出版社 2022 年版,第 315 页。
② 《中国共产党章程》,人民出版社 2022 年版,第 23 页。
③ 习近平:《在纪念毛泽东同志诞辰 120 周年座谈会上的讲话》,《人民日报》2013 年 12 月 27 日。
④ 习近平:《在纪念毛泽东同志诞辰 120 周年座谈会上的讲话》,《人民日报》2013 年 12 月 27 日。
⑤ 《习近平谈治国理政》,外文出版社 2014 年版,第 155 页。

自信是一个国家、一个民族发展中最基本、最深沉、最持久的力量。"①以习近平总书记为主要代表的中国共产党人以前瞻性的视野与思维，将文化自信上升为国家意志，制定社会主义文化强国战略，以巩固在全社会倡导与呼吁坚定文化自信的制度化基础，以提升全国人民坚定文化自信的自觉意识，其本质在于坚持国家及民族的精神独立性、文化自主性及理论原创性。

二、价值论：回答时代之问，实现对中华
文化和中国精神的历史激活

习近平新时代中国特色社会主义思想之所以是"中华文化和中国精神的时代精华"，还在于它以思人民之忧、解时代之困、应世界之需为信念，在深刻把握中华文明的历史特点与发展规律中，准确研判世界历史发展的趋势与走向，科学规划中华民族发展的长远目标，从而使中华文化和中国精神在当代散发出传统之美，绽放出经典之花。

（一）以中华文化和中国精神把握世界之局

2008 年全球暴发金融危机以来，世界格局发生重大变化，经济上贸易保护主义甚嚣尘上，政治上单边主义、右翼势力抬头，文化上欧美之间及欧洲内部价值观冲突不断，西方世界处于混乱、矛盾的旋涡与迷雾中。相反，新兴经济体和发展中国家的友好合作日益紧密，以金砖国家为代表的新兴市场迅速崛起。中国作为最大的发展中国家，洞悉世界发展方向，顺应时代发展大势，主动承担大国责任，积极推动构建公正合理的国际政治经济新秩序。党的十九大报告做出重大政治判断，明确指出中国特色社会主义进入新时代，同时中国与世界的关系也在发生变化，全球范围内风云激荡与暗潮汹涌，中国面临"百年未有之大变局"。"未有之大变局"一词是对传统话语的创造性转化。早在清朝同治十一年（1872）五月，有大臣在《复议制造轮船未可裁撤折》中提道："我皇上如天之度，概与立约通商，以牢笼之，合地球东西南朔九万里之遥，胥聚于中国，此三千余

---

① 习近平：《在全国抗击新冠肺炎疫情表彰大会上的讲话》，《人民日报》2020 年 9 月 9 日。

年一大变局也。"①此处所言的"大变局"是指当时的清王朝面临严重的民族危机,西方列强用洋枪洋炮打开了中国国门,对其进行瓜分与蚕食,并通过签订不平等条约对中国进行商品输出,中国被迫卷入资本主义世界市场,传统自然经济逐渐瓦解崩溃。这种触及中华民族根本的西方殖民式侵略,使得中国处于三千余年未有之大变局中。

今时不同往日,习近平总书记借用当年的大变局之说,提出"当前,我国处于近代以来最好的发展时期,世界处于百年未有之大变局"②。此处的"百年未有之大变局",是指在21世纪世界舞台与国际力量的新一轮对比中,西方老牌资本主义国家的没落衰退,与以中国为代表的东方第三世界国家的雄起、壮大形成鲜明对比;同时,世界矛盾交织叠加,发展环境动荡复杂,为中国抢占未来发展制高点制造了更多的风险挑战。党的二十大报告再次深刻分析世界百年未有之大变局,清醒地指出"面对国际局势急剧变化,特别是面对外部讹诈、遏制、封锁、极限施压"③下保持战略定力、发扬斗争精神的重要意义。总之,"百年未有之大变局"这一命题,承袭传统话语,直面现实境遇,注重从世界历史发展的全局性视野探析中华民族的现实与未来,崭新定位中国与世界的内在联系与发展关系。更为重要的是,习近平新时代中国特色社会主义思想致力于"于变局中开新局"④,汲取中华文化与中国精神中的宝贵资源,运传统之哲思破当代之情状,为世界发展提供中国智慧与中国方案。

(二)以中华文化和中国精神照亮复兴之路

思考当今中国的时代背景,必须正视国际国内两个大局,与世界百年未有之大变局相对应的就是中华民族伟大复兴战略全局。中华民族伟大复兴战略全局的提出,可以追溯到党的十八大闭幕不久。习近平总书记在参观《复兴之路》展览时发表的重要讲话中首次提出"中国梦"一词:"现在,大家都在讨论中国梦,我以为,实现中华民族伟大复兴,就是中华民族近代以来最伟大的梦想。这个梦想,凝聚了几代中国人的夙愿,体现了中华民族和中国人民的整体利益,

① 梁启超:《李鸿章传》,商务印书馆2015年版,第61—62页。
② 《习近平谈治国理政》第3卷,外文出版社2020年版,第428页。
③ 习近平:《高举中国特色社会主义伟大旗帜 为全面建设社会主义现代化国家而团结奋斗——在中国共产党第二十次全国代表大会上的报告》,《人民日报》2022年10月26日。
④ 《习近平谈治国理政》第4卷,外文出版社2022年版,第183页。

是每一个中华儿女的共同期盼。"①中华民族自古以来就是拥有伟大梦想的民族，在历史风云变幻中从未停止过上下求索的脚步。在国家蒙辱、人民蒙难、文明蒙尘的紧要关头，无数仁人志士奔走呼号，试图挽大厦于将倾。十月革命的烽火和五四运动的号角推动了马克思主义在中国的传播，中国共产党应运而生，马克思主义的中国历程由此开启。中国共产党带领中华民族经历了新民主主义革命、社会主义革命的锤炼与磨砺，体认了改革开放和社会主义现代化建设的不易与艰辛，见证了新时代中国特色社会主义的安定与繁华。回首百年奋斗路，中国共产党一直围绕着"国家富强、民族振兴、人民幸福"②的要义，在逐梦的道路上砥砺前行。

中国梦的实现需要物质文明和精神文明的均衡发展，而文明的继承和发展需要文化的繁荣。这表明中国梦的实现必须要以中华文化作为力量支撑，要从中国精神中汲取智慧源泉。换言之，文化复兴是民族复兴的重要前提。有学者曾说："中国文化不仅由中国民族所创造，而中国文化乃能创造中国民族，成为有史以来世界上独一无二的大民族。"③因此，在实现中华民族伟大复兴中国梦的新征程上，要坚持以中华文化和中国精神统领思想，凝聚共识，汇集力量。

（三）以中华文化和中国精神巩固执政之基

中国共产党为什么能成功？根本在于中国共产党人在近代中国最危急的时刻寻到了马克思主义的"真经"，并且成功地将其本土化。本土化的具体内涵被概括为"两个结合"，即"坚持把马克思主义基本原理同中国具体实际相结合、同中华优秀传统文化相结合"④。党的二十大报告进一步将"两个结合"作为中国化时代化的马克思主义的具体注脚。从过去的"一个结合"到现在的"两个结合"，体现了马克思主义中国化时代化的新叙事，展现了新时代中国特色社会主义伟大实践的最新理论成果。如果说，"把马克思主义基本原理同中国具体实际相结合"更多着眼于现实的中国，强调将马克思主义扎根于广袤的中华大地，那么"把马克思主义基本原理同中华优秀传统文化相结合"则更多放眼于历史

---

① 《习近平谈治国理政》，外文出版社 2014 年版，第 36 页。
② 《习近平谈治国理政》，外文出版社 2014 年版，第 39 页。
③ 钱穆：《中华文化十二讲》，九州出版社 2012 年版，第 59 页。
④ 《习近平谈治国理政》第 4 卷，外文出版社 2022 年版，第 10 页。

的中国,强调马克思主义从五千多年中华文明中汲取精华养分,"只有植根本国、本民族历史文化沃土,马克思主义真理之树才能根深叶茂"①。与以往马克思主义中国化成果相比,习近平新时代中国特色社会主义思想更聚焦马克思主义与中华优秀传统文化之间的内在契合性,将两者的思想精髓和精神特质融会贯通起来,因而"充盈着浓郁的中国味、深厚的中华情、浩然的民族魂,具有强大的历史穿透力、文化感染力、精神感召力,是彰显文化自信、饱含历史自觉、赓续中华文脉的理论"②。

为了使执政党铸就坚强领导力、永葆鲜活生命力,习近平新时代中国特色社会主义思想以传统文化之气韵涵育中华民族之脊梁,尤其重视以中华文化和中国精神促进党的思想建设。其一,善于学习,勇于创新。党的十八大报告明确提出,要建设学习型、服务型、创新型的马克思主义执政党,学习型居于首位。中国共产党作为马克思主义性质的执政党,既是马克思主义的坚定信仰者与追随者,亦是中华优秀传统文化的忠实弘扬者与发展者,始终坚持发扬与贯彻中华传统文化中的优秀价值理念,深刻汲取其中的精神养分和精髓要义,将文化自信内化于自身的思想与行动中,不断锤炼执政党的精神底座与思想底色。其二,继承传统,合理扬弃。"当代中国的伟大社会变革,不是简单延续我国历史文化的母版。"③这表明文化传承的过程既是文化选择的过程,亦是文化再造的过程。对于中华优秀传统文化的继承与发扬,应坚持取其精华、去其糟粕的原则与理念,合理选择,积极扬弃,与传统精神相承接,与时代精神相协调,在历史与现实的映射下确证传统文化中经久不衰的理性内核,并使其成为涵养党魂、国魂的精神原料。其三,提升党性修养,突出"关键少数"④。"领导干部学习不学习不仅仅是自己的事情,本领大小也不仅仅是自己的事情,而是关乎党和国家事业发展的大事情。这也就是古人所说的'学者非必为仕,而仕者必为学'。"⑤领导干部作为党员队伍中的先锋力量,应时刻保持学习状态,以谦虚、接

① 习近平:《高举中国特色社会主义伟大旗帜 为全面建设社会主义现代化国家而团结奋斗——在中国共产党第二十次全国代表大会上的报告》,《人民日报》2022年10月26日。
② 《党的十九届六中全会〈决议〉学习辅导百问》,学习出版社、党建读物出版社2021年版,第109页。
③ 《中共中央关于党的百年奋斗重大成就和历史经验的决议》,《人民日报》2021年11月17日。
④ 《习近平谈治国理政》第2卷,外文出版社2017年版,第116页。
⑤ 习近平:《在中央党校建校80周年庆祝大会暨2013年春季学期典礼上的讲话》,《人民日报》2013年3月3日。

受的心态与胸襟学习中华优秀传统文化，不断提升自身文化涵养与党性修养，在建设执政党中传承文化、培育精神。

三、实践论：开辟创新之路，完成对中华文化和中国精神的转化发展

习近平新时代中国特色社会主义思想之所以是"中华文化和中国精神的时代精华"，还在于它不是简单的新瓶装旧酒，而是秉持"不忘历史才能开辟未来，善于继承才能善于创新"①的理念，延续中华文化的真理性与科学性，并不断建构其时代性与先进性，努力实现中华优秀文化传统性继承与当代性生长的有机统一，从而成为中华优秀传统文化创造性转化和创新性发展的生动典范。

（一）培育和践行社会主义核心价值观

习近平新时代中国特色社会主义思想对中华文化和中国精神的吸收不是浮光掠影、浅尝辄止的，而是探其根底、扬其精华的进阶与超越。其集中表现在坚持以社会主义核心价值观为引领，实现创造性转化、创新性发展。②

在反复征求意见、综合各方认识基础上概括出来的二十四字社会主义核心价值观与中华文化和中国精神有着密切的联系。首先，社会主义核心价值观以中华文化为思想源泉和道德资源。"一个民族、一个国家的核心价值观必须同这个民族、这个国家的历史文化相契合"③，传统价值观是中华民族在历史长河的生产活动与生活实践中形成的一套独属于中国人的思维定式、审美趋向与行动指引，在岁月的洗礼与人民的选择中沉淀、蜕变、成熟，并浓缩为一种强劲且温润的文化基因流淌在民族的血液里，成为中国人矢志不渝的人生信条，是当代社会主义核心价值观的思想源起。其次，社会主义核心价值观对中国精神进行了继承发扬。文化系统由外而内分为三个层次，最外部是物质层面，中间是

---

① 习近平：《在纪念孔子诞辰 2565 周年国际学术研讨会暨国际儒学联合会第五届会员大会开幕会上的讲话》，《人民日报》2014 年 9 月 25 日。

② 张晓松等：《贯通中华文脉　照亮复兴之路——党的十八大以来以习近平同志为核心的党中央激活中华文化的历史性贡献述评》，《人民日报》2022 年 1 月 4 日。

③ 习近平：《青年要自觉践行社会主义核心价值观——在北京大学师生座谈会上的讲话》，《人民日报》2014 年 5 月 5 日。

制度层面,最里面是精神层面。精神是文化的内核,中国精神是中华文化的精髓,从知识论意义上,可将中国精神视为中华文化的本体。社会主义核心价值观继承了中国精神中心系国家前途、崇尚社会和谐、关注人性生长的内在本色,从国家、社会、个人三重维度阐发了中国特色社会主义的价值标准。"富强、民主"承继着民惟邦本、本固邦宁的远古理想,"爱国、敬业"延续着精忠报国、业精于勤的传统精神,"诚信、友善"传承着言而有信、爱众亲仁的风俗道德,可以说是"深入挖掘和阐发中华优秀传统文化讲仁爱、重民本、守诚信、崇正义、尚和合、求大同的时代价值"[①]的生动表现。最后,社会主义核心价值观是传统文化和现代生活的连接点。先人们在长期实践中培育形成的传统美德规范对于当今国人处理社群关系,依然有着普遍的适用性和永恒价值。新时代致力于培育和弘扬社会主义核心价值观,并将之作为百姓日用而不觉的行为准则,以中华文化与中国精神中的优秀价值理念滋养人心、引领风尚、教化人民,形成中华民族新时代的精神支柱,可以有效抵御西方各种不良思潮的侵袭和腐蚀,成为凝聚社会共识的"最大公约数",因而是当之无愧的凝魂聚气、强基固本的基础工程。

(二)提出古为今用的新思想新观念新方法

习近平新时代中国特色社会主义思想从马克思主义唯物辩证法出发,坚持古为今用、推陈出新,主动继承中华传统文化中经得起历史和人民检验的伦理规约与价值准则,祛除其深受封建思想侵扰与奴役的腐朽观念与陈旧习气,保留其历史痕迹,反思其内容缺陷,填补其思想沟壑,用以指导治国理政中的现实问题,形成了吸收中华文化和中国精神精粹的新思想新理念新方法。

例如,习近平生态文明思想是中国传统生态观的当代诠释与科学创造。其标志性创新成果——"绿水青山就是金山银山"[②]理念的背后,既是对"留得青山在,不怕没柴烧"传统思想的继承,亦是对《吕氏春秋》中"竭泽而渔"故事的反思,也融合了西方资本主义国家先生产、后治理的环境污染教训,同时还吸收了马克思主义自然观中"我们不要过分陶醉于我们人类对自然界的胜利。对于每

---

① 《习近平谈治国理政》,外文出版社 2014 年版,第 164 页。
② 《习近平谈治国理政》第 4 卷,外文出版社 2022 年版,第 168—169 页。

一次这样的胜利，自然界都对我们进行报复"①等揭示人与自然关系的科学理念。又如，习近平新时代中国特色社会主义思想将马克思主义的群众史观与中国传统民本思想相结合，甄别儒家思想教化的历史土壤与当今现实的区别，拭去其被统治者利用而蒙上的污浊灰尘，释放其超越时空的良知光芒，发展成"人民至上""以人民为中心"的价值理念；充分肯定人民群众的历史地位，指出"人民是历史的创造者，人民是真正的英雄"②；强调人民群众在整个中华文明发展史中的突出贡献与卓越成就，指出"江山就是人民，人民就是江山"③。再如，面对突如其来、史无前例的新冠疫情，提出了伟大抗疫精神，其中既融合了"中国人历来抱有家国情怀，崇尚天下为公、克己奉公，信奉天下兴亡、匹夫有责，强调和衷共济、风雨同舟，倡导守望相助、尊老爱幼，讲求自由和自律统一、权利和责任统一"④的传统理念，又发展出"生命至上、举国同心、舍生忘死、尊重科学、命运与共"⑤的新时代抗疫精神内涵，是古老的中华民族在应对世界危机、全球灾难的新冲击中依旧屹立不倒、挺立潮头的信念支撑与心灵宣言。还有，高度重视粮食问题，坚持民以食为天的传统理念，反对浪费，提倡光盘行动；又或者重视家风家训家教，传承中国一贯崇尚修身齐家的传统美德；抑或是吸取多元一体的民族史观，强调筑牢中华民族共同体意识，深化了马克思主义民族理论……这些新思想新观念新方法以创造性转化和创新性发展的方式，唤醒了曾经蒙尘的古老文明，激活了沉睡已久的民族基因。

（三）创造中华文化新的辉煌

中华文化是中华民族薪火相传、绵延不绝的活的灵魂，更是中国人民的精神之光与信念之炬，亦是展现国家形象、凸显民族底蕴的重要资源。创造中华文化新的辉煌，不是简单重现传统年代的兴盛与繁华，而是将中华文化嵌入当代中国社会发展的具体实际，形成具有中国特色的理论样态与话语体系，创造出新时代的中国文化体系。

一是积极创造中华文化新样板。中华文化曾经在历史上辉煌于世，同样，

---

① 《马克思恩格斯选集》第3卷，人民出版社2012年版，第998页。
② 《习近平谈治国理政》第3卷，外文出版社2020年版，第139页。
③ 《习近平谈治国理政》第4卷，外文出版社2022年版，第63页。
④ 习近平：《在全国抗击新冠肺炎疫情表彰大会上的讲话》，《人民日报》2020年9月9日。
⑤ 习近平：《在全国抗击新冠肺炎疫情表彰大会上的讲话》，《人民日报》2020年9月9日。

中华优秀传统文化在新时代的中国故事和中国声音中也展现出新的光彩。习近平新时代中国特色社会主义思想贯彻中华优秀传统文化民本思想中的精神要旨,力求在新时代的实践中构建中华文化的新表征,形成中华文化的新样式。其以"一张蓝图绘到底"验证政贵有恒的简朴道理,以打赢脱贫攻坚战回答古人对于小康的遥远期盼,以共建"一带一路"赓续古代丝绸之路友好邦交的历史记忆,以构建"人类命运共同体"践行上古时代理想中大同社会的美好愿景⋯⋯这些都是习近平新时代中国特色社会主义思想与传统相容、与时代相接、与世界相交的新方式。

二是积极推广中华文化新话语。习近平新时代中国特色社会主义思想善于从中华优秀传统文化中获取智慧启迪,还表现在将中国传统俗文俚语、古典诗文从记忆深处挖掘出来,应用于政治、经济、文化、生态、党建、外交等各方面。以外交为例,引用"路遥知马力,日久见人心"[1]来表达中国和拉美国家在长期的交往中确证彼此的合作情谊,以"合抱之木,生于毫末"[2]来表明期望通过一点一滴的共同努力夯实中国同东盟关系的社会土壤,用"水之积也不厚,则其负大舟也无力"[3]来表达中墨两国应以友谊之海架起合作之帆⋯⋯向外国人讲中国话的背后,是习近平新时代中国特色社会主义思想对历史智慧、人文精神和道德价值的活化。

三是积极促进不同文明间新交融。在历史上,中国一向重视与不同国家和民族的互通往来,从西汉张骞出使西域,到唐代的玄奘西行和鉴真东渡,再到明朝的郑和七下西洋,中华文化在一次次的文明交流中开阔与丰盈。新时代的中国以开放包容的态度对待世界各国优秀文化,积极促进不同文明间的交流互鉴。从 G20 杭州峰会到北京冬奥会,从博鳌亚洲论坛到上海进博会,一次次主场外交彰显出我国开放自信的大国胸襟,这是习近平新时代中国特色社会主义思想坚持胸怀天下、内含世界情怀的生动写照。中华文化的理论内核和精神意涵不仅没有随着时光的消逝而暗淡,相反,还顺着时代前进的步伐日益丰满、愈

---

① 习近平:《命运与共,共建家园——在中国—东盟建立对话关系 30 周年纪念峰会上的讲话》,人民出版社 2021 年版,第 4 页。
② 习近平:《出席第三届核安全峰会并访问欧洲四国和联合国教科文组织总部、欧盟总部时的演讲》,人民出版社 2014 年版,第 28 页。
③ 习近平:《做党和人民满意的好老师——同北京师范大学师生代表座谈时的讲话》,人民出版社 2014 年版,第 8 页。

加深邃。

　　中华文化和中国精神是习近平新时代中国特色社会主义思想生成与发展的理论根基与创造母体，习近平新时代中国特色社会主义思想是中华文化和中国精神在新时代背景下的理念革新与价值升华。习近平新时代中国特色社会主义思想堪称"中华文化和中国精神的时代精华"。党的二十大吹响了全面建设社会主义现代化国家的新号角，在以中国式现代化推进中华民族伟大复兴的新征程上，包含着"推进文化自信自强，铸就社会主义文化新辉煌"①的新使命，作为"中华文化和中国精神的时代精华"的习近平新时代中国特色社会主义思想亦将从理论和实践上做出新回答。

---

　　① 习近平：《高举中国特色社会主义伟大旗帜　为全面建设社会主义现代化国家而团结奋斗——在中国共产党第二十次全国代表大会上的报告》，《人民日报》2022 年 10 月 26 日。

重估恩格斯晚年维护马克思主义意识
形态话语权的历史贡献

唐晓燕

摘　要：学界对于意识形态话语权论题马克思主义谱系资源的挖掘仍处于起步阶段，尤其是系统维护马克思主义意识形态话语权第一人——恩格斯晚年的历史贡献长期以来被遮蔽。一方面，恩格斯晚年在对各类论敌及其错误观点进行批判的过程中阐发唯物史观，捍卫了马克思主义基本立场、观点和方法；另一方面，恩格斯晚年顺应国际工人运动对于科学理论指导的诉求，阐扬马克思主义与时俱进的理论品质，及时弥补他和马克思早年对意识形态功能相对忽视的缺憾，厘清与阐发意识形态的内涵与结构、相对独立性与社会功能，为推动马克思主义意识形态理论系统化做出了杰出贡献。

关键词：意识形态　话语权　恩格斯　历史贡献

作　者：唐晓燕，浙江省社会科学院政治学所研究员、浙江省社科院 21 世纪马克思主义研究中心研究员，研究方向为马克思主义理论。

党的十八大以来，提升意识形态话语能力、牢牢掌握意识形态话语权成为引领中华民族开启伟大复兴新征程的中国共产党孜孜以求的重大思想文化课题。习近平总书记在 2015 年全国党校工作会议上指出："落后就要挨打，贫穷就要挨饿，失语就要挨骂。形象地讲，长期以来，我们党带领人民就是要不断解决'挨打''挨饿''挨骂'这三大问题。经过几代人不懈奋斗，前两个问题基本得到解决，但

'挨骂'问题还没有得到根本解决。"①解决"挨骂"问题,核心在于提升党的意识形态话语能力,改变"有理说不出、说了传不开"的思想传播困境。然而,通过对党的十八大以来意识形态话语权论题研究成果所做的综述②,可以得出一个基本论断:学界对于意识形态话语权论题马克思主义谱系资源的挖掘仍处于起步阶段,特别是对于马克思主义创始人马克思、恩格斯维护自身学说话语权的宝贵思想资源的把握,不少仍停留于找寻他们在各个历史时期对相关概念的明确界定及理论阐释的方式,其结果必然是:因为马克思、恩格斯没有明确使用"意识形态话语权"概念,所以默认他们没有独立的意识形态话语权思想。但思想与思想的表述并非简单对应关系,比思想家对自身思想表述更重要的是"他实际上说了什么和做了什么"③。马克思、恩格斯毕生的思想事业正是批判资产阶级意识形态话语权、建立与维护无产阶级意识形态话语权,他们的话语权思想主要不是体现在理论表述中,而是体现在话语实践中。尤其是恩格斯晚年④顺应国际工人运动形势,积极推动马克思主义从理论体系向无产阶级话语体系转变,为维护马克思主义意识形态话语权做出了杰出思想贡献,积累了宝贵实践经验。在1883—1895年的十二年间,恩格斯一方面通过出版包括《家庭、私有制和国家的起源》(以下简称《起源》)、《路德维希·费尔巴哈和德国古典哲学的终结》(以下简称《费尔巴哈论》)等论著,向广大工人阶级传播马克思主义哲学、政治经济学和科学社会主义;另一方面,通过与各国政党领袖、社会主义活动家、革命家、知识分子和普通工人的书信往来,与形形色色错误思潮展开思想交锋,捍卫马克思主义基本立场、观点和方法,丰富与发展马克思主义意识形态理论。这些著述是科学理论运用于斗争实践的积极成果,对于当代中国有效应对复杂国际意识形态斗争形势、夯实马克思主义意识形态话语权具有借鉴意义。尤其是恩格斯晚年的书信是"马克思主义的战斗武器",它们在与反马克思主义、非马克思主义的意识形态话语权斗争中永远不会陈旧。⑤ 重估恩格斯晚年维护马克思

---

① 《习近平关于社会主义文化建设论述摘编》,中央文献出版社2017年版,第211页。
② 唐晓燕:《党的十八大以来意识形态话语权研究回顾与展望》,《思想理论教育导刊》2021年第1期。
③ 俞吾金:《重新理解马克思:对马克思哲学的基础理论和当代意义的反思》,北京师范大学出版社2005年版,第213页。
④ 学界通常将1883年3月14日马克思逝世至1895年8月5日恩格斯逝世间的十二年视为"恩格斯晚年"。
⑤ [苏]丽·格·戈尔什科娃:《十九世纪九十年代恩格斯对历史唯物主义的发展》,孙魁译,人民出版社1981年版,第10页。

主义意识形态话语权的历史贡献,不仅具有思想史意义,也具有重要实践价值。

一、被遮蔽的恩格斯:系统维护马克思主义 意识形态话语权的第一人

"马克思主义必须在斗争中才能发展,不但过去是这样,现在是这样,将来也必然还是这样。"①马克思主义诞生于资本主义社会土壤,但超越性地实现了对资本主义现代性有原则高度的批判,为全人类追求自由解放和全面发展提供了理论指引和方法论指南。身处资本主义社会环境的客观现实,决定了马克思主义自诞生之日起就面临资产阶级、小资产阶级思想家的恶意攻击与有意歪曲,捍卫马克思主义意识形态话语权的历史实践,从表述科学社会主义基本原理的《共产党宣言》诞生时就已经开始,在给予人类社会发展规律以科学清晰表述的《〈政治经济学批判〉序言》发表后更为频繁地出现。1870 年,恩格斯迁居伦敦,马克思由于身体状况不佳将精力集中于写作《资本论》,系统阐释和宣传马克思主义的重任就落在了恩格斯肩上。特别是在 1883 年马克思逝世后,恩格斯责无旁贷地要"在理论问题上代替马克思的地位去拉第一小提琴"②。19 世纪 90 年代,马克思主义在欧美各国得到广泛传播,并在工人运动中确立了主导地位。德国工人运动蓬勃发展,德国社会民主党进入合法斗争时期,资产阶级反对马克思主义的手法从公开地、完全地否认,转向有意歪曲和恶意篡改。在这一背景下,一些社会民主党人及青年群体存在着不同程度误解、曲解马克思主义的问题,却都自称真正的"马克思主义者",不仅造成思想混乱、给马克思主义带来损害,也不利于工人运动的发展。恩格斯毅然扛起了传承马克思学说真精神、维护马克思主义意识形态话语权的重任,持续开展与资产阶级意识形态的思想斗争。在《起源》《费尔巴哈论》等论著中,以及在一系列关于历史唯物主义的书信中,恩格斯一方面继承马克思"在批判旧世界中发现新世界"③的思想,在与形形色色反马克思主义、非马克思主义思潮的斗争中,否定资本主义国家及其意识

---

① 《毛泽东文艺论集》,中央文献出版社 2002 年版,第 160 页。
② 《马克思恩格斯选集》第 4 卷,人民出版社 2012 年版,第 572 页。
③ 《马克思恩格斯全集》第 1 卷,人民出版社 1956 年版,第 416 页。

形态存在的永恒性,捍卫马克思主义基本立场、观点和方法;另一方面,通过对意识形态的内涵与结构、相对独立性与社会功能的厘定与阐明,完善和发展了马克思主义意识形态理论,实至名归成为系统维护马克思主义意识形态话语权的第一人。

然而,恩格斯在这一重要思想事业中的历史贡献,长期以来被遮蔽了。在国内,伴随改革开放四十余年来马克思主义哲学研究的开拓和深化,恩格斯思想研究逐渐成为一个具有独立意义的论题,但研究中的主体自觉和反思精神较为缺乏,"整个研究是由西方马克思主义或西方马克思学牵着鼻子走的"①。21世纪以来,随着"回到马克思""回到恩格斯"呼声兴起,特别是随着习近平总书记明确指出"必须把意识形态工作的领导权、管理权、话语权牢牢掌握在手中"②,国内学界开启了独立自主开展意识形态话语权理论资源探索之路,诞生了一批研究成果。但形式主义问题依然存在,表现为:其一,在研究资料的梳理中,束缚于字词的显性呈现而非思想内涵的阐析;其二,对西方学者围绕话语权的理论观点停留于梳理而缺乏反思,造成无批判地倚靠西方资源的困境。时至今日,对于意识形态话语权论题马克思主义谱系思想资源的梳理与阐发仍是国内研究的弱项,对于恩格斯晚年的思想贡献和实践经验的研究显著不足。就前者而言,需要加以详细考察的是恩格斯晚年著述的思想来源,在思想史脉络中定位其思想贡献;就后者而言,需要在历史语境中加深对恩格斯晚年著述实践经验的现实价值的理解。

二、捍卫:在意识形态论战中维护马克思主义
基本立场、观点与方法

马克思逝世后,历史唯物主义遭到来自两方面思潮的歪曲和挑战:一是以保尔·巴尔特为代表的资产阶级学者对马克思主义的歪曲和攻击;二是德国社会民主党内"青年派"对马克思主义的标签化和庸俗化。恩格斯晚年的著述具有明显的论战性特征,恩格斯正是在对这些思潮进行批判的过程中阐发唯物史观,捍卫马克思主义基本立场、观点和方法的。

---

① 胡大平:《回到恩格斯:文本、理论和解读政治学》,江苏人民出版社2011年版,第16页。
② 《习近平关于社会主义文化建设论述摘编》,中央文献出版社2017年版,第34页。

(一)反击资产阶级意识形态,捍卫马克思主义基本立场

19世纪后半叶,马克思主义广泛传播、在工人运动中赢得掌控力的形势引发资产阶级当权派的恐慌,资产阶级学者加紧宣扬"国家永恒论"、复活德国古典哲学以对抗马克思主义的影响。由于资产阶级的长期宣传和社会改良措施的施用,对资产阶级国家"人类美好千年王国"的迷信蔓延,工人阶级及其政党中形形色色反马克思主义、非马克思主义观点亟待澄清。1884年,恩格斯写作出版的《起源》根据大量史料揭露古代社会发展规律和国家起源的秘密,阐明私有制、阶级起源和国家起源的关系。国家并非自然存在,而是人类社会发展到一定历史阶段的产物。原始社会末期,随着生产力的发展,生产关系向私有制转变,私有制的发展促使社会分裂出阶级。国家是阶级矛盾不可调和产物,是占统治地位的阶级镇压被统治阶级的机关。作为阶级对抗的产物,随着阶级的消失,国家也不可避免地要消亡。恩格斯对国家起源的历史考察戳穿了资产阶级学者所谓国家永恒论的虚伪本质,捍卫了马克思主义国家观。在1886年写的《费尔巴哈论》中,恩格斯揭示黑格尔哲学的真实意义和革命性质在于"它彻底否定了关于人的思维和行动的一切结果具有最终性质的看法"①。真理不是一堆静态的教条,而是在认识中不断完善的过程。历史同样如此,"完美的社会、完美的'国家'是只有在幻想中才能存在的东西"②,进一步揭示资产阶级学者"国家永恒论"的虚假性。

恩格斯晚年,资产阶级开历史倒车地复活德国古典哲学以对抗马克思主义哲学,造成新康德主义、新黑格尔主义的流行。新康德主义、新黑格尔主义宣扬唯心主义与折中主义,在工人阶级中造成了负面影响。对于当时的思想理论状况,恩格斯如是概括:"德国的古典哲学在国外,特别是在英国和斯堪的纳维亚各国,有某种复活。甚至在德国,各大学里借哲学名义来施舍的折中主义残羹剩汁,看来已叫人吃厌了。"③要彻底反驳新康德主义和新黑格尔主义,全面理解唯物史观,必须厘清马克思主义哲学与德国古典哲学的关系。恩格斯在《费尔巴哈论》中系统阐明马克思主义哲学与德国古典哲学的内在联系与本质区别,

① 《马克思恩格斯选集》第4卷,人民出版社2012年版,第222页。
② 《马克思恩格斯选集》第4卷,人民出版社2012年版,第223页。
③ 《马克思恩格斯选集》第4卷,人民出版社2012年版,第218页。

揭示马克思主义哲学的诞生引起的革命性变革。通过回溯德国古典哲学发展史,恩格斯指明了黑格尔辩证法的革命性质及其内在矛盾:由于唯心主义体系的封闭性,辩证法这种彻底革命的思想方法在黑格尔哲学那里竟然产生了极其温和的结论,实质上"为容纳各种极不相同的实践的党派观点留下了广阔场所"①。马克思主义哲学是黑格尔学派解体过程中产生的唯一真正结出果实的派别,马克思主义哲学在继承黑格尔哲学辩证方法的同时摆脱了其唯心主义框架,所创立的唯物史观这一历史科学终结了一切历史领域内的哲学。不同于黑格尔的历史哲学在历史之外寻找发展动力,唯物史观在历史本身中寻找这种动力,指出在现代历史中一切政治斗争都是阶级斗争,一切争取解放的阶级斗争归根到底是围绕经济解放进行的。由此,恩格斯说明了马克思主义哲学与以黑格尔哲学为集大成的德国古典哲学的本质区别,揭露了资产阶级复活德国古典哲学用以维护资产阶级经济地位与统治权力的政治意图,捍卫了马克思主义基本立场。列宁指出:"马克思和恩格斯最坚决地捍卫了哲学唯物主义,并且多次说明,一切离开这个基础的倾向都是极端错误的。在恩格斯的著作《路德维希·费尔巴哈》和《反杜林论》里最明确最详尽地阐述了他们的观点。"②

(二)反击庸俗化马克思主义,捍卫马克思主义基本观点

复活德国古典哲学的同时,资产阶级学者极力将马克思主义庸俗化。其典型代表保尔·巴尔特污蔑历史唯物主义为"经济唯物主义",声称唯物史观"否定一切观念的力量",将历史唯物主义同机械决定论、社会宿命论混为一谈。巴尔特将马克思视为只承认经济因素决定作用的"社会静力学"持有者,声称包括意识形态在内的整个上层建筑的反作用在马克思主义中没有得到任何充分阐述,马克思主义是缺失"社会动力学"的平庸的实证论。

巴尔特的观点在资产阶级学者中具有代表性,更危险的是,他的观点在倾向于马克思主义的群体中得到了默许,造成了对历史唯物主义的误解。青年经济学家康拉德·施米特在致恩格斯的信中,赞许巴尔特的观点"经济不是单方面地决定政治,而政治也反过来决定经济",声称巴尔特对于马克思历史观的批

---

① 《马克思恩格斯选集》第4卷,人民出版社2012年版,第226页。
② 《列宁全集》第23卷,人民出版社2017年版,第42页。

评是"深刻的"。① 恩格斯将巴尔特的书视为歪曲马克思主义的典型例子,坚决展开对巴尔特所谓唯物史观"经济唯物主义论"的批驳,这是恩格斯关于历史唯物主义的著名书信问世的直接原因。在 1890 年 10 月 27 日致施米特的信中,恩格斯分析了包括国家权力、法律等上层建筑对于经济发展的反作用,特别是以《路易·波拿巴的雾月十八日》为例,指出马克思对于政治因素的历史重要性的认识,证伪巴尔特的论断:"如果巴尔特认为我们否认经济运动的政治等等的反映对这个运动本身的任何反作用,那他就简直是跟风车作斗争了。他只需看看马克思的《雾月十八日》,那里谈到的几乎都是政治斗争和政治事件所起的特殊作用,当然是在它们一般依赖于经济条件的范围内⋯⋯如果政治权力在经济上是无能为力的,那么我们何必要为无产阶级的政治专政而斗争呢? 暴力(即国家权力)也是一种经济力量!"② 在此基础上,恩格斯进一步分析"那些更高地悬浮于空中的意识形态的领域",即宗教、哲学领域中经济起最终支配作用的必然性及其内在限度。一方面,指出经济发展对观念上层建筑的"最终的至上权力"是"确定无疑的";另一方面,以哲学思想为例,说明这种支配作用是发生在"各个领域本身所规定的那些条件的范围内"。③ 哲学思想的产生在继承前人的一定思想资料的前提下进行,在该前提下经济因素最终"决定着现有思想材料的改变和进一步发展的方式"④,这种决定多半是间接发生的,而对哲学发生最大直接影响的是政治的、法律的和道德的反映。

(三)反击标签化唯物史观,捍卫马克思主义基本方法

恩格斯晚年,国际共产主义运动风云变幻,无产阶级迫切需要科学理论的指导。然而,受到庸俗化马克思主义思潮的影响,以保尔·恩斯特为代表的德国社会民主党内"青年派"等"最新的马克思主义者"将唯物史观标签化,当作现成的公式来剪裁历史事实。"青年派"大都出身于资产阶级,在工人运动最兴盛时期参加进来,思想意识上存在资产阶级意识的残余,在党内形成了一个小资产阶级社会主义派别。其在思想领域的危险性在于,"青年派"企图将马克思主

---

① 杨金海主编:《马克思主义研究资料》第 27 卷,中央编译出版社 2015 年版,第 132 页。
② 《马克思恩格斯选集》第 4 卷,人民出版社 2012 年版,第 613 页。
③ 《马克思恩格斯选集》第 4 卷,人民出版社 2012 年版,第 612 页。
④ 《马克思恩格斯选集》第 4 卷,人民出版社 2012 年版,第 613 页。

义和各式资产阶级、小资产阶级思想调和起来,将唯心主义观点偷偷塞进马克思主义著作,将马克思主义庸俗化。"青年派"看到了历史规律的客观性,却否认作为主体的人的主观能动性;坚持了经济基础的决定作用,却忽略包括意识形态在内的上层建筑的相对独立性和反作用;打着马克思主义旗号,却兜售着背离马克思学说真精神、将唯物史观庸俗化的思想观点,给科学理解和广泛传播马克思主义带来极端负面效应。恩斯特歪曲历史唯物主义:一是将历史唯物主义公式化,将对德国小市民阶层的分析简单套用在对挪威小市民阶层的分析之上;二是将历史唯物主义形而上学化,歪曲马克思的学说,声称在马克思那里存在历史自动论,经济关系"就像玩弄棋子一样地玩弄这些人"①。

恩格斯对"青年派"的歪曲进行了针锋相对的反击。一是反对将历史唯物主义公式化。在毕生生涯中,马克思不止一次地警告,不要生搬硬套唯物史观的原理,而是要将他们发现的方法当作研究历史的引线。恩格斯也常常指出,如果把他们的方法当作教条,辩证法就不成其为辩证法,而将变成强加于事实的先验的结构。面对恩斯特的歪曲,恩格斯紧急叫停这种伤害马克思主义传播和发展的做法,疾呼"马克思的整个世界观不是教义,而是方法"②。在1890年6月5日的信中,恩格斯批评了恩斯特将历史唯物主义公式化的做法,反对用机械的、教条的方法对待马克思主义。"如果不把唯物主义方法当做研究历史的指南,而把它当做现成的公式,按照它来剪裁各种历史事实,那它就会转变为自己的对立物。"③恩格斯指出了恩斯特在评论挪威剧作家易卜生的作品时所谓"用唯物主义方法处理问题的尝试"的偏颇之处:不是在详细掌握挪威经济社会发展史的基础上分析整个挪威及在那里发生的历史事实,尤其是在了解当地农民和小资产阶级生产方式和生存状况的前提下做出论断,而是以小市民阶层范畴来理解一切,更进而将对德国小市民阶层的看法套用到对挪威小市民阶层的理解上。他耐心地教诲这名青年去发现二者"极其重大的差别",在评论前有必要研究挪威小市民阶层的特性。

二是反对将历史唯物主义形而上学化。恩格斯反对形而上学地看待历史唯物主义的基本原理。他坦率地承认,青年对于经济方面的过分看重,客观上

---

① 《马克思恩格斯全集》第22卷,人民出版社1965年版,第98页。
② 《马克思恩格斯选集》第4卷,人民出版社2012年版,第664页。
③ 《马克思恩格斯选集》第4卷,人民出版社2012年版,第595页。

他和马克思负有责任。在思想早期,马克思、恩格斯基于从德意志意识形态"浓重的意识形态褴褛"束缚中抽身而出、彻底批判唯心史观的需要,不得不反复强调为论敌所否认的经济基础因素,对于包括意识形态在内的上层建筑的历史作用强调得不够,"为了内容而忽略形式"①。这在当时的时代背景和思想任务前提下具有合理性,但客观上造成了对包括意识形态在内的上层建筑的能动作用认识不足,且在青年人群中引起了误解亟待澄清。典型例子是普鲁士柯尼斯堡大学数学系学生约瑟夫·布洛赫的疑问,即应当如何理解唯物史观的基本原理——"现实生活的生产和再生产是历史过程中的决定性因素"。针对恩斯特将经济关系视为历史发展的"唯一的决定因素",布洛赫向恩格斯提问:"根据唯物史观,经济关系是唯一的决定因素呢,还是只在一定程度上是其他所有关系的坚实基础,而其他关系本身也还是能发生作用的。"②可见,在青年群体中,对于历史发展过程中经济因素和上层建筑因素各自的作用及其相互关系的理解,存在一定程度的混乱。

为了捍卫唯物史观的基本观点和方法,在1890年9月21—22日答布洛赫的信中,恩格斯全面论述了经济基础和上层建筑的辩证关系,对恩斯特"经济因素唯一决定论"予以针锋相对的反击:"根据唯物史观,历史过程中的决定性因素归根到底是现实生活的生产和再生产……如果有人在这里加以歪曲,说经济因素是唯一决定性的因素,那么他就是把这个命题变成毫无内容的、抽象的、荒诞无稽的空话。"③在这里,"归根到底"有三层深意:一是必然性。历史的发展表现为必然性和偶然性的统一。其中,经济因素表现为具有必然性的因素,"归根到底是经济运动作为必然的东西通过无穷无尽的偶然事件(即这样一些事物和事变,它们的内部联系是如此疏远或者是如此难于确定,以致我们可以认为这种联系并不存在,忘掉这种联系)向前发展"④,上层建筑的诸因素不管有多高的独立性,最终体现着经济运动的必然性。这一点如果说在个别时期看得不够清楚,那么若从历史发展的整个进程来看则非常清晰。如果画出上层建筑的历史发展曲线的中轴线,就会发现"所考察的时期越长,所考察的范围越广,这个轴

---

① 《马克思恩格斯选集》第4卷,人民出版社2012年版,第643页。
② 《马克思恩格斯全集》第37卷,人民出版社1971年版,第599页。
③ 《马克思恩格斯选集》第4卷,人民出版社2012年版,第604页。
④ 《马克思恩格斯选集》第4卷,人民出版社2012年版,第604页。

线就越是接近经济发展的轴线，就越是同后者平行而进"①。二是中介性。经济动因在归根到底的意义上起作用，但其起作用的中介环节和过程复杂而漫长。恩格斯以普鲁士为例指出，归根到底起到决定作用的经济动因如此遥远，以至于只有在研究了政治、道德等的直接原因后，才能发现经济动因的作用和影响。虽然可以论断普鲁士的产生和发展是由于历史的、归根到底是经济的原因，但若拘泥于仅仅从经济因素说明每一个德意志小邦的过去和现在的存在，则很难不闹出笑话。三是非唯一性。经济因素是社会历史发展的导源性因素，但并非唯一因素，上层建筑等其他因素及它们之间的相互作用也影响社会历史进程，且在一定条件下起到直接的决定作用。

总之，恩格斯基于新的社会历史条件和理论需求，对政治、法律、哲学、宗教等意识形态不可忽略的历史作用予以了承认，及时澄清了"青年派"的理论误区，捍卫了唯物辩证法的基本方法论。

三、发展：与时俱进推动马克思主义意识形态理论系统化

恩格斯晚年顺应国际工人运动对于科学理论指导的诉求，阐扬马克思主义与时俱进的理论品质，及时弥补他和马克思早年对于意识形态功能相对忽视的缺憾，厘清与阐发意识形态的内涵与结构、相对独立性与社会功能，为推动马克思主义意识形态理论系统化做出了杰出贡献。

（一）厘清意识形态的基本内涵与内在结构

面对来自以资产阶级意识形态为代表的旧意识形态对于国际工人运动的负面影响，恩格斯赋予意识形态以"虚假意识论"的经典定义，揭示意识形态发生的认知论机制。"意识形态是由所谓的思想家通过意识、但是通过虚假的意识完成的过程。"②这种虚假性体现在，无论就其内容还是形式而言，意识形态都是从纯粹的思维中引出的。由于束缚于虚假的思维过程，旧意识形态的哲学基础是唯心主义。对于一般意义上的意识形态，除了如前所述分析其产生和消亡的一般规律、

---

① 《马克思恩格斯选集》第4卷，人民出版社2012年版，第650页。
② 《马克思恩格斯选集》第4卷，人民出版社2012年版，第642页。

与经济基础的辩证关系之外,恩格斯还深入对意识形态内部结构的分析中。国家是第一个支配人的意识形态力量。政治、法律等意识形态由于距离经济基础较近,在国家产生后随即出现。"更高的即更远离物质经济基础的意识形态,采取了哲学和宗教的形式。"①因此,若就与经济基础的远近关系对意识形态进行分层,则政治、法律、哲学、宗教构成由内而外包围经济基础的圈层。在《费尔巴哈论》中,恩格斯详尽阐发了法律、哲学、宗教等意识形态形式的历史发生,以及它们各自与经济基础关联的远近,厘清了多样意识形态形式的结构方位。

(二)阐发意识形态具有相对独立性的全新观点

在巴尔特所谓唯物史观"经济唯物论"的理解框架里,意识形态作为思想上层建筑,其发生、发展是机械、被动的过程。恩格斯及时地回击这种论调,首次提出了意识形态一旦生成就具有相对独立性的观点。如前所述,在马克思、恩格斯思想早期,基于批判唯心史观、建立历史科学的需要,他们将主要精力集中于阐发经济基础对于社会意识的决定作用,客观上作为思想上层建筑的意识形态的作用没有得到充分强调。恩格斯晚年顺应国际工人运动对于科学理论指导的迫切需要,突出强调了此前相对忽视的意识形态的相对独立性与能动反作用,丰富和发展了马克思主义意识形态理论。在 1890 年 10 月 27 日致施密特的信中,恩格斯首次提出了"相对独立性"的概念,认为国家作为"新的独立的力量总的说来固然应当尾随生产的运动,然而由于它本身具有的即它一经获得便逐渐向前发展的相对独立性,它又对生产的条件和进程发生反作用"②。实际情形中,国家权力对经济基础的反作用可以表现为同向、反向或他向三种形态。政治上层建筑具有相对独立性,经济运动"必定要经受它自己所确立的并且具有相对独立性的政治运动的反作用"③。思想上层建筑也不例外。"我们称之为意识形态观点的那种东西——又对经济基础发生反作用,并且能在某种限度内改变经济基础。"④恩格斯以哲学为例说明意识形态的相对独立性。从发生来看,每一时代哲学的发生并不仅仅基于一定社会经济基础,而要充分考虑"由它

① 《马克思恩格斯选集》第 4 卷,人民出版社 2012 年版,第 260 页。
② 《马克思恩格斯选集》第 4 卷,人民出版社 2012 年版,第 609 页。
③ 《马克思恩格斯选集》第 4 卷,人民出版社 2012 年版,第 609 页。
④ 《马克思恩格斯选集》第 4 卷,人民出版社 2012 年版,第 611 页。

的先驱者传给它而它便由以出发的特定的思想资料"①;从发展来看,哲学的发展水平并非与经济发展水平同步,"经济上落后的国家在哲学上仍然能够演奏第一小提琴"②。但意识形态的独立性是相对的,经济基础在归根到底的意义上决定着哲学思想材料存在和发展的方式,这种决定通过政治、法律、道德的反映间接来实现。

(三)强调意识形态对于经济基础的巨大反作用

意识形态的相对独立性更为突出地体现在其社会功能上。意识形态绝非机械受制于经济基础的"牵线木偶",而是由意识形态家们有意识地进行的观念生产的产物。意识形态的变迁不是对经济运动自发的、消极的反映,而是能动地作用于社会历史发展。马克思、恩格斯曾否认意识形态有独立的发展史,一些资产阶级意识形态家便自以为是地得出他们否认意识形态的历史影响的荒谬结论。在1893年7月14日致弗兰茨·梅林的信中,恩格斯一针见血地指出这种推论在方法论上的偏差:"这是由于通常把原因和结果非辩证地看做僵硬对立的两极,完全忘记了相互作用。"③在1894年1月25日致瓦尔特·博尔吉乌斯的信中,恩格斯指出,固然政治、法律、哲学、宗教等意识形态的发展是以经济发展为基础的,经济关系构成制约社会历史发展的一条红线。但是,"这并不是说,只有经济状况才是原因,才是积极的,其余一切都不过是消极的结果"④。相反,不仅各种意识形态形式间相互作用,而且它们还对经济基础发生能动反作用。经由恩格斯的详尽说明,意识形态的相对独立性和能动反作用得以生动呈现,意识形态不再是被动的存在,而是能够积极参与社会再造进程的重要因素。恩格斯不仅系统化了马克思主义对意识形态形式间相互作用,以及意识形态与经济基础相互作用的理论,而且对于法律、道德、宗教等具体意识形态形式对社会经济的最终依赖性及其在历史发展中的作用做了清晰揭示,丰富了马克思主义意识形态理论。具体而言,恩格斯揭示了法律与经济基础、政治上层建筑的相互关系,阐述了道德对社会经济的依赖性及其在历史发展中的作用,揭

---

① 《马克思恩格斯全集》第37卷,人民出版社1971年版,第490页。
② 《马克思恩格斯选集》第4卷,人民出版社2012年版,第612页。
③ 《马克思恩格斯选集》第4卷,人民出版社2012年版,第644页。
④ 《马克思恩格斯选集》第4卷,人民出版社2012年版,第649页。

示了宗教的社会根源及其历史作用。总之,意识形态作为思想上层建筑,在一定条件下能够变成物质力量,反作用于社会存在进而影响社会历史进程。先进的社会意识形态是社会变革的先导,是推动历史前进的巨大精神力量;落后腐朽的社会意识形态则是阻碍社会发展的因素。

四、结　语

恩格斯晚年接过马克思主义传承的接力棒,在阐释、捍卫、发展马克思主义意识形态理论方面做出了杰出贡献。然而,恩格斯逝世后,以伯恩施坦为首的修正主义者认为恩格斯关于历史唯物主义的书信"修改"了唯物史观,对于意识形态因素的巨大作用的肯定是承认唯心主义。这种歪曲是对辩证法的漠视和无知。恩格斯清楚地指出:"经济状况是基础,但是对历史斗争的进程发生影响并且在许多情况下主要是决定着这一斗争的形式的,还有上层建筑的各种因素……政治的、法律的和哲学的理论,宗教的观点以及它们向教义体系的进一步发展。"①这里蕴含着深刻的辩证法:仅仅肯定经济关系的决定作用是不够的,那样会使唯物主义的运用变成比解最简单的一次方程式更容易的东西;只有深入研究经济和其他一切非经济关系的相互作用,才能理解历史过程的复杂性。恩格斯对于经济因素的最终决定作用、包括意识形态在内的上层建筑与经济基础的相互作用的性质和结构的阐释,在今天仍具有重要指导意义。习近平总书记在党的十八届三中全会第一次全体会议上的讲话中指出:"经济建设是党的中心工作,意识形态工作是党的一项极端重要的工作。"②这既是对历史上对于经济基础与上层建筑关系处理实践中正反两方面经验教训的理性总结,也是马克思、恩格斯关于二者内在关系与演化过程的基本原理在新时代的科学运用。

---

① 《马克思恩格斯选集》第 4 卷,人民出版社 2012 年版,第 604 页。
② 《习近平关于社会主义文化建设论述摘编》,中央文献出版社 2017 年版,第 33—34 页。

论人类命运共同体的政治哲学创新意蕴

李长成

摘　要:人类命运共同体的政治哲学创新集中体现在政治存在论、政治方法论、政治价值论等方面。政治存在论的创新集中体现在它回到了个体或单个国家共生共存的政治存在论本身;政治方法论的创新集中体现在它主张以各国之间真正平等、相互尊重的"我"与"你"的关系取代相互利用、相互对立的关系;从政治价值论的创新来看,人类命运共同体理念强调各国在实现自己合理利益诉求时,要坚持通过对话实现义利兼顾、义利统一,达到义利和谐。

关键词:人类命运共同体　政治哲学　政治存在论　政治方法论　政治价值论

作　者:李长成,湖州师范学院教授,浙江省习近平新时代中国特色社会主义思想研究中心研究员,研究方向为马克思主义政治哲学和道德哲学。

当代世界的政治秩序图景在现代性的基础上得以形成,作为现代世界产物的全球问题和世界秩序"在现代性中有其本质的来历和根据"①。尽管现代性的全球扩展使整个世界成为紧密相连的地球村,但其造成的诸多问题不是追求无限扩张的资本所能解决的,也不是依赖极少数民族国家的力量所能解决的,迫切需要新的政治理念的引导和规范。

---

① 吴晓明:《"中国方案"开启全球治理的新文明类型》,《中国社会科学》2017 年第 10 期。

一、政治存在论创新

人类命运共同体的政治存在论创新,集中体现在它超越了西方现代性政治从孤立的个体或单个国家出发建构现代政治或国际政治的缺陷,回到不同个体或国家共生共存的政治存在论。从现代性政治本身来看,它至少表现为"两种形态":第一种形态体现为打破过去,并宣布内在性为世界和生活新范式的激进革命进程。在此基础上,现代科学实验的知识和行动得以生长,民主政治的发展趋向日益清晰,人类欲望和权利被置入历史中心。第二种形态推出超验对抗内在、秩序对抗欲望,建立起无所不及的权力体系,寻求压制和支配新生运动的强大控制和支配力量。① 现代性政治危机源于内在的建设性、创造性力量与试图恢复超验力量之间的内部冲突。在全球范围内,这种冲突又表现为外部冲突,欧洲发现了外部世界,并意识到文明征服世界是个可能的目标。

为解决现代性危机,现代主权形式同资本内容相结合,形成一种反抗除自己之外一切政治力量的总体性政治力量,一个反对其他一切国家的总体性国家,一台通过军队和警察等强制性力量统治全社会的机器。它必须马不停蹄地将一切个体纳入这个总体性权力体系中,完成铸造新型普遍意志的伟业,并服务于资本的发展。这一主权理论初步针对现代性危机提出了"第一种政治解决方案"②。

随着父权—君权统一体的解体,公民秩序取代封建臣民秩序,人民由被动的臣民转变为积极的公民。因此,现代欧洲主权不仅仅是君临一切的总体性权力,也是聚合各种超越阶级的要求、把民众变为人民、寻求新的精神认同的民族国家主权。现代民族国家主权在第一套方案的基础上,建立起一套更完善的"第二套方案",将民族、国家、人民连接在一起,确立了更稳固的秩序和控制。③一方面,民族国家主权及其意识形态结构在自己的内部一直忙碌着,让拥有霸

---

① [美]哈特、奈格里:《帝国——全球化的政治秩序》,杨建国、范一亭译,江苏人民出版社 2003 年版,第 79 页。

② [美]哈特、奈格里:《帝国——全球化的政治秩序》,杨建国、范一亭译,江苏人民出版社 2003 年版,第 88—91 页。

③ [美]哈特、奈格里:《帝国——全球化的政治秩序》,杨建国、范一亭译,江苏人民出版社 2003 年版,第 99 页。

权的集体、种族或阶级代表有内部分歧和冲突的全部人民,生产出纯净的、同质性的人民整体;另一方面,在外部,民族国家主权忙于制造种族差异、划定边界、支配他者,消除统治的限制。① 在此背景下,"欧洲中心主义开始凝结成形",它是对"新诞生的人类平等观的潜在力量的逆动,它是一场在全球范围内进行的反革命"。②

可以看出,现代性政治的"基本精神是划分(Dividing)",即划定和区分各种边界。③ 个人权利划分了个人边界,敌人划分了人民的边界,主权划分了民族国家边界。边界的逻辑体现为分裂世界。20世纪70年代的经济全球化虽然通过世界市场进一步加强了全球的相互依存度,在一定程度上突破了民族国家主权的边界,将整个地球整合起来,客观上形成了超越民族国家利益的世界利益,但目前的国际政治逻辑仍未得到根本改观,仍然停留在现代性政治的分裂逻辑中,无法从根本上解决"世界内部化"问题。"世界内部化"是使世界成为"容纳一切(All-Inclusive)"的"无外"天下,他者不再被视为无法共同生活的异端和敌人,不同的价值观不再被视为无法接受的"异教",从而克服世界的外部性问题。④ "世界内部化"意味着化敌为友,或者说人为制造出来的敌人本身就是朋友,这将使国际政治成为真正包容一切的全球政治。

解决"世界内部化"问题的根本在于从政治存在论上规定"在世界之中"。马克思曾指出,社会结构和国家从"现实中的个人"的生活过程中产生。"现实中的个人"在既定的前提和条件下进行物质生产活动,这些条件和前提不受他们任意支配。⑤ "马克思主义原本就是把人理解为社会的共同存在。"⑥社会关系指"许多个人的共同活动",生产力指"共同活动方式本身"。⑦ 进一步来看,"在世界之中"不能被简单理解为两个现成的具有广延性的存在者在某一空间场所内形成的相对位置关系,也不是现存的东西一个在另一个之中。"如果两

---

① [美]哈特、奈格里:《帝国——全球化的政治秩序》,杨建国、范一亭译,江苏人民出版社2003年版,第121页。
② [美]哈特、奈格里:《帝国——全球化的政治秩序》,杨建国、范一亭译,江苏人民出版社2003年版,第81页。
③ 赵汀阳:《天下的当代性:世界秩序的实践与想象》,中信出版社2016年版,第21页。
④ 赵汀阳:《天下的当代性:世界秩序的实践与想象》,中信出版社2016年版,第25页。
⑤ 《马克思恩格斯选集》第1卷,人民出版社1995年版,第71—72页。
⑥ [日]广松涉:《马克思主义的哲学》,邓习议译,南京大学出版社2019年版,第62页。
⑦ 《马克思恩格斯选集》第1卷,人民出版社1995年版,第80页。

个存在者在世界之内现成存在,而且就它们本身来说是无世界的,那么它们永不可能'接触',它们没有一个能'依'另一个而'存'。"①个体之间或国家之间不是一种偶然的可有可无的关系,它们只有共同生存在一起,才能"依寓于"世界,才能彼此之间发生关系。它们以"在世界之中"的方式"共在",具有"共在的本质结构"。② 因此,个人的或国家的世界是"共同世界","在之中"意味着每个人或每个国家与他人或其他国家共居一个世界之中。由于它们共同在一个世界,从原初意义上说,世界必定始终是"我和他人共同分有的世界"③。现代性政治从孤立的个体或国家出发来理解国内政治或国际政治,注定无法正确处理自我与他者的关系,无法把握"共在"先于个人存在的政治存在论实情。

具体而言,人类命运共同体理念在以下几方面体现了这一政治存在论创新。

首先,倡导人类的共生共在。新型经济全球化加深而不是削弱了人类的共生共在感。人类共同生活在同一个地球村,世界各国间的联系更加紧密、相互依存空前加深。"宇宙只有一个地球,人类共有一个家园。"④面对全球生产方式造成的巨大变化,在吸收了中华优秀传统文化和合思想和马克思共同体思想的基础上,人类命运共同体强调全球是完整无外的有机整体世界,一切政治存在都在其界限之内。没有一个陌生的他者被作为不可化解的敌人对待,没有一个国家被人为地排除在外,这充分体现了全球政治的最大化的整体共存原则。人类的共生共在决定了各国需要相互理解、相互包容、相互关心,需要和而不同、和平共处,坚决反对现代性政治的二元分裂逻辑和排斥逻辑以及由此必然导致的霸权逻辑。

其次,倡导合作共赢。面对全球性问题,人类有两种选择:一种是各国坚持自己的边界、相互排斥、相互拆台,以争权夺利甚至以战争方式来解决冲突,最终带来灾难性后果;另一种是各国勇于变革,顺应时代潮流、相互包容、相互补台,化敌为友,"不搞唯我独尊、你输我赢的零和游戏,不搞以邻为壑、恃强凌弱

---

① 〔德〕海德格尔:《存在与时间》,陈嘉映、王庆节译,生活·读书·新知三联书店1987年版,第65页。
② 〔德〕海德格尔:《存在与时间》,陈嘉映、王庆节译,生活·读书·新知三联书店1987年版,第140页。
③ 〔德〕海德格尔:《存在与时间》,陈嘉映、王庆节译,生活·读书·新知三联书店1987年版,第138页。
④ 习近平:《论坚持推动构建人类命运共同体》,中央文献出版社2018年版,第415页。

的强权霸道"①,齐心协力、万众一心应对挑战,开展各种层次的合作。为此,基于人类共生共在的存在论实情,各国应明确拒绝或摒弃自私自利、短视狭隘的封闭保守政策,坚持自主发展、和平发展、开放发展和共赢发展,融入世界经济发展的大循环中。少数大国应主动放弃霸权主义政策,放弃排斥、遏制等敌对手段,以合作共赢取代对抗独占,以包容共生取代排斥独霸,使世界真正成为和平、繁荣、美丽、文明的天下。

最后,倡导共同发展。既然各国共同存在于一个世界中,命运休戚相关,那么发展意味着"共同发展",不能只顾自己,更不能损人利己。一方面,各国要根据本国的历史和现实情况,积极学习、借鉴现代化的成功经验,坚持走自己的现代化发展之路,致力于发展生产力,实现国富民强;另一方面,各国应该秉持同舟共济、相互帮助、共同发展的理念,把彼此的幸福和发展联系起来,并力所能及地帮助他国发展,携手建设更加美好的世界,建设繁荣昌盛和远离贫困的世界。人类共生共在的地球村应该成为各国共谋发展的空间,而不能成为各方展开零和博弈的竞技场,更不能成为少数国家获取一己私利的场所。

二、人类命运共同体的政治方法论创新

人类命运共同体的政治方法论创新集中体现在对关系思维的自觉上,超越了长期占主导地位的实体主义思维方式。实体是无须其他存在者就可以存在的存在者,其存在特征是"无所需求"②。实体主义思维是指通过将世界二重化为"现象世界"与"本质世界",并在"多"的现象世界背后苦苦寻觅一个本真的、一元的、绝对的实体化本体的思维方式,它具有以下基本特质。

首先,追寻永恒终极实体的还原论思维。实体主义思维通常认为最先原初存在(逻辑在先,而非时间在先)的东西是第一性的最本真存在。认识事物和世界首先要超越变动不居的感性世界去追本溯源、还本归真,追寻其原初的本真存在,并把最先存在的东西视为最真实的可以依赖的支点。其次,追问"是什

---

① 习近平:《开放共创繁荣 创新引领未来:在博鳌亚洲论坛 2018 年年会开幕式上的讲话》,人民出版社 2018 年版,第 7—8 页。

② [德]海德格尔:《存在与时间》,陈嘉映、王庆节译,生活·读书·新知三联书店 1987 年版,第 108 页。

么"的预成性思维。实体主义思维认为实体有一固定不变的本质,这一本质通过实体的最突出属性可以把握,其余的性质都依托于它。属性是实体本身固有的,是既定的、预成的、封闭的、无矛盾的、单一的,不是动态生成的。最后,追求绝对一元论的等级性思维。传统哲学总是将世界截然划分为偶然的与必然的、外在的与内在的等二元对立和等级差异关系,起决定作用的只能是其中一方,另一方从属和依赖于它,受其支配。

尽管这种思维方式通过知性主体反思的中介,将认识对象加以对象化的抽象和分离,获得固定的规定性,赋予其内容以普遍性的形式,为我们认识世界奠定了基础。但它坚持主客体间、事物间的差别和对立,忽视了万事万物之间的有机关联,即使它强调了关系,但此种关系仍然是孤立实体之间的抽象外在关系。因此,现代性政治思想家坚持实体主义思维方式,从孤立的实体性的主体或国家出发,不仅将导致社会和世界的割裂,无法获得对其整体性关系的洞见和理解,还将导致个体和国家、自我与他者、主体与客体的种种隔离和对立,同时也会导致某些个体或国家以事物实体性本质的代表之名,支配和控制那些所谓缺乏实体性本质的个体或国家,从而使支配和控制合法化、文明化。

这种实体主义思维方式,同样体现在全球范围内不同国家之间的关系上。资产阶级通过开拓"世界市场"无情排挤各国古老的民族工业,将各地方和民族的自给自足的闭关自守状态打破,最终不仅使人与人之间的关系成为赤裸裸的利己主义者之间的利害关系,导致人的尊严变成了交换价值,而且使"农村屈服于城市的统治",使未开化和半开化的国家受文明国家的支配,使农民的民族受资产阶级民族的支配,使东方受西方的支配。[①] 全球范围东方与西方、南方与北方、中心与边缘、落后与文明等一系列政治上的对立和等级支配关系,并没有随着新型全球化的到来得到根本解决。尽管各国之间在经济上交往和融合日益加强,但作为孤立国家实体之间的关系,以及背后的实体主义思维方式,并没有得到根本改变。冷战思维、殖民思维等是实体主义思维方式最典型的表现。

在新型经济全球化时代,以美国为首的少数国家继续不放弃冷战思维,搞强权政治和霸权主义,极力遏制中国等发展中国家的发展;不放弃阵营对抗,坚持弱肉强食的丛林法则,延续零和博弈、赢者通吃、尔虞我诈、相互拆台等旧思

---

① 《马克思恩格斯选集》第 1 卷,人民出版社 1995 年版,第 276—277 页。

维、旧观念和旧做法。人类命运共同体不仅致力于超越各国间相互利用的工具关系、二元对立的主客关系、不平等的"我"与"他"的关系，而且致力于超越关系背后的实体主义思维方式，倡导国家之间真正的关系思维，使人类之间真正形成平等、相互尊重的"我"与"你"的关系，取代相互利用、相互对立的孤立实体间的关系。中国主张必须彻底反思和抛弃上述这些旧思维、旧观念和旧做法，倡导真正的关系思维，即从人类整体命运出发，从具体平等和相互尊重的关系出发，坚持和而不同，用平等、尊重和爱心来欣赏、包容和共建这个丰富多彩的世界。具体而言，可从以下几方面入手。

首先，筑牢关系思维的社会基础。人与人、国与国的交往和互动，只能通过相互的关系展开。我们不能将某人或某国视为孤立的实体，并从此认识前提出发构建人与人、国与国的关系。这种通过孤立实体性主体建构起来的关系是虚假的，无法推动各国之间形成真正平等的、和而不同的关系。随着旧殖民体系的瓦解和世界对旧殖民思维的批判，随着新兴市场国家和发展中国家的兴起，任何国家或国家集团再也无法单独主宰世界，无法单方面操控其他国家。这为关系思维的实现和落实提供了坚实的社会基础。不过，阵营对抗、相互排斥、冷战思维、殖民思维仍不时冲击这一基础。为此，各国应旗帜鲜明地反对旧思维，弘扬和平发展、合作共赢的时代主旋律，形成全球层面的关系思维的自觉，不断筑牢关系思维的社会基础。

其次，夯实关系思维的利益基础。关系思维的落实，离不开各国之间健康的物质利益关系的形成。利益关系是构成关系思维的最重要的基础。各国不能为了实现自己国家的一己私利，采取损害他国或排斥他国利益的做法，也不能仅仅为了追求自己国家利益的实现，不管不顾他国利益是否实现，或者仅仅视他国为实现自己国家利益的工具或手段。开展合作、实现互利互惠，需要彼此相互信任、诚心相待。为夯实关系思维的利益基础，各国要相互补台，寻求利益合作、利益交融、利益共享，实现互利双赢、互利多赢、互利共赢；各国在追求本国利益时，要兼顾他国利益和他国发展，把本国的利益和发展与他国的利益和发展有机统一起来，在利益合作中实现共同发展、共享发展和共赢发展。

最后，强化关系思维的交往基础。关系思维需要通过各国之间广泛的互动和交往获得具体体现，这种真诚的互动和交往会进一步强化关系思维，二者之间形成良性循环。它包括几个方面：一是各国之间要在相互尊重的基础上开展交往,不论国家大小和强弱。每个国家都有自己的国家尊严,有独立自主选择本国发展道路的权利,不应受到压制或侵犯。二是各国要发扬伙伴精神,不以利害义,而应义利兼顾,以义为先,同舟共济、责任共担、共同发展。为此,发达国家应该多一点共享和担当精神,多承担一些责任,为世界的和平和发展做出更大的贡献。三是各国要增进相互包容和共同理解。加强相互认知和理解需要各国换位思考,将心比心。"国之交在于民相亲,民相亲在于心相通。"①每个国家要以爱心、同情心、包容心来看待世界和他国,多做暖人心、得人心的好事,将每个国家看作人类整体"大家庭"的有机组成部分,使彼此的心灵相通、人民相亲。

三、人类命运共同体的政治价值论创新

从政治价值论来看,人类命运共同体理念超越了自由主义与现实主义的对立。各国可以通过协商、对话增进相互认知和理解,妥善解决分歧。习近平主席强调指出:"和平、发展、公平、正义、民主、自由,是全人类的共同价值,也是联合国的崇高目标。"②各国共享的共同价值正是各国可以通过对话达成理解的根本保证。

自由主义一般强调人性的道德维度,反对权力的算计,强调国际政治应完全按照普遍主义道德来规划,确保普遍人权的实现,最终实现人类普遍享受自由和永久和平的崇高理想。作为自由主义的杰出代表,康德系统阐发了实现人类永久和平的具体构想。这种设想建立在通过每个国家愿意捍卫权利而在人类身上所发现的"道德秉赋"上。"每个国家对权利概念所怀有的这种效忠(至少是在字面上)却证明了,我们仍然可以发现人类有一种更伟大的、尽管如今还在沉睡着的道德秉赋,它有朝一日会成为自己身上邪恶原则的主宰(这是他所不能否认的)。"③人类永久和平如何可能?

首先,康德认为,真正的国际政治不是权力的政治,不是利益的政治,而是

---

① 《习近平谈治国理政》第 2 卷,外文出版社 2017 年版,第 510 页。
② 《习近平谈治国理政》第 2 卷,外文出版社 2017 年版,第 522 页。
③ 〔德〕康德:《历史理性批判文集》,何兆武译,商务印书馆 1990 年版,第 112 页。

以自由为基础的世界公民权利的政治。它需要向道德"宣誓效忠",否则会寸步难行。① 随着各国家和各民族之间交往的增多,共同性的日益汇聚,在地球上任何一个地方侵犯权利都会被其他地方感受到,并会遭受批评和谴责,由此可以让人们认识到世界公民权利的观念不再是一种幻想,而是日益表现为"一般人类权利"②。其次,商业精神的扩展。康德认为商业精神无法与战争共处。每个国家为了追求商业利益和物质财富,不得不去促进荣誉和和平。但这种论证显然与前面所提到的道德政治无法兼容。为解决此难题,在康德看来,人类沉睡的道德秉赋得以发展,所依靠的是"人类在社会中的对抗性",即"人类的非社会的社会性"③。最后,自然目的论的隐蔽保证。康德认为,这个目的论的命题无法从客观上得到说明,不属于规定性判断力,不属于自然科学领域,"自然目的概念按照其客观实在性是根本不能通过理性来证明的(亦即它不是对于规定性的判断力具有构成性的,而只是对于反思性的判断力具有调节性的)"④。这些目的无法按照自然的机械原则来认识,只能按照最高的原因性来设想,是人通过主观反思建立起来的。

如果说政治自由主义假设人性在本质上是善的和无限可塑的;相信源于抽象普遍原则的理性和道德的国际政治秩序是可以设想和实现的;认为阻止这一目标实现的是知识和理解的缺乏、社会制度的落后、利益的对抗等原因。与之相对的,政治现实主义认为,人性的客观法则是以权力界定利益;世界本质上是利益对抗和利益冲突的世界,无法得到根本解决;制约和均衡的制度是适合于国际社会的普遍原则;它更多地求助于历史先例而不是抽象的普遍原则;其追求的目标是实现较小的恶而非绝对的善。⑤

在摩根索看来,当19世纪贵族国际社会被民族主义摧毁时,国际社会被众多国内社会取代,民族国家成为个人最终效忠的对象,民族主义战胜国际主义,民族主义伦理已经在全球取得优势。民族国家不仅对其成员施加道德义务的能力极大地提高,而且获得个人可以无视超国家道德的忠诚度。特别是第一次

---

① [德]康德:《历史理性批判文集》,何兆武译,商务印书馆1990年版,第139页。
② [德]康德:《历史理性批判文集》,何兆武译,商务印书馆1990年版,第118页。
③ [德]康德:《历史理性批判文集》,何兆武译,商务印书馆1990年版,第6页。
④ [德]康德:《判断力批判》,邓晓芒译,人民出版社2002年版,第250—251页。
⑤ [美]摩根索:《国家间政治:权力斗争与和平》,徐昕、郝望、李保平译,北京大学出版社2006年版,第27—28页。

世界大战以来,国际舞台上的每一个竞争者都带着无可置疑的排他性,各自高举各自的偶像在众神已逝的苍穹下相遇,都认为自己掌握了绝对的道德真理,"把它们本国的道德观念等同于全人类必须接受的、终将接受和赖以生存的道德观念。就这一点而言,国际政治的伦理便回复到部落主义、十字军讨伐和宗教战争的政治和道德上去了"①。随着国际社会的瓦解以及传统外交的式微,不管是以限制、转变或调解的方式求和平,都无法有效限制相互竞争的国家权力,无法解决国家道德与超国家道德的永恒冲突,无法实现一个道德判断和政治行动的世界共同体。

人类命运共同体所倡导的共同价值,超越了自由主义与现实主义价值论的二元对立,具体体现在以下几个方面。

首先,反对单向的价值输出。不管国家大小,各个国家的主权和核心利益不容其他国家干涉和侵犯,但这并不意味着各国之间必然会产生对抗状态。对抗产生的原因主要在于:一是少数国家为了国家利益或资本利益视其他国家为可以任意控制和支配的不平等的他者,而不是将其视为平等的、值得尊重的对象;二是少数霸权国家将自己的价值观推广至世界,输出自己的价值观,认为自己的价值观真正具有普遍价值,并采取武力等手段将其强加给其他国家。中国主张国家之间要平等相待、相互尊重、求同存异,旗帜鲜明地反对将自己的价值观视为唯一正确的,反对以"人权"或"普世价值"之名强制"输出"自己的价值模式。"我们不'输入'外国模式,也不'输出'中国模式,不会要求别国'复制'中国的做法。"②在此意义上,"共同价值"不同于"普世价值"。如果说前者坚持多样性的统一,追求普惠共享,不是少数国家价值观的体现,后者则坚持绝对的统一,消除差异,把以美国为代表的西方价值观视为普遍的、唯一正确的价值观,并向全世界强制推广。③

其次,加强各国之间的对话。人性既不是固定不变的,也不是预定的,而是在不同的历史文化条件下通过人的实践活动生成的。这种实践活动不是孤立个人的活动,而是人与人、人与自然的关系不断展开的活动。同样,全球价值规

---

① [美]摩根索:《国家间政治:权力斗争与和平》,徐昕、郝望、李保平译,北京大学出版社2006年版,第291页。
② 习近平:《论坚持推动构建人类命运共同体》,中央编译出版社2021年版,第514页。
③ 韩庆祥等:《人类命运共同体与共同价值》,《社会主义核心价值观研究》2017年第4期。

范不是凭空产生的，不是某些国家或某些人任意想象或制造的，而是人类在既有的物质生产历史条件下通过交往活动逐渐形成的。随着生产实践活动的跨国拓展，世界大市场的形成，世界历史的深入发展，人与人、国家与国家交往的增多，共同价值的形成具备了坚实基础，但这并不意味着价值冲突和价值分歧可以一劳永逸地获得彻底解决。冲突和分歧的最好解决方式是对话和协商，"对话过程虽然漫长，甚至可能出现反复，但后遗症最小，结果也最可持续"①。

最后，坚持利益和道德的统一。世界既不是现实主义所谓的纯粹利益世界，也不是自由主义所谓的单纯道德世界。中国主张要将利益和道德、义和利有机统一起来，坚持正确的义利观，合理兼顾义和利。一方面，每个国家都有自己合理的利益诉求，有正当的利益关切，追求本国的私有利益的满足并不必然意味着各国利益的对抗，也不意味着各方之间一定是你输我赢、你少我多的恶性竞争关系。人类的共同利益可以在利益合作、利益结合、利益融合中实现。各国需明确摒弃"理性经济人"假设和自我利益最大化原则，加强合作，实现利益的共享。"合作是实现利益唯一正确选择。要合作就要照顾彼此利益和关切，寻找合作最大公约数。"②

另一方面，各国不仅要明确反对单边主义、贸易保护主义、逆全球化思潮，还要互相尊重对方合理的利益关切，做到互利合作、互利互惠、互利共赢，不能损人利己，不能一味追求自己国家利益的最大化，要把追求本国利益和兼顾他国利益、惠本国和利天下结合起来。"既把自己发展好，也帮助其他国家发展好。大家都好，世界才能更美好。"③各国在追求自己的核心利益时，要坚持正确的义利观，发扬同甘共苦、同舟共济、守望相助和休戚与共的伙伴精神，把讲信义、重情义和树道义融入利益追求中，不能为了利益而放弃道德，也不能为了道德理想而放弃自己的核心利益。"只有义利兼顾才能义利兼得，只有义利平衡才能义利共赢。"④

---

① 习近平：《论坚持推动构建人类命运共同体》，中央编译出版社 2021 年版，第 316 页。
② 习近平：《论坚持推动构建人类命运共同体》，中央编译出版社 2021 年版，第 241 页。
③ 习近平：《论坚持推动构建人类命运共同体》，中央编译出版社 2021 年版，第 371 页。
④ 习近平：《共创中韩合作未来　同襄亚洲振兴繁荣——在韩国国立首尔大学的演讲》，《人民日报》2014 年 7 月 5 日。

建设精神富有的社会是科学社会主义的根本要求

沙　静　陈华兴

摘　要:通过对人类精神的特质、精神富有社会的目标内涵、科学社会主义的根本价值、习近平总书记关于精神富裕重要论述的梳理剖析,阐明精神富有是人们主观世界不断洗练完善、精神内容不断向上向善的过程和状态,是人的知、情、意不断丰富提升,社会的真、善、美不断显现完臻的过程和状态;阐明精神富有的社会是一个物质富裕的社会、具有共同价值追求的社会、政治文明的社会、法治完善的社会、科教发达的社会、文化繁荣的社会、和谐有序的社会、人与自然协调的社会、人的全面发展的社会;阐明建设精神富有的社会是科学社会主义的根本要求,是社会主义现代化的重要特征,是习近平新时代中国特色社会主义思想的重要内容。

关键词:精神富有　精神富有社会　科学社会主义

作　者:沙静,浙江工商大学马克思主义学院硕士研究生,研究方向为马克思主义理论;陈华兴,浙江工商大学马克思主义学院名誉院长、教授,研究方向为马克思主义基本原理与马克思主义中国化。

人是社会历史的主体,人与人之间的关系包含着丰富的精神内容,它们构成了社会存在和发展的能动内涵和内生力量。一个国家、一个民族本身就是一个社会有机体,它在自身的历史发展中形成了某种共同的文化习惯和价值系统,并成为进一步发展的能动力量和精神内涵。党的十八大特别是十九届五中全会以来，习近平总书记就扎实推动共同富裕发表了一系列重要论述，形成了习近平新时代中国特色社会主义思想的重要篇章，开辟了中国特色社会主义共同富裕理论新境界，为扎实推动共同富裕提供了根本遵循和行动指南。深入剖析精神富有的内涵、价值、意义，对于推进共同富裕具有重要的理论意义和实践价值。

一、精神生活是人类社会生活的重要内容

精神，意指灵魂、心灵、意识、理念等，指人类生命力的根源，是物质或肉体的反义词。它源自古希腊语（Nous），具有气、呼吸（Pneuma）和灵魂（Psykhē）两层意思。在《圣经·创世记》中是这样描述的：耶和华用地上的尘土造人，将生气吹在他鼻孔里，他就成了有灵的活人——亚当。也就是说，在上帝将气吹入本是尘土的亚当之前，亚当只不过是一具毫无灵气的泥塑。"精神"也是中国传统文化的一个重要概念，就其源头看，"精神"是指人的元神、精气，与"形体"相对应。《淮南子·精神训》："夫精神者，所受于天也；而形体者，所禀于地也。"汉代王符《潜夫论·卜列》："夫人之所以为人者，非以此八尺之身也，乃以其有精神也。"同时，"精神"也指"心"的分辨是非、认识真理的功能。《孔丛子·记问》："子思问于夫子曰：'物有形类，事有真伪，必审之，奚由？'子曰：'由乎心，心之精神是谓圣。'"可见，从词源上看，精神具有两层意思：一是指人的主动性、能动性，也就是人的灵性；二是指人的思维、意识的活动和一般心理状态。

人是物质属性和精神属性的有机统一体。人的物质属性是指人的自然躯体的吃、住、性等自然欲望和感情要求，人的精神属性主要是指人的思想、理想、自由等精神内涵，人的物质属性和精神属性在人的生活实践过程中相互关联、相互渗透、有机统一。人之为人或人之区别于其他动物的东西在于人的精神属性——"自觉的能动性"[①]。从表面上看，人与动物有许多相像的行为，如动物吃食物，人也吃食物；动物有性行为并通过此繁衍后代，人也如此，但从本质上讲，两者是不同的，动物的吃、性行为是自然的本能活动，而人的吃、性行为是人的生活实践内容，是人的有意识、有目的的活动，因此人的活动具有精神的特质。

---

① 《毛泽东选集》第 2 卷，人民出版社 1991 年版，第 487 页。

由此可知,人之区别于动物并高于动物原因是在于人的精神特质,精神对于人来讲是必要条件。马克思之所以说"最蹩脚的建筑师"比"最灵巧的蜜蜂"高明,①正因为人有精神。毛泽东所说的"人是要有点精神的"②,道理正在于此。

精神并不是凝固的、僵死的,而是活动的,它存在于人与人之间的关系之中,涵养于社会的各种关系之中,具有明显的社会属性。马克思说:"人的本质不是单个人所固有的抽象物,在其现实性上,它是一切社会关系的总和。"③社会不是空洞的,而是以人与人之间关系为内涵的。因此,社会的存在内容和人的存在内容实质上是统一的,人的社会性与人的精神是共存的。精神生活是人类社会生活的重要内容。一方面,人的社会性不能离开精神。如果人的社会性与精神相脱离,只是单纯地群居在一起,那么,人的社会与蚂蚁等动物没有区别。另一方面,人的精神更不能离开社会性。精神的存在必须以一定的物质条件为基础,社会就是精神存在和发展的物质条件,精神只有在社会性中才能发挥其功能,成为凝聚社会、引导社会的力量。

二、精神富有的人和精神富有的社会

所谓精神富有,是指人们在社会实践活动过程中主观世界不断洗练完善、精神内容不断向上向善的过程和状态,是人的知、情、意不断丰富提升,社会的真、善、美不断显现完臻的过程和状态。社会是由人构成的,想要建设精神富有的社会,就要先明确精神富有的人是怎么样的。从个体意义上讲,精神富有的人具有以下内涵特征:第一,精神富有的人是一个自觉自律的人。个体通过自我认同、自我调节、自我约束。一方面,不让自己的感性欲望、自然情感和物质要求无限制泛滥而干扰其理性目标;另一方面,个体通过对这些感性要求的合理限制,使得自己的感性内容得到更加有效的、更具有意义的实现,从而使其知、情、意和谐协调,使其灵与肉、感性与理性统一有序,成为一个自尊自信自爱的人。第二,精神富有的人是一个富有理性的人。精神是在社会过程中流动

---

① 《马克思恩格斯选集》第 2 卷,人民出版社 2012 年版,第 169—170 页。
② 《毛泽东文集》第 7 卷,人民出版社 1999 年版,第 162 页。
③ 《马克思恩格斯选集》第 1 卷,人民出版社 2012 年版,第 139 页。

的,但人的存在和发展内容、社会的流动内容并非全是合理的,人总是处在现实的种种矛盾之中。理性的人就是善于处理各种矛盾、遵循社会规则并融入社会的人,使自我不断超越当下时空而趋向时间的永恒性和空间的完整性,从而使"昨天的我"—"今天的我"—"明天的我"贯成整体,使"我"—"我们"—"社会"连融一体,成为一个具有正确世界观、人生观、价值观的人。第三,精神富有的人是一个富有德性的人。人与人之间、人与社会之间具有各种行为规范和准则,这就是人伦道德。将这些伦理规范准则内化为个体的道德情感、教养等主观内容,便是一个有德性的人。正是因为有了德性的力量,个体才能真正知羞、知耻、知辱,从而使自己的思想和行为处于道德自觉和社会的伦常之中,成为一个知爱怀情、知恩图报、知善向善的人。第四,精神富有的人是一个"自由而全面发展的人"。自由是一切有精神的存在者的属性,马克思主义历来重视人的自由,马克思把"自由而全面发展的人"看成是"共产主义"的必要条件,①人的全面发展也是建设社会主义新社会的本质要求。

从社会意义上来讲,精神富有是具体的、历史的,它随着社会内容的变化而变化,精神富有与否只有在人与社会的关系中才能确定。具体地讲,精神富有的社会具有以下内涵特征:第一,精神富有的社会是一个物质富裕的社会。物质决定精神,物质富裕是精神富有的前提、条件和基础。马克思的生产力决定论,邓小平的"贫穷不是社会主义",中国特色社会主义理论体系所一贯强调的"科学发展",习近平反复强调的"高质量发展"都说明了这一点。第二,精神富有的社会是一个具有共同价值追求的社会。社会共同价值是反映处于现实社会关系中的人的共同需求的价值,具有"我—我们—社会"三位一体的生成结构,它在一定的社会中居支配地位、起主导作用。因此,共同价值追求表征着人类精神的进步趋向,是社会精神生活的基本内容,是精神富有的具体展现。第三,精神富有的社会是一个政治文明的社会。政治文明,是政治现代化的正向发展,是发展民主政治、建设政治文明的理性结果,是现代化建设各个方面事业发展进步的根本保证。因此,政治文明是精神富有社会的价值追求和根本保障,是建设精神富有社会的动力之源与重要条件。第四,精神富有的社会是一个法治完善的社会。法治不仅仅是一种社会规则体系和行为规范准则,而且也

---

① 《马克思恩格斯选集》第4卷,人民出版社2012年版,第647页。

是一种体现正义、平等、人权、自由等价值的法律精神;法治作为一种规则体系是精神富有社会的制度保障,法治作为一种法律精神是精神富有社会的内在内涵。第五,精神富有的社会是一个科教发达的社会。科技教育是推进人类精神事业的"历史的有力的杠杆",为精神产品的生产、传播和享受,思想道德观念的拓展和升华,提供了有效的方法、手段和动力,是构成人们精神世界的重要组成部分。第六,精神富有的社会是一个文化繁荣的社会。文化繁荣的内涵丰富,不但是指文化基础设施的健全、大众文化生活的丰富、基本文化权益的保障,而且关注每一个社会成员精神境界的广博、美好和强大。因此,文化是社会精神生活的直接内容,是精神富有社会的内在要素。第七,精神富有的社会是一个和谐有序的社会。社会和谐有三个基本指向——社会均衡、社会共享与社会公正,其内涵主要包括社会发展协调、社会民生改善、社会利益均衡、社会结构合理、社会管理有序和社会关系和睦六个方面,和谐有序是精神富有社会的内在内涵。第八,精神富有的社会是一个生态文明的社会。生态文明是与物质文明、精神文明和政治文明相并列的文明形式,是人类在处理与自然关系时所要达到的文明程度。因此,生态文明是自然的内在规律与社会历史发展的能动内涵互动统一的结果,是精神富有的社会的基本内容。第九,精神富有的社会是一个人的全面发展的社会。人的全面发展的社会是人的思想、观念、心理、价值观、行为趋向等诸多方面组成的综合素质的整体提升,是社会的政治、经济、思想等诸多内容的全面进步,因此它必然也是精神富有社会的内在内容。

三、精神富有是社会主义的根本价值

社会主义的发展经历了从空想到科学、从理论到实践、从一国实践到多国实践、从胜利到曲折、从曲折到新的发展的历史过程。空想社会主义对资本主义的罪恶进行了无情的批判和揭露,这表明社会主义思想一开始就是在资本主义内部产生的反资本主义社会的正义的精神呼求。空想社会主义不仅批判了资本主义的罪恶,而且对未来社会提出了种种美好的设想,这是被压迫、被剥削人们的价值愿望,也是社会主义历史中——从理论到实践都不惜一切代价(包括血的代价)孜孜追求的社会理想和精神指归。

　　从社会主义的理论到实践的过程看，社会主义最根本的价值有两个：一是生产力发展；二是社会公平正义。前者所要解决的正是物质富裕的问题，后者所要解决的正是精神富有的问题。社会主义之所以从空想发展到科学，首先是因为它获得了"现实基础"，而这"现实基础"的主要内容就是生产力的发展。马克思曾说，"任何一个民族，如果停止劳动，不用说一年，就是几个星期，也要灭亡，这是每一个小孩都知道的"①。马克思从正面肯定了生产力的基础作用和重要性。马克思也曾高度赞扬了资本主义社会生产力，他在《共产党宣言》中写道："资产阶级在它的不到一百年的阶级统治中所创造的生产力，比过去一切世代创造的生产力还要多，还要大。"②这里，马克思从社会发展一般规律的高度把生产力看成是社会发展的原动力，同时也把生产力发展看成是社会主义社会得以诞生和生存的基础条件。因此，发展生产力是社会主义的本质内涵。生产力是社会发展的原动力，是社会主义社会得以产生和生存的基础条件，解放和发展生产力是社会主义的本质内涵。

　　然而，社会主义虽然要富，要发展生产力，但并不是富了、生产力发展了就是社会主义。社会主义有它的价值目标，那就是人人平等、精神富有。社会主义的价值目标是在批判以往社会，尤其是资本主义社会的过程中得以形成的。在对资本主义的批判中，马克思通过"异化"理论对资本主义社会文明进行无情的揭露，他认为，人是一种类存在物，其本质是"自由自觉的活动"，这种活动对人来说是享受的，是幸福的，是自由的。但在资本主义社会，人在生产中，不是感到幸福，而是肉体和精神受到摧残，是不自由、不幸福的。马克思指出："在资本主义体系内部，一切提高社会劳动生产力的方法都是靠牺牲工人个人来实现的；一切发展生产的手段都变成统治和剥削生产者的手段，都使工人畸形发展，成为局部的人，把工人贬低为机器的附属品，使工人受劳动的折磨，从而使劳动失去内容，并且随着科学作为独立的力量被并入劳动过程而使劳动过程的智力与工人相异化；这些手段使工人的劳动条件变得恶劣，使工人在劳动过程中屈服于最卑鄙的可恶的专制。"③在"异化"理论中，他就把实现人的自由而全面的发展作为最终目标。并且，在以后的无产阶级革命中，马克思、恩格斯也明确指

---

① 《马克思恩格斯选集》第4卷，人民出版社2012年版，第473页。
② 《马克思恩格斯选集》第1卷，人民出版社2012年版，第405页。
③ 《马克思恩格斯选集》第2卷，人民出版社2012年版，第289页。

出:"共产主义革命就是同传统的所有制关系实行最彻底的决裂;毫不奇怪,它在自己的发展进程中要同传统的观念实行最彻底的决裂。"①

空想社会主义对资本主义社会进行无情批判,并描绘了未来社会的美好蓝图。他们描绘的未来社会不仅包括社会生产、社会分配等,而且也包括精神建设。例如:空想社会主义者傅立叶十分重视教育,特别是儿童教育。他提出,在和谐制度下,教育是首先要安排的结构部门,要使儿童在幼年时就养成公正、诚实的习惯。圣西门认为,优良社会组织的主要任务,就是要设法"改进民族的精神福利和物质福利"②。欧文认为,人们的行为是善恶支配的,因此他对社会进行"合乎理性的划分",消除恶的部分。他又将"合乎理性的划分"变成"实际的制度",他认为"推行理性的制度和以亲睦、和平、不断完善、普遍幸福的精神改造人的性格与管理世人的方法的时期即将到来;任何人力都抗拒不了这一变革"③。"不成熟的理论,是和不成熟的资本主义生产状况,不成熟的阶级状况相适应的"④,空想社会主义者对未来社会的构想虽极具浪漫主义色彩,是一种缺乏科学依据和严密论证的不成熟的思想,但彰显了人类的理性的力量,也为马克思创立科学社会主义理论提供了宝贵的思想材料。

从空想社会主义到科学社会主义,再到社会主义实践,在这一点上都是一致的,它们都设想建立一个人人平等、精神富有的社会,这是社会主义的社会理想,也是社会主义的价值目的,离开这一本质要求去谈生产力发展、去谈物质富裕,那必然会丢弃社会主义生产关系的根本。同样,离开生产力发展谈精神富有,即是脱离了现实基础的空想,苏联的"斯大林模式"和我国的"文化大革命""左"倾危害都充分说明了这一点;同样,离开精神富有谈生产力发展、谈物质富裕,也是缺乏社会主义的价值基础的,它容易导致社会主义发展的无原则、无方向。因此,精神富有是社会主义社会的根本价值,它体现着社会主义社会的本质要求,社会主义社会既是一个能够不断解放和发展生产力的社会,也是一个消灭剥削、消除两极分化,人们能够共同占有生产资料、平等相处、民主协商、自由而全面发展的精神富有社会。精神富有作为科学社会主义的根本要求,融入

---

① 《马克思恩格斯选集》第 1 卷,人民出版社 2012 年版,第 421 页。
② [法]克劳德·昂利·圣西门:《圣西门选集》第 2 卷,王燕生等译,商务印书馆 2009 年版,第 292 页。
③ [英]罗伯特·欧文:《欧文选集》第 2 卷,柯象峰等译,商务印书馆 2009 年版,第 49 页。
④ 《马克思恩格斯选集》第 3 卷,人民出版社 2012 年版,第 645 页。

或体现在社会主义社会的经济、政治、文化、社会生活各个领域，显现出社会主义的基本价值目标和本质要求。

四、建设精神富有的社会是习近平新时代中国特色社会主义思想的重要内涵

建设精神富有的社会一直是中国共产党历代领导人坚持的思想，并进行了长期的实践探索。毛泽东认为"人是要有点精神的"，强调精神对人的重要性；邓小平认为，社会主义社会是物质文明和精神文明协调发展的社会；江泽民认为，社会主义现代化建设事业是物质文明和精神文明协调发展、相辅相成的事业，缺少任何一个方面，都不成其为有中国特色的社会主义；胡锦涛强调，物质贫乏不是社会主义，精神空虚也不是社会主义。

习近平新时代中国特色社会主义思想作为当代中国马克思主义、21 世纪的马克思主义，继承了科学社会主义的基本理论原则，是马克思主义中国化的最新成果，是对毛泽东思想、邓小平理论、"三个代表"重要思想和科学发展观的继承和发展。习近平总书记深刻总结社会主义现代化的实践经验，强调科学社会主义精神内涵的重要性，指出"物质力量和精神力量各有各的作用，在很大程度上是不可互相替代的，物质层面的问题要靠增强物质力量来解决，精神层面的问题要靠增强精神力量来解决"[1]，并提出了一系列社会主义建设的思想观点和理论。在经济建设方面，坚持贯彻新发展理念，以供给侧结构性改革为主线，加快构建以国内大循环为主体、国内国际双循环相互促进的新发展格局，大力发展实体经济，推进理论创新、实践创新、制度创新以及其他各方面创新；在政治建设方面，坚持党的领导、人民当家作主、依法治国有机统一，发展更加广泛、更加充分的人民民主；在文化建设方面，坚持社会主义核心价值观体系，发展中国特色社会主义文化，坚定文化自信，推动中华优秀传统文化创造性转化、创新性发展；在社会建设方面，坚持在发展中保障和改善民生，在发展中补齐民生短板、促进社会公平正义，使改革发展成果更多更公平惠及全体人民；在生态文明建设方面，推进绿色发展、着力解决突出环境问题、加大生态系统保护力度、改

---

① 习近平：《论党的宣传思想工作》，中央文献出版社 2020 年版，第 84 页。

革生态环境管理体制,建设美丽中国。

党的十八大以来,习近平总书记关于共同富裕的重要论述,逐渐把实现全体人民的共同富裕放在了更加重要的位置,在强调物质富裕在共同富裕中基础性地位的同时,也将人民精神生活富裕放在了重要地位。在中央财经委员会第十次会议上,习近平总书记进一步指出,我们说的共同富裕,"是全体人民共同富裕,是人民群众物质生活和精神生活都富裕,不是少数人的富裕,也不是整齐划一的平均主义"[①]。2021 年 10 月 16 日,习近平总书记在《求是》杂志专门发表《扎实推动共同富裕》的文章,强调要"促进人民精神生活共同富裕"[②],从精神富有的内涵和外延、建设精神富有社会的价值目标,新时代建设中国特色社会主义精神富有社会的任务要求和实践路径进行了系统深刻的阐述,体现了习近平总书记全面的大局视野。

首先,实现人民精神富裕是提升国家文化软实力的需要。文化软实力是一个国家凝聚力的重要体现,集中体现在社会公民的文化素养、教育实力、道德准则、价值观等精神层面。要想高质量实现共同富裕目标,就要使国家文化软实力保持动力,为全体人民的精神做支撑。现阶段,世界思潮错综复杂,新自由主义、历史虚无主义等不良思潮不断渗透,抹黑党的形象。要实现共同富裕,必须不断提高国家文化软实力,提高对外话语权,使人民在精神上自信起来,逐步实现人民精神富裕。

其次,实现人民精神富裕是实现社会稳定的需要。一个国家的社会稳定是由多方面决定的,但是精神是否富有对社会凝聚力的形成有举足轻重的作用。在一个社会系统中,当一种精神被人民普遍接受时,这种精神会转化为一种价值规范和行为准则。就个人而言,这种共同的价值规范和行为准则是人生存发展必不可少的生存环境;就社会而言,这是社会和谐稳定必不可少的前提。面对共同富裕新的赶考之路,我们要高举社会主义大旗,为实现共同富裕提供一个良好的社会环境。

再次,实现人民精神富裕是人的自由而全面发展的需要。"每个人的自由

---

① 习近平:《在高质量发展中促进共同富裕 统筹做好重大金融风险防范化解工作》,《人民日报》2021 年 8 月 18 日。

② 习近平:《扎实推动共同富裕》,《求是》2021 年第 20 期。

发展是一切人的自由发展的条件。"①社会的发展最终要归结到人的发展上，而人是物质和精神的统一体。实现精神富有就要着眼于人民现实的精神诉求，以人民为中心，习近平总书记指出："抓精神文明建设要办实事、讲实效，紧紧围绕促进人民福祉来进行，坚决反对形式主义、官僚主义，努力满足人民群众不断增长的精神文化需求。"②精神富裕可以满足人民不同层次的需求，提升幸福感，实现人生意义。习近平总书记提出，要实现全体人民共同富裕，就是把人民放在主体地位实现人的自由而全面发展。

最后，实现精神富裕是社会主义现代化的需要。人的现代化是社会主义现代化的关键。要想实现社会主义的现代化，就要造就现代化的人民，使人民的思想、精神跟上时代和国家的脚步。共同富裕是中国式现代化的重要特征，中国式现代化是马克思主义中国化的最新成果，是以人民为中心的社会主义现代化。党的十九届五中全会把"人的全面发展、全体人民共同富裕取得更为明显的实质性进展"③，作为 2035 年基本实现社会主义现代化的远景目标。因此，实现人的精神富裕，不仅是推进共同富裕的需要，也是实现社会主义现代化的需要。

总之，在全面建设社会主义现代化国家的征程中，良好的精神生活是实现社会主义现代化的重要保障。建设精神富有的社会，必须不断强化社会主义核心价值观引领，提升文明素养，加强爱国主义、集体主义、社会主义教育，完善公共文化服务体系，实施文化惠民工程，不断提高城市和农村的公共文化服务水平，切实保障人民群众基本文化权益，把物质文明、政治文明、精神文明、社会文明和生态文明系统地整合到社会主义现代化建设的具体实践中来，不断满足人民群众对美好生活的需求。

---

① 《马克思恩格斯选集》第 4 卷，人民出版社 2012 年版，第 647 页。
② 《习近平：人民有信仰　民族有希望　国家有力量》，《人民日报》2015 年 3 月 1 日。
③ 《中共中央关于制定国民经济和社会发展第十四个五年规划和二〇三五年远景目标的建议》，《人民日报》2020 年 11 月 3 日。

列宁新经济政策政治属性探析

关　震　卓高生

摘　要:列宁新经济政策因解决工人阶级如何对待农民的政治问题而提出,因实现向社会主义间接过渡的政治任务而实施,因推进社会主义制度发展的政治功绩而彪炳史册,对列宁新经济政策政治属性的分析是把握和理解这一政策不可或缺的角度。列宁新经济政策以马克思主义社会基本矛盾运动原理为依据,在发挥经济效能,夯实苏维埃俄国经济基础的同时,构建政治发展体系,遵循政治进步原则,凸显政治革新效果,实现苏维埃俄国彻底的社会转型和全新的过渡方式,为今日的中国特色社会主义建设提供以经济建设为中心、坚定中国特色社会主义道路,不断加强和改进党的领导重要启示

关键词:列宁　新经济政策　政治属性　启示

作　者:关震,温州大学马克思主义学院讲师,研究方向为列宁社会主义建设思想;卓高生,温州大学马克思主义学院院长、教授、博士生导师,研究方向为马克思主义理论。

列宁新经济政策作为马克思主义政治经济学的代表理论与实践体系,因解决在和平时期继续实施"战时共产主义"政策而引发的"当前最重要的经济问题和政治问题"[1]被提出。这一政策不仅重塑苏维埃俄国在结束国内战争后的经济体系,恢复并促进经济快速发展,更是在阶级关系、过渡方式、政权巩固、党的

---

① 《列宁全集》第41卷,人民出版社2017年版,第24页。

领导等方面体现政治属性,推动苏维埃俄国政治建设发展。通过透视新经济政策所构建的政治体系,可以更好地理解这一政策提出的根本原因与推进的政治逻辑;通过阐释新经济政策所恪守的政治原则,可以更好地掌握这一政策实施的现实需求与演化的政治轨迹;通过回顾新经济政策所产生的政治效果,可以更好地总结这一政策带来的历史变革与遗留的政治经验。如今,对列宁新经济政策政治属性展开深入研究,必将为中国特色社会主义建设带来启示与借鉴,助力中国特色社会主义发展取得更加辉煌的成就。

一、构建政治发展体系,彰显政治引领功能

在赢得国内战争和外国武装干涉之后,和平建设时期继续推行的"战时共产主义"政策引起了农民和工人的不满,甚至引发了喀琅斯塔德水兵叛乱的重大政治事件,列宁秉持"政治就是阶级之间的关系——这一点决定着共和国的命运"①执政理念,从政治的高度提出新经济政策,以稳固工农联盟为起始点,并在推行的过程中逐步构建起苏维埃俄国政治发展体系,确保新经济政策深入全面实施,彰显出政治引领功能。

(一)巩固工农联盟,夯实政治基础

列宁新经济政策的提出,"首先而且主要是一个政治问题,因为这个问题的本质在于工人阶级如何对待农民"②。在苏维埃俄国无产阶级占少数而小资产阶级占大多数的国情下,胜利了的无产阶级应当如何对待小业主并领导他们向社会化的、集体的、公社的劳动过渡,是列宁始终思考的国之大计。因受到国内外战争环境决定,列宁首先尝试通过"战时共产主义"政策的方式解决这一问题,但在战争结束,转向和平建设之后,这一政策遭受失败,不仅没有引导小农经济向社会主义顺利过渡,反而引发农民的不满,破坏工农联盟的团结。列宁经过调查研究与深入思考,从苏维埃俄国实际出发,果断终止"战时共产主义"政策,开始实施新经济政策。

---

① 《列宁全集》第 41 卷,人民出版社 2017 年版,第 65 页。
② 《列宁全集》第 41 卷,人民出版社 2017 年版,第 50 页。

修复因"战时共产主义"政策造成的工农联盟裂痕,是苏维埃政权需要解决的首要政治问题,列宁在实施新经济政策的理论思考与实践探索中,逐渐形成为了巩固工农联盟,优先化解农民不满;为了发展工业,优先发展农业;为了改善工人生活,优先改善农民生活的政治逻辑,做出了经济转型、产业调整、阶级互利的战略安排。具体来说,在经济方面,恢复、发展和活跃小农经济,以粮食税为切入点,实行适应农民生产生活方式的工农业流转,运用国家资本主义抵制因此产生的资本主义成分,由国家调解商业和货币流通掌控商品买卖的范围和程度,通过合作社实现小农经济向社会主义的过渡,以经济建设模式的转变促进经济发展和联盟稳定。在产业方面,大工业虽然是向社会主义过渡的基础,但因战争破坏和农业歉收的原因,短时间内无法在旧的基础上恢复起来。在这种情况下,必须重视农业的发展,走出危机深重、饲料缺乏、牲畜大批死亡的困境,使得工业发展获得农业的原料和农民的贷款,逐步恢复工业生产。在阶级方面,"无产阶级专政就是无产阶级对政治的领导",作为领导和统治阶级的无产阶级,"应当善于指导政治"[1],以便解决提高农民经济生产力的最迫切的棘手问题,以提高农民生活水平为基础,进而提升工人生活质量。新经济政策正是做出小农经济重新运行、农业优先发展、农民生活首先改善的政治安排,化解工农联盟动摇的政治危机,实现巩固工农联盟、夯实政治基础的目的。

(二)变换过渡方式,重划政治路线

在十月革命结束后,列宁开始着手向社会主义过渡,并对社会主义建设进行了初步的构想。可是受到国内外战争军事任务突然压来,以及此前经受的帝国主义战争留下的绝境,列宁被迫中断社会主义建设的探索,开始实施"战时共产主义"政策,这一政策保证苏维埃俄国粉碎了国内外反动势力的军事进攻,戳穿了企图颠覆苏维埃政权的阴谋;但在和平时期继续实行这一政策就犯了"决定直接过渡到共产主义的生产和分配"[2]的错误,其在政治上的表现就是"上层制定的经济政策同下层脱节"[3],没有促进生产力的发展,引发了农民在政治上的摇摆,使得转变过渡方式、重新制定政治路线的任务迫在眉睫。

---

① 《列宁全集》第 41 卷,人民出版社 2017 年版,第 207 页。
② 《列宁全集》第 41 卷,人民出版社 2017 年版,第 193 页。
③ 《列宁全集》第 41 卷,人民出版社 2017 年版,第 195 页。

新经济政策的所谓新,只是相对先前的"战时共产主义"政策在时间和名称上更新而已,实质上包含着更多"旧东西"。这些"旧东西"是列宁对马克思、恩格斯过渡理论的突破与丰富,是在领导苏维埃俄国向社会主义过渡时所采取的实践创新,是本不该出现在已经完成社会主义革命的苏维埃俄国,却符合苏维埃俄国实际国情并被当时社会主义发展所必需的方式方法,也就是通过由直接变换成间接的过渡方式,纠正之前的政治错误,重新规划过渡的政治路线。具体表现在:一是改行粮食税。在战争的重压下,无产阶级国家政权采取余粮收集制的方式对待小农,这不是集中精力考虑所得的最佳结果。小农只要还是小农,"就必须保证小经济有一定的流转体系",变余粮收集制为粮食税,成为战后"从政治上作出总结"。[1] 二是发展国家资本主义。粮食税的实施带来了符合农民生产方式的地方流转,而"流转就是贸易自由,就是资本主义"[2],对待因此而产生的资本主义,列宁主张通过国家资本主义的方式予以应对,"因为社会主义无非是国家资本主义垄断向前跨进一步"[3]。而在实践中,列宁依靠国家掌握政权和经济命脉的方式发展国家资本主义,通过租让制、合作制、代购代销制、租赁制等方式把不可避免的资本主义的发展纳入国家资本主义的轨道,确保在不久的将来把国家资本主义变成社会主义。三是国家调解商业和货币流通。面对商品买卖取代商品交换的现实,列宁主张由国家资本主义再退到国家调解商业和货币流通,以恢复正常的经济体系,恢复小农经济并用自己的力量振兴大工业。只有进行这样的后退,才会为日后的进攻做好准备。由直接过渡转向间接过渡,究其原因是苏维埃俄国经济力量和政治力量不相称造成的,跑得过快的政治形势必然要重新适应速度稍慢的经济基础,这也势必造成政治路线的重新规划。

(三)完善政治机关,发挥政治效能

1921年5月28日,列宁在《俄共(布)第十次全国代表会议关于新经济政策问题的决议草案》中明确指出:"当前的基本政治任务是使党和苏维埃的全体工

---

① 《列宁全集》第41卷,人民出版社2017年版,第24页。
② 《列宁全集》第41卷,人民出版社2017年版,第232页。
③ 《列宁全集》第41卷,人民出版社2017年版,第202页。

作人员充分领会和确切执行新经济政策。"①完整的政治体系、具体的政治机关是落实新经济政策政治任务的基本保障和主要抓手。列宁不仅在全国代表会议、党代表会议、政治教育委员会等会议和机构讲解实施新经济政策政治任务的必要性和紧迫性,更在中央和地方机关、工会、司法人民委员部、合作社等具体机关中推行和运作新经济政策,这具体表现在以下几个方面。

一是"机关必须服从政治"②。当前最大的政治就是实施新经济政策,中央机关应克服已沾染的、有害的因循习气和官僚主义,增加大批新生力量,以使中央机关胜任新的政治任务,推行新经济政策。同时地方发挥首创精神,在一个县或一个乡创造全部经济关系总和"整体的"模范工作,对于实施新经济政策具有非常重要的意义。二是发挥工会教育与团结群众的作用。在列宁看来,工会是国家政权最亲密和不可缺少的合作者,在实施新经济政策时更应发挥好工会共产主义学校的作用,教育全体劳动者学习管理社会主义工业,这突出表现在工会肩负的密切联系群众、加强企业管理、处理无产阶级专政下的各种矛盾三项政治任务之中。三是司法工作适应新经济政策实行。司法人民委员部要改变在保证新经济政策实施方面软弱无能和精神不振的工作状态,督促共产党员限制、制止、监督、当场抓住犯罪行为,"狠狠地惩办任何超越国家资本主义范围的资本主义"③,进行惩办滥用新经济政策坏蛋的示范性审判,整顿人民法院的工作,尤其确保做生意的人不得有一丝一毫违背法律的行为。四是注重合作社作用。列宁在俄共(布)第十次代表大会上就指出限制合作社的发展"政治上就犯了明显的错误"④,否决第九次代表大会以余粮收集制原则为基础的关于合作社的决议。而列宁晚年更是高度重视发挥合作社在引导小农向社会主义过渡的作用,认为"文明的合作社工作者的制度就是社会主义制度"⑤。

(四)改革党的工作,适应政治形势

1921 年 4 月,列宁在改行新经济政策之初就在党的代表大会上指出,这一

---

① 《列宁全集》第 41 卷,人民出版社 2017 年版,第 333 页。
② 《列宁全集》第 41 卷,人民出版社 2017 年版,第 65 页。
③ 《列宁全集》第 41 卷,人民出版社 2017 年版,第 436 页。
④ 《列宁全集》第 41 卷,人民出版社 2017 年版,第 58 页。
⑤ 《列宁全集》第 41 卷,人民出版社 2017 年版,第 369 页。

政策已引起了全党的注意，"成了主要的政治问题"①，并深刻指出对于新经济政策"必须向这门科学进军"②，否则苏维埃俄国就没有出路。1922 年 1 月，列宁在《俄共（布）中央政治局关于新经济政策的指示草案》中明确指出："必须尽一切努力让新经济政策尽可能迅速而广泛地在实践中试行。"③可以说，随着新经济政策的颁布和深入实施，列宁要求全党工作随之调整，适应新经济政策带来的工作变化，以便更好地完成这一政治任务，具体体现在以下几个方面。

一是学习实行新的转变，成为一个能干的"业主"。列宁要求党员深刻理解小农经济的运行特点，并运用国家资本主义将小农经济引导到社会主义，这就需要与个人利益结合，提高和增加生产。共产党员以"业主"的身份把千百万小农联合起来，引起他们的经营兴趣，引导他们实现生产中各种形式的联系和联合。二是学会了解商业关系，成为一个精明的批发商。这一身份虽与共产主义似乎有天壤之别，但确是苏维埃俄国所处的国际环境和尚无法实现正常工农产品交换的目前条件所决定的，这使得商业问题成了党与经济建设的一个实际问题。只有懂得经商，才会破解这一难题，为停止退却，进而转向进攻做好准备。三是以商人的身份与资本主义列强打交道。无论是对资本主义国家租让苏维埃俄国的企业，还是与西方列强开展贸易往来，共产党员都应注重商业原则的运用，以便发展、调整和扩大同资本主义国家的贸易，改善国内人民的生产生活水平，显现新经济政策的效果。共产党员的这些"角色"既意味着全党在不同工作中应完成的任务，也是在整体上推进新经济政策的必然要求。

二、明确政治建设目标，遵循政治进步原则

列宁在推行新经济政策的过程中，坚持以经济基础变革带动政治建设发展，以政治事业进步推动经济基础稳固为目标，恪守加强苏维埃政权为政治着眼点、坚持社会主义道路为政治立足点、体现人民利益为政治落脚点、改善党的领导为政治保障的基本原则，彰显新经济政策的政治属性，在为新经济政策实

---

① 《列宁全集》第 41 卷，人民出版社 2017 年版，第 154 页。
② 《列宁全集》第 42 卷，人民出版社 2017 年版，第 204 页。
③ 《列宁全集》第 42 卷，人民出版社 2017 年版，第 300 页。

施提供政治动能的同时,也促进苏维埃俄国政治建设发展。

(一)加强苏维埃政权,力保社会主义革命成果

在列宁的政治思维中,社会主义革命的最根本、最本质的问题"就是工人同农民的关系,就是工人阶级同农民的联盟"①,这不仅是十月革命夺取政权的基本条件,更是和平时期巩固政权的根本遵循。而因战后继续推行"战时共产主义"政策,引发了农民及工人的不满,破坏了工农联盟,动摇了苏维埃政权,面临着十月革命胜利果实不保的政治危机。因此,新经济政策提出的政治着眼点是巩固苏维埃政权,弥合工农联盟裂痕,再次赢得农民的支持和信任。

一是新经济政策提出的直接政治原因是争取和领导农民,防止农民跟资本家走。农民通过发起暴动、减产减耕等方式表达对余粮收集制的不满,这使得国内外的敌对势力有了可乘之机,挑拨农民与无产阶级政权之间的关系,松动苏维埃政权根基,这使得新经济政策所要解答的"全部问题在于农民跟谁走:跟无产阶级走呢,还是跟资本家走"②。既要防止因过渡政策不符合农民实际引发农民的动摇,又要抵制因新经济政策实施而带来的资本主义成分对苏维埃政权的侵蚀。二是巩固政权的政治方式是向农民妥协。在没有及时得到世界其他国家社会主义革命支持的背景下,在苏维埃俄国大工业体系没有恢复的实际中,保卫十月革命胜利成果,巩固苏维埃政权的方式只有"实现自己专政的或者掌握国家政权的无产阶级和大多数农民之间达成妥协"③。采取适应小农经济生产方式的过渡办法,实施粮食税,后退至国家资本主义,再后退至国家调解商业和货币流通,通过苏维埃俄国经济建设模式的改变挽回占人口大多数的农民的理解和拥护。三是新经济政策的政治目标是巩固政权。结束国内外战争的苏维埃俄国,不仅面临着既有的和新生的资本主义与经过历史和现实所证实的资产阶级不变的政权威胁,即希望政权稍微向右或向左变动一下都一样,"只要能从布尔什维克手里变掉就行"④,也面临着再次进行社会主义过渡实践可能失败带来的执政危机。因此,新经济政策通过夯实经济基础,转变过渡方式和限

---

① 《列宁全集》第 42 卷,人民出版社 2017 年版,第 344 页。
② 《列宁全集》第 42 卷,人民出版社 2017 年版,第 196 页。
③ 《列宁全集》第 41 卷,人民出版社 2017 年版,第 51 页。
④ 《列宁全集》第 41 卷,人民出版社 2017 年版,第 227 页。

制、利用资本主义的办法肩负起巩固苏维埃政权的政治使命。

(二)坚持社会主义道路,巧妙利用资本主义发展社会主义

列宁力主推行的新经济政策,虽在形式上有复活资本主义、向资本主义步步后退,利用国家资本主义、与资本主义国家发展贸易往来等创新举措,其背后所坚持的社会主义政治道路却始终未变,所有的理论突破与实践探索都是为了向社会主义顺利过渡。面对苏维埃俄国所处的国际环境和国内的政治困难,列宁在思想上主动求变,坚持铺设的社会主义道路由革命手段变为改革方法,过渡的内生动力由直接、简单的理论模式转变为间接、迂回的现实方式,"以另一种速度、通过另一些途径、用'新的迂回方法'实行整个过渡"①。

同时,充分而巧妙地利用资本主义发展社会主义。在理论方面,列宁多次提及自己在 1918 年所写的《论"左派"幼稚性和小资产阶级性》小册子中对国家资本主义的论述,直言苏维埃政权不必对国家资本主义感到可怕,"因为苏维埃国家是工人和贫民的权力得到保障的国家"②。列宁不断深化对国家资本主义的理解,指出它"必然会是走向社会主义的一个或一些步骤"③,只有掌握了国家资本主义全副王牌,才会使社会主义的巩固有了保证。在理论上实现对国家资本主义认识的突破,澄清人们思想上的困惑。在实践方面,列宁虽主张利用国家资本主义,但对待它的政治态度始终是将国家资本主义作为"小生产和社会主义之间的中间环节,作为提高生产力的手段、途径、方法和方式"④,推动工人阶级学会如何保卫国家秩序来反对小私有者的无政府性,学会怎样根据国家资本主义原则来整顿好全国性的大生产组织,消除无秩序、经济破坏和松懈现象。尤其是备受争议的租让制,列宁始终没有忘记"租让政策是一方为了反对另一方面结缔的联盟"⑤,究其目的依然是为利用资本主义国家的逐利性和敌对关系,在资本主义国家包围中生存下去,赢得喘息机会,加强国内社会主义建设,进而改善人民的生活状况,提高生产力。在人员方面,列宁多次亲自出面,平息关于在苏维埃俄国资本家待遇、资本家工作及资本家地位的争论,主张启用资

---

① 《列宁全集》第 42 卷,人民出版社 2017 年版,第 534 页。
② 《列宁全集》第 41 卷,人民出版社 2017 年版,第 199 页。
③ 《列宁全集》第 41 卷,人民出版社 2017 年版,第 202 页。
④ 《列宁全集》第 41 卷,人民出版社 2017 年版,第 2017 页。
⑤ 《列宁全集》第 41 卷,人民出版社 2017 年版,第 159 页。

本家为社会主义劳动,并在这一过程中对他们进行改造。向资本家学习生产经营、管理企业、发展贸易的经验和方法,以促进社会主义经济、政治与文化建设。

(三)重视人民的根本利益,始终满足人民的发展需要

凸显人民主体地位,满足人民利益需求是列宁推行新经济政策的政治落脚点。这不仅与列宁一贯坚持的执政理念相契合,更是新经济政策提出并实施的根本原因。在向社会主义和平过渡时期,不仅需要借助伟大革命所产生的热情,更要"靠个人利益,靠同个人利益的结合"[1]。不断实现人民自身利益,满足人民对生产发展、生活改善的需要,这既为新经济政策的实施提出要求,确定目标追求,也为这一政策的实施提供不竭动力,推动新经济政策深入持久开展。

一方面,新经济政策以体现人民利益为己任。列宁坚信在人民群众中"只有我们正确地表达人民的想法,我们才会管理"[2],因为苏维埃政府是"代表工人阶级的,是代表能够同占农民十分之九的劳动农民妥协的劳动者的"[3]。面对1921年春天的政治危机,"必须以同农民个人利益的结合为基础"[4],改行粮食税,发展农业和工业间的流转,发展小工业。在实现农民利益的基础上实现工人利益,丰富工人的生活产品,提高生活质量,进而发挥工人国家主人翁作用,保卫革命胜利果实,带领人民向社会主义过渡。在农业生产逐步恢复的同时,为工业生产提供燃料和原料,帮助大工业复苏,进而实现电气化和农业中大规模地使用机器,彻底改造小农的生产方式和心理习惯,消灭苏维埃俄国产生资本主义的根源。以盘活苏维埃俄国经济体系为根本,以俄共(布)掌握政权为核心,大力发展苏维埃俄国文化事业,确保整个苏维埃俄国人民利益的实现。

另一方面,用新经济政策检验俄共(布)满足人民利益的工作。一是检验是否真正做到了同农民经济的结合。同农民经济结合是新经济政策的全部意义所在,更是开展工作的政治准则。同农民群众汇合起来,虽然刚开始一道前进的速度比期望的慢得多,但得到全体群众的支持,"前进的步子就会加快到我们现在梦想不到的速度"[5]。二是检验国营企业是否赢得同资本主义企业竞赛的

---

① 《列宁全集》第 42 卷,人民出版社 2017 年版,第 187 页。
② 《列宁全集》第 43 卷,人民出版社 2017 年版,第 113 页。
③ 《列宁全集》第 41 卷,人民出版社 2017 年版,第 64 页。
④ 《列宁全集》第 42 卷,人民出版社 2017 年版,第 201 页。
⑤ 《列宁全集》第 43 卷,人民出版社 2017 年版,第 81 页。

胜利。国营企业是苏维埃俄国经济支柱,在发展过程中与资本主义企业建立合营公司,在这种生产可以展开竞赛的形式中,使得俄共(布)深知不懂经济事务这一行,必须"从头学起"①,以偿还人民贷给俄共(布)的"政治期票"。三是检验是否掌握运用国家资本主义的本领。连马克思也没有留下片言只语的共产主义制度下的国家资本主义,是苏维埃俄国向社会主义过渡过程中创造性利用的手段,是"人民所需要的,少了它就不能生活"②。但苏维埃俄国的无产阶级缺乏掌控和运用国家资本主义的本领,这也需要从头学起,防止非法活动分子利用国家资本主义对苏维埃俄国经济的破坏,损害广大人民群众的利益。

(四)改善党的领导,胜任社会主义过渡任务

俄共(布)作为新经济政策制定与推行的领导力量和政治核心,列宁始终注意在实施新经济政策过程中坚持、加强和改善党的领导。既通过加强和改善党的领导促进新经济政策不断深入、细化,保障新经济政策顺利实施,也通过新经济政策的颁布与开展巩固党的领导地位,提升党的领导水平,调整党的工作内容,检查党的工作效果,形成党建与施政相辅相成的良性循环政治态势,完成向社会主义过渡的政治任务。

一是确保党清晰地知道自己的任务与使命。列宁指出,无产阶级取得国家政权以后,它的"最主要最根本的需要就是增加产品数量,大大提高社会生产力"③。为了完成这一使命,需要从根本上确立社会主义制度并恢复苏维埃俄国大工业基础,在当时俄国不具备实现历史使命的现实条件的情况下,根本任务就是实施新经济政策,实现向社会主义过渡,进而发展生产力,恢复大工业。二是确保党清晰地知道自己的敌人与缺点。在实施新经济政策的过程中,列宁就指出随着这一政策的实施产生的党的三个敌人,即"小私有者的自发势力是我们最危险的敌人。承租人和租借者则是较次要的敌人。官僚制度和官僚主义弊病也是我们的敌人"④。同时,列宁也指出党自身面临的三大敌人:"(一)共产党员的狂妄自大,(二)文盲,(三)贪污受贿。"⑤在明确面对的敌人和自身缺点的

---

① 《列宁全集》第43卷,人民出版社 2017 年版,第87页。
② 《列宁全集》第42卷,人民出版社 2017 年版,第88页。
③ 《列宁全集》第42卷,人民出版社 2017 年版,第380页。
④ 《列宁全集》第41卷,人民出版社 2017 年版,第179页。
⑤ 《列宁全集》第42卷,人民出版社 2017 年版,第210页。

基础上,为防止资本主义沉渣泛起,各种资产阶级思想乘虚而入,防止自身问题影响党群关系,带来执政危机,列宁主张通过加强自身建设和改善自身领导来击败敌人,改正缺点。三是确保党清晰地知道如何使用过渡策略。列宁强调,党不仅要知道需要经过哪些中间环节,而且要知道如何运用这些中间环节,"才能使资本主义以前的各种关系过渡到社会主义"①,这一过渡方式策略也向党提出了执政策略要求,那就是学会必需的艺术——"灵活机动"②。同时,在过渡步骤上,列宁主导的租让制,通过轮流干活、养活一部分人进而养活更多人的具体部署,不仅表达了改善人民生活水平的迫切心情,也展示出一部分人先改善,再实现全部人民改善生活的循序渐进的战略安排。

三、体现政治转变作用,凸显政治革新效果

随着新经济政策以余粮收集制改为实施粮食税为切入点的政治任务的转变,开启了苏维埃俄国向社会主义过渡的崭新尝试,并在这一尝试实践中取得了良好的成绩。在国内方面,通过新经济政策的贯彻实施,苏维埃俄国国家面貌发生显著变化,工农联盟得以巩固,经济基础得以夯实,政权机关工作能力得以提升,并最终找到向社会主义过渡的正确道路。在国际方面,苏维埃俄国社会主义制度焕发出强大号召力和感染力,为国家发展争取到一个较为良好的外交局面,并进一步加强对殖民地半殖民地国家共产主义运动的指导。苏维埃俄国国内建设与国际地位的变化,展现了实施新经济政策带来的政治革新效果。

(一)国内建设形势根本好转,展示社会主义发展活力

列宁新经济政策的持续开展,扭转了农民与工人对苏维埃政权不满的态度,修复了工农联盟的裂痕。顺应小农生产生活特点,激活工农业间良性循环发展。确立了苏维埃政权机关新的工作方向,改变机关工作作风。新经济政策在实践中不断丰富完善,最终找到了向社会主义过渡的正确途径,奠定了完成确立社会主义制度政治任务的良好基础。

---

① 《列宁全集》第 41 卷,人民出版社 2017 年版,第 216 页。
② 《列宁全集》第 42 卷,人民出版社 2017 年版,第 187 页。

第一，夯实苏维埃政权政治基础。符合农民生产生活规律的新经济政策，在巩固工农联盟的同时，也进一步调动了占人口多数的农民生产建设积极性。一是消除了农民的不满。实施粮食税后，农民克服饥荒和自然灾害困难，地主和资本家对社会主义经济中伤的行为失去了人员基础，普遍存在的农民暴动差不多消失了，"农民对他们目前的境况是满意的"①。二是农民更加拥护苏维埃政权。经历战争的农民更加清楚地看到了地主和资本家剥削人民的本质面目，新经济政策的实施让农民更加透彻地了解苏维埃政权是为大多数人谋利益的。在消除农民不满，为农民开创新的生产和生活模式后，出现了"很难有比农民更拥护我们的人了"②的大好局面。三是将农民纳入国家经济建设的中坚力量。"同千百万农民赖以为生的农民经济结合起来"③的新经济政策，实质上是同农民一起建设国家经济，这样的建设"能使我们在大工业和农业中的社会主义工作同每个农民从事的工作结合起来"④。这种结合既不是地主当政或资本主义时代的经济发展，也不是从农民看来遥远的、空想的事情做起，而是从眼前做起、从实现农民自身利益做起。这就将农民纳入国家经济建设中来，赢得农民经济和政治上的支持。

第二，激活苏维埃俄国经济体系。新经济政策以发展农业为起点，以恢复工业为目标，以国家资本主义为手段，以运行商业为纽带，带动苏维埃俄国经济全面复苏，进一步稳固国家政治体系上层建筑。一是农业经济迅速发展。新经济政策的实施促进了农村生产力发展，解除了农民的后顾之忧，农民积极拓展耕种面积，主动饲养牲畜，实现农产品的增产增收。1922 年 3 月，第一次征收粮食税的计划顺利完成，"一年来农民不仅战胜了饥荒，而且缴纳了大量的粮食税"⑤，1922—1923 年第二次征收粮食税也是在极其有利的条件下展开的。⑥ 二是工业发展态势良好。与人民日常生活息息相关的轻工业出现了普遍高涨的情况，使得工人生活状况明显改善，尤其是"彼得格勒和莫斯科工人生活状况的

<hr />

① 《列宁全集》第 42 卷，人民出版社 2017 年版，第 284 页。
② 《列宁全集》第 43 卷，人民出版社 2017 年版，第 287 页。
③ 《列宁全集》第 43 卷，人民出版社 2017 年版，第 79 页。
④ 《列宁全集》第 43 卷，人民出版社 2017 年版，第 80 页。
⑤ 《列宁全集》第 43 卷，人民出版社 2017 年版，第 284 页。
⑥ ［俄］丹尼洛夫、菲利波夫主编：《俄罗斯历史（1900—1945）教师参考书》，吴恩远等译，中国社会科学出版社 2014 年版，第 160 页。

改善是毫无疑问的"①。重工业情况虽然依旧严重,但有了某些转变,尤其是资金问题改善显著。三是商业和金融体系初步建立。国家经营商业,将其作为纽带和关键链条,"能够保持农业和工业的巩固阵地并向前走"②。而以卢布稳定为代表的金融事业,使得卢布稳定时长从 1921 年的 3 个月发展到 1922 年的 5 个月,这就让苏维埃经济"在坚固的基础上继续发展下去"③。四是国家资本主义发展取得效果。苏维埃俄国通过租让制、租赁制等国家资本主义形式,与资本主义国家进行贸易往来,换取国家必需的商品,改善人民生活水平。随着商业的不断发展,合营公司逐步建立,社会主义国家有机会学习做生意并赢得与外国资本家竞赛的胜利,丰富了苏维埃俄国利用资本主义发展社会主义的方式。

第三,赋能苏维埃政权机关工作。苏维埃政权机关是新经济政策的执行者和落实者,为了凸显新经济政策的实效,党政机关不断调整工作思路,改善工作方式,提升工作效率。一是将学会做经济工作放在首位。国家机关工作人员以"学会了解商业关系和经商是我们的责任"④为工作原则,扭转以往只是简单的通过行政命令掌控国家经济发展形势的作风,从苏维埃俄国实际情况出发,遵循经济规律,建立经济体系,解决经济难题。二是进一步清晰党政机关职能。列宁明确提出不能否定党的领导,也不能以党代政,明确划分党与苏维埃机关的各自职权,并逐步完成精简苏维埃机关机构、消灭拖拉作风和官僚主义、减少非生产性开支等任务。三是不断完善领导工作机制。1921 年苏维埃政权任命了人民委员会和劳动国防委员会副主席,便于国家事务管理及新经济政策推行。列宁要求副主席在做好检查法令、法律和决定的实际执行情况的基础上,在国家机关里负责建立一两个模范部门以起到示范工作的效果,同时要深入基层了解实情。四是加强改进监督监察工作。列宁通过建立个人负责制改正苏维埃国家机关对政策和法令执行缺乏检查和监督的缺点,要求工农检察院切实发挥作用,在完成研究和掌握各机关、企业部门处理工作的情况基本工作的同时,通过扩大中央监察委员会实现对各级领导干部的监督检查。五是以学习的

---

① 《列宁全集》第 43 卷,人民出版社 2017 年版,第 285 页。
② 《列宁全集》第 43 卷,人民出版社 2017 年版,第 287 页。
③ 《列宁全集》第 43 卷,人民出版社 2017 年版,第 283 页。
④ 《列宁全集》第 42 卷,人民出版社 2017 年版,第 248 页。

方式改造国家机关。面对沙皇和资产阶级社会遗留下的几十万旧官吏反对苏维埃政权的情况,列宁主张在实施新经济政策过程中通过学习的方式给予应对。一方面,在实践中学习国家机关工作的全部内容;另一方面,通过选拔苏维埃学校和工人预科培养出的青年,改变机关工作面貌。

第四,找到向社会主义过渡道路。新经济政策的颁布与实施,意味着列宁向社会主义过渡思想发生了根本的变化,由之前的按照马克思、恩格斯理论实行直接过渡,转向了在理论指导下结合苏维埃俄国实际间接过渡的道路,最终实现"新经济政策的俄国将变成社会主义的俄国"①,这体现在三个方面:一是过渡方式发生转变。列宁通过日俄旅顺口战役的例子,说明了苏维埃俄国通过"战时共产主义"的方式向社会主义过渡失败以后,通过实施新经济政策实现过渡的方式由"强攻"转为"围攻",由"直接"转为"迂回"。在具体的实践中,实施粮食税,允许地方流转,"退却"到国际资本主义,再"退却"到国家调解商业和货币,通过以退为进的方式积聚力量,最终实现顺利过渡的目的。二是需要较长的过渡时间。根据苏维埃俄国的国情,一方面在旧的经济基础上大生产不可能恢复起来,恢复大工业需要至少几十年的时间,而在遭受战争破坏的情况下,可能还要更长一些时间;另一方面,需要几代人的时间改造小农的生产生活方式,改造他们的整个心理和习惯,这就决定了新经济政策"是一个要在若干年内长期实行的政策,要求一切工作人员极其仔细和认真地加以执行"②。三是过渡任务艰巨而复杂。在经济方面,面临着提高劳动生产率和发展生产力的任务。新经济政策的实施积极恢复大工业生产,改造小农经济生产形态,提升人民生活水平,夯实国家发展经济基础。在政治方面,面临着团结小生产者,实现向社会主义间接过渡的任务。在巩固工农联盟的基础上,转变俄共(布)和苏维埃机关工作内容和作风,进一步稳固国家政权的同时,贯彻并完善新经济政策。在文化方面,面临着提高国家整体文化水平,以文化建设促进经济和政治建设的任务。俄共(布)学习和掌握先进的生产与管理文化,更好开展经济管理工作,国家机关抵制和丢弃腐朽与落后文化,促进改革自身工作,通过提高农民文化水平,推进合作社建设,完成对小农的彻底改造。

---

① 《列宁全集》第 43 卷,人民出版社 2017 年版,第 306 页。
② 《列宁全集》第 41 卷,人民出版社 2017 年版,第 333 页。

(二)国际政治格局形成"均势",提供社会主义发展选择

列宁新经济政策的实施,进一步捍卫和巩固了十月革命胜利果实,改写了国际政治格局,使社会主义制度与资本主义制度并存共生。在击败国内外反动势力的武装攻击后,通过与资本主义国家发展贸易,开展苏维埃俄国外交工作,并在经济往来中颠覆资本主义国家反对苏维埃俄国的整体态势。为殖民地国家提供制度选择,推动被压迫民族自身解放运动的发展。

第一,两种社会制度并存,与资本主义国家形成一种"均势"。赢得保卫社会主义制度战争胜利后,实施新经济政策进一步增强苏维埃俄国国力的情况下,国际形势存在着某种"均势",造成了世界政治中一种特殊的局面:一方面,国际资产阶级依旧仇恨和敌视苏维埃俄国,时刻准备侵犯它;另一方面,国际资产阶级花费重金进行的一切军事行动以失败而告终。这一特殊局面的形成,深刻揭露了背后所隐藏的苏维埃俄国取得战争胜利和生存下去的原因:一是在一切资本主义国家里,反对进攻苏维埃俄国的活动风起云涌,这些国家的无产阶级普遍涌现了共产党,正在坚持不懈地争取无产阶级的大多数,摧毁工联旧官僚和被帝国主义特权腐蚀的工人阶级上层分子的影响。二是各帝国主义国家之间的利害冲突不断尖锐起来,并一天比一天激烈,使资本主义国家很难再次形成同盟,对苏维埃俄国发起新的攻击。三是东方被压迫民族人民正在蓬勃发展革命运动,占世界人口大多数的殖民地半殖民地国家劳动群众已经觉醒过来,积极参加政治生活,不断冲击世界政治秩序和殖民体系。这就造成国际帝国主义虽比苏维埃俄国强大,却不得不承认它。由此形成了一种国际格局的"均势",虽不可靠,"但社会主义共和国毕竟能在资本主义包围中生存下去了"[①]。

第二,发展与资本主义国家贸易往来,打开苏维埃俄国外交局面。在进入和平建设时期,列宁准确地判断出,资本主义国家最迫切、最实际、最突出的利益表现是要求发展、调整、扩大同俄国的贸易往来,以实现发展自身的利益诉求,这为苏维埃俄国打开外交局面提供可能。一是资本主义国家从自身发展实际出发,与苏维埃俄国建立外交关系。在俄共(布)第十次代表大会结束的当天即 1921 年 3 月 16 日,英国就在伦敦与苏维埃俄国签署了两国的贸易协议,标

---

① 《列宁全集》第 42 卷,人民出版社 2017 年版,第 2 页。

志着英国事实上已经承认苏维埃俄国。二是以国际会议为契机，争取实现分化敌人的政治目的。1922年4月，苏维埃俄国向西方列强提议召开的国际会议在意大利热那亚城举办，列宁领导了参加会议的代表团的具体工作，规定代表团不仅要以商人的身份参加会议，为广泛而顺利地发展贸易创造条件，也要积极争取在资本主义阵营中希望和平并与苏维埃俄国建立经济关系的和平主义者。这样做的目的是区别对待资产阶级阵营中主张用武力解决问题和倾心于和平主义的人，达到分化敌人的效果。三是利用帝国主义阵营中的矛盾，瓦解资本主义国家反苏同盟。帝国主义阵营出于各自利益的考虑，并不是铁板一块，阵营内部矛盾重重。苏维埃俄国利用这一点，首先在拉帕洛与德国签订条约，戳穿资本主义国家结成反苏联盟的阴谋。在随后的1924年，作为西方世界政治领袖的英国在外交上承认苏联，成为苏联第十一个外交国；同年，又有同样多的国家承认了苏联。① 可以说，这些国家与苏联的建交，实质上结束了对苏联的外交封锁，破解了苏联的外交困局，进一步打开了苏联与资本主义国家的外交关系。

第三，发挥社会主义制度政治魅力，推动殖民地国家社会主义革命。列宁始终以世界的眼光看待社会主义制度的创立，不仅在理论上实现突破，更通过苏维埃俄国十月革命与新经济政策的实践为被压迫民族做出示范。一是高度关注殖民地国家争取民族解放的运动。列宁一直致力于纠正旧政党和第二国际与第二半国际资产阶级和小资产阶级工人政党对殖民地半殖民地人民的错误态度，反复指出在未来世界革命决战中，殖民地半殖民地国家在反对资本主义和帝国主义的运动中所起的作用将比我们预想的要大得多。二是以自身的实践做法为被压迫民族提供解放参考。在确立实施新经济政策的过程中，虽经历了失败和挫折，但事实是"用奴隶反对一切奴隶主的革命来'回答'奴隶主之间的战争的诺言，千百年来第一次得到了彻底的实现"，并在克服一切困难中继续得以实现，这就为殖民地半殖民地国家提供示范，使社会制度变革的"坚冰已经打破，航路已经开通，道路已经指明"。② 三是引领共产国际运动向前发展。十月革命后，尤其是新经济政策实施以后，列宁主导建立的共产国际与殖民地

---

① ［俄］丹尼洛夫、菲利波夫主编：《俄罗斯历史（1900—1945）教师参考书》，吴恩远等译，中国社会科学出版社2014年版，第160页。

② 《列宁全集》第42卷，人民出版社2017年版，第186页。

半殖民地国家联系更加紧密,通过实际行动与制度建设发挥的榜样作用,使得"向全世界高举社会革命的火炬"①熊熊燃烧,点燃被压迫民族和地区的社会主义革命。

四、启　示

列宁新经济政策作为马克思主义理论体系的重要组成部分、中国社会主义建设的指导思想,其自身彰显出的政治属性至今仍值得认真学习。毛泽东认为,新经济政策结束早了,"只搞了两年退却就转为进攻,到现在社会物资还不充足"②。邓小平也指出,列宁的思路比较好,"搞了个新经济政策,但是后来苏联的模式僵化了"③。其中不仅有对新经济政策结束过早的无可奈何,也透露着违背新经济政策政治属性的扼腕叹息。透彻分析和仔细品味新经济政策的政治属性,从中获取中国特色社会主义建设的启示意义重大。

(一)发展经济是最大的政治

列宁新经济政策的政治属性必然遵循马克思、恩格斯所创立的唯物史观,紧抓生产力与生产关系、经济基础与上层建筑的社会基本矛盾,首先需要解决的是政治问题,根本需要解决的是经济问题。从关系苏维埃俄国农业经济核心的粮食税入手,逐步涉及地方贸易、运用国家资本主义、掌控商业与货币关系、启动市场运营等经济体系的重构与发展,进而实现工农联盟的稳固、苏维埃政权的加强、机关与职能部门工作重心的调整、党的任务转变和自身建设的施行等政治框架的搭建与运行,实现了通过经济基础的夯实稳定政治上层建筑,政治上层建筑的进步反作用于经济基础的发展。中国特色社会主义进入新时代,在顺利完成第一个百年奋斗目标的基础上,进入了实现社会主义现代化强国的建设新时期,但党在社会主义初级阶段的基本路线没有改变,以经济建设为中心的基本任务没有改变,实现共同富裕的根本目的没有改变。坚定不移地统筹推进"五位一体"全面布局,协调推进"四个全面"战略布局,实现中华民族伟大

① 《列宁全集》第34卷,人民出版社2017年版,第45页。
② 《毛泽东文集》第7卷,人民出版社1999年版,第170页。
③ 《邓小平文选》第3卷,人民出版社1993年版,第139页。

复兴是当前工作的政治要求,不断提高人民生活水平,高质量高标准实现共同富裕是当前工作的政治目标,只有清晰了解政治要求,明确政治目标,才会完成建成社会主义现代化强国的政治任务。

(二)坚定发展社会主义是始终的政治方向

新经济政策的酝酿、颁布、实施与完善,列宁始终坚持马克思主义理论指导,从苏维埃俄国实际出发,不断满足人民群众的切实利益,坚定向社会主义过渡信念,虽在形式上有所尝试,但向社会主义过渡的政治方向从未发生过动摇。同时,随着新经济政策实施带来的资本主义复苏危险,列宁始终正面回击,并在掌握政权和国家经济命脉的基础上,巧妙运用多种方式给予应对,防范资产阶级势力对苏维埃执政基础的攻击,资产阶级错误思想对人民的腐蚀。面对着苏联解体、东欧剧变、苏共垮台带来的世界社会主义发展进入低潮期的不利局面,面对着资本主义制度仍是世界主流并对中国加强攻击的险恶环境,中国更应坚定走在中国特色社会主义道路上,咬定青松不放松,既不走封闭僵化的老路,也不走改旗易帜的邪路,始终立足于社会主义初级阶段这一最大实际,坚持以人民为中心,不断增强中国特色社会主义道路自信、理论自信、制度自信、文化自信。在经济全球化、政治多极化、文化多元化、社会信息化的世界背景下,彰显中国特色社会主义制度优势,在日益走近世界舞台中央之时,不断为世界各国发展和文明进步做出更大贡献。在自身不断发展的同时,欢迎世界各国搭乘中国快速发展的列车,分享中国发展经验与智慧,为世界各国发展提供更多参考和选择。

(三)加强和改善党的领导是社会主义建设的根本政治保障

新经济政策代替"战时共产主义"政策被提出,为俄共(布)执政提出新的工作目标和要求,需要俄共(布)学习新的工作本领,击败新的执政"敌人"。同时,在以列宁为代表的俄共(布)坚强领导下,新经济政策得以贯彻执行,实现巩固工农联盟,稳定苏维埃政权,加强俄共(布)领导地位的初衷和使命,并在实施的过程中,逐渐显现新经济政策的效果,苏维埃俄国国内情况和国际地位持续向好。正是在不断加强俄共(布)领导的情况下,新经济政策才得以颁布与实施,正是在不断改善俄共(布)领导的情况下,新经济政策才得以完善并凸显成效。走过百年艰辛历程的中国共产党,在新的进京赶考路上,更应加强和改善自身领导与建设,彰显中国共产党的领导是中国特色社会主义最本质的特征。把党的政治建设摆在首位,用习近平新时代中国特色社会主义思想武装全党,继承和发扬建党精神,紧抓时代脉搏,勇立时代潮头,保持自身先进性。机动灵活应对党执政面临的"四大考验",冷静沉着克服党执政面临的"四大危险"。在党的坚强领导下,统揽伟大斗争、伟大工程、伟大事业、伟大梦想,推动中国特色社会主义事业不断向前发展,使得社会主义制度在21世纪焕发出更加璀璨的光芒。

后德性时代的规训

——现代性道德文化的内在逻辑

肖会舜

摘　要:现代性的道德奠基于个体自我理性之上,"自我"主体是通过抽象的理性而不再预设一种更为基础性的秩序存在,以及对神圣秩序的理性洞察来确证自我,理性自我独自就成为道德意义的规定者。现代性道德哲学试图脱魅于"自然"神圣秩序而完全依赖于理性自我来建构道德原则的尝试,不可避免地使"德性的道德"向"规则的道德"嬗变,且这种主观性的奠基方式内在地隐秘着"自由"与"规训"的深度悖论,生成了现代性所特有的规训景观。

关键词:现代性　道德文化　自由　规训

作　者:肖会舜,绍兴文理学院马克思主义学院讲师,研究方向为伦理学、政治哲学。

一、形式的合理性与抽象的普遍性

现代性道德的一个突出特点,就是在理性之光的照耀下追寻原则的确定性或普遍性。无论是先验理性还是经验理性所构建的普遍性原则毋宁只是主观性而已,因为它只是主体(主观)自身的维度,而缺失了社会、历史、实践的视域。现代性确立了理性的独尊地位,"理性不仅被重新确立为人的本质特征,而且也因此被普遍化,成为一种相对超越于人类所处的特定传统和实践的东西"①,即理性所建构的原则是从具体的情境中抽象出来,以一种所谓的"不偏不倚"的道德要求来规范人的行为。由之所导致的"规范的暴政"实乃"(形式)理性的暴政"。

可以说,现代道德哲学其实还是遵循启蒙理性,即科学理性(逻辑理性)来解释人类实践行为,最终使人类实践科学理性化,这便是伽达默尔所揭橥的存在于现代的"社会合理化"问题。"社会技术主义"是"社会合理化"的根本原则,其实质就是用科学理性来观察、处理人类事务,现代性"期望透过一番科学的社会工程,将人与社会重新组合,使人经由完美的交互调适,获得幸福"②。现代科学在原则上具有了一种新的倾向,即"在不考虑本质上属于有关我们世界经验的和熟悉的整体性情况下,科学已经脱离实验方法发展成为一种关于可操作性关系的知识"③。我们不得不指出,科学理性在缺乏价值理性的关照下其实是一种工具理性、形式理性,它所注重的只是普遍性、齐一性。作为现代道德哲学典范的义务论与功利主义虽在理论体系上存在重大差异,但在建构理论体系的方法选择上则是同样的,它们并未逃脱启蒙狭隘理性的影响。"启蒙精神首先只有通过统一的现象才能认识存在和所发生的东西;统一现象的理想典范是一切言行遵循的制度。启蒙精神的理性主义表达方式和经验主义表达方式,对此并没有分别。如果说各个学派对公理的解释各不相同,那么,统一科学的结构却始终是相同的。"④在统一科学结构的框架下,道德冲动、激情、个性的美等都成为不可解释的东西而将其非法化或排除在外,"接着努力在认真清除了激情的论争之外重建伦理学大厦,从所有的限制中释放出没有被加工过的人类隐私,这相当于说(用哈罗德·加丰凯尔[Harold Garfinkel]令人难忘的比喻)我们只有挪开墙,才能很好地看到是什么东西支持着天花板。正是道德冲动、道德责任和道德隐私最初的、最重要的'兽行(Brute Fact)'提供了人类共同生活的道德赖以形成之材料"⑤。原始的道德冲动,实质上是作为一种基本的道德情感,对于德性来说是非常重要的"材料",休谟就曾把情感认作道德的基础。"推理

---

① 徐向东:《美德伦理与道德要求》,江苏人民出版社 2007 年版,第 11 页。

② [加]查尔斯·泰勒:《黑格尔与现代社会》,徐文瑞译,吉林出版集团有限责任公司 2009 年版,第 2 页。

③ [德]伽达默尔:《科学时代的理性》,薛华等译,国际文化出版公司 1988 年版,第 62 页。

④ [德]霍克海默、阿多尔诺:《启蒙辩证法》,洪佩郁、蔺月峰译,重庆出版社 1990 年版,第 5 页。

⑤ [英]鲍曼:《后现代伦理学》,张成岗译,江苏人民出版社 2003 年版,第 41 页。

和推论发现真理；但是在它们所发现的真理是冷漠的、引不起任何欲望或反感的地方，它们就不可能对任何行为和举动发挥任何影响"，因为"熄灭一切对德性的火热的情和爱、抵制一切对恶行的憎和恶，使得人们完全淡漠无情地对待这些区别，道德性则不再是一种实践性的修行，也不再具有任何规范我们生活和行动的趋向"。① 也许，我们要像木偶一样做出机械的反应才真正符合现代性道德的要求。

抽象的普遍性不仅囚禁了人的肉体，更为可怕的是还囚禁了人的精神和灵魂。正如福柯在批评 19 世纪监狱制度时说的那样，现时代的惩罚是完全符合理性主义的，也是符合人道主义的。不过，深究之，"我们可以发现，在这种刑罚人道化的背后，所隐含的是所有那些认可，或更准确地说是要求'仁慈'的原则，是一种精心计算的惩罚权力经济学"②。可见，这样一种理性主义的方式虽然有人道主义之名，却是没有情感和爱的人道主义，故而是非常可怕的。鲍曼也曾以一种惊世骇俗的方式把现代性与大屠杀联系起来。在他看来，大屠杀事件的发生与现代性的高度发展和人类理性的极端膨胀具有难以割断的内在联系。现代性所追求的抽象普遍性与形式合理性恰好孕育了现代官僚体系的诞生，而现代官僚体系最大的特点就是"非人化"；也就是说，它可以用纯粹技术性的、道德中立的方式来表述这些对象。"一旦官僚体系执行的任务的人类对象被有效地非人化，并因此被废止了作为道德需求的潜在对象，他们就会被带着道德冷漠的眼光来看待；一旦他们的抵抗或不予合作阻缓了官僚程序的顺畅之流，这种道德冷漠就会很快转变为非难和指责。"③"非人化"是忽视人与生俱来的道德感情而走向的抽象普遍化道路的必然结果。现代官僚体系进一步使得大屠杀的执行者丧失了作为道德个体的伦理关怀，泯灭了他们作为个体的人与生俱来的反对暴行的道德自抑能力。因为"作为对象的人已经被简化为纯粹的、无质的规定性的量度，因而也失去了他们的独特性"④。正如鲍曼对大屠杀的实施者进行考察后指出，他们并不一定就是一些极端残忍和心理扭曲毫无人性的人，但是严格按照理性和科学精神构筑的现代理性官僚体系使得他们用理性扼杀

① ［英］休谟：《道德原则研究》，曾晓平译，商务印书馆 2001 年版，第 24 页。
② ［法］福柯：《规训与惩罚》，刘北成、杨远婴译，生活·读书·新知三联书店 2007 年版，第 111 页。
③ ［英］鲍曼：《现代性与大屠杀》，杨渝东、史建华译，译林出版社 2002 年版，第 138 页。
④ ［英］鲍曼：《现代性与大屠杀》，杨渝东、史建华译，译林出版社 2002 年版，第 137 页。

了人性和道德,对现代性所要求的秩序和确定性的追求使得他们丧失了起码的"动物性的情感"。这一现象昭示我们,人类可能犯下的最为残忍和耸人听闻的罪行可能不是源于人性的恶或秩序的涣散,而是源自完美无缺的理性统治秩序。所以,鲍曼在另一处说道:"现代性并没有使人们更为残暴;它只想出了这样一种方式:让残暴的事情由那些不残暴的人去完成。"①这实质上造成了现代性社会独特的景观,即道德的个人与不道德的社会之间的分立。但是在不道德的社会中,道德的个人注定难有作为,甚至道德的个人被不道德的社会所裹挟,成为不道德社会行动的真正帮凶。因为他们在从事残暴的事情时始终没有带有个人情感,而只是为了实现理性所构建的人间天堂干出的伤天害理之事。某种意义上说,他们自身也是理性化官僚体系的受害者。

总之,抽象的普遍性和形式的合理性所带来的结果,是人的道德反思能力的萎缩。道德理性作为实践理性,固然具有普遍性,但它应是以善本身为目的的对实践活动的理性反思,由此形成典型的普遍性,然后再创造性地运用到具体的实践活动之中,得出一些因时因地因不同情况而有异的行为指导性知识。"任何普遍的、任何规范的意义只有在其具体化中或通过其具体化才能得到判定的决定,这样它才是正确的。"②普遍性与具体性或个性是辩证统一的关系,正如黑格尔深刻指出的,"只有在个性与普遍性的统一和交融中才有真正的独立自足性,因为正如普遍性只有通过个别事物才能获得具体的实在,个别的特殊的事物也只有在普遍性里才能找到它的现实存在的坚固基础和真正内容(意蕴)"③。因此,在某种意义上说,普遍性的具体化或个性化实际上是内在的具有一种解释学的结构,普遍性的知识或规范并不能代替行为者自身的选择,而且行为者在选择和行动时把"整个的人"(包括行为者自身的个性特征和当时的处境)投入其中,带有自身的情感和理性反思。所以,伽达默尔在批评现代道德哲学时指出:"它忽视了这样一个解释学问题:唯有对总体的具体化才赋予所谓的应当以其确定的内容。"④具体化就是对理性抽象"总体"的一种纠偏,它所成就

---

① [英]鲍曼:《生活在碎片之中》,郁建兴等译,学林出版社 2002 年版,第 225 页。
② [德]伽达默尔:《科学时代的理性》,薛华等译,国际文化出版公司 1988 年版,第 72 页。
③ [德]黑格尔:《美学》第 1 卷,朱光潜译,商务印书馆 1996 年版,第 230—231 页。
④ [德]伽达默尔、杜特:《解释学 美学 实践哲学——伽达默尔与杜特对谈录》,金惠敏译,商务印书馆 2005 年版,第 74 页。

的恰恰是德性。这毋宁是十分深刻的。

二、总体善观念的瓦解与规则的道德

现代性道德哲学将那种不言而喻、不证自明的神圣本质置于可疑的地位，并判定传统道德教化是有问题的。作为现代性肇始的启蒙运动"提出了与传统相分离的理性观念。因此，它对传统的质疑与批判是整体性的，从根本上动摇了'传统即应当'的观念"①。因为在现代性的理性看来，传统的德性是以一种"莫测之物"作为道德的根基，从而不可避免地造成道德的模糊性，甚至把由形上本体诠证的道德理解成"他律"的道德。所以，在现代性道德哲学看来，我们要做的无非就是摒弃那种"传统即应当"或"自然"的观念，逐步转向基于个体意志自由并且具有普遍确定性的道德观念。"倘若意志借助某种反省活动，有意识地充分放纵自身，将所有的行为普遍化或普世化，那么，它原则上就能使自己社会化，完全趋同其他自我实现的意志进行的类似活动。"②不过，"传统"与"自然"观念的瓦解所导致的行为要求"普遍化""社会化"（抑或世俗化）实质上乃是扼杀了德性生长的实体质素。

现代社会拔除了传统"理解的神圣之根"，因此现代社会也只能是基于理性共识或"重叠共识"而结成的利益集合体。现代道德哲学家就在于为这种规则共识达成的基础寻找合理化理由或道德证明（Justify）。"共同体"作为秩序本源和价值本体的地位也在现代社会中被消解了。正如奥克肖特所说的，"现代国家的兴起可以说是摧毁了'共同体'（Communities）的文明；也就是说，摧毁了人在社群的紧密结合中彼此承认的'伙伴'身份，以及透过集体目标来认同的深刻满足。在此过程中，人逐渐被推向一个既冷酷又充满敌意的世界，在其中，彼此陌生的人从事各种交易活动。从此，这样一个世界凌驾了社群的亲昵与温情"③。由此可见，伦理精神的失落突出了个体的独尊地位，个体被推向"一个既冷酷又充满敌意的世界"，再也无法寻觅精神的安顿之所。在无伦理性关联的

---

① 陈嘉映：《何为良好生活》，上海文艺出版社 2015 年版，第 132 页。
② 刘小枫、陈少明主编：《美德可教吗》，华夏出版社 2005 年版，第 10—11 页。
③ 张汝伦：《思考与批判》，上海三联书店 1999 年版，第 18 页。

个体与个体之间，即陌生人之间，道德只能是理智建构的规则，而无法实现对人的生命品质的塑造和提升。

由于道德价值本体维度的阙如，现代性丧失了关于总体善观念的理解和领悟，善观念不可避免地碎片化为"不可通约"的多元，"好生活"的观念也成为私人领域的事情，应该排除在道德规则之外，我们也无法为"好生活"进行价值排序，故而不能以命令的方式要求个人去选择某种价值观或人生观。社会的任务或职责就在于为任何一种生活方式或价值系统提供保障，只要这种价值观不会对他人或社会造成直接的伤害。在自由主义的理论中，"道德活动中最重要的问题乃是遵守原则，而道德哲学的首要任务乃是建立道德原则……至于个人的道德修养及德性的培养，则最后只被缩减到一种性向，这种性向就是对道德原则的服从"①。普遍性的规则而非人的德性被置于现代道德哲学的中心位置。传统伦理学中对"我如何成为一个完善的人"和"我应该如何生活"这样一类问题的关注就转换成现代道德哲学所追问的"我应当如何行动""为什么我应当是道德的"。这种转换实际上意味着"道德生活"与"好的生活"之间关系的颠倒：传统伦理学倾向于根据"好的生活"来定义"道德生活"，道德的内容总是由所追求的"好的生活"来设定，没有德性的人是无法实现"好的生活"的；而现代性道德哲学基于人们对于"好的生活"的理解已不可通约的信念，认为"道德生活"要优先于"好的生活"，当然对"道德生活"的理解也只能是最低限度的。

启蒙运动以来，现代性道德哲学的谋划，就是要给道德奠定一个合理且确定的理由，道德主要是作为世俗化利益的"调解阀"或社会稳定运行的"润滑剂"。因为现代性总是意味着自我理解由群体主义向个体主义的重大转变，它不再把社会或共同体看成是个体获得意义的来源，而是把它理解为为达到某种世俗利益而自愿结合在一起的独立的个人的聚合体。个体与个体的关系是基于特殊利益的关联，因其特殊所以有冲突，而"规则的道德"在人类社会中所起的作用，就是维护人类社会正常秩序所不可或缺的最低限度的条件。因此，道德就沦落为维护社会正常运行的工具。霍布斯可谓"工具化道德"的杰出代表，人类生活之所以需要道德，是用道德规范节制无限度的利己冲动以求自保。因为在自然状态（State of Nature）下，每个人都是自私自利的，人的欲望是无穷

---

① 石元康：《从中国文化到现代性：典范转移?》，生活·读书·新知三联书店 2000 年版，第 108 页。

的,但自然资源又是有限的,冲突和战争绝不可避免。"在没有一个共同权力能使大家慑服时,人们便处在所谓的战争状态之下。""这种战争是每一个人对每一个人的战争。"①为了避免彼此的争斗以至同归于尽,大家必须订立一个契约,当利益发生冲突时,契约(规则)将调解矛盾以解决争端,使得大家可以有效地在社会中实现自己的利益。因此,道德之所以有价值,乃是因为它能够协调并规范利益冲突而最终有利于每一个体,道德本身是没有内在价值的。在霍布斯那里,"如果自然法必须得从自我保全的欲求中推演出来;换句话说,自我保全的欲求乃是一切正义和道德的唯一根源。那么,基本的道德事实就不是一桩义务,而是一项权利;所有的义务都是从根本的和不可离弃的自我保全的权利中派生出来的"②。由此,遵守道德规则乃是迫不得已的无奈选择,道德被看作是权利诉求的方式。

因为缺乏伦理精神的维度,所以总体上来说,现代性道德哲学对道德的理解是外在的和非个人的,并把道德关注的焦点或重心由"行为者"转移到仅对"行为"的关注。这种焦点的转移意义深远,它实际上把"行为"从"行为者"及其当时的情感处境中抽象出来,人格的完整性以及生活的完整性就在这种抽象中被肢解了。行为者的情感处境和内在品性是不重要的,重要的是行为必须是出自或符合可普遍化的规则。这也就能够解释为什么现代性道德哲学的主要目标,就是以"自由""福利""权利"等概念取代了"美德"以及古希腊意义上的"幸福"(Eudaimonia)概念。规则的道德只是从外在性、工具性的角度来理解道德的价值和基础,道德原本所具有的超越性向度被遮蔽的同时,追求良善的生活似乎成为个人的私事,毕竟重要的是确定性的规则在公共领域得到伸张。"处在极度发达的现代社会制度之中的个体,在分享制度化建构所带来的日益扩展的公共生活空间及其稳定秩序的同时,却自然而然地产生了某种制度(秩序)依赖和自主能动的缺失……'政治正确'掩盖了'道德善良'的心灵生长阳光,现代人不再拥有、甚至也不再屑于对崇高、英雄主义和理想主义的生活热情和追求冲动。"③与"政治正确"相比,道德善良与心灵美好挤压到了公共生活的边缘,完

---

① [英]霍布斯:《利维坦》,黎思复、黎廷弼译,商务印书馆1985年版,第94页。

② [美]列奥·施特劳斯:《自然权利与历史》,彭刚译,生活·读书·新知三联书店2003年版,第185页。

③ 万俊人:《现代语境中的伦理学和伦理学家》,《道德与文明》2007年第4期,第5页。

全成为私人生活可有可无的点缀。

三、自由的异化与现代性规训的生成

正如马克思所说,政治的解放并不代表人性的解放。从表面上说,现代社会中,人的自由度或选择范围较传统社会是大大地扩展了。但"现代性是'自由'与控制的双重结合,是放纵与规训的共谋"①。我们现在逐渐地进入了一个控制的社会,但这种控制不再是通过外在身体的压抑性的控制,而是通过一种让人舒舒服服地毫无被限制、被压抑之感的方式,即通过持续的个人欲望满足的快感和媒介信息的广泛传播而实现的。对人的生产体现为对人的欲望的生产,对人的控制就是对肉体快感的控制。这是一种更加彻底也更为有效的控制,它是人在"享受"当中心甘情愿地接受的控制。现代社会中,物成了"用具",有用与否或者说能否满足人的欲望要求成为物的唯一属性。正是这种强调"有用性"的功利主义的价值观"牢固树立在商业的、资本主义的、最后还有官僚制的存在模式之中,它倾向于把丰富多彩的、有深刻的和有意义的生活空虚化……没留下任何能够给生活以深刻而又强有力的目的感的东西;激情失落了……生活中除了'可怜而又可鄙的舒适',没有留下任何渴望"②。也就是说,消费在现代社会中扮演了全新的角色,它不只是一种满足正常物质欲求的行为,而且还是一种出于各种目的和需要对消费者进行操纵的行为。

欲望的社会化生产使得自由发生了异化。自由本义上是与"教养"、德性联系在一起的,施特劳斯所强调的自由教育(Liberal Education)就是唤醒个体的内在自由和卓越的教育。③ 自由是与教养不可分割的,缺乏教养的自由并非真实的自由,毋宁只是以虚假的、享受的方式被奴役。当然,自由一方面表现为正常的感性欲望不应受到无端的压抑而丧失选择的自由;另一方面,也表现为人格不应受虚假的欲望支配而失去理智。自由是能够在感性与理性之间保持必要的张力,欲望在理性的规导下获得满足和伸张,同时在欲望满足时不致迷失

---

① 金生鈜:《规训与教化》,教育科学出版社 2004 年版,第 27 页。
② [加]查尔斯·泰勒:《自我的根源》,韩震等译,译林出版社 2001 年版,第 787 页。
③ 刘小枫、陈少明主编:《古典传统与自由教育》,华夏出版社 2005 年版,第 2 页。

自我。而在消费文化中的自由俨然被没有任何智识和道德努力的最低劣的能力所占据,消费文化不停地在创造和渲染人的欲望,并使人沉湎于对这种欲望的依赖中而达到控制人的目的。人自以为只要是出于自觉自愿的选择就是自由的,但这只是自由的一个环节或部分而不是全部。自由不只是一种能力,更是一种德性,即对选择能力以及所选择内容反省的德性。自由的德性中包含了伽达默尔所说的"人性化的理性"①的能力。这种"人性化的理性"包含着自我批判、自我否定、自我超越的反思性意识和能力;也就是说,它不仅看到了自身的能力,还看到了自身能力的界限。这种理性在社会生活中就表现为社会化的理性,它以人的超越性思考(从根本上说,即对善本身的思考)来确立社会行为的基本观念和原则。用弗洛姆的话讲,自由不是"占有",而是"生存"。自由不是放任欲望肆虐,而是个体追求人性卓越的存在方式。不过,在现代社会中,"我们的自我意识越来越单一地建筑在行动和能力的基础之上。这是一种技术的梦幻和解放的空想,人类自我意识就在这种梦幻和空想中草拟计划"②。如果只强调自由能力而忽视了对能力限度的合理慎思,自由将异化为一种隐性的规训。因为这样一来,人的自由就无法向自身返回从而提升人的生命品质,反而徘徊于欲望生产与欲望满足之间的永无止境的旋涡之中。

在现代性的"自由"中,"自由"就等同于感官享受获得方式的不受限制,这主要是由个体缺乏了反思自身的能力,从而无法与自身的局限性取得距离所致。与自身保持距离对于教化来说是非常重要的,伽达默尔说:"谁能够做到同自己保持距离,能看到自己生活圈子的局限性从而向他人开放,谁就会不断地通过现实纠正自己的生活。"③也就是说,人必须具有超越当下生活以返回自身并诠释生活及其意义的能力,即结合个体生活经验来诠释生活的意义并调整生活。"超越"与"返回"的双重运动其实是实现个体性与普遍性的辩证统一。只有"能够与自身保持距离的人"才是真正具有自由意识的人。因此,当个体无法与自身取得距离并返回自身时,当个体沉湎于消费的快感之中时,个体与其说是自由的,不如说是自由的异化,即处于规训的状态。因为这种状态下的人实际上是丧失了自我的真实本性,个体从"对人的依赖关系"中解放出来的同时旋

---

① ［德］伽达默尔:《科学时代的理性》,薛华等译,国际文化出版公司 1988 年版,第 67 页。
② ［德］伽达默尔:《赞美理论》,夏镇平译,上海三联书店 1988 年版,第 95 页。
③ ［德］伽达默尔:《赞美理论》,夏镇平译,上海三联书店 1988 年版,第 82 页。

即卷入"对物的依赖关系"之中。正如舍勒所说的,"在现代文明的发展中,人之物、生命之机器、人想控制而竭力用力学解释的自然,都变成了随心所欲的操纵人的主人;'物'日益聪明、强劲、美好、伟大,创造出物的人日益渺小、无关紧要,日益成为人自身机器中的一个齿轮"①。

正是在这种意义上,伽达默尔说,现代是一个特有的所有人不自由的时代,"作为我们整个文化进程的结果,个人日益被限制于为职能服务,为作用着的自动化和机器服务。人类失去了支配自身能力的自由,失去了使某种意志形成成为可能,从而表达出自我意志的自由,他所得到的是人类一种新的普遍的奴隶化"②。而且这种新的普遍的奴隶化或规训化是通过控制思想来操纵肉体的,因为人已经缺失了道德反省的能力,即缺失了"从生活经验中产生被人认为健全理智的东西"的判断能力。福柯指出,这种控制实际上体现了一种"肉体政治学"的原则,即通过控制人的"精神"(头脑)来控制人的肉体,并且形成了一种关于精密的、有效和经济的权力的技术学,它比传统的控制手段更为有效。"愚蠢的暴君用铁链束缚他的奴隶,而真正的政治家则用奴隶自己的思想锁链更有力地约束他们……最坚固的帝国的不可动摇的基础就建立在大脑的软纤维组织上。"③可见,这种权力的技术学使现代人像盲人一样欢庆自己的视力,因为他没有意识到他所获得的"快乐"并不是他自己的,他完全习惯了按照别人的要求去感觉,而且还自以为那是出于他们自觉自愿的结果。所以,弗洛姆说,现代人的"自我感"只不过是别人评判的一种指示,使他确信自己价值的不是他自己,而是声望(Popularity)和在市场上的成功。④

自由的异化与现代性的规训是同一个过程。当自我完全陷入消费社会所制造的欲望陷阱之中时,我们就越来越荒芜了理性自决的能力,甚至感觉能力也不再是属于我们自己的,即便是以我们心甘情愿的方式进行的。因为工业社会控制社会的方式常常是给人以舒适愉快的幸福感觉,而且它还把这种控制方式转换成了一种生活方式,这种生活方式使人无力也不愿超越现存制度的既定范围。道理很明显:"如果每个人都满足于通过由管理所提供的商品和服务设

---

① [德]舍勒:《价值的颠覆》,罗悌伦等译,生活·读书·新知三联书店 1997 年版,第 161 页。
② [德]伽达默尔:《赞美理论》,夏镇平译,上海三联书店 1988 年版,第 142—143 页。
③ [法]福柯:《规训与惩罚》,刘北成、杨远婴译,生活·读书·新知三联书店 2007 年版,第 113 页。
④ [美]弗洛姆:《逃避自由》,刘林海译,国际文化出版公司 2002 年版,第 86 页。

施而获得的幸福的话,他们为什么还要为不同商品和服务设施的不同生产而坚持不同的制度呢? 如果每个人预先受到制约,以致令人满意的商品也包括思想、感情和愿望的话,他们为什么还要坚持独立地思考、体验和想象呢?"①这个"没有敌意的世界"实际上在虚假的幸福外观背后隐蔽着一种更透彻的极权奴役,只不过是一种以内部的心理操纵取代外部的专制的新的奴役方式。所以,当自由没有德性的关照时,自由必定异化并陷入规训之中。在伽达默尔看来,异化问题是一个自近代科学理性霸权以来在人类社会中普遍存在的问题,其核心在于,人们在一个完全经济化和科学合理化的时代中,失去了对人的实践行为的理性反思,将人的基本意识完全变成了每个人都可以交换的或者说变成了经科学化而互相通用的意识,故而"造成我们当前困难的一个原因是我们荒疏了自己的判断力"②。在荒疏了自己的判断力之后,"他的道德感丧失,因为他没有能力怀疑和批评那些使他对人和事的道德判断失效的权力,悲哀地沦为偏见和迷信的牺牲品,没有能力探讨那些错误信息所依据之前提的正确性;他自己的心声不能召唤他返回自身,因为他听不见这些声音,却专心致志地倾听那些高踞于他之上的声音"③。现代人的自我又一次丧失了,并且丧失得干干净净。

自我异化是一种社会病,它所表示的是人们在社会生活中体验到一种不断增长的陌生感以及由此带来的不安全感。异化不是一种外在的分离,而是一种内在精神的分离,即人对人、人对社会的信任前提的消失。伽达默尔为"自我异化"下了一个定义:"与公共生活同一的可能性的消失,即我们称之为人在社会中的自我异化。"④这种自我异化的根源就在于现代人的人际关系失去了亲缘性与人情味特征,而呈现出一种操纵精神与工具性特点。这也就不难理解为什么功利主义者边沁把共同体理解为一个利益的虚构体,人与人、人与世界之间的

---

① 〔美〕马尔库塞:《单向度的人》,刘继译,上海译文出版社 2006 年版,第 47 页。

② 〔德〕伽达默尔:《赞美理论》,夏镇平译,上海三联书店 1988 年版,第 79 页。在伽达默尔看来,在现代性的科学理性那里,个人本身完全被看作一种合理化秩序整体中的职能,秩序的运行完全可以无视个体的意志、欲望,而且个体却自以为在秩序中找到了安全。"科学技术直接成为生产力,技术理性事实上成为这一整体的主宰和主导。掌握技术就是被技术掌握,从必然中获得自由就是用必然规定自由,自由是虚假的,作为人的实践本质对象化的技术使自然人化,实现了人类中心主义的最高形式,但是人类中心主义是对自然的专制主义同时也隐藏着或敞开着对人自身的专制。"(张志扬:《译后记:解释学的边界性》,参见〔联邦德国〕伽达默尔:《美的现实性》,张志扬译,生活·读书·新知三联书店 1991 年版,第219 页。)

③ 〔美〕弗洛姆:《占有还是生存》,关山译,生活·读书·新知三联书店 1988 年版,第 233 页。

④ 〔德〕伽达默尔:《赞美理论》,夏镇平译,上海三联书店 1988 年版,第 128 页。

亲疏关系被"有用性"所间隔,从而使人个体化,而个体化的社会却无法给人提供认同感或安全感。因此,为了寻求安全,逃避自由并把自己委身于一个更大的集体之中就成了个体的不二选择。但是,正如弗洛姆所指出的那样,逃避自由并不能帮人恢复那已经失去了的安全,而只能帮他暂时忘掉自我是个分离的个体。逃避自由的代价就是放弃个性以及合理慎思的能力,而"天真"地、不加批判地相信权威或从众心理,只能使人们臣服于自己亲手营构的"合理的极权主义社会",而这也正是现代性道德文化合乎逻辑的发展宿命。

劳动创造美好生活:内在含义、现实路径与价值意蕴①

岑朝阳　程　丙

摘　要:中国特色社会主义发展进入了崭新历史阶段,人民群众对于美好生活的现实需要推动着劳动在各方面的变革与创新。劳动创造美好生活,是社会生产力发展背景下劳动叙事模式与日常生活理念的跨越式演进与共契性发展,是马克思主义历史哲学视域下"现实的人"超越工具性存在而追求自我超越与辩证发展的价值抉择,且在当下已然成为新时代中国特色社会主义劳动观的时代主题与现实课题。在内在含义上,劳动创造美好生活具有丰富的理论渊源,并在当下延续着其理论延展;在现实路径上,通过劳动创造美好生活需要厚植劳动文化、开展劳动教育、营造劳动氛围、维护劳动正义;在价值意蕴上,劳动创造美好生活促进了社会主义物质文明、精神文明与生态文明的高度化、创造性与永续化发展。劳动创造美好生活的三重逻辑,为推动我国共同富裕事业发展、实现新时代人的全面发展提供了强大的理论性与实践性支持。

关键词:劳动　劳动观　美好生活　人的全面发展　共同富裕

作　者:岑朝阳,浙江理工大学马克思主义学院硕士研究生,研究方向为马克思主义哲学、马克思主义基本原理与现时代。程丙,复旦大学马克思主义学院讲师,研究方向为中国特色社会主义理论与实践。

---

① 本文系 2021 年度浙江省大学生科技创新活动计划(新苗人才计划)创新创业孵化项目"'三地一窗口'视角下的乡村振兴研究"(2021R406083)的阶段性成果。

习近平总书记指出："人民创造历史，劳动开创未来。"①新时代，劳动最崇高、劳动最伟大、劳动最光荣、劳动最美丽的社会主义劳动观正在蓬勃发展，劳动创造美好生活也是推动中国特色社会主义事业发展、促进共同富裕、实现人的全面发展的重要准则。中国特色社会主义发展进入了崭新历史阶段，人民群众对于美好生活的现实需要推动着劳动的各方面变革：劳动能力、劳动关系、劳动环境发展与变革也迈入了新的时空场域，劳动干劲、劳动态度、劳动创新也成为劳动新的时代特点。

国内学界对于美好生活和劳动观方面也进行了相应研究。在美好生活研究方面，有学者基于马克思的著作文本对美好生活理念进行了逻辑运演与概念证成②，认为"劳动创造人"是劳动幸福的前提③，而美好生活与新发展理念相衔接，是适应新发展阶段的一种新型生活态度与生活方式④，也是象征新时代生活品质的价值概念与重要范畴⑤。在新时代劳动研究方面，国内学界近年来尤其重视劳动教育、劳动精神等方面的研究。有学者指出，人类社会史、人类发展史即人类的劳动史⑥，而劳动精神作为劳动者的精神气质为劳动提供现实的精神航标，要推动人类文明发展必须通过劳动教育推动劳动精神的弘扬与传播⑦。但需要指出的是，学界在新时代劳动研究与美好生活研究之间仍然缺乏系统的内涵澄明、逻辑衔接与路径阐释，也相应地缺乏兼具理论性与实践性、系统性与科学性的研究成果。因此，本文力图从内在含义、现实路径与价值意蕴三方面揭明劳动创造美好生活的三重逻辑，以求为推动我国共同富裕事业发展、实现新时代人的全面发展提供现实性与实践性支持。

---

① 习近平：《在同全国劳动模范代表座谈时的讲话》，《人民日报》2013 年 4 月 29 日。
② 鲁克俭：《马克思的"美好生活"理念及其证成》，《兰州大学学报》（社会科学版）2021 年第 3 期。
③ 何云峰、王绍梁：《论"劳动幸福"何以可能——兼对劳动幸福理论若干争议的回应》，《社会科学辑刊》2021 年第 6 期。
④ 项久雨：《新发展理念与美好生活》，《马克思主义研究》2021 年第 10 期。
⑤ 喻文德：《马克思主义哲学视域下新时代美好生活的意蕴》，《湖湘论坛》2021 第 3 期。
⑥ 潘宁：《恩格斯劳动观对创造美好生活的现实启示》，《广西社会科学》2021 年第 6 期。
⑦ 毛勒堂、郭亭：《新时代劳动精神：何以必需及如何可能》，《思想理论教育》2021 年第 5 期。

一、劳动创造美好生活的内在含义

（一）劳动创造美好生活的文化底蕴

从中华文明与中国文化发展的角度看，重视劳动、崇尚劳动一直是中华民族历代传承的优秀传统文化。自古以来，崇尚劳动、躬身力行是人们的基本共识，勤劳致富、劳动致富也是人民的美好理想。古人既认同"晨兴理荒秽，带月荷锄归"的辛勤劳作，又赞美"耕读传家久""习劳则神钦"的艰苦奋斗；既描写"用力农事，不遑食寝"的忘我劳动，又刻画"耕田灌园，劳苦淬砺"的辛劳景象；既宣扬"苦其心志，劳其筋骨"的顽强精神，又崇尚"如切如磋，如琢如磨"的工匠情怀；既主张"士虽有学，而行为本"的实践品格，又怀有"往来种作，怡然自乐"的美好愿望。中华优秀传统文化的深厚沃土无时无刻不孕育着中华儿女的劳动情怀与劳动品格，而新时代的中国以劳动作为创造美好生活的现实要求，正是中国共产党人将坚持把马克思主义基本原理同中华优秀传统文化相结合，并将其融入推动实现共同富裕、实现人的全面发展要求的时代发展必然性之中的重要体现。要明确新时代劳动创造美好生活的内在含义，唯有立足大历史观、大文明观，扎根中华优秀传统文化，从中华文明与中华文化中汲取品德与养分、修习劳动素养与劳动技艺，方能为劳动观点与劳动实践的发展繁荣奠定坚实的文化基础。

（二）劳动创造美好生活的理论支撑

从马克思主义经典作家的相关论述看，基于历史唯物主义与辩证唯物主义劳动观的当代发展也是时代革命与现实变革的必然进路。马克思主义理论在其现实性上，已然成为中国特色社会主义劳动观发展的逻辑基底与理论沃土。马克思在本体论层面重塑劳动的含义及其重要性：劳动作为推动人类社会发展与人类文明进步的决定性本质力量，是劳动者作为进步力量在价值创造过程中发现原初自我、实现自身价值，并"能动地、现实地使自己二重化，从而在他所创造的世界中直观自身"①的直接现实性活动。劳动与自由亦处在历史辩证运动之中。② 马克思指出，在人们为了生活而进行的各类历史活动与实践活动中，"第一个历史活动就是生产满足这些需要的资料，即生产物质活动本身"③。劳动不仅是个体性权利，更是一种社会性义务。哪怕是在"各尽所能，按需分配"的共产主义社会发展阶段，劳动也是支撑社会运行、文明延续须臾不可离的结构性力量。与此同时，劳动是创造美好生活的过程。恩格斯亦指出："劳动是生产的主要因素，是'财富的泉源'，是人的自由活动。"④通过劳动实现人的社会性，也是实现人的全面发展的主体性与创造性活动。劳动者处于社会关系的多重结构网络之中，既在被给定的社会关系中进行劳动实践，又在现实的劳动中不断创造着新的社会关系，而劳动者本身通过这种双向互动、双向作用过程中也获得了社会认同与自我实现，进而"直观自身"并实现自身的"二重化"。劳动创造美好生活，是人的类特性的本质外显，也是"现实的人"创造自身总体过程的实践引渡，更具有马克思主义自然观、实践观与历史观的理论特征。

(三)劳动创造美好生活的理论发展

劳动创造美好生活的社会主义劳动观，是中华优秀传统文化与马克思主义理论相结合的时代产物与理论精华，并在中国特色社会主义社会发展的历史场域与时代场域内接续发展、不断深化，并日益焕发出独特的生机与活力，因而也具有其独特的生成基础、渐进的演进过程与严密的系统结构。社会主义革命、建设与改革各个历史时期也为劳动创造美好生活理论体系的变革奠定了实践基础、提供了实践条件、开辟了实践道路，是建立在"两个结合"的现实条件与现实要求之上的发展必然。

在新民主主义革命、社会主义革命与建设时期，通过劳动谋求独立、实现温饱，就是中国共产党人领导人民通过劳动创造美好生活的实践开端，也正是在此阶段，毛泽东思想成为劳动创造美好生活的理论开端与实践指南。毛泽东认为，人民获得美好生活需要实现共同富裕，而"这个富，是共同的富，这个强，是

① 《马克思恩格斯文集》第 1 卷，人民出版社 2009 年版，第 163 页。
② 潘二亮：《劳动与自由的历史辩证建构》，何云峰主编：《劳动哲学研究（第 3 辑）》，上海教育出版社 2020 年版，第 179—190 页。
③ 《马克思恩格斯文集》第 4 卷，人民出版社 2009 年版，第 293 页。
④ 《马克思恩格斯全集》第 1 卷，人民出版社 1956 年版，第 611 页。

共同的强,大家都有份"①,而"理想境界的实现还要靠我们的辛勤劳动"②。

在改革开放与社会主义现代化建设新的历史时期,邓小平指出,社会主义,尤其是中国特色社会主义的最终目的,在其现实性上就是"全国人民共同富裕,不是两极分化"③。江泽民也认为,党的路线方针政策的基本着眼点,是吸收、反映并体现人民群众的意见与建议,"尊重和保护一切有益于人民和社会的劳动",以此"使全体人民朝着共同富裕的方向稳步前进"④,方能彰显中国共产党"三个代表"的先进性与优越性。胡锦涛同志亦指出,必须发挥人民群众艰苦创业、吃苦耐劳的伟大精神与良好品质,"英勇劳动,勤勉敬业,奋力拼搏,竭诚奉献"⑤,才能在新的历史时期以科学发展观为指导解放与发展社会主义生产力,通过鼓励劳动、激励创新、推动生产、科学发展,真抓实干、争创一流,用劳动换取社会主义社会的进步与发展。

随着中国特色社会主义发展进入新时代这一新的历史阶段,以习近平同志为核心的党中央顺应时代发展大势,结合我国基本国情,将创造美好生活、实现共同富裕、实现人的全面发展作为新的时代任务与历史使命,而在其中,劳动则成为发挥人民作为历史创造者主体性力量的现实源泉。习近平总书记创造性地指出,"人类是劳动创造的,社会是劳动创造的"⑥,"人民对美好生活的向往,就是我们的奋斗目标"⑦。习近平总书记关于劳动创造与美好生活的相关论述,建立在对于党的百年奋斗历程的深刻凝练与经验总结基础之上,是社会主义社会发展进入新时代背景下社会主义劳动观的必然发展与必要延伸,亦赋予了劳动、劳动精神、美好生活等概念新的时代内涵与奋斗导向。总的说来,习近平总书记关于劳动创造美好生活的相关论述,是历史性与逻辑性、人民性与科学性的辩证统一,为新时代以劳动创造美好生活,以劳动实现共同富裕,以劳动推动人的全面发展提供了理论指导与实践指南。

---

① 《毛泽东文集》第6卷,人民出版社1999年版,第495页。
② 《毛泽东文集》第7卷,人民出版社1999年版,第226页。
③ 《邓小平文选》第3卷,人民出版社1993年版,第110—111页。
④ 《江泽民文选》第3卷,人民出版社2006年版,第540页。
⑤ 《胡锦涛文选》第1卷,人民出版社2016年版,第78页。
⑥ 习近平:《在同全国劳动模范代表座谈时的讲话》,《人民日报》2013年4月29日。
⑦ 《习近平谈治国理政》第1卷,外文出版社2018年版,第4页。

二、劳动创造美好生活的现实路径

（一）创造美好生活需要厚植劳动文化

通过劳动创造美好生活，发挥劳动者劳动品格、劳动精神的能动性与影响力，需要在全社会厚植劳动文化。在社会主义社会，勤劳勇毅、踏实肯干的劳动者与相互协调、互助和谐的劳动关系是共生共存、双向促进的，而发展与弘扬劳动文化在其现实性上为劳动者与劳动关系的协调健康发展提供了精神支撑、发挥了正向作用。在当下，欲想通过劳动创造美好生活，就需要厚植劳动文化。真正的劳动精神强调把"真正的人理解为人自己的劳动的结果"①，以践行初心、担当使命的伟大建党精神为源头与起点的中国共产党人精神谱系在劳动领域即突出表现为劳模精神、劳动精神与工匠精神。

第一，将劳模精神融入劳动文化，就是将热爱工作、不求名利、爱岗奉献的劳动品格融入社会主义劳动文化之中，通过表彰劳动模范、授予荣誉称号、宣传劳模事迹，发挥劳动模范的先进性与模范性作用，在社会发展过程中激起学劳模、爱劳动的思想与实践的热潮。第二，将劳动精神融入劳动文化，就是将崇尚劳动、热爱劳动、勤劳诚恳的劳动品质接轨社会主义劳动文化发展过程，通过引导全社会学习贯彻马克思主义劳动观与习近平新时代中国特色社会主义思想中关于劳动的重要论述，感悟社会主义劳动理论的历史发展脉络与系统理论演进过程，营造全社会崇尚劳动的良好风尚。第三，将工匠精神融入劳动文化，就是将优良的劳动道德、优秀的劳动技能、优异的劳动品德与社会主义劳动文化相衔接，将精益求精、守正创新的劳动价值取向融入劳动文化发展大局，推动各行业、各领域、各方面劳动者职业素养不断提升。

因此，厚植劳动文化可以通过在全社会开展包括劳模精神、劳动精神与工匠精神等在内的劳动文化宣传，结合中华传统文化中崇尚劳动、崇敬劳动的优秀文化，并以此开展文艺作品创作、文艺活动举办、文化产品生产、文化产业发展与文化旅游消费，使现时代厚植劳动文化成为推动劳动创造美好生活的精神之源。

---

① 何云峰、万婕：《劳动精神的主体性阐释》，《思想理论教育》2020 年第 6 期。

（二）创造美好生活需要开展劳动教育

通过劳动创造美好生活，提升人民群众劳动素养、提振先进的劳动精神、形成扎实的劳动观念，需要在全社会开展劳动教育。在中国特色社会主义发展进入新时代的当下，劳动者对美好生活在需要层面、人的实践层面与人的生活方面的认识很大程度上影响与决定了劳动效能与劳动产出，而开展劳动教育，推动劳动者形成科学、实际且与社会主义发展阶段特征相适应的职业技能、劳动素养与价值取向，在推动中国式现代化、实现共同富裕、实现人的全面现代化方面发挥积极作用。

第一，通过劳动教育，劳动者正确认识自身需要。随着生产力与生产关系的发展，人的需要也在发生着剧烈变革，经济因素、社会因素与文化因素均影响着当代劳动者的价值观与劳动观，进而影响着劳动者对于自身需要的理解与把握。当下，以超前消费、过度消费、享乐消费等为特征的消费主义思潮暗流涌动，动摇着社会主义劳动观的思想基础。消费主义，可以说是消费领域的"个人自由主义"的现实外显，影响着人们对于劳动生产与消费的价值判断——"劳动"等同于劳累与痛苦，而"消费"意味着快乐与幸福。实行并推广劳动教育，就是要力图遏制并扭转这一不良风气，提倡劳动者确立适度的个人需要，提倡绿色消费、节俭消费与可持续消费观。第二，通过劳动教育，劳动者认同劳动创造的本质。劳动创造着人本身。[①] 劳动教育要使劳动者理解劳动创造美好生活的内涵、逻辑及其现实价值。劳动者通过人的劳动实践与价值创造，不仅为自身创造了良好的外部生活环境，也实现了个人自我价值的提升与彰显，已然成为劳动者个人物质方面与精神方面的双重进步。第三，通过劳动教育，劳动者理解美好生活的真谛。现时代的生活样态正随着社会的发展、文明的进步而发生着多元化、多方面的变革。新时代，正确理解人的生活方式，成为理解美好生活、塑造美好生活的基本前提。在全面建成小康社会新的历史起点上，在新发展阶段，劳动者的劳动也在新发展理念的指引下成为创造美好生活的现实力量。

因此，开展劳动教育可以细化为使劳动者正确认识自身需要、认同劳动创造的本质、理解美好生活的真谛。在厚植社会主义优秀劳动文化的基础上，推

---

① 《马克思恩格斯文集》第 9 卷，人民出版社 2009 年版，第 550 页。

进劳动素质教育、劳动技能教育、劳动观念教育、劳动道德教育,针对各地区、各部门、各方面、各学制,以道德教育、学校教育、职业教育、家庭教育统筹推进劳动教育,将形成新时代劳动教育与社会发展同向同行的劳动教育大格局,并使劳动教育在其现实性上成为推动劳动创造美好生活的基础力量。

(三)创造美好生活需要营造劳动氛围

通过劳动创造美好生活,拒斥将劳动者的"自主活动、自由活动贬低为手段"的异化劳动,重新将劳动作为人的类活动而非单纯生存手段的观点予以确立与复兴,需要在全社会营造劳动氛围。

第一,通过推动劳动技术创新营造劳动氛围,引导劳动者创造美好生活。创新作为新发展理念的组成部分之一,在社会生产力发展与人类文明演进过程中发挥着导向作用。劳动创造美好生活,也是生产力发展、社会进步与文明演进中的一个环节。因此,美好生活的实现离不开劳动的技术创新。劳动技术创新,体现在劳动者的技能创新、从事劳动所依托的科技创新以及劳动过程的整体创新。对此,要建构起一整套劳动技术规制系统,积极助推劳动驱动美好生活发展。第二,通过鼓励劳动治理创新营造劳动氛围,引导劳动者创造美好生活。劳动创造美好生活,同样离不开劳动治理模式创新。劳动的治理创新可以分为治理制度创新与治理模式创新两个方面。在制度创新方面,要统筹推进劳动者权利保障与救济机制,以党对劳动制度、劳动关系的全面领导为核心,将市场经济发展与劳动者权益保障相结合。在模式创新方面,要积极推动法治与善治两者的"双轮驱动",推动劳动者创造美好生活,既依靠法治的兜底保障作用,又依靠劳动者的强大主体力量,依靠党建引领,完善多元化参与、多领域治理的劳动创造美好生活新格局。第三,通过实现劳动成果共享营造劳动氛围,引导劳动者创造美好生活。劳动成果共享即所谓的"共享型发展"。劳动者的劳动一方面要获得劳动者自身的认同,另一方面也要获得社会层面认同,唯有实现两者的协调统一,我们才会说这种劳动是具有"社会价值"的。若要使得一种劳动获得社会价值,必须使得该种劳动有益于社会公众,将劳动价值的排他性在场向着共享性在场进行转换。共同富裕的实现、人的全面发展的实现,离不开劳动价值的通约性存在与共时态表达,这也是劳动创造美好生活的必然要求与价值取向。

在现代性变革性发展的今天，劳动创造美好生活的观点已经跃出某种先验范畴，劳动实践已然与生活旨趣、发展价值相勾连。科学、高效的劳动实践需要以良好的社会劳动氛围为依托，而营造劳动氛围又需要以马克思主义为理论中枢，并以习近平新时代中国特色社会主义思想中有关劳动的相关内容作为理论指导与时代指南。当下，在全社会营造劳动氛围，并非"潮来潮去，一片狼藉"的口号式宣传，而是切实关乎中国特色社会主义社会建设、物质文明接续发展、人民群众生活水平提升的关键政策与战略部署，这不仅有助于提升劳动与劳动者社会地位，更有利于提升劳动的发展性与可持续性，并使之在其现实性上成为推动劳动创造美好生活的力量之源。

（四）创造美好生活需要维护劳动正义

通过劳动创造美好生活，呼唤劳动正义与人的本质的复归，需要维护劳动正义。劳动者付出劳动，意味着创造出一定量的使用价值，履行了一定的社会性义务，因而维护劳动者基本权利、匡扶劳动正义是坚持劳动创造美好生活的重要保障。从马克思指出的劳动二重性上看，抽象劳动与具体劳动作为劳动者劳动活动过程与结果的两个不同维度，形成了一个规定性总体，框定了劳动活动的现实意义与总体意义：在现实层面上，劳动者通过具体劳动创造出使用价值，服务于当下社会某一具体领域并推动着该领域的当代发展，在该层面上劳动的意义主要表现在个体性上；而在总体意义上，劳动者通过抽象劳动创造出价值，推动着社会经济与社会总体层面的全面发展，在该层面上个体劳动者的具体劳动被抽象为一种无差别的人类劳动，并通过劳动的一般化在共时态意义上实现自我的主体性价值多态叠加，突出表现为劳动的整体性与系统性意义。

与此同时，维护劳动正义，还突出表现为在理论、现实与观念层面对劳动者及其劳动活动的逻辑明证与价值确证。首先是理论层面。随着数字技术、数字化管理在生产、流通与消费领域的应用，数字劳动的劳动价值论解读与劳动性质界定之争已然成为亟待解决的问题。[①] 该问题不仅关系数字劳动的性质问

---

① 岑朝阳、肖香龙：《数字中国：国内研究现状及其未来发展》，《中共桂林市委党校学报》2021年第3期。

题，从社会层面看，更成为关系数字劳动者的权利保障的重大现实问题。[①] 其次是现实层面。改革开放以来，我国社会生产力发展迅速，社会主义市场经济也随之快速发展，但也造成了社会贫富不均、阶层分化等现实问题。针对该问题，以习近平同志为核心的党中央明确了共同富裕的发展指向，通过做大蛋糕与完善三次分配机制，努力解决贫富差距问题引起的劳动正义问题。最后是观念层面。受传统文化影响，人民群众的劳动价值观念具有明显的财富占有（包括动产与不动产占有）特征，这一特征也影响着全社会对于劳动幸福与个人需要的观念形成，更对劳动正义形成了挑战，一些苦力活、体力活缺乏劳动力资源供给，诚实劳动、诚信经营的风尚被消弭。

因此，树立新时代的劳动幸福观念是维护劳动正义的必要举措，即认识到不论岗位高低、不分职业贵贱，只要能为社会做出贡献，就是在用劳动创造美好生活。共产主义并不剥夺任何人占有社会产品的权力，它只剥夺利用这种占有去奴役他人劳动的权力。[②] 以创造美好生活、实现共同富裕、实现人的全面发展，最终实现共产主义为目标，必须积极维护劳动正义，并使之在其现实性上成为推动劳动创造美好生活的坚定支撑与坚实保障。

三、劳动创造美好生活的价值意蕴

（一）推动社会主义物质文明高度化发展：劳动在物质层面创造人民美好生活

人的自由全面发展理论是马克思主义中关于人的解放的价值旨趣与现实追求。在社会主义建设事业持续发展、接续推进的当下，人的发展理想状况与社会主义物质文明建设实际之间存在着一些差距与问题，例如当今社会中的一些无所作为、逃避劳动、逃避奋斗的不良风气等。对此，习近平总书记指出，实现中国梦最终要靠全体人民辛勤劳动，天上不会掉馅饼。[③] 物质生产是实现人

---

① 岑朝阳：《缘起、现实与展望：数字资本主义研究二十年（2000—2020）》，《中共宁波市委党校学报》2021 年第 5 期。

② 《马克思恩格斯文集》第 2 卷，人民出版社 2009 年版，第 47 页。

③ 习近平：《在同全国劳动模范代表座谈时的讲话》，《人民日报》2013 年 4 月 29 日。

的需要的基本前提与物质基础，生产力也是社会变革的最终决定力量，人们维持生活、保障生活、体面生活都离不开物质生产。高度发展的生产力水平并不必然带来美好生活，但落后低下的生产力水平必然阻碍着美好生活的实现与发展。劳动作为创造物质财富的现实活动，亦是创造快乐、创造幸福、创造美好生活的源泉与基础。劳动者作为生产力中最具活力、最富有能动性与革命性的要素，推动着社会历史与人类文明的发展与进步。社会主义社会中的劳动者通过劳动创造物质财富，是具有进步性与可持续性的现实性活动，通过劳动实践所获得的美好生活也是现实的、具体的、实在的。党的十八届五中全会以来，新发展理念成为人民群众建设社会主义物质文明，通过劳动创造美好生活的理论指导与实践指南，其中的创新、协调、开放、共享等理念，将发展眼光从物的要素转向人的要素，力求实现在发展劳动者的基础上发展中国特色社会主义物质文明，为推动实现共同富裕与人的全面发展引领了新道路与新方向。制度稳则国家稳，制度强则国家强。中国实行的基本经济制度尤其是其中以按劳分配为主要分配方式的分配制度，为劳动创造美好生活，积极鼓励人民群众劳动致富、勤劳致富[①]，建设高度发达、持续发展的新时代中国特色社会主义物质文明提供了制度保障与政策支持。人生的价值在于奉献，劳动的价值在于创造。着力推动社会主义物质文明高度化发展，是劳动在物质层面创造人民美好生活的价值彰显，也为新时代人民群众满足美好生活需要、实现美好生活愿望提供了现实的物质基础。

（二）促进社会主义精神文明创造性发展：劳动在文化层面创造人民美好生活

劳动创造美好生活之路要走得通、走得对、走得正、走得好，离不开以劳动涵养社会主义先进文化，以劳动促进社会主义精神文明创造新发展。在消费主义风潮蔓延的物化时代，将物质利益作为唯一追求目标、将财富作为个体全部欲望的价值导向阻碍着美好生活的创造与建构。劳动幸福的物欲化与庸俗化消弭着劳动者的获得感与幸福感，因而通过劳动创造美好生活，力图推动社会主义精神文明的创新性、创造性发展，培育与弘扬新时代的劳动精神，树立与传

---

① 岑朝阳、程丙：《总结党的百年奋斗成就与历史经验的时代必然——学习贯彻党的十九届六中全会精神》，《理论建设》2021年第6期。

承正确的社会主义劳动观，为劳动创造美好生活提供了价值坐标与发展航标。习近平总书记指出，满足人民过上美好生活的新期待，必须提供丰富的精神食粮。① 随着人民生活水平的不断提高，人民对包括文艺作品在内的文化产品的质量、品位、风格等的要求也更高了。② 要将美好生活的阶段性愿景与中国特色社会主义发展的宏伟愿景相衔接、相融合，离不开劳动者个体的精神追求与全社会劳动氛围、劳动文化、劳动观点的发展进步。劳动创造美好生活，在推动物质文明发展的同时也必然引发精神文明的变革，崇尚劳动、热爱劳动的风尚融入文化事业、文化产业发展全过程，融入文化产品、文化旅游的各方面。劳动创造美好生活，又促进着物质文明与精神文明的和谐互动，使得物质文明发展成为精神文明发展的新起点与新动力。善治必达情，达情必近人。推动劳动精神、劳动文化进入社会主义精神文明，有助于"大力宣扬劳动最光荣、人才最宝贵、知识最珍贵的新时代风气"③。唯有通过劳动，个人体力与智力才能得到应用，才能获得劳动幸福，实现劳动逻辑的完整性，完成劳动命题的合题。着力促进社会主义精神文明创造性发展，是劳动在文化层面创造人民美好生活的价值彰显，也为新时代人民群众满足美好生活需要、实现美好生活愿望提供了坚实的文化支撑。

（三）实现社会主义生态文明永续化发展：劳动在环境层面创造人民美好生活

绿色是万物生命的基本特征与重要象征，更是作为人类美好生活基础的大自然的底色。生态环境与人居环境构建关系着劳动者的生存环境、生活环境与劳动环境的优劣，关系着美好生活愿景的实现。习近平总书记指出："要坚定推进绿色发展，推动自然资本大量增值，让良好生态环境成为人民生活的增长点。"④马克思主义的生态哲学观亦将人与自然的协调统一与内在统一作为生态层面首要的、基本的观点，人就是一种自然存在物，源于自然、长于自然、根在自

① 习近平：《决胜全面建成小康社会　夺取新时代中国特色社会主义伟大胜利》，《人民日报》2017年10月28日。
② 《习近平谈治国理政》第2卷，外文出版社2017年版，第315页。
③ 习近平：《在第十二届全国人民代表大会第一次会议上的讲话》，《人民日报》2013年3月18日。
④ 习近平：《在省部级主要领导干部学习贯彻党的十八届五中全会精神专题研讨班上的讲话》，《人民日报》2016年5月10日。

然。自然界作为现实的人生存与发展的背景环境，是"人的无机的身体"，是人与自然界相联系并从事劳动实践的外在现实条件。追求美好生活，离不开物质文明与精神文明发展，更离不开生态文明的永续化发展，这意味着具有可持续发展属性的美好生活不仅具有物质性、文化性，更具有一种更高层次的审美性与美学意蕴。人将自然作为劳动活动的实践指向与现实对象，在推动物质文明发展、促进精神文明发展的同时，着力探索、发现并顺应自然界运行与演化的本质属性与普遍规律，在劳动中崇敬自然、保护自然，在劳动中实现人与自然和平共处、和谐共生、和合与共，形成人的主体性与自然存在的辩证统一与协调发展，推动着美好生活创造的当代实践不断向前挺进、向前发展。新发展理念要求我们坚持绿色发展理念，通过绿色劳动、绿色发展创造美好生活，在生态中发展物质文明、在生态中涵养精神文明、在生态中提升精神境界，不仅有利于巩固与发展人民群众美好生活的基本环境与现实基础，还符合并顺应着人民群众对于社会主义生态文明发展的殷切期盼。追求美好生活，是永恒的主题，是永远的进行时。着力实现社会主义生态文明永续化发展，是劳动在环境层面创造人民美好生活的价值彰显，也为新时代人民群众满足美好生活需要、实现美好生活愿望提供了良好的现实条件。

四、结　语

劳动创造梦想，劳动铸造未来。新时代，劳动创造美好生活的观点，既包含着中国式现代化的话语逻辑变革，又蕴含着共同富裕与人的全面发展的理论范式创新。劳动创造美好生活，是社会生产力发展背景下劳动叙事模式与日常生活理念的跨越式、共契性发展，是马克思主义历史哲学视域下"现实的人"超越工具性存在而追求自我超越与辩证发展的现实境域。习近平总书记动情地指出，各国人民的处境和命运千差万别，但对美好生活的不懈追求、为改变命运的不屈奋斗是一致的，也是最容易引起共鸣的。[①] 中国特色社会主义发展进入新时代，中国共产党人结合我国发展实际以及人民群众对于美好生活的实际追求，始终秉持着敢闯阻碍的斗争精神、勇创新路的创新劲头、真抓实干的工作作

---

① 习近平：《在中国文联十一大、中国作协十大开幕式上的讲话》，《人民日报》2021 年 12 月 15 日。

风,团结带领中国人民通过劳动创造美好生活,在中国特色社会主义建设的康庄大道上取得了扎实而丰硕、辉煌而卓越的伟大成就。在未来,随着中国发展的巍巍巨轮劈波斩浪、行稳致远,中国人民通过劳动创造美好生活的道路也必将在物质文明、精神文明与生态文明三方面开启崭新的发展局面,为促进发展、保障民生、推动实现共同富裕、实现人的现代化发展凝心聚力、培元固本,提供强大的现实性与实践性支持,创造愈加辉煌的胜利与荣光。

论马克思人民主体思想对建党百年的实践指引

王长和

摘　要:马克思将人民群众视作以群体形态推动社会历史进步的主体力量,认为人民群众根据自身的利益需要所进行的有目的、有意识的实践活动,构成了推动社会历史前进的根本动力。这种主体性包含着实践主体与价值主体的双重向度。作为实践主体,人民群众以自身的实践活动创造了社会历史发展所需要的物质基础和精神财富,同时,又是在社会变革时期决定社会历史前进方向的革命力量,是推动社会变革的引领者;作为价值主体,人民群众创造社会历史的实践活动总是蕴含着维护自身利益的价值指向,是社会历史发展最终的价值归属。这一思想指引着中国共产党人在百年奋斗历程中,始终将"为了人民和依靠人民"的群众路线,辩证运用于领导中国革命与改革的具体实践当中,书写了人民群众创造历史的宏伟篇章。

关键词:群众史观　百年党史　实践主体　价值主体　实践指引

作　者:王长和,宁波财经学院马克思主义学院讲师,研究方向为马克思主义基本原理。

人民立场是马克思群众史观的本质要求,作为马克思主义政党,中国共产党在百年奋斗历程中始终坚持把为人民服务作为自身的根本宗旨,在革命、建设和改革实践中坚持紧密依靠群众力量,为了人民群众的利益而斗争,辩证实现人民群众推动社会历史发展实践主体与价值主体的双重作用,先后取得了抗日战争、解放战争等的伟大胜利,完成了新民主主义革命,实现了民族独立与人民解放。在中华人民共和国成立后,党带领人民群众积极探索社会主义革命和建设道路,不断激发人民群众在社会主义革命和改革开放实践中的主体作用,取得了令全世界瞩目的历史成就。党的十八大以来,党中央团结带领全国各族人民坚决打赢脱贫攻坚战,决胜全面建成小康社会,奋力推进全面深化改革,使改革发展成果更加公平地惠及全体人民。在新的历史阶段,建设社会主义现代化强国,展现中国特色社会主义的巨大活力和优越性,依然要深刻彰显人民群众创造历史的伟大力量,唯有继续坚持人民至上的根本立场,杜绝脱离群众的执政风险,党才能在新时代持续获得人民群众的信任与拥护,续写人民创造历史的新篇章。

一、人民群众是推动社会历史发展的实践主体

在历史唯物主义的思想视域中,人类社会历史的进步并不决定于单个个体的意志和行动,而是由人民群众这一群体的实践洪流所推动的。在马克思、恩格斯看来,人民群众是一个社会历史范畴,这一范畴并非一成不变,而是随着社会历史的发展而变化,"随着历史活动的深入,必将是群众队伍的扩大"①。在阶级社会中,人民群众代表了社会人口的绝大多数,其所包含的对象随着社会阶级结构的发展变迁而发生变更。在资本主义社会中,人民群众不仅包含着无产阶级,同时还包括农民、手工业者和小商人等中间阶级,而无产阶级则是人民群众在此阶段的主体形态,同时也是推动社会变革最核心的力量。"在当前同资产阶级对立的一切阶级中,只有无产阶级是真正革命的阶级。"②马克思充分强调了人民群众创造社会历史的群体形态,认为人民群众在改造对象世界的过程中,不断创造着自身的社会历史,"历史不过是追求着自己目的的人的活动而已"③。

在马克思主义产生以前,唯心史观曾长期在社会历史领域占据主导地位。在看待社会历史发展动力的根本问题上,唯心史观要么把社会历史的发展归结

---

① 《马克思恩格斯文集》第 1 卷,人民出版社 2009 年版,第 287 页。
② 《马克思恩格斯文集》第 2 卷,人民出版社 2009 年版,第 41 页。
③ 《马克思恩格斯文集》第 1 卷,人民出版社 2009 年版,第 295 页。

于受到某种神秘力量、客观精神、最高理性等抽象范畴的绝对支配,要么将人类历史看作是某些杰出人物的意愿、夸大个别历史人物对社会历史进步的影响作用,体现的是一种"英雄史观"立场。在古希腊早期,苏格拉底、柏拉图等人将人的存在归结为"理性灵魂",将抽象的"理念"视作整个宇宙的本体和人类历史产生与发展的根据;至欧洲中世纪,奥古斯丁则把上帝的世界与人的现实世界直接对立起来,把现实世界的一切归结为由上帝所造,认为人类社会历史由神所创;文艺复兴和启蒙运动虽然都强调了人自身在社会历史发展中的"主体性",但始终未能走出"理性精神"的抽象层面,最终也未能看到人民群众创造社会历史的主体作用;黑格尔则把世界历史的发展解读为受到"绝对精神"的支配,认为社会历史的发展不过是"创造历史的绝对精神的运动",现实的历史运动是由绝对精神无意识地完成的,因此忽视了现实的人本身在历史发展中的主体作用;青年黑格尔派将社会历史发展归结为某些英雄人物的意志,而把群众视作历史进步的对立面,从而陷入了"英雄史观"的泥潭;费尔巴哈虽然在一定程度上恢复了唯物主义的地位,但仅将人解读为生物学意义上的存在物,未能将社会历史的发展同人民群众主动创造历史的活动相联系,终究在社会历史领域陷入了唯心史观的窠臼,形成了不彻底的唯物主义。这些观点,或是将人民群众视作依附于某种超然力量、受到客观精神支配的被动群体,或是仅将其当作受英雄人物统治的消极力量,甚至看作是阻碍社会历史前进的惰性因素,其共同点是拒绝承认人民群众推动社会历史发展的决定性作用,忽视甚至贬低人民群众创造社会历史的主体能力。

和唯心史观诉诸意识、精神、观念等领域寻求历史前进的动力不同,马克思则始终立足于现实历史物质基础的产生来解释各种社会关系和意识观念的形成,洞察到人民群众所从事的物质实践活动对于社会历史发展的决定性作用,这也是历史唯物主义群众史观和各种历史唯心主义的本质区别。"这种历史观就在于:从直接生活的物质生产出发阐述现实的生产过程,把同这种生产方式相联系的、它所产生的交往形式即各个不同阶段上的市民社会理解为整个历史的基础。"①可见,正是现实的人用自身的实践活动创造着社会历史。马克思、恩格斯在其合著的《德意志意识形态》中指出,由人民群众共同创造的物质结果和

---

① 《马克思恩格斯文集》第1卷,人民出版社2009年版,第544页。

生产力总和构成了社会历史每一个阶段的物质基础,由前一代人所创造的生产力、资金和环境,为新一代人所改造的同时,又历史地规定着新一代人的生活与发展条件,人在创造环境的同时,环境也在创造着人本身。① 马克思、恩格斯充分肯定了人民群众推动社会生产力发展和历史进步的群体形态,认为人民群众是以群体形态历史地改造物质环境的主体,人与环境间的相互影响和造就的过程,也只能依靠作为群体主体的人民群众的历史活动来获得实现。 马克思从人民群众所从事的物质实践活动出发来探寻历史进步的现实基础,将人民群众视作推动社会历史前进的根本力量,从而超越了历史唯心主义将社会历史发展归结于某种抽象力量的桎梏,实现了唯物主义与群众史观的辩证融合,在社会历史领域实现了一次伟大的变革。

人民群众不仅以群体形态创造了社会物质财富和精神财富,同时又是在社会历史更迭时期推动社会变革、引领社会前进方向的实践主体。随着人类实践活动的展开,生产力和生产关系的基本矛盾推动着社会历史不断向前发展进步,然而,这种历史进步并不是自发的演进过程,既需要社会生产力发展提供必要的物质基础,又需要对现存的一切基础进行变革的革命力量来加以引领。"历史的动力以及宗教、哲学和任何其他理论的动力是革命,而不是批判。"② 马克思认为,以无产阶级为主体的人民群众是推动社会革命和历史进步的核心力量,即"反抗旧社会所依据的'总和活动'的革命群众"③,这是反抗旧有社会、实现社会变革的决定力量。在阶级社会里,阶级斗争构成了推动社会变革的直接因素,在推翻资本主义实现共产主义的历史进程中,无产阶级则是推动社会历史前进的核心力量,其能够主动承担起引领革命走向的阶级使命。马克思将对于共产主义社会的建构立足于人民群众这一群体的实践之上,认为联合起来的"人民共同体"是建设共产主义的实践主体。马克思指出,在阶级社会中,个人总是隶属于一定的阶级共同体,这种共同体仅是因为共同的阶级利益而把这一阶级的个人相互联结,此时,个体"不是作为个人而是作为阶级的成员处于这种共同关系中"④。不同于以往旧社会所形成的种种"虚假的共同体",在共产主义

---

① 《马克思恩格斯文集》第 1 卷,人民出版社 2009 年版,第 544—545 页。
② 《马克思恩格斯文集》第 1 卷,人民出版社 2009 年版,第 544 页。
③ 《马克思恩格斯文集》第 1 卷,人民出版社 2009 年版,第 545 页。
④ 《马克思恩格斯文集》第 1 卷,人民出版社 2009 年版,第 573 页。

社会中,人们将会以自由人联合体的形态组成真正意义上的社会共同体,在这种共同体中,联合起来的个人将突破以往阶级利益的局限,将自身的生存与发展条件置于全体社会成员共同的控制之下,最终超越资本主义私有制和资本对人的奴役,即到了共产主义社会,随着阶级被最终消灭,个人相联合的形态也将发生质的改变,人民群众将以自由人联合体的形态构成创造社会历史的实践主体,成为解放自身和全人类的主体力量。

二、人民群众是社会历史进步的价值主体

在马克思看来,人民群众创造社会历史的主体性包含着实践主体和价值主体的双重向度,这二者相辅相成,共同构成了人民群众创造历史的主体性本质。作为"类存在物",人不仅是将客观世界改造为"人化自然、为我之物"的能动实践者,同时又是这种对象性活动的价值归属,即这种对象性活动从一开始就蕴含着满足人之自身需要的价值指向,是一种有意识、有目的性的实践过程,这种"有意识的生命活动把人同动物的生命活动直接区别开来"①。按照马克思的观点,动物只是根据本能简单地获取生存资料,而人则能够根据自身的现实需要有目的、有意识地对客观世界进行能动性的改造,将自在自然转化为"为我之物"。人的这种不断超越的"类本性",揭示出人既不是古代哲学中依附在"神圣化主体"下消极被动的个体,也不是近代哲学中彼此孤立缺乏联系的"单子",而是能够在一定的社会关系中通过实践活动对现实世界进行改造、有意识、有目的的能动主体。然而,人的这种"类特性"的展开又必然要以基本生存需要的满足作为基础条件,即对"吃喝住穿"等基本需要的满足构成了人的主体性得以确立最为根本的基础,也就是生产物质生活本身构成了人类社会历史的第一个前提条件,唯有在这些基本的物质需要获得必要满足以后,人们才会有能力开展生产劳动、精神文化、社会交往、艺术创作等更加多元的活动,促进自身更全面的发展。可见,人通过"自由自觉的活动"即社会化的生产劳动来确证自身的本质和满足自身的现实需要,世界不断向符合自身价值追求的方向发展,从而实现自身的现实利益和主体地位,并在这一过程中获得向更高层次的发展。正是

---

① 《马克思恩格斯文集》第1卷,人民出版社2009年版,第162页。

"现实的人"的需要推动着人类以社会群体的形态不断改造所处环境,并且改造着人类自身,"历史向世界历史的转变,不是'自我意识'、世界精神或者某个形而上学幽灵的某种纯粹的抽象行动,而是完全物质的、可以通过经验证明的行动,每一个过着实际生活的、需要吃、喝、穿的个人都可以证明这种行动"①。因此,人民群众正是根据自身的现实需要和阶级利益,在生产实践和社会变革中,不断发挥自身实践主体的能动作用,并且使自身的价值诉求获得实现。

马克思指出,在阶级社会中,人们因为自身在社会结构中所处的利益位置不同而构成不同的"阶级共同体"。而在过去旧社会制度下所形成的种种"虚假的共同体"中,个人彼此间是相互分离的,其合作仅是一种由旧式分工所导致的不同阶级间的必然联合,"而这种联合又因为他们的相互分离而成了一种对他们来说是异己的联系"②。在资本主义社会中,工人阶级的一切现实需要都表现为"非现实",而一切对于人来说是"非现实"的东西都成为现实,即"拥有一切不合人道的和违反自然的现象"③。正是人与物价值关系的异位、人民群众价值主体地位的彻底丧失,才决定了无产阶级必然要成为解放自身和全人类的先进阶级,最终承担起变革资本主义社会的历史重任。马克思围绕对资本主义制度的剖析,来探讨剩余价值、阶级斗争、历史发展规律等问题,而所有这些论述都始终围绕一个基点展开,那就是"推翻使人成为被侮辱、被奴役、被遗弃和被蔑视的东西的一切关系"④,最终实现人的自由而全面的发展和全人类的彻底解放。正是从旧社会广大无产者受剥削、受压迫、饥寒窘迫的现实处境出发,马克思才能最深刻、最彻底地洞察到资本主义私有制的非人道性和内在矛盾性,从而在理论和实践层面彻底超越资本逻辑的藩篱。

马克思之所以批判资本主义社会,是因为工人阶级由于丧失了生产资料而不得不忍受资产阶级的剥削和压迫,工人的异化和自由的丧失成为最普遍的社会存在,"由此产生了主张彻底铲除生产资料私有制使全人类获得解放的马克思主义"⑤。不同于资本主义理论家和空想社会主义者们诉诸道德说教和哲学

① 《马克思恩格斯文集》第 1 卷,人民出版社 2009 年版,第 541 页。
② 《马克思恩格斯文集》第 1 卷,人民出版社 2009 年版,第 573 页。
③ 《马克思恩格斯文集》第 1 卷,人民出版社 2009 年版,第 268 页。
④ 《马克思恩格斯文集》第 1 卷,人民出版社 2009 年版,第 11 页。
⑤ 安启念:《马克思恩格斯伦理思想研究》,武汉大学出版社 2010 年版,第 18 页。

批判等方式,来寻求化解资本主义矛盾的途径,马克思则是将自身的关注视野聚焦到如何变革现实社会制度,建构出使人摆脱被侮辱、被奴役、被遗弃命运的理想社会形态,以重新确立起人的价值主体地位。在对共产主义社会的建构中,马克思再次充分肯定了人民群众的实践主体与价值主体作用,指出消灭旧式分工所造成人的异化状态只有依靠"真正的共同体"的力量才能实现,即只有在"自由人联合体"中,个人才有可能获得全面发展其才能的手段和自由。马克思强调共产主义是对私有财产的积极扬弃,就是认为资本主义私有制是造成无产阶级受剥削、受奴役的本质根源,批判资本主义的根本目标在于要实现全人类的彻底解放,使人彻底摆脱资本这一抽象物的奴役而进入到物质生产的彼岸,使每一个人都能够获得符合自身本质的存在和发展方式,成为社会历史进步真正意义上的价值归属。

三、在革命、建设与改革实践中辩证实现人民群众的主体力量

马克思关于人民群众是推动社会历史进步主体的观点,深刻影响了中国共产党人在百年奋斗历程中的领导路线和执政思路。自成立至今,中国共产党始终在理论与实践层面上,坚持推进马克思主义群众史观与中国革命、建设、改革开放和新时代的具体实践相结合,紧密依靠人民群众创造历史的伟大力量推动中国社会不断变革进步,把维护群众利益作为党和国家一切工作的最高目标,着力促进人民群众实践主体和价值主体的辩证实现。正是对群众路线的坚决贯彻,党才能在内忧外患中获得人民群众最广泛的认可与支持,带领人民群众先后取得了新民主主义革命、社会主义革命和改革开放实践的伟大胜利。当前,这一路线正继续指引着新时代中国特色社会主义建设实践不断向前迈进,可以说,群众路线是中国共产党人的生命线,是党自成立以来取得一切重大历史成就的制胜法宝。

中国共产党从成立之初就坚持以马克思主义作为自身的指导思想和行动指南,始终坚持把马克思主义群众史观的原理辩证运用于中国革命、建设、改革开放和新时代的具体实践当中。在新民主主义革命时期,中国共产党把群众路

线确立为党最根本的工作路线,把实现无产阶级利益作为自身奋斗的最高目标。1921 年 7 月,党的一大通过了中国共产党的第一个纲领,明确"革命军队必须与无产阶级一起推翻资本家阶级的政权","承认无产阶级专政,直到阶级斗争结束"。① 党的二大指出,党的最高纲领是实现社会主义、共产主义,阐明中国共产党是"为无产群众奋斗的政党",强调党的一切运动都必须深入广大群众中去,都必须不离开群众。② 正是在革命奋斗中牢牢坚持群众路线这一最根本的生命线,积极领导发动和组织工农运动,切实维护人民群众的根本利益,将人民群众视作推动历史发展的实践力量与价值归属,党才能在成立之后不断扩大自身在中国的政治影响并获得最广泛的群众基础,与人民群众一道肩负起拯救民族于危亡的历史重任。

在建设革命根据地、进行革命武装斗争的过程中,党始终重视人民群众在革命运动中的关键作用,通过土地改革、分田运动等形式紧密团结广大贫苦群众,切实维护群众利益,同人民生死相依、患难与共。毛泽东在 1926 年所著的《国民革命与农民运动》一文中指出:"中国革命的形势只是这样:不是帝国主义、军阀的基础——土豪劣绅、贪官污吏镇压住农民,便是革命势力的基础——农民起来镇压住土豪劣绅、贪官污吏。中国的革命,只有这一种形势,没有第二种形势……所谓国民革命运动,其大部分即是农民运动。"③在抵御外族侵略、拯救民族危亡的抗日战争中,人民群众再一次充分演绎了自身历史担当的伟大形象。在中国共产党的领导下,人民群众广泛参与到反侵略、反压迫的抗战队伍当中,由共产党领导的人民军队在群众的广泛支持和参与下不断发展壮大,沉重打击了日本侵略者。1945 年,党的七大提出的党的政治路线是:"放手发动群众,壮大人民力量,在我党的领导下,打败日本侵略者,解放全国人民,建立一个新民主主义的中国。"④在国家和民族最艰难危险的时刻,是中国共产党和广大群众之间的相互选择和紧密相依,构筑了抵御日本侵略者、取得民族解放最坚

---

① 《中国共产党简史》编写组:《中国共产党简史》,人民出版社、中共党史出版社 2021 年版,第 15 页。

② 《中国共产党简史》编写组:《中国共产党简史》,人民出版社、中共党史出版社 2021 年版,第 16 页。

③ 《毛泽东文集》第 1 卷,人民出版社 1993 年版,第 38 页。

④ 《中国共产党简史》编写组:《中国共产党简史》,人民出版社、中共党史出版社 2021 年版,第 103 页。

实的人民防线,人民群众创造历史的主体力量在抗战革命中获得了最充分的检验,马克思群众史观与中国革命实践的具体结合也因此取得了具有世界历史意义的伟大胜利。

中华人民共和国成立以后,党团结带领全国各族人民继续推进社会主义建设事业,充分调动人民群众的主体力量,着力培养从事各项事业所需要的专门人才,使中国社会在这一时期涌现出大批先进典型和英雄模范人物。虽然在探索社会主义革命和建设道路的过程中经历了诸多曲折,但在工业、科技、国防、农业等诸多领域都取得了重大成就。1978 年,中国人民在党的领导下拉开了改革开放的历史序幕,党带领人民群众解放思想、拨乱反正,在总结以往历史经验教训的基础上,继续探索在新阶段适合中国国情的发展道路。1992 年,邓小平在南方谈话中提出"三个有利于"标准和关于社会主义本质的论断,进一步深刻表明社会主义建设和改革开放的成功,终归还是要依靠人民群众的主体力量,并且要让人民群众在共同富裕中获得更多的利益保障。从实际国情出发,国家实行了以公有制为主体、多种经济成分并存的所有制结构,开启了社会主义市场经济建设的新征程,人民群众在经济建设中的主体活力得到极大促进。这一时期,党带领人民群众积极推进经济体制改革,将农村改革和城市改革协同推进,尤其加快推动农村经济和政治体制的重大转变,让农民群体切实享有改革红利,不断激发广大农民的生产活力,掀起了农村地区波澜壮阔的改革大潮。2001 年,以江泽民为核心的党中央第三代领导集体提出了"三个代表"重要思想,再一次明确表达了中国共产党人始终代表最广大人民根本利益的群众立场。之后,以胡锦涛为总书记的党中央提出的科学发展观又系统阐释了"以人为本"的科学内涵,即要以实现人的全面发展作为经济社会发展的核心目标,以全面、协调、可持续的发展促进和保障人民群众的根本利益。正是突出人民群众在改革发展中实践主体和价值主体的双重地位,始终把人民群众的根本利益和人的自由全面发展作为党一切工作的奋斗目标,不断激发和运用人民群众在改革实践中的积极性和创造力,党和国家才能在新的历史阶段,充分应对自然灾害和国际金融危机等各种困难与挑战,并逐步加快转变经济发展方式,不断完善社会主义市场经济体制,极大促进社会生产力的发展和人民生活水平的提高。

四、为了人民与依靠人民并举：在新时代赓续人民至上新篇章

在改革开放的伟大实践中，中国共产党始终坚持把马克思主义群众史观同中国特色社会主义的建设实践相结合，将"发展为了人民、发展依靠人民、发展成果由人民共享"的根本原则加以辩证运用，不断提升人民群众的主体活力和创造力，为改革实践提供了更为充分的持久动力。党的十八大以来，国内外形势愈加错综复杂，出现了许多新情况、新挑战，中国特色社会主义建设来到了新的历史关头。在改革实践进入攻坚期、深水期之后，如何更好解决发展不平衡、不充分等新难题、新矛盾，继续推进重要领域改革与实现更高质量的发展，成为党和国家面对的首要课题。在中国特色社会主义步入新时代后，中国共产党坚持依靠人民群众，不断推进改革开放和中国特色社会主义建设事业，为全面建成小康社会而努力奋斗。习近平总书记指出："人民立场是中国共产党的根本政治立场，是马克思主义政党区别于其他政党的显著标志。党与人民风雨同舟、生死与共，始终保持血肉联系，是党战胜一切困难和风险的根本保证。"①正是坚持依靠和激发人民群众的主体力量和改革创新活力，党才能带领人民群众以全面性、系统性的创新思维不断深化体制改革，通过顶层设计和总体规划协同推进"五位一体""四个全面"建设，把理论、制度、科技、文化以及其他方面的创新联动衔接，在克难攻坚中取得了社会主义现代化建设的历史新成就。

在经济社会实现高速发展之后，如何更加公平正义地体现人民群众的价值主体地位，使发展成果更加公平地惠及全体人民，是关系到国计民生和党的群众基础的关键性问题。党的十八届五中全会明确提出了以人民为中心的发展思想和切实贯彻新发展理念的发展策略。以人民为中心，就是要"坚持人民主体地位，顺应人民群众对美好生活的向往，不断实现好、维护好、发展好最广大人民根本利益，做到发展为了人民、发展依靠人民、发展成果由人民共享"②。人民群众是体现社会生产力发展的核心要素，唯有以共享发展推进社会公平正义

---

① 《习近平谈治国理政》第 2 卷，外文出版社 2017 年版，第 40 页。
② 《习近平谈治国理政》第 2 卷，外文出版社 2017 年版，第 214 页。

的持续实现,通过调整社会收入分配格局和完善再分配调节机制,让人民群众的切实利益得到维护,在发展中拥有更多的获得感,才能更加充分地调动人民群众在改革创新中的主体性作用,不断把社会主义事业推向前进。共享发展理念在价值层面上是对以人民为中心思想的本质体现,其既要求人人享有、全面共享,更加公平正义地突显人民群众的价值主体地位,同时,就其实现途径而言,又要求做到共建与共享并举,充分发扬民主、汇聚民智、激发民力,彰显人民群众在新时代推动历史进步实践主体的核心地位。

步入新时代后,中国社会经济发展水平显著提高,人民群众的美好生活需要日益复杂多元,如何解决好贫困问题,彻底打赢脱贫攻坚战,更加充分地满足人民群众对美好生活的向往,是党要着重解决的社会现实问题。当前,人民日益增长的美好生活需要和不平衡不充分的发展之间的矛盾已经转化为我国社会的主要矛盾,这一转变是我国经济社会发展的必然结果,也是关系到社会发展方向的全局性转变,其要求党要继续团结和依靠人民群众,不断解放思想,着力解决好广大群众最现实的民生福祉问题。发展是满足人民美好生活需要的总开关,没有质与量并举的高质量发展作为保障,物质富裕与精神富裕并举的美好生活就难以得到有效落实。实现高质量发展,从需求上看,就是要更加切实、更为充分、更有针对性地满足人民群众日益发展的多元化需求,不断激发人民群众创造历史的主体活力,继续把维护人民利益作为党一切工作的首要价值目标。正是牢牢依靠人民群众创造历史的伟大力量,中国共产党人才能在新矛盾、新风险、新挑战面前,与人民群众风雨同舟、众志成城,在抗击新冠疫情、打赢脱贫攻坚战等克难攻坚中不断取得胜利。历史充分地证明,"党只有始终与人民心连心、同呼吸、共命运,始终依靠人民推动历史前进,才能做到哪怕'黑云压城城欲摧'、'我自岿然不动',安如泰山、坚如磐石"①。党带领人民在新时代取得的各项伟大成就,不仅深刻体现了人民群众创造历史的实践力量和价值地位,同时也促进了人民群众对中国共产党执政能力的广泛认可与信任,强化了党在新时代执政的群众根基,并且向世界有力证明了中国共产党人带领中国人民续写民族宏伟历史的坚定力量,彰显了中国特色社会主义制度的优越性。

是否承认人民群众在推动社会历史发展中的主体地位和作用,是区分英雄

---

① 《习近平谈治国理政》第 1 卷,外文出版社 2018 年版,第 368 页。

史观与群众史观的本质所在和分水岭。历史唯心主义通常把社会历史看作是由少数英雄人物根据个人意志所创造的,而把人民群众视作阻碍历史进步的消极因素。"同历史唯心主义英雄史观相对立,历史唯物主义群众史观第一次彻底解决了这个重大问题,提出人民群众是历史的创造者,是真正的英雄,从而深刻揭示了历史发展和社会进步的根本力量。"[1]在革命、建设、改革开放与新时代的百年历史进程中,正是始终保持与人民群众血肉相连、紧密相依的关系,党才能领导全国各族人民在各种艰难险阻中取得一次又一次的伟大胜利。历史无数次证明,人民的选择、人心的向背是一个政党能否长期执政、获得持久执政能力的根本所在。总结党的百年奋斗历程,群众路线是党的生命线,当前,国际国内存在的挑战和问题更加纷繁复杂,面对严峻形势下的诸多考验,中国共产党人唯有坚持把人民群众的拥护和赞成当作自身战胜一切困难和永葆生机活力的根本法宝,才能继续带领人民群众肩负起全面建成社会主义现代化强国、实现中华民族伟大复兴的历史伟业。人民群众是党的执政基石,唯有充分发挥人民群众的伟大智慧和力量,把党的政治智慧、执政本领根植于人民群众推动历史前进的伟业当中,新时代中国特色社会主义建设的宏伟诗篇才能成功书写新篇章。

---

① 中共中央宣传部:《习近平新时代中国特色社会主义思想学习问答》,学习出版社、人民出版社2021年版,第99页。

马克思主义中国化第三次飞跃的依据和启示

金正帅

摘　要：马克思主义中国化第三次飞跃的必然性体现为：中国特色社会主义进入新时代为其提供了时代背景，新时代的伟大实践为其奠定了实践基础，习近平同志的核心地位为其提供了重要保障。创立习近平新时代中国特色社会主义思想是第三次飞跃的标志，因为这一思想对新的时代课题进行了科学回答，具有鲜明的原创性，形成了完备的理论体系，且其真理性已被实践检验。马克思主义中国化第三次飞跃以第二次飞跃为基础，并实现了对第二次飞跃的超越。马克思主义中国化第三次飞跃的深刻启示是：必须坚决做到"两个维护"，必须坚持以习近平新时代中国特色社会主义思想为指导，必须推进理论创新。

关键词：习近平新时代中国特色社会主义思想　马克思主义中国化　第三次飞跃

作　者：金正帅，中共浙江省衢州市委党校副教授，研究方向为马克思主义中国化。

党的十九届六中全会提出，习近平新时代中国特色社会主义思想的创立"实现了马克思主义中国化新的飞跃"[①]。从党推进马克思主义中国化的百年历程来看，以习近平同志为核心的党中央所实现的马克思主义中国化新飞跃，是马克思主义中国化第三次飞跃。深入研究马克思主义中国化第三次飞跃，对于

[①] 《中共中央关于党的百年奋斗重大成就和历史经验的决议》，《人民日报》2021 年 11 月 17 日。

更好地学习贯彻习近平新时代中国特色社会主义思想具有重要现实意义。

一、马克思主义中国化第三次飞跃产生的依据

马克思主义中国化第三次飞跃的产生不是偶然的,而是必然的。以习近平同志为核心的党中央实现马克思主义中国化第三次飞跃,具备了如下条件和依据。

(一)中国特色社会主义进入新时代为马克思主义中国化第三次飞跃提供了时代背景

党的十八大以来,以习近平同志为核心的党中央坚持和发展中国特色社会主义,使之进入了新时代。党的十九大指出:"中国特色社会主义进入了新时代,这是我国发展新的历史方位。"①马克思主义中国化第三次飞跃,以新时代为时代背景。在新时代,要回答坚持和发展什么样的中国特色社会主义、怎样坚持和发展中国特色社会主义,建设什么样的社会主义现代化强国、怎样建设社会主义现代化强国,建设什么样的长期执政的马克思主义政党、怎样建设长期执政的马克思主义政党等重大时代课题。要回答新时代提出的这些新的时代课题,就必须大力推进理论创新,这就推动了马克思主义中国化第三次飞跃的产生。并且,进入新时代,我国社会主要矛盾发生了重大变化,这也对实现马克思主义中国化第三次飞跃提出了客观要求。新时代,人民日益增长的美好生活需要和不平衡不充分的发展之间的矛盾已成为我国社会主要矛盾,这是关系全局的历史性变化,对党和国家工作提出了许多新要求。我国社会主要矛盾的变化,对推进理论创新提出了新要求,要求党适应这一变化,提出推动党和国家事业发展的一系列新理念新思想新战略,这对实现马克思主义中国化第三次飞跃产生了重要推动作用。

(二)新时代的伟大实践为马克思主义中国化第三次飞跃奠定了实践基础

马克思主义中国化的飞跃,以实践为基础。党的十八大以来,党"出台一系

---

① 习近平:《决胜全面建成小康社会 夺取新时代中国特色社会主义伟大胜利——在中国共产党第十九次全国代表大会上的报告》,人民出版社 2017 年版,第 10 页。

列重大方针政策,推出一系列重大举措,推进一系列重大工作"①,极大地推动了党和国家事业的发展。以习近平同志为核心的党中央坚持和完善"五位一体"总体布局,开创了中国特色社会主义经济、政治、文化、社会、生态文明建设新局面。以习近平同志为核心的党中央推进"四个全面",并开启了新征程。新时代,党在改革发展稳定、内政外交国防、治党治国治军方面积累了新鲜经验,为实现马克思主义中国化第三次飞跃提供了良好的实践基础。

(三)习近平同志的核心地位为马克思主义中国化第三次飞跃提供了重要保障

马克思主义中国化飞跃的实现,离不开党的领袖的决定性作用。在中国革命过程中,产生了毛泽东这一伟大领袖。毛泽东对符合中国国情的革命道路进行积极探索,对于实现马克思主义中国化第一次飞跃发挥了决定性作用。在改革开放和现代化建设的新时期,产生了邓小平这一伟人。邓小平坚持解放思想、实事求是,对什么是社会主义、怎样建设社会主义等问题进行科学回答,对于实现马克思主义中国化第二次飞跃发挥了决定性作用。新时代,产生了习近平这一全党拥护、人民爱戴的领袖。确立习近平同志在党中央和全党的核心地位,为充分发挥其理论创新能力创造了良好条件。习近平总书记坚持守正创新,积极推进马克思主义中国化,提出一系列原创性的治国理政新理念新思想新战略,对于实现马克思主义中国化第三次飞跃发挥了决定性作用。没有习近平总书记掌舵领航,就没有马克思主义中国化第三次飞跃。

二、马克思主义中国化第三次飞跃的标志

以习近平同志为核心的党中央实现了马克思主义中国化第三次飞跃,其标志就是习近平新时代中国特色社会主义思想的创立。将习近平新时代中国特色社会主义思想的创立作为第三次飞跃的标志,主要原因如下。

(一)这一思想对新的时代课题进行了科学回答

在改革开放和现代化建设的新时期,党主要回答了怎样建设社会主义、怎

---

① 《习近平谈治国理政》第3卷,外文出版社2020年版,第7页。

样建设党、怎样发展等时代课题。新时代,党要回答坚持和发展什么样的中国特色社会主义、怎样坚持和发展中国特色社会主义,建设什么样的社会主义现代化强国、怎样建设社会主义现代化强国,建设什么样的长期执政的马克思主义政党、怎样建设长期执政的马克思主义政党等重大时代课题。这三个课题,是更深层次的时代课题,要求党在新时代进一步推进理论创新来加以解答。以习近平同志为核心的党中央在新时代科学回答了这三大时代课题。一是科学回答了新时代坚持和发展什么样的中国特色社会主义、怎样坚持和发展中国特色社会主义这一时代课题。以习近平同志为核心的党中央对这一时代课题进行了科学回答,具体涉及新时代坚持和发展中国特色社会主义的总目标、总任务、总体布局、战略布局和发展方向、发展方式、发展动力、战略步骤、外部条件、政治保证等基本问题。二是科学回答了建设什么样的社会主义现代化强国、怎样建设社会主义现代化强国这一时代课题。比如,以习近平同志为核心的党中央提出:社会主义现代化强国应是富强民主文明和谐美丽的社会主义现代化强国,并提出新时代"两步走"战略、贯彻"十四个坚持"、构建新发展格局等措施来建设社会主义现代化强国。三是科学回答了建设什么样的长期执政的马克思主义政党、怎样建设长期执政的马克思主义政党这一时代课题。比如,以习近平同志为核心的党中央认为,长期执政的马克思主义政党应是始终走在时代前列、人民衷心拥护、勇于自我革命、经得起各种风浪考验、朝气蓬勃的,并提出推进全面从严治党、提高党的建设质量、厉行党的自我革命等举措来建设长期执政的马克思主义政党。以习近平同志为核心的党中央系统回答了新时代面临的三大时代课题,在理论创新上实现新突破,从而实现了马克思主义中国化第三次飞跃。

(二)这一思想具有原创性

以习近平同志为核心的党中央提出了一系列新理念新思想新战略。比如,在党的历史上,党的十八届三中全会首次明确提出国家治理体系和治理能力现代化,党的十八届四中全会首次明确提出建设中国特色社会主义法治体系,党的十八届五中全会首次明确提出新发展理念,党的十八届六中全会首次明确提出"四个意识",党的十九届三中全会首次明确提出构建党和国家机构职能体系,党的十九届五中全会首次明确提出构建新发展格局,等等。习近平总书记也提出一系列原创性的治国理政新理念新思想新战略,比如,创造性地提出实现中华民族伟大复兴的中国梦、"四个全面"、净化政治生态等。以习近平同志为核心的党中央提出的这些新理念新思想新战略,具有极强的原创性。

(三)这一思想是一个完备的理论体系

习近平新时代中国特色社会主义思想在党的十八大以后开始形成,并成熟于党的十九大召开前夕,进一步完善和发展于党的十九大以来。随着这一思想的创立和发展,其科学体系日益明晰和完备。党的十九大明确提出了"八个明确"和"十四个坚持",初步勾勒了这一思想的科学体系。党的十九届六中全会对这一思想进行了进一步概况,增加了"明确必须坚持和完善社会主义基本经济制度"和"明确全面从严治党的战略方针"这两方面的概况,从而将"八个明确"进一步拓展为"十个明确"。党的十九届六中全会还将党的十九大以来党提出的具有原创性的治国理政新理念新思想新战略及时纳入"十个明确"之中,比如,将党的十九大以来党提出的"做到'两个维护'""推动人的全面发展、全体人民共同富裕取得更为明显的实质性进展""战略布局是全面建设社会主义现代化国家、全面深化改革、全面依法治国、全面从严治党四个全面""加快构建以国内大循环为主体、国内国际双循环相互促进的新发展格局"等新理念新思想新战略纳入了"十个明确"之中。党的十九届六中全会强调,"十个明确""这些战略思想和创新理念,是党对中国特色社会主义建设规律认识深化和理论创新的重大成果"。"十个明确"的概况表明,这一思想已是一个完备的理论体系,已完全达到了实现马克思主义中国化第三次飞跃所需要的理论创新水平。

(四)这一思想的真理性已被实践检验

在习近平新时代中国特色社会主义思想指导下,党和国家事业取得了历史性成就、发生了历史性变革。对党的十八大以来党领导人民取得的巨大成就,党的十九大从十个方面进行了集中概括。党的十九大将这一思想写进党章,对指导党和国家事业的发展发挥了更好的指导作用,推动党和国家事业发展取得了新成就。党的十九届六中全会从十三个方面对十八大以来党领导人民取得的重大成就进行了进一步总结,认为党领导人民在坚持党的全面领导、全面从严治党、经济建设、全面深化改革开放、政治建设、全面依法治国、文化建设、社会建设、生态文明建设、国防和军队建设、维护国家安全、坚持"一国两制"和推进祖国统一、外交工作上取得了前所未有的巨大成就。新时代十年来这些巨大成就的取得,离不开习近平新时代中国特色社会主义思想的指导。新时代十年来的实践充分证明,这一思想是科学真理。

三、马克思主义中国化第三次飞跃与第二次飞跃的关系

马克思主义中国化第二次飞跃和第三次飞跃,均发生于改革开放以后,这两次飞跃是改革开放以来马克思主义中国化前后相继的两个阶段。科学把握第三次飞跃与第二次飞跃的关系尤为重要。马克思主义中国化第三次飞跃与第二次飞跃存在紧密联系,同时也存在明显区别。

(一)马克思主义中国化第二次飞跃为第三次飞跃奠定了重要基础

马克思主义中国化第三次飞跃,以第二次飞跃为基础。比如,马克思主义中国化第二次飞跃为第三次飞跃明确了主题。党的十九大指出,"中国特色社会主义是改革开放以来党的全部理论和实践的主题"[①]。马克思主义中国化第三次飞跃继续坚持了这一主题。并且,马克思主义中国化第二次飞跃的理论成果,为第三次飞跃提供了必要的理论基础。比如,从从严治党到全面从严治党,从"三个自信"到"四个自信",从坚持可持续发展到建设美丽中国,都充分体现出马克思主义中国化第二次飞跃为马克思主义中国化第三次飞跃奠定了重要理论基础。党在新时期不断推动马克思主义中国化向前发展,为第三次飞跃创造了良好条件。以邓小平、江泽民、胡锦涛为主要代表的共产党人推进改革开放和新时期中国发展,为中国特色社会主义进入新时代奠定了基础,促进了第三次飞跃的产生。

(二)马克思主义中国化第三次飞跃是对第二次飞跃的超越

党的十九大指出,习近平新时代中国特色社会主义思想是中国特色社会主义理论体系的重要组成部分,而党的十九届六中全会将之作为第三次飞跃的标志。其实,二者并不矛盾,这反映了党对马克思主义中国化的新认识。

---

① 习近平:《决胜全面建成小康社会 夺取新时代中国特色社会主义伟大胜利》,人民出版社 2017 年版,第 16 页。

党的十八大以来,党推进马克思主义中国化,创立了习近平新时代中国特色社会主义思想。党的十九大将之写进党章,标志着这一思想走向成熟。党的十九大将之作为中国特色社会主义理论体系的组成部分,并强调这一思想必须长期坚持并不断发展。党的十九大以来,党进一步推进马克思主义中国化,推动了这一思想的新发展。随着这一思想的完善,它已形成了独立的理论形态,将这一思想从中国特色社会主义理论体系中独立出来已是大势所趋。

尽管习近平新时代中国特色社会主义思想与中国特色社会主义理论体系存在共同点,比如,均以中国特色社会主义为主题,但随着时间的推移,前者日益呈现出自身的创新之处。中国特色社会主义理论体系是第二次飞跃的成果。党的十三大指出,马克思主义与我国实践相结合的"第二次飞跃,发生在十一届三中全会以后"①。邓小平理论是第二次飞跃的理论成果,体现了党在改革开放初期对建设中国特色社会主义的初步认识。以江泽民、胡锦涛为主要代表的中国共产党人继续推进马克思主义中国化,"三个代表"重要思想和科学发展观逐渐形成,这是对第二次飞跃的延续。这两个成果对建设中国特色社会主义的基本问题有了进一步认识,但没有形成独立的理论形态,因此,仍属于中国特色社会主义理论体系。习近平新时代中国特色社会主义思想创立于改革开放历程开启三十多年之后的新时代,对新时代坚持和中国特色社会主义等问题进行了更系统、更深入、更科学的回答。以习近平同志为核心的党中央创造性地回答新时代面临的重大课题,实现了第三次飞跃。党的十九届六中全会明确提出马克思主义中国化第三次飞跃,反映了党对马克思主义中国化百年历程及其客观规律的科学把握。将马克思主义中国化放在党推进民族复兴的视域来看,在中华民族站起来的过程中,实现了第一次飞跃;在中华民族富起来的过程中,实现了第二次飞跃;在中华民族强起来过程中,实现了第三次飞跃。从我国革命、建设、改革开放和新时代的历程来看,在中国革命和建设的历史进程中实现了第一次飞跃;新时期实现了第二次飞跃;新时代实现了第三次飞跃。党的十九届六中全会提出第三次飞跃,充分体现了党对马克思主义中国化的新认识。

---

① 《十三大以来重要文献选编》上,中央文献出版社1991年版,第56页。

四、马克思主义中国化第三次飞跃的深刻启示

以习近平同志为核心的党中央实现马克思主义中国化第三次飞跃,给我们提供了深刻的启示。

(一)必须坚决做到"两个维护"

习近平总书记对实现马克思主义中国化第三次飞跃具有决定性作用。党的十九届六中全会指出,确立习近平同志党中央的核心、全党的核心地位,"反映了全党全军全国各族人民共同心愿,对新时代党和国家事业发展、对推进中华民族伟大复兴历史进程具有决定性意义"①。我们党之所以能实现马克思主义中国化第三次飞跃,关键在于以习近平同志为核心的党中央对党的理论创新做出了决定性贡献。习近平总书记是党中央、全党的核心,自然也是新时代推进马克思主义中国化的领导核心。在新征程上,我们要自觉增强"四个意识"、坚定"四个自信"、做到"两个维护",坚决维护习近平总书记党中央的核心、全党的核心地位。

(二)必须以习近平新时代中国特色社会主义思想武装全党

新时代,习近平新时代中国特色社会主义思想指引我国经济社会发展取得了巨大成就。习近平总书记强调,要深化对新时代党的创新理论的理解和掌握。习近平新时代中国特色社会主义思想,是马克思主义中国第三次飞跃的理论成果,是实现民族复兴的行动指南。在新征程上,我们要始终坚持以之武装头脑,从而不断夺取全面建设社会主义现代化国家新胜利。提出马克思主义中国化第三次飞跃,充分彰显了我们党高度的理论自信。在新征程上,我们要进一步增强理论自信,为增强道路自信、制度自信、文化自信提供有力的理论支撑。

(三)必须勇于推进理论创新

以习近平同志为核心的党中央之所以能够实现马克思主义中国化第三次飞跃,关键在于积极推进理论创新。在新征程上,我们要继续推进马克思主义

---

① 《中共中央关于党的百年奋斗重大成就和历史经验的决议》,《人民日报》2021 年 11 月 17 日。

中国化,勇于进行理论创新。推进理论创新,要增强问题意识、时代意识、战略意识。要增强问题意识,围绕全面建设社会主义现代化国家过程中的重大理论和现实问题进行理论突破。要增强时代意识,将马克思主义与新征程上的具体实际相结合,不断推进理论和实践创新。要增强战略意识,提出全面建设社会主义现代化国家的重大战略。推进理论创新,要探索新时代马克思主义中国化的规律。在新征程上,要积极探索新时代马克思主义中国化的规律,为进一步提高马克思主义中国化水平服务。推进理论创新,要总结全面建设社会主义现代化国家的实践经验,积极投身全面建设社会主义现代化国家伟大实践,并对全面建设社会主义现代化国家的经验进行科学总结,并将之上升为理论,进一步丰富和发展习近平新时代中国特色社会主义思想。

第二编　新时代党的建设研究

中国共产党百年伟大社会革命对民族精神的传承和升华[①]

孙武安　　杨帅杰

摘　　要：中国共产党在团结带领中国人民持续推进百年伟大社会革命并取得重大成就的同时，传承、创新和升华了伟大中华民族精神，为推进中华民族伟大复兴增添了新动能。一是确立并坚守共产主义革命理想，传承和升华了中华民族天下为公、世界大同的伟大梦想精神；二是勇敢担负国家繁荣富强、中华民族伟大复兴的历史使命，传承并升华了中华民族天下兴亡、匹夫有责的伟大爱国精神；三是恪守并践行全心全意为人民服务的革命宗旨，传承并升华了中华民族民贵君轻、民为邦本的民本精神；四是始终坚持自力更生、艰苦创业的革命精神，传承并升华了中华民族刚健有为、自强不息的伟大奋斗精神；五是倡导和践行集体主义的革命价值观，传承并升华了中华民族同舟共济、众志成城的伟大团结精神。

关键词：中国共产党　伟大社会革命　伟大民族精神　传承升华

作　　者：孙武安，浙江省中国特色社会主义理论体系研究中心温州大学研究基地主任、研究员、博士生导师，研究方向为中国特色社会主义；杨帅杰，温州大学马克思主义学院研究生，研究方向为马克思主义中国化。

---

① 本文系国家社会科学基金重点项目"民族复兴进程中的中国革命文化传承研究"（19AKS018）阶段性成果。

人无精神则不立，国无精神则不强。中华民族精神形成发展于中华五千多年历史，转型发展于近现代中国革命历史，繁荣发展于当代中华民族伟大复兴的历史进程之中，涵盖中华民族的生活方式、理想信仰、价值观念等，是物质文明和精神文明综合的文化浓缩，具有支撑、引领、鼓舞和激励的作用。中华民族精神的内容内涵非常丰富，一般认为主要包括以爱国主义为核心的勤劳勇敢、自强不息、团结统一、爱好和平等内容。2018 年，习近平总书记在十三届全国人大一次会议上指出："中国人民在长期奋斗中培育、继承、发展起来的伟大民族精神，为中国发展和人类文明进步提供了强大精神动力。"①主要包括伟大创造精神、伟大奋斗精神、伟大团结精神、伟大梦想精神。历史是在传承中发展的，民族精神也必然随着历史的发展而发展，随着时代的进步而进步。中国共产党在团结带领中国人民持续推进百年伟大社会革命的历史进程中，"书写了中华民族几千年历史上最恢宏的史诗"②，同时也传承、创新和升华了伟大民族精神，为推进中华民族伟大复兴增添了前所未有的新动能。

一、确立并坚守共产主义革命理想，传承和升华了
中华民族天下为公、世界大同的伟大梦想精神

"中国人民是具有伟大梦想精神的人民。"③中华民族自古就有大道之行、天下为公、协和万邦、世界大同的理念和主张。这是中国传统社会古圣先贤们对理想社会的一贯追求，也是"支撑我们这个古老民族走到今天的，支撑 5000 多年中华文明延绵至今的""植根于中华民族血脉深处的文化基因"④。近代中国灾难深重，先进的中国人在反对帝国主义列强疯狂侵略和压迫的同时，仍然梦想建立"有田同耕、有饭同食、有衣同穿、有钱同使"的平等社会，仍然在憧憬人人平等、天下为公的"大同世界"。资产阶级改良派代表康有为写了《大同书》，

---

① 《习近平谈治国理政》第 3 卷，外文出版社 2020 年版，第 140 页。
② 《中共中央关于党的百年奋斗重大成就和历史经验的决议》，人民出版社 2021 年版，第 8 页。
③ 习近平：《携手建设更加美好的世界——在中国共产党与世界政党高层对话会上的主旨讲话》，人民出版社 2017 年版，第 141 页。
④ 习近平：《携手建设更加美好的世界——在中国共产党与世界政党高层对话会上的主旨讲话》，人民出版社 2017 年版，第 3 页。

提出"人人相亲，人人平等，天下为公"的理想，中国民主革命的先行者孙中山先生更是身体力行，以毕生精力投身于"天下为公""大同世界"的实践。虽然在私有制条件下，由于阶级压迫和剥削的存在，没有唯物史观的科学方法，前人不可能揭示人类社会的发展规律，"也不可能找到一条到达大同的路"[①]；但是，前人对天下为公、世界大同的执着追求堪称中华民族伟大梦想精神的集中体现，亦堪称中华优秀传统文化的核心内容之一。

十月革命的胜利给苦苦寻求救国道路的中国人，送来了马克思列宁主义这一科学的世界观和方法论，五四运动则促进了马克思列宁主义在中国的广泛传播，从而促进了中国共产党的成立，中国革命由此进入了无产阶级领导的新民主主义革命阶段。这个阶段的文化不再是资产阶级领导的，而是无产阶级领导的新民主主义的文化，即"中国共产党人所领导的共产主义的文化思想，即共产主义的宇宙观和社会革命论"[②]。也就是说中国人开始"用无产阶级的宇宙观作为观察国家命运的工具，重新考虑自己的问题。走俄国人的路——这就是结论"[③]。中国共产党领导的伟大社会革命开始影响并主导中华民族的前途命运。1921年，中国共产党一大在自己的第一个纲领中明确提出"革命军队必须与无产阶级一起推翻资本家阶级的政权，必须支援工人阶级，直到社会的阶级区分消除为止、承认无产阶级专政，直到阶级斗争结束，即直到消灭社会的阶级区分"[④]，大会强调"共产主义者的目的是要按照共产主义者的理想，创造一个新的社会"[⑤]。从此，中华民族的前进方向和发展道路就锚定为"经过人民共和国到达社会主义和共产主义，到达阶级的消灭和世界的大同"[⑥]。中国共产党在团结带领中国人民进行百年伟大社会革命的长期斗争中，始终牢记并践行社会主义和共产主义的伟大理想。民主革命时期，毛泽东就多次告诫全党："每个共产党员须知，中国共产党领导的整个中国革命运动，是包括民主主义革命和社会主义革命两个阶段在内的全部革命运动。"[⑦]"一切共产主义者的最后目的，则是在

---

① 《毛泽东选集》第4卷，人民出版社1991年版，第1471页。

② 《毛泽东选集》第2卷，人民出版社1991年版，第697页。

③ 《建党以来重要文献选编(1921—1949)》第26册，中央文献出版社2011年版，第503页。

④ 《建党以来重要文献选编(1921—1949)》第1册，中央文献出版社2011年版，第1页。

⑤ 《习近平谈治国理政》第1卷，外文出版社2018年版，第496页。

⑥ 《建党以来重要文献选编(1921—1949)》第26册，中央文献出版社2011年版，第504页。

⑦ 《十八大以来重要文献选编》上，中央文献出版社2014年版，第651页。

于力争社会主义社会和共产主义社会的最后的完成。"①中华人民共和国成立后,中国共产党领导的伟大社会革命又先后经历了社会主义改造和社会主义建设时期、改革开放和社会主义现代化建设新时期,进而迈入中国特色社会主义新时代。习近平总书记强调:"要把新时代坚持和发展中国特色社会主义这场伟大社会革命进行好,我们党必须勇于进行自我革命,把党建设得更加坚强有力。"②革命理想高于天。中国共产党是否坚强有力,首先要看能不能坚守崇高的理想信念。"对马克思主义的信仰,对社会主义和共产主义的信念,是共产党人的政治灵魂,是共产党人经受住任何考验的精神支柱。"③"始终是共产党人安身立命的根本。"④因此,习近平总书记多次告诫全党,"保持革命精神、革命斗志,把我们党领导人民进行的伟大社会革命继续推进下去"⑤。

中国共产党是中国工人阶级的先锋队,也是中国人民和中华民族的先锋队。建党时,全国只有五十几名党员,1949 年新中国成立时发展到四百多万,2021 年中国共产党成立一百年已成为拥有九千五百多万党员的大党。中国共产党不断发展壮大、中国社会空前发展进步,这表明中国共产党的政策主张和追求,充分反映了中国人民和中华民族的共同意志,代表了中国历史发展的正确方向。一百多年来,中国共产党坚持以马克思主义为指导,团结带领中国人民不屈不挠、艰苦奋斗,取得了一个又一个伟大成就,书写了中华民族几千年历史上最恢宏的史诗,也传承和升华了中华民族天下为公、世界大同的梦想精神。这种传承和升华表现在多个方面:一是发展着的马克思主义成为党和国家发展的指导思想,成为全国各族人民凝心聚力、团结奋斗的精神支柱和共同的思想基础,中国特色社会主义成为全国各族人民的共同理想、实现共产主义成为中国社会发展的远大理想和最终目标;二是把实现共产主义的远大理想置于唯物史观基础之上,找到了实现这一伟大梦想的阶级力量和领导核心,使之从纯粹的理论构想成为生动活泼的社会运动;三是中国共产党团结带领中国人民通过新民主主义革命、社会主义改造和社会主义建设、改革开放和社会主义现代化

---

① 《十八大以来重要文献选编》上,中央文献出版社 2014 年版,第 651—652 页。
② 习近平:《携手建设更加美好的世界——在中国共产党与世界政党高层对话会上的主旨讲话》,人民出版社 2017 年版,第 71 页。
③ 《十八大以来重要文献选编》上,中央文献出版社 2014 年版,第 39 页。
④ 《习近平谈治国理政》第 1 卷,外文出版社 2018 年版,第 15 页。
⑤ 习近平:《在江西考察时的讲话》,《人民日报》2019 年 5 月 23 日。

建设,以及坚持和发展中国特色社会主义,一个又一个阶段性的目标和任务,不断将伟大社会革命推向深入,把大同世界的伟大梦想成为逐步推进的远大目标。

二、勇敢担负国家繁荣富强、民族伟大复兴的历史使命, 传承和升华了中华民族天下兴亡、匹夫有责的 伟大爱国精神

生于斯,长于斯,恋于斯。恋土思乡,人之常情。热爱家乡故土是世界各民族都普遍存在的一种最质朴的情感,也是形成爱国主义精神的社会和心理基础。古代中国长期处于交通交往落后的农业社会,这种家国情结更为悠久、深厚和强烈。从春秋战国时期因忧患国破家亡而投江自杀的爱国诗人屈原,到"匈奴未灭,何以为家"的西汉名将霍去病;从"先天下之忧而忧,后天下之乐而乐"的北宋政治家范仲淹,到南宋因尽忠报国而名扬天下的抗金将领岳飞;从"人生自古谁无死,留取丹心照汗青"的南宋民族英雄文天祥,到明朝民族英雄、抗倭名将戚继光;从收复台湾的明末民族英雄郑成功,到"苟利国家生死以,岂因祸福避趋之"、主张禁烟抗敌的近代民族英雄林则徐,再到以振兴中华为己任的民主革命先行者孙中山。中华文明悠悠五千年从来就不缺少舍生忘死、精忠报国的爱国人物、爱国思想和爱国壮举。"天下兴亡,匹夫有责"的名言源自明末清初著名思想家顾炎武的《日知录·正始》篇,曰:"有亡国,有亡天下,亡国与亡天下奚辩?曰:易姓改号,谓之亡国;仁义充塞而至于率兽食人,人将相食,谓之亡天下……保国者,其君其臣、肉食者谋之;保天下者,匹夫之贱,与有责焉耳矣!"据说是梁启超把这段话概括为"天下兴亡,匹夫有责"的爱国名言,流传至今。悠悠五千年,无数仁人志士谱写了无数生动感人、传诵古今的伟大爱国篇章,形成了深厚强烈的以天下为己任的伟大爱国精神,铸就了历经数千年风雨而生生不息的民族脊梁。

近代以来,在帝国主义列强的疯狂侵略和封建主义的腐败统治下,中国逐步沦为半殖民地半封建社会,国家蒙辱、人民蒙难、文明蒙尘,中华民族遭受了前所未有的劫难。从那时起,实现国家独立和富强、民族解放和复兴,就成为摆

在中国人民和中华民族面前最为紧迫的历史任务。为此，"中国人民奋起反抗，仁人志士奔走呐喊，太平天国运动、戊戌变法、义和团运动、辛亥革命接连而起，各种救国方案轮番出台，但都以失败而告终"①。中国迫切需要新的思想、新的理论引领救亡运动，迫切需要新的阶级、新的组织凝聚革命力量。中国共产党应运而生。中国共产党从成立之日起，"就把为中国人民谋幸福、为中华民族谋复兴确立为自己的初心使命"②。党的二大在重申共产主义远大目标的同时，针对半殖民地半封建的中国社会实际，明确提出了反对帝国主义、反对封建主义，实现民族独立、人民解放、统一中国、建立真正民主共和国的民主革命纲领。此后，中国共产党团结带领中国人民经过二十八年的英勇斗争，开辟中国特色的新民主主义革命道路，完成了民族独立和人民解放的革命任务，为进一步实现民族复兴创造了根本的社会条件。接着，中国共产党团结带领中国人民继续前进，确立社会主义制度、进行社会主义建设、改革开放、开辟中国特色社会主义建设新道路、开创社会主义现代化新局面、进入中国特色社会主义新时代，为实现民族复兴奠定了根本政治前提、制度基础，提供了充满活力的体制保证、更为完善的制度保证、更为坚实的物质基础和更为主动的精神力量，全面建成了小康社会，历史性地解决了绝对贫困问题，开启了全面建成社会主义现代化强国的新征程，使中华民族迎来了从站起来、富起来到强起来的伟大飞跃，实现中华民族伟大复兴进入了不可逆转的关键时期。③

中华民族历来讲求尽忠报国，但相比传统中国，特别是相比近代以来中国社会各种政治力量的探索，中国共产党在推进伟大社会革命的实践中，最大限度地传承并升华了中华民族天下兴亡、匹夫有责的伟大爱国精神。其一，中国共产党是最无私最优秀的爱国者。作为新型的中国无产阶级革命政党，中国共产党一经成立，就勇敢地担负起了救国救民、实现中华民族伟大复兴的历史任务。诚如习近平总书记所讲的，"一百年来，中国共产党团结带领中国人民进行的一切奋斗、一切牺牲、一切创造，归结起来就是一个主题：实现中华民族伟大复兴"④。无论是在民主革命时期，还是成为执政党以后，除了为民族、为国家、

---

① 习近平：《在庆祝中国共产党成立100周年大会上的讲话》，人民出版社2021年版，第2—3页。
② 习近平：《在庆祝中国共产党成立100周年大会上的讲话》，人民出版社2021年版，第3页。
③ 习近平：《在庆祝中国共产党成立100周年大会上的讲话》，人民出版社2021年版，第7页。
④ 习近平：《在庆祝中国共产党成立100周年大会上的讲话》，人民出版社2021年版，第3页。

为人民谋利益,中国共产党没有任何自己的特殊利益和要求。其二,中国共产党是最忠实最勇敢的爱国者。在百年伟大革命斗争中,中国共产党人以"为有牺牲多壮志,敢教日月换新天"的大无畏气概,总是站在中国革命、建设、改革开放和新时代的最前沿,发挥着先锋模范作用。为了实现祖国和人民的最高利益,无数优秀的共产党人不惜献出自己的一切,包括家庭、财产和生命。其三,中国共产党是最智慧最有远见的爱国者。中国共产党是用马克思主义科学理论武装起来的优秀政党,她坚持实事求是的思想路线,善于从实际出发,不断推进马克思主义中国化、时代化和大众化;她坚持群众路线,善于动员、组织和团结群众,共同奋斗;她坚持独立自主的原则,善于结合中国实际、把握时代特征,不断探索和开辟具有中国特色的发展道路;她坚持自我革命,善于学习,善于开展批评与自我批评,勇于纠正错误,能够始终站在时代前列。其四,中国共产党也是最伟大最有成就的爱国者。中国共产党用一百年的时间书写了中华民族几千年历史上最恢宏的史诗,深刻改变了近代以后中华民族发展的方向和进程,深刻改变了中国人民和中华民族的前途和命运,深刻改变了世界发展的趋势和格局。这一百年来开辟的伟大道路、创造的伟大事业、取得的伟大成就,必将载入中华民族发展史册、人类文明发展史册![1] 中国共产党用自己的科学理论、伟大实践和辉煌成就,团结和引领了、教育和塑造了、传承和升华了中华民族的伟大爱国精神,"革命战争年代母亲教儿打东洋、妻子送郎上战场,社会主义建设时期先大家后小家、为大家舍小家,都体现着向上的家庭追求,体现着高尚的家国情怀"[2]。热爱社会主义祖国、投身中华民族伟大复兴,已成为当代中国全社会的基本共识,也正在成为中华民族共同的精神标志。

三、恪守并践行全心全意为人民服务的宗旨,传承和升华了中华民族民贵君轻、民为邦本的民本精神

在中华优秀传统文化中,民本思想源远流长,堪称精华。一般认为,民本思想肇始于夏商周,发展于春秋战国,定型于汉代,此后进一步丰富延展。据《尚

---

① 习近平:《在庆祝中国共产党成立 100 周年大会上的讲话》,人民出版社 2021 年版,第 7—8 页。
② 《习近平谈治国理政》第 2 卷,外文出版社 2017 年版,第 354 页。

书·五子之歌》记载,民惟邦本,本固邦宁,系大禹对子孙之训诫。春秋战国时期,孔子有"民以君为心,君以民为本""节用而爱人,使民以时";孟子有"民为贵,社稷次之,君为轻";荀子有"君者,舟也;庶人者,水也。水则载舟,水则覆舟";管子则明确提出:"凡治国之道,必先富民。民富则易治也,民贫则难治也。"西汉政治家贾谊在先秦儒家民本思想的基础上,进一步提出"王者以民人为天,而民人以食为天"。唐代柳宗元则提出"吏为民役",官吏是人民的仆役,就是为人民办事的。可见,民本思想在中国古代已发展到了很高的水平,只不过在私有制条件下,民本思想不可能全面付诸实践,民本精神在很大程度上只能停留在纸面上。

步入近代,中国资产阶级革命家孙中山继承中华传统民本思想的精华,融合近代世界民主主义、社会主义思潮,形成了较为系统的资产阶级民本思想,其"建立民国",实行民族、民权、民生的"三民主义",探索民有、民治、民享的丰富革命实践,都在很大程度上体现了孙中山革命党人的民本精神。民国、民主、民族、民权、民生、民有、民治、民享等,这一系列民本思想主张的提出和实践,虽然没能如愿,但这些进步的思想观念从此深入人心。这无疑是以孙中山为代表的资产阶级革命派对中国文化、民族精神发展的一个重要贡献。

中国共产党从成立之日起就明确指出,党没有任何自己的特殊利益,党所代表的是工人、农民、士兵、学生及所有劳动群众的利益,就是要推翻三座大山、建立人民当家作主的民主共和国。民主革命时期,中国共产党在政治上主张建立无产阶级领导的,包括农民、知识分子、小资产阶级及一切反帝反封建的人们联合专政的民主共和国,在经济上实行节制资本和平均地权的政策,旨在普遍地改善人民生活。抗日战争后期,毛泽东更是明确提出了"为人民服务"的中心思想。他说:"我们的共产党和共产党所领导的八路军、新四军,是革命的队伍。我们这个队伍完全是为着解放人民的,是彻底地为人民的利益工作的。"[1]1945年,毛泽东在党的七大政治报告《论联合政府》中进一步强调:"全心全意地为人民服务,一刻也不脱离群众;一切从人民的利益出发,而不是从个人或小集团的利益出发;向人民负责和向党的机关负责的一致性。这些就是我们的出发

---

[1] 《毛泽东选集》第3卷,人民出版社1991年版,第1004页。

点。"①党的七大在确立毛泽东思想为党的指导思想的同时,把"为人民服务"写入了党章。从此,"为人民服务"成了共产党的代名词,共产党人就是人民的公仆在党的章程中得到了明确规定。

在领导新民主主义革命过程中,中国共产党形成了一切为了群众,一切依靠群众、从群众中来、到群众中去的群众观点和群众路线,毛泽东将之总结为党的三大优良作风之一。邓小平在领导改革开放和社会主义现代化过程中进一步提出,要把人民"拥护不拥护,赞成不赞成,高兴不高兴,满意不满意"作为党的工作的根本出发点和落脚点。强调"群众是我们力量的源泉,群众路线和群众观点是我们的传家宝。党的组织、党员和党的干部,必须同群众打成一片,绝对不能同群众相对立"②。江泽民在党的十六大报告中指出:"我们党的最大政治优势是密切联系群众,党执政后的最大危险是脱离群众。在任何时候任何情况下,都必须坚持党的群众路线,坚持全心全意为人民服务的宗旨,把实现人民群众的利益作为一切工作的出发点和归宿。"③党的十六大将"三个代表"重要思想确立为党的指导思想,强调其立党之本、执政之基、力量之源的极端重要性,"始终代表中国最广大人民的根本利益"便是这一思想的核心内容。胡锦涛提出了以人为本的科学发展观,强调要"坚持权为民所用、情为民所系、利为民所谋,坚持把实现好、维护好、发展好最广大人民的根本利益作为我们一切工作的根本出发点和落脚点,是我们做好各项工作的保证,任何时候都不能动摇"④。以习近平同志为核心的党中央进一步提出"坚持以人民为中心"的执政理念,强调"必须坚持人民主体地位,坚持立党为公、执政为民,践行全心全意为人民服务的根本宗旨,把党的群众路线贯彻到治国理政全部活动之中,把人民对美好生活的向往作为奋斗目标,依靠人民创造历史伟业"⑤。党的十九届六中全会通过的《中共中央关于党的百年奋斗重大成就和历史经验的决议》,把"坚持人民至上"总结为中国共产党百年奋斗的一条重要历史经验,重申:"党代表中国最广大人民根本利益,没有任何自己特殊的利益,从来不代表任何利益集团、任何

---

① 《毛泽东选集》第 3 卷,人民出版社 1991 年版,第 1094—1095 页
② 《邓小平文选》第 2 卷,人民出版社 1994 年版,第 369 页。
③ 《江泽民文选》第 3 卷,人民出版社 2006 年版,第 572 页。
④ 《十六大以来重要文献选编》中,中央文献出版社 2006 年版,第 317 页
⑤ 《邓小平文选》第 2 卷,人民出版社 1994 年版,第 16—17 页。

权势团体、任何特权阶层的利益，这是党立于不败之地的根本所在。只要我们始终坚持全心全意为人民服务的根本宗旨，坚持党的群众路线，始终牢记江山就是人民、人民就是江山，坚持一切为了人民、一切依靠人民，坚持为人民执政、靠人民执政，坚持发展为了人民、发展依靠人民、发展成果由人民共享，坚定不移走全体人民共同富裕道路，就一定能够领导人民夺取中国特色社会主义新的更大胜利"。①

由上可知，在领导和推进百年伟大社会革命的历史进程中，中国共产党不仅形成了极为丰富的、科学的群众观点、群众路线和以人民为中心、人民至上的重要思想，更重要的是中国共产党忠实地、卓有成效地践行了全心全意为人民服务的根本宗旨。先是领导中国人民摆脱了帝国主义的欺凌和控制、封建主义的压迫和剥削，实现了当家作主；进而领导中国人民解放和发展生产力，消灭了贫困，建成了全面小康社会；而今继续领导中国人民奋发图强，在实现社会主义现代化、创造美好生活的新征程上阔步向前。总之，中国共产党团结带领人民持续推进百年伟大社会革命的历史，就是持续践行全心全意为人民服务的历史，百年奋斗全方位传承并升华了中华民族民贵君轻、民为邦本的民本思想和民本精神。

四、始终坚持自力更生、艰苦创业的革命精神，传承和升华了中华民族刚健有为、自强不息的伟大奋斗精神

中华民族自古以来就是具有伟大奋斗精神的民族。"天行健，君子以自强不息"，语出《易传》中的《象传》，是指人应该效法天地自然，刚强劲健，奋斗不止，不断发展和进步。这是说，人要充分发挥主观能动性，求变求新，主动作为。儒家历来强调"苟日新，日日新，又日新"，鼓励人们创新发展。墨子认为，国家的安危治乱、个人的荣辱富贵，都取决于人们的努力。"强必治，不强必乱；强必宁，不强必危"；"强必富，不强必贫"；"强必贵，不强必贱"。刚健有为、自强不息，是前人深刻认识天地自然运动规律所获得的重要启示，也是对人类社会发展规律的深刻把握，它激励并铸就了中华民族因时制宜、大胆变革、不断进步的

---

① 《江泽民文选》第3卷，人民出版社2006年版，第66页。

探索奋斗精神。从古代神话中的精卫填海、愚公移山,到越王勾践的卧薪尝胆;从春秋时齐国管仲的改革,到战国时李悝变法和商鞅变法;从北魏孝文帝改革,到宋代王安石变法、明代张居正改革;等等。这些不仅体现了中华民族积极进取的人生态度、刚毅有为的优秀品格,同时也促进了社会的持续发展和进步。可以说,没有这种刚健有为、自强不息的进取和奋斗精神,中华民族就不可能生生不息、繁衍发展五千多年。反之,晚清政府的盲目自大、不思进取则导致了近代中国一百多年落后挨打的悲惨命运,而其所掀起的洋务运动和戊戌变法,同样因封建统治的腐朽落后不可避免地归于失败。

一个党、一个国家和一个民族要兴旺发达,归根结底要依靠本国最广大的人民群众自力更生、艰苦奋斗、奋发图强,否则就不能实现任何目标。自力更生、艰苦创业,是延安精神的重要内容,是中国共产党团结带领中国人民推进百年伟大社会革命、创造辉煌成就的重要经验和根本保证,也是中国共产党对中华民族刚健有为、自强不息的奋斗精神的传承和升华。民主革命时期,在极其复杂的斗争环境中,革命事业经历了无数次艰难困苦,关系中国革命生死存亡的最严重失败至少有两次,革命力量损失惨重,许多人因此对革命前途丧失信心,甚至背叛革命。但是,优秀的中国共产党人坚持真理,坚守理想,以自我革命的精神,依靠自己的力量,修正错误,开拓创新,继续前进。毛泽东曾指出:"我们中华民族有同自己的敌人血战到底的气概,有在自力更生的基础上光复旧物的决心,有自立于世界民族之林的能力。"[1]在民主革命胜利前夕,毛泽东告诫全党:"夺取全国胜利,这只是万里长征走完了第一步。……中国的革命是伟大的,但革命以后的路程更长,工作更伟大,更艰苦。这一点现在就必须向党内讲明白,务必使同志们继续地保持谦虚、谨慎、不骄、不躁的作风,务必使同志们继续地保持艰苦奋斗的作风。"[2]中华人民共和国成立后,毛泽东又多次指出,建设新中国,我们希望有外援,但外援是第二位的,要打倒奴隶思想,埋葬教条主义,要坚持自力更生为主、争取外援为辅的方针,要破除迷信,独立自主地发展自己的农业、工业、技术革命和文化革命等。众所周知,社会主义革命和建设长期面临以美国为首的西方国家的经济孤立、外交封锁和军事包围,如何在一穷

---

[1] 《毛泽东选集》第 1 卷,人民出版社 1991 年版,第 161 页。
[2] 《毛泽东文集》第 7 卷,人民出版社 1999 年版,第 1438—1439 页。

二白的基础上建设强大的社会主义国家，是摆在中国共产党人面前的一个重大课题。中国共产党不信邪、不怕鬼、不惧压力，团结带领全国各族人民发扬自力更生、艰苦创业、奋发图强的革命传统，在工业、农业、国防、科技、文化、教育、卫生等各领域取得了一系列重大成就，包括在国防尖端武器方面的重大成果，从而巩固了新生的人民民主政权，确立了中国在世界上的大国地位。进入改革开放新时期，党中央立足我国长期处于社会主义初级阶段的基本国情，制定了实现社会主义现代化的基本路线和发展战略。"自力更生，艰苦创业"作为重要内容和基本方针，被写入这条党和国家生命线、人民幸福线的基本路线之中。

党的十八大以来，中国特色社会主义进入新时代。党面临的主要任务是完成第一个百年奋斗目标，开启实现第二个百年奋斗目标新征程，朝着实现中华民族伟大复兴的宏伟目标继续前进。历史表明：幸福都是奋斗出来的。越是伟大的事业，越充满艰难险阻，越需要自力更生、艰苦奋斗，越需要开拓创新。"今天，中国人民拥有的一切，凝聚着中国人的聪明才智，浸透着中国人的辛勤汗水，蕴涵着中国人的巨大牺牲。"[1]"一路走来，中国人民自力更生、艰苦奋斗，创造了举世瞩目的中国奇迹。新征程上，不管乱云飞渡、风吹浪打，我们都要紧紧依靠人民，坚持自力更生、艰苦奋斗，以坚如磐石的信心、只争朝夕的劲头、坚忍不拔的毅力，一步一个脚印把前无古人的伟大事业推向前进。"[2]新时代是奋斗者的时代，"中华民族奋斗的基点是自力更生"[3]，"不管条件如何变化，自力更生、艰苦奋斗的志气不能丢"[4]。"现在我们正经历百年未有之大变局，要走更高水平的自力更生之路。"[5]"中华民族是历经磨难、不屈不挠的伟大民族，中国人民是勤劳勇敢、自强不息的伟大人民，中国共产党是敢于斗争、敢于胜利的伟大政党。"[6]习近平总书记指出，"团结奋斗"已经成为"中国共产党和中国人民最显著的精神标识"[7]。我们要坚持把人民对美好生活的向往作为自己的奋斗目标，始终为人民不懈奋斗、同人民一起奋斗，切实把奋斗精神贯彻到进行伟大斗争、

① 《毛泽东选集》第1卷，人民出版社1991年版，第140—141页。
② 《新中国70年大事记(1949.10.1—2019.10.1)》下，人民出版社2020年版，第1927页。
③ 《新中国70年大事记(1949.10.1—2019.10.1)》下，人民出版社2020年版，第1905页。
④ 习近平：《敢于战胜一切艰难险阻 勇于攀登航天科技高峰》，《人民日报》2020年4月25日。
⑤ 习近平：《以更大魄力在更高起点上推进改革开放在全面建设社会主义现代化国家新征程中走在全国前列创造新的辉煌》，《人民日报》2020年10月16日。
⑥ 《习近平谈治国理政》第3卷，外文出版社2020年版，第54页。
⑦ 习近平：《在二〇二二年春节团拜会上的讲话》，《人民日报》2022年1月31日。

建设伟大工程、推进伟大事业、实现伟大梦想全过程，形成竞相奋斗、团结奋斗的生动局面。[①]

五、倡导和践行集体主义的革命价值观，传承和升华了中华民族同舟共济、众志成城的伟大团结精神

人心齐泰山移，团结就是力量。大到一个国家、一个民族、一个政党，小到一个团队、一个集体、一个单位，没有团结，一盘散沙，只能走向解体和灭亡。中国人民的伟大团结精神具有悠久的历史文化传统，从几千年历史文化的传承中形成和发展而来。这里既有对中华优秀传统文化的继承，也有马克思主义科学理论、社会主义先进文化和无产阶级革命道德的塑造、创新和升华。"团结"一词源于近代女性的手工编织用语。"团"原指线团，"结"原指绕结，表示紧紧连接在一起。在中国传统文化中用来表示团结、联合的用词用语很多。如："同舟共济"，据传最早出自春秋时孙武的《孙子兵法·九地》，原文"同舟而济"，本义指大家同坐一条船渡河，要共患难，后比喻团结互助，同心协力，战胜困难，也指利害相同。又如："众志成城"，最早出自春秋时左丘明《国语·周语下》，原文"众心成城，众口铄金"，本义是大家齐心，力量巨大，就像城墙一样牢固，比喻只要众人团结一致，就能战胜一切困难。再如："施教导民，上下和合"之"和合"文化、追求大一统的思想主张，以及流传于民间的"人多力量大""众人拾柴火焰高""千斤重担众人挑""众人划桨开大船"等，表达的都是团结起来力量大的朴素含义。事实上，在私有制存在的古代社会，剥削阶级只能把同舟共济、众志成城作为统治工具，不可能真正做到君民同心、举国一致。

鸦片战争以来的近代中国，何以四分五裂、一盘散沙？从根本上说是因腐败落后的封建社会制度所致，而统治阶级腐朽无能的一个重要表现便是思想观念的陈腐和落后，他们没有关于社会发展的科学理论，更没有执政为民的纲领和方略，这样的官僚体制不可能在全社会形成同舟共济、共赴国难的团结局面。中国共产党成立后，中国革命的面貌为什么能够焕然一新？中国共产党为什么能够唤醒民众、为什么能够团结民众共同奋斗？就是因为中国共产党有了马克

思列宁主义的科学理论，找到了分析认识中国社会问题的科学方法，找到了解决中国社会问题的阶级力量和根本途径，确立了一切为了群众、一切依靠群众的集体主义的核心价值观。马克思和恩格斯在《共产党宣言》里把无产阶级的革命运动明确为"绝大多数人的，为绝大多数人谋利益的独立的运动"①，指出无产阶级的目标就是要实现"这样一个联合体，在那里，每个人的自由发展是一切人的自由发展的条件"②。为此，"共产党人到处都努力争取全世界民主政党之间的团结和协调"③。马克思和恩格斯在宣言结尾响亮地提出了"全世界无产者联合起来"④的伟大号召。"团结起来，到明天，英特纳雄耐尔就一定要实现"，已成为全世界无产阶级的战歌。马克思主义之所以强调团结、联合一切可能的力量，是因为无产阶级的革命运动是为绝大多数人谋利益的运动。这样的运动必然要团结，也能够团结、联合绝大多数人，也必然要能够倡导和践行集体主义价值观，这是社会主义和共产主义道德原则的集中体现。集体主义价值观认为，个人从属于社会，集体利益高于个人利益，个人利益应服从集体利益、眼前利益服从长远利益、局部利益服从全局利益。唯其如此，个人利益和局部利益才能得到最全面最彻底的保证和实现。

用马克思主义武装起来的中国共产党，其所领导的伟大社会革命必然始终坚持并践行集体主义的原则和价值观。党在不同阶段的任务、目标及其所倡导的纪律、要求和道德规范等，都应当也必须符合全体人民的共同的长远的根本利益。"一百年来，党和人民取得的一切成就都是团结奋斗的结果。"⑤民主革命时期，为了实现民族独立和人民解放，党不仅组织、动员和团结了工人阶级、农民阶级、小资产阶级和民族资产阶级，还在特定历史条件下联合了大地主大资产阶级共同抗日，组成了广泛的革命统一战线；同时，在国际上不仅联合了苏联等社会主义国家，也在特定条件下参加了世界反法西斯统一战线，共同完成了消灭法西斯的伟大斗争。新中国成立后，为了实现民族复兴和人民幸福，中国共产党更是团结带领全国各族人民，争取一切可以争取的力量，组成最广泛的

---

① 《马克思恩格斯文集》第 2 卷，人民出版社 2009 年版，第 42 页。
② 《马克思恩格斯文集》第 2 卷，人民出版社 2009 年版，第 53 页。
③ 《马克思恩格斯文集》第 2 卷，人民出版社 2009 年版，第 66 页。
④ 《马克思恩格斯文集》第 2 卷，人民出版社 2009 年版，第 66 页
⑤ 习近平：《在二〇二二年春节团拜会上的讲话》，《人民日报》2022 年 1 月 31 日。

爱国统一战线,战胜了包括帝国主义干涉、封锁、禁运、制裁,以及洪涝、地震、台风、瘟疫等各种自然灾害和困难,取得了社会主义革命和社会主义建设、改革开放和社会主义现代化建设,以及中国特色社会主义新时代的重大成就;同时,在国际上中国政府始终坚持独立自主的和平外交政策,团结广大发展中国家,坚持反帝反霸反强权,维护世界和平,促进共同发展,推动构建人类命运共同体,确立了一个优秀的负责任的大国形象,不仅为中国社会发展营造了良好的国际环境,也为人类文明进步事业做出了重要贡献。

总结党的历史,习近平总书记指出:"今天,中国取得的令世人瞩目的发展成就,更是全国各族人民同心同德、同心同向努力的结果。中国人民从亲身经历中深刻认识到,团结就是力量,团结才能前进,一个四分五裂的国家不可能发展进步。"①谈到中国共产党的伟大历史贡献,他说,其中的一个重大意义就在于,"彻底结束了旧中国半殖民地半封建社会的历史,彻底结束了旧中国一盘散沙的局面"②。面对百年未有之大变局,习近平总书记在党的十九大报告中指出:"全党一定要自觉维护党的团结统一,保持党同人民群众的血肉联系,巩固全国各族人民大团结,加强海内外中华儿女大团结,团结一切可以团结的力量,齐心协力走向中华民族伟大复兴的光明前景。"③"只要 14 亿多中国人民始终手拉着手一起向未来,只要 9500 多万中国共产党人始终与人民心连着心一起向未来,我们就一定能在新的赶考之路上继续创造令人刮目相看的奇迹!"④只要"中国人民始终发扬这种伟大团结精神,我们就一定能够形成勇往直前、无坚不摧的强大力量!"⑤可见,在中国共产党的理论体系和实践活动中,团结的内涵非常丰富:一是党自身的高度团结和统一,二是党和人民的血肉联系,三是全国各族人民的大团结,四是海内外中华儿女的大团结。在此基础上,还有世界各国人民的大团结,以及一切爱好和平的友好国家、政党、民族和人民的大团结。当然,团结不是无原则的,而是有基础有条件的,有分歧有斗争的,即所谓和而不同。既然有斗争,就要有斗争的目的、策略、方法和艺术。中国共产党在领导伟

---

① 《习近平谈治国理政》第 3 卷,外文出版社 2020 年版,第 167 页。

② 习近平:《在庆祝中国共产党成立 95 周年大会上的讲话》,《人民日报》2016 年 7 月 2 日。

③ 《习近平谈治国理政》第 3 卷,外文出版社 2020 年版,第 54 页。

④ 习近平:《在二〇二二年春节团拜会上的讲话》,《人民日报》2022 年 1 月 31 日。

⑤ 《习近平谈治国理政》第 3 卷,外文出版社 2020 年版,第 141 页。

大社会革命的长期斗争中,已经形成了一整套丰富的又团结又斗争、以斗争求团结的经验和艺术,这套经验和艺术也是识大体顾大局的集体主义教育的经验和艺术。

对中华民族伟大梦想精神的传承和升华,为中国社会的永续发展指明了共产主义的正确方向,从而为中华民族的砥砺前行提供了不竭的精神动力;对中华民族伟大爱国精神的传承和升华,为中国社会的发展先后开辟了新民主主义革命和建设中国特色社会主义的正确道路,找到了领导和推进伟大事业的主心骨和先锋队;对中华民族伟大民本精神的传承和升华,为中国社会的永续发展明确了人民至上的出发点和最终归宿,也找到了人民这一发展的主体和可靠力量;对中华民族伟大奋斗精神的传承和升华,为中国社会的永续发展明确了自力更生、艰苦创业这一根本的立足点,也牢固确立了成就历史伟业的根本途径;对中华民族伟大团结精神的传承和升华,为中国社会的永续发展确立了正确的集体主义价值观,明确了团结就是力量这一不竭的力量源泉,也明确了团结就是胜利这一重要法宝。中国共产党百年伟大社会革命波澜壮阔,成就辉煌,影响深远,从多个方面传承、创新和升华了伟大的中华民族精神。这些伟大精神源于伟大社会革命的历史发展,同时又助推了伟大社会革命的接续发展。

新时代中国共产党执政理念的形成历程与启示

李　文　　章越松

摘　要：新时代中国共产党执政理念大致经历了萌发、确立和发展三个阶段。虽然不同阶段的执政方式略有差异，但从执政目的看，一以贯之地秉持全心全意为人民服务的宗旨，呈现出从"以人为本"到"以人民为中心"再到"江山就是人民，人民就是江山"的发展脉络，其背后所蕴含的"人民至上"这一根本立场始终没变。对新时代中国共产党执政理念的形成历程进行研究，对于走好新时代长征路、赶考路，带领人民创造更大辉煌与荣光具有一定的启发与借鉴意义。

关键词：新时代　执政理念　形成　发展　启示

作　者：李文，绍兴文理学院马克思主义学院讲师，研究方向为政治哲学、马克思主义哲学；章越松，绍兴文理学院马克思主义学院教授、硕士生导师，研究方向为马克思主义理论与执政党建设。

回望百年辉煌历程，中国共产党团结带领人民先后历经了新民主主义革命时期、社会主义革命和建设时期、改革开放和社会主义现代化建设新时期以及中国特色社会主义新时代四个历史时期。作为一个价值体系，执政理念涵盖执政目的与执政手段两个层面的内容。纵观中国共产党的百年奋斗史，虽然不同时期具体的执政方式有所不同，但从执政目的看，为中国人民谋幸福、为中华民族谋复兴的初心和使命始终没有变，全心全意为人民服务的宗旨没有变，以人民为中心的根本立场没有变。从发生学视角看,新时代中国共产党执政理念大致经历了萌发、确立和发展等三个阶段,剖析其形成与发展历程,不仅有助于深刻理解和贯彻落实习近平新时代中国特色社会主义思想,而且对于扎实推进共同富裕具有重要实践价值。

一、新时代中国共产党执政理念的酝酿萌发

党的十八大标志着中国特色社会主义进入新时代,新时代有新思想,也有新的执政理念。新时代中国共产党执政理念不是从天而降、凭空产生的,也不是一蹴而就、一日而成的,而是经历了一个从萌发到形成再到不断发展、完善的过程。从时间节点看,党的十八大之前是新时代中国共产党执政理念的酝酿萌发期,而这一时期的理论成果主要体现在习近平同志主政地方尤其是在浙江工作期间所提出的一系列具有前瞻性和创造性的理论与实践之中。

从执政目的层面看,以人为本是中国共产党百年奋斗的核心理念。"在革命、建设、改革的不同时期,尽管任务、目标有所不同,但在所有的奋斗中,中国共产党始终坚持人民至上,坚持为中国最广大人民谋幸福。"[1]习近平同志在浙江工作期间,始终牢记以人为本的执政理念,提出党的干部"一定要把群众的安危冷暖放在心上……真心诚意地为人民群众办实事、做好事、解难事。要抓实做细事关群众切身利益的每项工作,努力办实每件事,赢得万人心"[2]。坚持以人为本、解决人民群众切身利益问题,重中之重是解决好"三农问题",原因在于"农业是安天下、稳民心的战略产业,'三农'问题始终与我们党和国家的事业休戚相关"[3],必须坚持以人为本谋"三农",不断地"促进农业增效、农民增收、农村发展,使农业成为能使农民致富的产业,使农民不但成为农业和农村现代化的主力军,而且成为工业化、城市化的积极参与者和成果享有者"[4]。

从执政手段层面看,习近平同志提出了以"八八战略"为总纲的一系列执政方略,从省域层面思考和探索治国理政新方略,即"从 2002 年担任省委书记开

---

[1] 邓纯东:《百年大党奋斗的鲜明主题与核心理念》,《人民论坛》2020 年第 8 期。
[2] 习近平:《之江新语》,浙江人民出版社 2007 年版,第 26 页。
[3] 习近平:《之江新语》,浙江人民出版社 2007 年版,第 100 页。
[4] 习近平:《之江新语》,浙江人民出版社 2007 年版,第 102 页。

始,习近平在省级平台上开始思考治国理政,探索省级区域的发展战略"①。习近平同志在浙江工作期间,正是浙江改革发展面临新的瓶颈、亟须进行创新探索的关键时期,"在经历了 20 多年的快速增长之后,浙江比大部分省份更早地遭遇了一系列成长中的烦恼"②。正如习近平同志所指出的,"浙江的发展正进入一个关键的时期,在这个关键时期,结构需要优化,产业需要升级,企业需要扩张,要素需要保障,环境需要保护,市场需要更大的空间,经济增长方式需要从根本转变"③。在进行深入调研、深刻分析之后,习近平同志主持谋划了以"八八战略"为统领的一系列治国理政的浙江省域层面的探索和实践,主要体现在"绿色浙江""法治浙江""活力浙江""平安浙江""文化大省"建设等几个方面。

不难看出,正是由于 2002 年改革发展走在全国前列的浙江所面临的困境和难题与 2012 年全国改革发展中所面临的状况极为相似,这就使得在习近平同志主持下制定的"八八战略"不仅具有浙江省域层面探索创新的意义,某种程度上也具有了超越省域层面而进行的中国特色社会主义改革创新发展的重要探索和尝试的战略意义,为党的十八大之后"美丽中国"、"平安中国"、"法治中国"、"文化强国"、新发展理念、"五位一体"总体布局和"四个全面"战略布局等一系列党的重大执政理念的创新、执政方略的谋划提供了直接的理论准备和实践素材,而且"八八战略"与习近平新时代中国特色社会主义思想之间"前后存在着一以贯之、深化拓展、不断升华的发展脉络和思想逻辑,在实践基础、理论渊源、思想内涵、精神品质、语言风格等方面具有内在的继承性和一致性"④。可以说,"以'八八战略'为精神的改革实践,不仅有力地推动了浙江的科学发展,而且为整个中国的科学发展提供了鲜活的(省域)地方性经验"⑤。正是在这个意义上,不仅"'八八战略'鲜明地呈现出了在习近平新时代中国特色社会主义

① 魏先法、王捷:《习近平新时代中国特色社会主义思想的萌芽与成熟》,《治理现代化研究》2019 年第 4 期。
② 何显明:《"八八战略"与习近平新时代中国特色社会主义思想在浙江的萌发》,《浙江学刊》2018 年第 5 期。
③ 习近平:《干在实处,走在前列——推进浙江新发展的思考与实践》,中共中央党校出版社 2006 年版,第 111 页。
④ 何毅亭:《伟大思想理论从何而来——习近平新时代中国特色社会主义思想渊源》,《光明日报》2017 年 11 月 17 日。
⑤ 胡承槐:《从"八八战略"到大国治理的总体方法论特征》,《浙江社会科学》2016 年第 1 期。

思想萌发、生成历程中的重要里程碑的意义"①,而且也使得浙江成为新时代中国共产党执政理念的重要萌发地,这一时期也成为习近平新时代中国特色社会主义思想的重要萌发期。

二、新时代中国共产党执政理念的形成确立

党的十八大到党的十九大是新时代中国共产党执政理念的形成确立期。党的十八大以来,党的执政环境发生了深刻变化。从国际环境看,政治多极化、经济全球化深入发展,同时政治保守主义、地方保护主义、单边主义抬头,影响和平与发展的不安全因素增多,"人类社会正处在一个大发展大变革大调整的时代,当今世界充满着不确定性,人们对未来既寄予期待又感到困惑"②;从国内环境看,人民群众对美好生活的期盼更加强烈,全面建成小康社会和实现中华民族伟大复兴成为党新阶段的新目标新任务,但我国经济社会发展的不平衡不充分严重影响人民群众的幸福感获得感;从党情看,作为当今世界第一大执政党,长期执政使党面临着"四大危险"和"四大考验",全面从严治党已刻不容缓。面对世情、国情、党情的新形势新变化,中国共产党不断进行理论创新和实践创新,更加深刻理解和把握对执政理念的新认识,不断提升治国理政的新境界。

从执政目的层面看,中国共产党始终毫不动摇地坚守人民至上的根本价值理念,坚守人民立场这一根本立场,并不断适应新时代新要求,把人民至上理念升华为"以人民为中心"理念。"人民至上"与"以人民为中心"二者在本质上是一致的,"人民至上的本质是坚持以人民为中心,把人民放在心中最高位置,尊重人民主体地位,注重发挥人民的积极性和创造性,把满足人民对美好生活需要作为奋斗的出发点和落脚点"③。而"以人民为中心的价值理念指的是坚持全心全意为人民服务的宗旨,以人民立场为根本政治立场,以群众路线为根本工

---

① 何显明:《"八八战略"与习近平新时代中国特色社会主义思想在浙江的萌发》,《浙江学刊》2018年第5期。

② 田克勤:《习近平新时代中国特色社会主义思想形成的历史背景和现实基础》,《观察与思考》2017年第10期。

③ 叶本乾、方素清:《人民至上与实干为要:百年大党永恒的价值理念与奋斗本色的双向互嵌》,《社会主义研究》2021年第1期。

作方法,以发展成果由人民共享为根本价值取向的人民主体观"①。这不仅是"对马克思历史唯物主义关于人民群众论述的生动反映"②,也是"以习近平同志为核心的党中央立足新时代历史方位,对中国共产党的理想信念、性质宗旨、初心使命所作的深刻阐述,成为理解中国共产党根本宗旨的核心理念"③。可以说,"以人民为中心"的执政核心理念是习近平总书记对党的人民至上根本立场和全心全意为人民服务根本宗旨的具有创造性的时代阐释,是党的执政理念的理论升华。

从执政手段层面看,在"以人民为中心"的执政核心理念指导下,党的执政方略也在不断与时俱进。党的十八大以来,新时代新起点也给执政党带来新问题新挑战,正如习近平总书记所指出的,"当前全党面临的一个重要课题,就是如何正确认识和妥善处理我国发展起来以后不断出现的新情况新问题"④。习近平总书记基于"不断深化对发展理论、发展思路、发展战略的思考,提出了创新、协调、绿色、开放、共享五大新发展理念"⑤,引领我国经济发展模式全面转型升级。五大新发展理念是"以人民为中心"核心理念的鲜明体现。以"绿色"发展理念看,"人民对美好生活的向往,就是我们的奋斗目标"⑥,优美的生态环境和良好的生态产品已经成为民生福祉的重要组成部分,已经成为人民群众幸福感获得感安全感的重要来源。基于满足人民群众改善生态环境的热切期望和美好生活的多层次需求,党提出保护生态环境也"必须坚持以人民为中心,做到生态惠民、生态利民、生态为民,把解决突出生态环境问题作为民生优先领域,提供更多优质生态产品,满足人民群众对良好生态环境新期待"⑦,绿色发展逐渐成为新时代我国经济结构转型升级的行动指南。

① 章越松、李文:《新时代中国共产党执政理念的基本内涵与价值取向》,《长白学刊》2021 年第 4 期。

② 王勇、陈波:《人民情怀——习近平新时代中国特色社会主义思想的逻辑基点》,《汉江师范学院学报》2018 年第 4 期。

③ 高翔:《人民至上:百年大党赓续传承的根本立场》,《党建》2021 年第 7 期。

④ 习近平:《在中央党校建校 80 周年庆祝大会暨 2013 年春季学期开学典礼上的讲话》,《人民日报》2013 年 3 月 3 日。

⑤ 何显明:《"八八战略"与习近平新时代中国特色社会主义思想在浙江的萌发》,《浙江学刊》2018 年第 5 期。

⑥ 中共中央党史和文献研究院编:《习近平关于"不忘初心、牢记使命"论述摘编》,中央文献出版社、党建读物出版社 2019 年版,第 3 页。

⑦ 全国干部培训教材编审指导委员会组织编写:《推进生态文明 建设美丽中国》,人民出版社、党建读物出版社 2019 年版,第 13 页。

　　党的十八大以来,以习近平同志为核心的党中央始终牢记初心使命,坚守"以人民为中心"的根本立场,咬定"让全体中国人都过上更好的日子"①这一宏伟而朴素的目标不放松,无论是精准扶贫、全面建成小康社会,还是生态治理、满足人民群众美好生活环境新期待,无论是贯彻新发展理念、进行供给侧结构性改革,还是全面从严治党、推进国家治理体系和治理能力现代化,无论是"五位一体"总体布局还是"四个全面"战略布局,都充分彰显新时代中国共产党执政理念的"人民性"特征,"以人民为中心"成为新时代中国共产党执政理念的鲜明底色。党的十九大报告以"八个明确"和"十四个坚持"为四梁八柱对党的十八大以来以习近平同志为核心的党中央治国理政理论和实践进行高度凝练和提升,标志着"习近平新时代中国特色社会主义思想体系正式确立"②,成为中华民族伟大复兴的科学指引和行动指南,同时,也意味着新时代中国共产党执政理念在中国特色社会主义伟大实践中不断创新并得以确立。

三、新时代中国共产党执政理念的发展完善

　　党的十九大以来是新时代中国共产党执政理念的发展完善期。中国共产党之所以能够创造百年辉煌成就、取得经济快速发展和社会长期稳定两大奇迹,一个重要原因就在于中国共产党善于理论创新和实践创新。正如习近平总书记所指出的,"实践没有止境,理论创新也没有止境"③。党的十九大以来,随着中国特色社会主义进入新时代,党的执政环境、执政形势都发生了深刻变化,从国内看,新的历史方位我国社会主要矛盾已经发生变化,从国际环境看,我们正面临"百年未有之大变局"④的严峻考验。在这样的背景下,中国共产党再次彰显了勇于创新、善于创新的理论品格,将"以人民为中心"执政的核心理念再次进行升华,创造性地提出"江山就是人民,人民就是江山"⑤的科学论断。这是新时代中国共产党将"以人民为中心"的执政核心理念提升到了一个新的理论

---

① 《习近平谈治国理政》第 3 卷,外文出版社 2020 年版,第 134 页。
② 崔禄春:《习近平新时代中国特色社会主义思想的形成过程》,《科学社会主义》2019 年第 4 期。
③ 《习近平谈治国理政》第 3 卷,外文出版社 2020 年版,第 21 页。
④ 《习近平谈治国理政》第 3 卷,外文出版社 2020 年版,第 77 页。
⑤ 习近平:《在党史学习教育动员大会上的讲话》,《党建》2021 年第 4 期。

高度和历史高度,也使新时代中国共产党执政理念在实践中进一步发展完善。

从执政目的层面看,"江山就是人民,人民就是江山"这一论断彰显的是百年来中国共产党对"为中国人民谋幸福、为中华民族谋复兴"初心使命的坚守,对"全心全意为人民服务"根本宗旨的新时代阐释,对人民至上根本立场的一以贯之。"江山就是人民,人民就是江山"这一论断是对我国社会主义国家性质中的人民性的形象诠释,充分表明了人民是国家的真正主人,一切权力属于人民,"揭示了我国社会主义国家与人民之间的同一性、一体性关系"①。中国共产党始终把人民群众视为党的执政根基,正如习近平总书记指出的,"我们党来自于人民,党的根基和血脉在人民。为人民而生,因人民而兴,始终同人民在一起,为人民利益而奋斗"②。党把自己的事业与人民群众紧紧联系在一起,一切为了人民、一切依靠人民,充分尊重人民的主体地位和作用,"人民历史主体性和人民价值主体性在中国特色社会主义新时代的全新场域中实现了工具理性与价值理性的同时在场,人民性这一党的根本属性得到进一步彰显"③。历史事实充分表明,"人心向背关系党的生死存亡。赢得人民信任,得到人民支持,党就能够克服任何困难,就能够无往而不胜。反之,我们将一事无成,甚至走向衰败"④。

从执政手段层面看,"江山就是人民,人民就是江山"这一论断对党在新时代的执政方略上提出了新的更高要求。党的十九大以来,党带领人民艰苦奋斗、砥砺前行,"始终把人民放在心中最高位置、把人民对美好生活的向往作为奋斗目标,推动改革发展成果更多更公平惠及全体人民"⑤。为了提升人民群众的获得感、幸福感,党中央多次强调,"增进民生福祉是我们坚持立党为公、执政为民的本质要求,让老百姓过上好日子是我们一切工作的出发点和落脚点"⑥。我们党必须始终坚守人民立场不动摇,"着力解决发展不平衡不充分和人民群

---

① 胡承槐、张志军:《"江山就是人民,人民就是江山"的政治哲学意蕴》,《理论导报》2021年第12期。
② 习近平:《在党史学习教育动员大会上的讲话》,《党建》2021年第4期。
③ 张文龙、李建军:《中国共产党百年人民观的历史演进及其经验启示》,《重庆大学学报》(社会科学版)2021年第4期。
④ 习近平:《在党史学习教育动员大会上的讲话》,《党建》2021年第4期。
⑤ 习近平:《在党史学习教育动员大会上的讲话》,《党建》2021年第4期。
⑥ 《〈中共中央关于党的百年奋斗重大成就和历史经验的决议〉辅导读本》,人民出版社2021年版,第57页。

众急难愁盼问题,不断实现好、维护好、发展好最广大人民群众根本利益"①。党的十九届六中全会强调"坚定不移走全体人民共同富裕道路"②,进一步明确到 21 世纪中叶"全体人民共同富裕基本实现"③的奋斗目标。这是我们党在百年辉煌历程中始终赢得人民衷心拥护和支持的成功密码,也是我们党能够团结带领十四亿多全体中国人民和中华儿女为实现中华民族伟大复兴和全体人民共同富裕而继续前行的根本所在。

党的十九大以来,党的执政理念从"以人民为中心"进一步升华为"江山就是人民,人民就是江山","是中国共产党基于百年奋斗作出的颠扑不破而又透彻人心的历史归结,是马克思主义群众史观在新时代最鲜明最彻底的宣示"④,彰显的是党百年来对人民至上根本立场的坚守与新时代创新发展,体现了新时代党的执政理念的与时俱进与守正创新,是对新时代党的执政理念的进一步发展和完善。

四、启 示

回顾和总结新时代党的执政理念的形成历程,能够带来一些有益的经验与启示,为党更好地带领人民实现中华民族伟大复兴乃至千秋伟业提供一些基本遵循。

第一,新时代中国共产党执政理念始终坚守人民至上根本立场不动摇。从新时代中国共产党执政理念的形成与发展历程来看,无论是酝酿萌发时期的"以人为本",还是形成确立时期的"以人民为中心",抑或是发展完善时期的"江山就是人民,人民就是江山",其背后所坚守的人民立场始终没有变,"党的根基

---

① 《〈中共中央关于党的百年奋斗重大成就和历史经验的决议〉辅导读本》,人民出版社 2021 年版,第 82 页。
② 《〈中共中央关于党的百年奋斗重大成就和历史经验的决议〉辅导读本》,人民出版社 2021 年版,第 75 页。
③ 《〈中共中央关于党的百年奋斗重大成就和历史经验的决议〉辅导读本》,人民出版社 2021 年版,第 80 页。
④ 陈祥健:《"人民就是江山":马克思主义群众史观的百年归结与时代宣示》,《福建论坛》(人文社会科学版)2021 年第 6 期。

在人民、血脉在人民、力量在人民,人民是党执政兴国的最大底气"①。放眼党的百年辉煌历程,"坚持人民至上"也是党在长期实践中积累总结的宝贵历史经验之一,甚至可以说,"中国共产党百年来的奋斗史就是坚持人民至上、以人民为中心的实践史"②。因此,习近平总书记强调指出,"全党必须永远保持同人民群众的血肉联系,站稳人民立场"③。唯其如此,我们党才能带领全国人民在新时代新征程上赢得更大荣光。

第二,新时代中国共产党执政理念始终紧跟时代不断创新发展。中国共产党把马克思主义当作行动指南而不是教条,能够随着实践发展变化而不断推进理论创新和实践创新。新的发展环境需要新的理论指导新的实践,"实践永无止境,理论创新也永无止境"④。当前,党面临着世界百年未有之大变局和实现中华民族伟大复兴战略全局的双重考验,新时代新发展阶段必然会遇到各种前所未有的风险挑战。"当代中国的伟大社会变革,不是简单延续我国历史文化的母版,不是简单套用马克思主义经典作家设想的模板,不是其他国家社会主义实践的再版,也不是国外现代化发展的翻版"⑤,面对新的实践和新的事业发展环境,党必须勇于在新的实践中进行理论创新、善于用最新的理论成果指引新的实践发展,才能不断巩固党的执政根基、不断开拓党的事业新局面。这是党不断创造辉煌成就的重要密码。

第三,新时代中国共产党执政理念始终坚持人的全面发展目标不偏离。习近平总书记指出,"中国共产党在中国执政就要为民造福"⑥,党的一切工作都是以人民为轴心开展的,党的执政根基在人民,"人民是党永葆生机与活力的不竭源泉"⑦,人民的拥护和支持是党最大的力量来源。当前,正处于全面建设社会主义现代化国家的新征程上,中国式现代化不同于西方式的现代化,"中国的

---

① 《〈中共中央关于党的百年奋斗重大成就和历史经验的决议〉辅导读本》,人民出版社 2021 年版,第 74 页。

② 邓纯东:《百年大党奋斗的鲜明主题与核心理念》,《人民论坛》2020 年第 8 期。

③ 《〈中共中央关于党的百年奋斗重大成就和历史经验的决议〉辅导读本》,人民出版社 2021 年版,第 81 页。

④ 陈志刚:《百年大党的执政规律探究》,《观察与思考》2021 年第 8 期。

⑤ 《〈中共中央关于党的百年奋斗重大成就和历史经验的决议〉辅导读本》,人民出版社 2021 年版,第 76 页。

⑥ 《十八大以来重要文献选编》下,中央文献出版社 2018 年版,第 32 页。

⑦ 王炳林、刘奎:《中国共产党坚守人民立场的百年考察》,《西安交通大学学报》(社会科学版)2021 年第 4 期。

现代化是坚持以人民为中心的现代化"①，充分彰显了中国共产党人民至上的根本价值立场，始终把发展的立足点和落脚点放在全体人民的福祉上，可以说，"尊重和坚持人民主体地位，是中国共产党领导人民在不断推进社会主义现代化建设的根本经验总结"②。从新时代中国共产党执政理念来看，无论是"以人为本"还是"以人民为中心"，抑或是"江山就是人民，人民就是江山"，无不彰显了中国共产党尊重人民主体地位、创造人民美好生活、保障人民全面发展的价值取向。我们坚信，在全面建设社会主义现代化国家和实现中华民族伟大复兴的征途上，只要我们党始终牢记"使人民共享发展成果，并依据共同富裕的战略规划，不断促进人的全面发展和社会的共同进步"③的总要求，就一定能够继续带领人民取得更加伟大的胜利和荣光。

---

① 陈理：《中国共产党与中国现代化》，《马克思主义与现实》2021年第2期。
② 肖春花：《中国共产党发展理念历史演进的内在逻辑与方法论》，《科学社会主义》2020年第5期。
③ 田克勤、张林：《中国共产党为实现全体人民共同富裕的百年奋斗》，《思想理论教育导刊》2021年第6期。

伟大建党精神

——中国共产党人政治品质的彰显

陈正良　王　珂　李昱丰

摘　要:在庆祝中国共产党成立 100 周年大会上,习近平总书记从政治信仰、奋斗目标、革命意志、根本立场等四个维度阐明了伟大建党精神的科学内涵。伟大建党精神源自马克思主义的科学理论,熔铸于中国共产党的伟大建党实践,植根于中华优秀传统文化,充分展示了中国共产党作为工人阶级先锋队、中国人民和中华民族先锋队的独特政治品质,是中国共产党精神谱系之源,是百年来中国共产党为什么能的强大精神动力。

关键词:伟大建党精神　中国共产党　政治品质

作　者:陈正良,宁波大学马克思主义学院教授,研究方向为思想政治教育与中国特色社会主义理论;王珂,宁波大学马克思主义学院硕士研究生,研究方向为中国特色社会主义理论;李昱丰,温州大学马克思主义学院硕士研究生,研究方向为中国特色社会主义理论。

2021 年 7 月 1 日,习近平总书记《在庆祝中国共产党成立 100 周年大会上的讲话》(以下简称"七一讲话")中把伟大建党精神准确地概括为"坚持真理、坚守理想,践行初心、担当使命,不怕牺牲、英勇斗争,对党忠诚、不负人民"[1]。党的十九届六中全会审议通过的《中共中央关于党的百年奋斗重大成就和历史经

---

[1]　习近平:《在庆祝中国共产党成立 100 周年大会上的讲话》,人民出版社 2021 年版,第 8 页。

验的决议》（以下简称《决议》）中也指出，要"大力弘扬伟大建党精神，勿忘昨天的苦难辉煌，无愧今天的使命担当，不负明天的伟大梦想"①。一百年来，中国共产党之所以能够领导中国人民排除艰难险阻、战胜一个又一个敌人，从胜利走向胜利，根本原因就在于我们有着崇高的政治信仰，始终牢记为中国人民谋幸福、为中华民族谋复兴的初心和使命，始终把人民群众的利益放在心目中最高的位置，以高度的政治自觉和顽强的革命意志推进伟大社会革命。习近平总书记用简简单单三十二个字，从政治信仰、奋斗目标、革命意志、根本立场四个维度，阐释了革命先烈们在筚路蓝缕、奠基立业的伟大斗争中所形成的宝贵精神品质。伟大建党精神是中国共产党人政治品质的彰显，是中国共产党精神谱系之源。

一、坚持真理、坚守理想彰显中国共产党人崇高的政治信仰

中国共产党在百年沧桑的历史征途中，矢志不渝地坚持马克思主义真理，坚守为共产主义事业奋斗终身的远大理想。这是贯穿伟大建党精神的政治红线，也是引领中华民族迈向伟大复兴的光辉旗帜。

鸦片战争以来，中国逐渐沦为半殖民地半封建社会，"国家蒙辱、人民蒙难、文明蒙尘，中华民族遭受了前所未有的劫难"②。在中国人民选择马克思主义以前，洋务运动、戊戌变法、辛亥革命等救亡图存的尝试都以失败告终，中华民族被帝国主义列强"瓜分豆剖"。一次又一次的失败证明，缺乏科学理论指导的革命无法取得最终胜利。"一个民族要想登上科学的高峰，究竟是不能离开理论思维的。"③从鸦片战争到五四运动，从来没有一种理论具有马克思主义这样彻底的科学性、坚定的革命性和自觉的实践性。当科学的理论同风云激荡的社会政治形势相互交织，其结果必然是催生出一种能明晰历史发展方向、带领人民改变历史命运的领导力量——中国共产党。自从有了中国共产党，中国革命就真正有了坚强的领导核心。党自成立之日起，就以马克思列宁主义为自己的指

---

① 《中共中央关于党的百年奋斗重大成就和历史经验的决议》，人民出版社 2021 年版，第 75 页。
② 习近平：《在庆祝中国共产党成立 100 周年大会上的讲话》，人民出版社 2021 年版，第 2 页。
③ 《马克思恩格斯选集》第 4 卷，人民出版社 1995 年版，第 285 页。

导思想,以社会革命为目的,把实现共产主义确立为最高理想和最终奋斗目标,并为之不懈奋斗。

中国共产党坚持的真理是马克思主义,这一理论是马克思、恩格斯关于人类社会发展基本矛盾运动、关于资本主义必然灭亡和社会主义必然胜利、关于无产阶级争取自身解放和整个人类解放、关于无产阶级斗争的性质、目的和解放条件的科学理论。中国共产党人对真理的坚持,不仅仅体现在对马克思主义基本原则的继承,还体现在对马克思主义的中国化发展。正如习近平总书记所说,一部马克思主义发展史,实质上就是马克思、恩格斯以及后世的理论家,"不断根据时代、实践、认识发展而发展的历史,是不断吸收人类历史上一切优秀思想文化成果丰富自己的历史"①。与时俱进是马克思主义最突出的理论品质,也是马克思主义能够永葆生机活力、牢固掌握社会主义意识形态领域领导权、话语权的根本所在。

一百多年来,中国共产党人把马克思主义基本原理同中国具体实际相结合、同中华优秀传统文化相结合,实现了马克思主义的中国化;中国共产党人始终坚持马克思主义与历史发展的时代潮流同呼吸、共命运,与时俱进地发展马克思主义,实现了马克思主义的中国化时代化。在一百多年波澜壮阔的历史征程中,中国共产党人坚持并发展马克思主义,实现了三次马克思主义中国化的历史性飞跃,创立了毛泽东思想、邓小平理论,形成了"三个代表"重要思想、科学发展观的中国特色社会主义理论体系,创立了习近平新时代中国特色社会主义思想,以科学的理论推动实现中华民族伟大复兴的中国梦,以理论创新来解决革命、建设、改革开放和新时代中遇到的一系列困难。总而言之,百余年来,一改国民精神羸弱颓靡之病症,使中华民族从精神上由被动转入主动的关键就在于对马克思主义科学理论的选择和坚守。中国共产党正是在遵循科学理性启示及现实国情的基础上,自觉地以科学理论武装自己,带领中国人民不断取得革命、建设、改革开放和新时代各项事业的伟大胜利。

"革命理想高于天。"理想信念就是共产党人精神上的"钙"②。正是因为对马克思主义的信仰与对社会主义和共产主义的信念,对资本主义必然灭亡、社

---

① 习近平:《在纪念马克思诞辰 200 周年大会上的讲话》,人民出版社 2018 年版,第 9 页。
② 《习近平谈治国理政》第 1 卷,外文出版社 2018 年版,第 15 页。

会主义必然胜利规律的自信，一代代共产党人才能勇往直前、英勇奋斗，为实现中华民族伟大复兴中国梦、实现共产主义崇高理想抛头颅、洒热血。一段时间以来，西方国家不断利用其文化霸权地位对社会主义国家进行抹黑和污蔑，对无产阶级政党的个别领导干部进行渗透和策反，企图从理想信念上瓦解无产阶级革命党人的精神堡垒。苏联之所以亡党亡国，其根本原因就在于苏联的领导人放弃了对马克思列宁主义的坚定信仰，放弃了对社会主义意识形态的领导权和话语权，背离了人民群众的根本利益，在思想上和行动上背叛了革命。

中国共产党之所以能经受住众多考验，社会主义中国之所以能够屹立在世界东方，一个重要的原因是中国共产党人对共产主义的信仰是坚定的、一贯的。中国共产党领导中国人民进行伟大社会革命的百年征程，就是与各种错误思潮和错误路线不断斗争的过程，就是不断解放思想、实事求是、与时俱进、求真务实的过程。① 自从树立了马克思主义信仰和共产主义理想，中国共产党人便风雨兼程，不断推动马克思主义的理论创新和实践创新，创立了毛泽东思想、中国特色社会主义理论体系和二十一世纪马克思主义——习近平新时代中国特色社会主义思想，团结带领中国人民走出了一条中国式现代化道路，创造了人类文明的新形态。

党的十八大以来，以习近平同志为主要代表的中国共产党人，坚持把马克思主义基本原理同中国具体实际相结合、同中华优秀传统文化相结合，坚持毛泽东思想、邓小平理论、"三个代表"重要思想、科学发展观，深刻总结并充分运用党成立以来的历史经验，从新的实际出发，创立了习近平新时代中国特色社会主义思想，"提出一系列原创性的治国理政新理念新思想新战略……是当代中国马克思主义、二十一世纪马克思主义，是中华文化和中国精神的时代精华"②，实现了马克思主义中国化的第三次历史性飞跃。同时，习近平总书记高度重视党的理想信念教育，先后发起了"三严三实"专题教育、"不忘初心、牢记使命"主题教育、"党史学习教育"等主题教育，2022 年 3 月中共中央办公厅又印发了《关于推动党史学习教育常态化长效化的意见》。中国共产党人以实际行动践行了"坚持真理、坚守理想"的政治信仰。

① 代玉启：《中国共产党伟大建党精神的三重逻辑》，《求索》2021 年第 5 期，第 33—41 页。
② 《中共中央关于党的百年奋斗重大成就和历史经验的决议》，人民出版社 2021 年版，第 26 页。

二、践行初心、担当使命彰显中国共产党人
矢志不渝的奋斗目标

中国共产党初心使命孕育在百年前民族危亡、百事隳坏的战乱年代,践行于百年光辉历程之中,在立足于马克思主义科学真理和中国社会具体实践的基础上造就了中华民族的皇皇业绩。因而,初心使命既是新民主主义革命时期救亡图存的迫切之需,是社会主义革命和建设时期巩固发展的施政之要,是改革开放和社会主义现代化建设新时期富国强民的动力之源,更是中国特色社会主义新时代复兴中华的筑梦之基。中国共产党为中国人民谋幸福、为中华民族谋复兴的初心使命,锻造了中国共产党人敢于担当、甘于奉献的政治品格。从"不忘初心、牢记使命"到"践行初心、担当使命",从理想信念坚守到行动自觉,无不围绕着为中国人民谋幸福、为中华民族谋复兴的伟大主题,中国共产党的一切牺牲、一切奋斗都将以此为终极指归。

以马克思主义为指导的中国共产党,自诞生之日起始终将人民放在心中最高位置,摒弃任何私利,矢志不渝地为人民群众的利益而奋斗。在这一长期奋斗过程中,中国共产党始终坚持前瞻性与现实性相统一,注重长远目标与阶段目标的持续推进;坚持连贯性和有效性相统一,坚持久久为功与抓铁有痕的协调统一;坚持全局性与层级性相统一,兼顾整体利益与局部利益的和洽协同。同时,中国共产党人在践行初心、担当使命的自觉实践中不断自我革新、赓续革命精神、持续优化精进,在百年征途中创造出了谋求人民幸福、实现民族复兴的皇皇业绩。

践行初心、担当使命昭示了中国共产党人为人民谋幸福的价值指归。"每个人的自由发展是一切人的自由发展的条件"①,中国共产党在马克思主义指导下追求人的解放,为实现人自由而全面的发展矢志不渝。中国共产党自诞生之日起就"始终强调和坚持整个无产阶级共同的不分民族的利益","始终代表整个运动的利益"。② 共产党人的"一切言论行动,必须以合乎最广大人民群众的

① 《马克思恩格斯文集》第2卷,人民出版社2009年版,第53页。
② 《马克思恩格斯文集》第2卷,人民出版社2009年版,第44页。

最大利益，为最广大人民群众所拥护为最高标准"①。回望百年，从"一切为了群众，一切依靠群众，从群众中来，到群众中去"的群众路线到立党为公、执政为民的执政理念、从以人为本、执政为民到以人民为中心的发展理念，人民群众的主体地位和切身利益在中国共产党的自觉实践中得到了切实保障。中国共产党人深知人民是赋予其一切权力的源头，并为服务该主体切实建立了保护人民群众利益的各项机制，真正在社会实践中满足人民的权利诉求。在百年建党伟业中、中华人民共和国成立七十多年的建国大业中、改革开放四十多年的发展探索中，中国人民在党的带领下实现了从贫苦落后到满足温饱再到全面小康、从追求人格独立到提高物质文化水平再到向往美好生活的现实转变，这些变化既体现了不同历史时期人民群众所追求的幸福生活具有不同的目标要求，也印证了中国共产党始终不变的初心使命，为人民谋幸福永远在路上。

践行初心、担当使命彰显了中国共产党人为民族谋复兴的伟大使命。中国共产党不忘初心使命，其发展的每一段历史、付出的每一次牺牲，归根到底都是为了实现中华民族伟大复兴这一历史使命。中国共产党理想信念的生命力也在百年征途中得以呈现。从 1921 年到中华人民共和国成立的救国大业，中国共产党带领人民改变了旧世界，完成了开天辟地的大事变和民族独立的解放运动，彻底改变了中国国弱挨打的历史命运。从 1949 年到改革开放的兴国大业，中国共产党带领人民进行了社会主义改造，在不断摸索中逐渐找到一条符合中国实际情况的发展道路，社会主义制度的确立与市场经济的开拓为实现中华民族伟大复兴提供了制度保障和物质基础。从 1978 年到党的十八大的富国大业，中国共产党将工作重心转移到经济建设上，以人民生活水平提高与生产力发展为根本，实施了农村家庭联产承包责任制、经济特区等一系列富民举措，人民群众的生活实现了翻天覆地的变化。从 2012 年至今的强国大业，经济结构优化进入新常态，脱贫攻坚的全面胜利、小康社会的全面建成，一步步地实现了人民群众所盼的美好生活愿景。"只有创造过辉煌的民族，才懂得复兴的意义；只有经历过苦难的民族，才对复兴有如此深切的渴望。"②站在历史新起点，以习近平同志为核心的党中央聚焦时代特征与发展态势谋篇布局，提出分"两步走"

---

① 《毛泽东选集》第 3 卷，人民出版社 1991 年版，第 1096 页。

② 中共中央宣传部编：《习近平新时代中国特色社会主义思想学习纲要》，人民出版社 2019 年版，第 49 页。

建设社会主义现代化强国的顶层设计。纵观百年历程,中华民族自近代以来就饱经磨难却绝不自甘沉沦,从积贫积弱到繁荣发展,在改革开放以来短短三十年的时间内跃升为世界第二大经济体,创造了助推民族复兴的多个伟大奇迹,实现了解放独立、温饱可求、小康可期的奋斗目标。在未来第二个百年奋斗目标的奋进道路上,中国共产党人也必将继续发扬"踏平坎坷成大道,斗罢艰难又出发"的顽强意志,谱写"薪传百代、彪炳千秋"的壮丽史诗。

2021年,习近平总书记在"七一讲话"中向全世界庄严宣告,通过党和人民的不懈努力,我们已经"在中华大地上全面建成了小康社会,历史性地解决了绝对贫困问题",实现了第一个百年奋斗目标,正"意气风发向着全面建成社会主义现代化强国的第二个百年奋斗目标迈进"。① 然而,当前我国社会主义初级阶段的基本国情并没有改变,我国人民日益增长的美好生活需要和不平衡不充分的发展之间的矛盾仍然凸显。中华民族伟大复兴的征程上还有许多"娄山关""腊子口"需要征服,我们仍然需要牢记中国共产党是什么、要干什么这个根本问题,矢志践行"为中国人民谋幸福、为中华民族谋复兴"的初心和使命。

坚守初心方显本色,勇担使命方显荣光。中国共产党的百年历史,是一部践行初心、担当使命的历史。在第一个百年奋斗目标的赶考路上,其中有遭遇险厄时的绝处逢生、栉风沐雨时的砥砺前行、饱经磨难时的百折不挠,中国共产党始终与人民同呼吸、共命运、心连心,面对未来第二个百年奋斗目标的赶考之路,中国共产党人也必将展现出无畏的革命斗志,"以永不懈怠的精神状态和一往无前的奋斗姿态,继续朝着实现中华民族伟大复兴的宏伟目标奋勇前进"②。

三、不怕牺牲、英勇斗争彰显中国共产党人顽强的拼搏意志

伟大的事业之所以伟大,不仅因为这种事业是正义的、宏大的,而且因为这种事业不是一帆风顺的。③ 一百多年来,中国共产党人不畏艰险,百折不挠,在

① 习近平:《在庆祝中国共产党成立100周年大会上的讲话》,人民出版社2021年版,第2页。
② 《党的十九大报告辅导读本》,人民出版社2017年版,第2页。
③ 习近平:《在纪念孙中山先生诞辰150周年大会上的讲话》,人民出版社2016年版,第9页。

革命、建设、改革开放和新时代的伟大斗争中,团结带领人民完成了反帝反封建的历史任务,在古老的东方建立了社会主义制度。正如习近平总书记所说,"我们党之所以历经百年而风华正茂、饱经磨难而生生不息,就是凭着那么一股革命加拼命的强大精神"①。不怕牺牲、英勇斗争的革命精神,是中国共产党人精神谱系中最为重要的精神品质,也是我们党具有强大凝聚力的关键所在。

革命道路从来都不是一帆风顺的。在领导中国人民进行伟大社会革命的历史征程中,我们党领导了中国的工人运动走向高潮;也因为缺乏斗争经验而主动放弃了对革命军队的领导权,最终导致了"国民大革命"的失败;我们党开辟了"农村包围城市,武装夺取政权"的中国革命道路,建立了为数不少的农村革命根据地;也经历过被教条主义错误路线支配而不得不进行战略转移的低谷。但是,任何艰难险阻都打不倒英雄的中国共产党人,面对一次又一次危机,我们前赴后继,以"为有牺牲多壮志,敢教日月换新天"的斗志和勇气顽强拼搏、不懈奋斗。以毛泽东为主要代表的中国共产党第一代中央领导集体,通过走上"农村包围城市,武装夺取政权"的革命道路,领导了新民主主义革命的胜利,建立了人民当家作主的中华人民共和国。

中华人民共和国成立后不久,美国及其领导的联合国军公然干涉朝鲜战争,企图把战火烧到中国境内。面对严峻的战争形势,党中央审时度势,派遣中国人民志愿军奔赴朝鲜战场,通过五次战役彻底粉碎了美帝国主义的侵略野心,为国内的和平建设提供了稳定的外部环境。与此同时,党在新的执政条件下继续带领人民消灭封建制度残余,完成了社会主义革命,在古老的中华大地上建立了社会主义的基本制度,为实现中华民族伟大复兴奠定了根本政治前提和制度基础。其间,虽然"左"的错误逐渐在党内占据上风,以叶剑英、邓小平为主要代表的中国共产党人果断地纠正了"左"的错误,做出改革开放的历史性决策,极大地解放和发展了我国生产力。党的十八大以来,以习近平同志为核心的党中央继续弘扬中国共产党的伟大建党精神,提出了以党的自我革命推动伟大社会革命的新论断,重拳出击惩治腐败现象,有效地遏制了党内的不正之风。现在的中国已经成为全球第二大经济体,未来也必将超越美国成为全球最大的经济体,社会主义中国正巍然屹立在世界的东方。

---

① 习近平:《在党史学习教育动员大会上的讲话》,人民出版社 2021 年版,第 19 页。

中国共产党从来不会满足于过去的成就,在全面建成小康社会、实现第一个百年奋斗目标的今天,顽强奋斗的革命精神仍然鼓舞着我们向着全面建成社会主义现代化强国的第二个百年奋斗目标不懈努力。在过去一百年中,中国共产党人以顽强的意志、敢于奋斗的勇气,恪守"为中国人民谋幸福、为中华民族谋复兴"的初心和使命,带领中国人民先后完成了新民主主义革命和社会主义改造,通过改革开放的历史性决策,团结带领中华民族向着伟大复兴中国梦继续前进。党的十八大以来,以习近平同志为核心的党中央团结带领广大人民在新的伟大的征程上继续进行着具有新的历史特点的伟大斗争。一百多年来,广大中国共产党人始终保持着勇于斗争、敢于斗争的革命精神,"英勇"是中国共产党人的斗争姿态,"斗"是中国共产党人与破坏社会主义建设、改革开放的敌对势力的较量,"争"是中国共产党人结合国内外发展形势力争上游的不懈奋斗。斗争精神和不懈奋斗的顽强品质,已经深深铭刻在广大中国共产党人的基因中,成为鼓舞中国人民奋发向上、继续建设社会主义现代化强国的精神动力。

四、对党忠诚、不负人民彰显中国共产党人坚定的根本立场

关于无产阶级政党的人民立场,马克思和恩格斯早在《共产党宣言》中就已经指出:"过去的一切运动都是少数人的,或者为少数人谋利益的运动。无产阶级的运动是绝大多数人的,为绝大多数人谋利益的独立的运动。"[1]中华民族自古以来也有着"民惟邦本,本固邦宁"的民本思想。一个政权如果失去了人民的支持和拥护,走向灭亡便是其必然归宿;一个政党能否取得成功,关键就在于这个政党是否具有坚强的凝聚力,在于它能否把广大人民群众的根本利益放在心目中最重要的位置。

早在党的二大审议通过的《中国共产党章程》中,党就已经明确要求广大党员干部必须做到对党忠诚老实;其后在入党誓词中,再次强调了中国共产党人"严守党的纪律,保守党的秘密,对党忠诚,积极工作"[2]的要求。百余年来,中国

① 《马克思恩格斯文集》第2卷,人民出版社2009年版,第42页。
② 《中国共产党章程》,人民出版社2017年版,第13页。

共产党人之所以能够经受住来自各方面的各种考验，一路披荆斩棘、带领中华民族走出亡国灭种的危机，一个重要的原因就在于他们拥有对党绝对忠诚的政治品格。① 需要强调的是，对党忠诚老实，不是抽象的而是具体的。首先，对党忠诚体现在对党的信仰的绝对忠诚上，这种信仰是对共产主义远大理想、对实现中华民族伟大复兴中国梦的绝对忠诚。其次，对党忠诚体现在对党组织的绝对忠诚上，当个人利益与组织利益发生冲突时、当个人意愿与组织安排有出入时，必须首先服从党组织的安排，必要时牺牲个人利益，维护组织利益。最后，对党忠诚体现在对党的理论和路线、方针、政策的忠诚上，坚决不做阳奉阴违、当面一套背后一套的两面人，做到思想认识和实践行动的高度统一。总而言之，对党忠诚就是要求党员把对党的忠诚贯穿于自己思考问题、解决问题的过程中，把党和国家的根本利益、把人民的根本利益放在心目中最重要的位置。

"不负人民"指的是党始终代表人民的根本利益。中国共产党是以马克思主义为指导建立起来的无产阶级政党，中国共产党人从来都不屑于隐瞒自己的观点和意图，公开声明"党除了工人阶级和最广大人民群众的利益，没有自己特殊的利益"②。新民主主义革命时期，中国共产党为了争取民族独立、人民解放和实现国家富强、人民富裕而努力奋斗。1925年12月5日，毛泽东在为《政治周报》创刊号撰写的发刊理由中指出，我们现在开展的革命的目的是解放全民族、实现人民统治的、"使人民得到经济的幸福"③；继而提出了全心全意为人民服务的宗旨。在以往外无主权、内无民主的特殊时期，只有打倒列强、消灭军阀，人民才能真正获得幸福的生活。中华人民共和国成立以后，面对自身地位和目标任务的变化，党继续坚持人民立场，时刻谨记为了人民、依靠人民建设新中国，通过整党运动、"三反"运动、整风运动等政治运动有效防止了脱离群众的危险，进一步巩固和加强了党和人民群众之间的血肉联系。同时，第一个五年计划完成以后，社会主义的中国逐步建立了一套独立的、比较完整的工业体系和国民经济体系，初步改变了中华人民共和国初建时一穷二白的面貌，人民的生活水平也得到了一定程度的改善。这为以后的社会主义现代化建设提供了坚实的物质基础。

① 郭广银：《伟大建党精神彰显中国共产党人鲜明政治品格》，《红旗文稿》2021年第6期。
② 《习近平谈治国理政》第2卷，外文出版社2017年版，第295页。
③ 《毛泽东文集》第1卷，人民出版社1993年版，第21页。

改革开放后,党在十一届六中全会上进一步把群众路线的基本内容概括为:"一切为了群众,一切依靠群众,从群众中来,到群众中去。"邓小平也提出了著名的"三个有利于"标准的论断,进一步强调"是否有利于提高人民的生活水平"是衡量共产党人工作得失的标准,强调要把"人民拥护不拥护、赞成不赞成、高兴不高兴、答应不答应"作为衡量改革事业和方针政策的根本标准。以江泽民为主要代表的中国共产党人继承了中国共产党人一贯的人民立场,要求我们党要始终代表最广大人民的根本利益。进入 21 世纪以来,以胡锦涛为主要代表的中国共产党人继续坚持党的人民立场,首次提出了"以人为本"是党领导中国特色社会主义事业继续前进的核心立场。

党的十八大以来,以习近平同志为核心的党中央继续坚持党一贯的"人民立场",首次提出了"以人民为中心"的发展思想,将其作为新时代继续"坚持和发展新时代中国特色社会主义的基本方略之一"。① 习近平总书记多次强调,新时代要继续"把人民对美好生活的向往作为奋斗目标,依靠人民创造历史伟业"②。党的十九届六中全会审议通过的《决议》中,也把"人民至上"纳入中国共产党百年奋斗的历史经验的内容,以文本的形式再次强调了党的人民立场。坚持党的人民立场,不仅仅体现在全过程人民民主、全体人民共同富裕的理论和实践中,还体现在保障人民群众的身体健康和生命安全上。2022 年,世界范围内新冠疫情出现反复,我国香港、深圳、吉林、上海等地相继暴发了严重的本土疫情。针对复杂严峻的形势,习近平总书记在当年 3 月 17 日召开的中共中央政治局常务委员会会议上反复强调,"要始终坚持人民至上、生命至上,坚持科学精准、动态清零,尽快遏制疫情扩散蔓延势头",要求各单位从严抓好疫情防控工作。在中央的统一协调下,全国三万余名医务工作者奔赴上海支援疫情防控工作,江苏省、浙江省紧急为上海市筹措六万间隔离房,用于上海市密接人员隔离。在抗击疫情的过程中,党员同志舍小家、为大家,坚决服从上级党组织的安排,冲锋在抗击疫情的第一线。这一切,无不体现着中国共产党人"对党忠诚、不负人民"的伟大建党精神。

在风云激荡的一百多年里,中国共产党始终坚持以人民为中心的发展理

---

① 韩喜平:《中国共产党百年来对人民立场的坚守》,《社会科学研究》2021 年第 1 期。
② 习近平:《决胜全面建成小康社会 夺取新时代中国特色社会主义伟大胜利——在中国共产党第十九次全国代表大会上的报告》,《人民日报》2017 年 10 月 28 日。

念,把实现共产主义作为自己的最高理想和最终目标,并为之不懈奋斗。中国共产党人始终恪守"人民性"这一鲜明的政治属性,领导人民取得了新民主主义革命和社会主义革命的胜利,打破了旧的生产方式和旧的国家机器,消灭了压迫和剥削人民的旧制度,建立了社会主义的基本制度。百余年来,一代又一代中国共产党人把人民群众放在心目中最重要的位置,坚持个人利益服从于集体利益,以"我将无我,不负人民"的品格把人民紧紧团结在一起,共同肩负起中华民族伟大复兴的大业。

在一以贯之持续推进伟大社会革命的百年征程中,正是因为中国共产党人有着"对党忠诚、不负人民"的政治品格,中国共产党才能团结带领中国人民彻底扭转近代以来逐渐衰败的历史趋势,中华民族的伟大复兴才能进入不可扭转的历史趋势。

论中国特色新型政党制度的强大生命力

陈碧莲

摘　要：中国特色新型政党制度是当今世界三种主要政党制度之一，既不同于西方竞争型的政党制度，也不同于苏联垄断型的政党制度。它是中国共产党和中国人民最具影响力的制度创新，契合了以人民为中心的人民民主理念，并经过了中国百年历史和现实的检验，具有强大的生命力和独特优势。当然要永葆生机和活力，仍需在实践中不断提升共产党执政领导的能力和水平；不断提升民主党派参政议政的能力和水平；不断增强共产党和民主党派互相监督的意识和能力；不断提升共产党和民主党派政治协商的能力和水平。

关键词：中国特色　新型政党制度　生命力

作　者：陈碧莲，中国美术学院马克思主义学院副教授，研究方向为党史党建。

政党制度是指制度化的政党执掌、参与国家权力并由此产生的政党关系的模式。中国特色的政党制度是在中国革命、建设、改革开放和新时代的实践中形成的，处于领导、执政地位的共产党与处于被领导、参政地位的民主党派，形成了政治协商、团结合作、互相监督的政党关系。这种政党关系使中国特色的政党制度既不同于西方竞争型的政党制度，也不同于苏联垄断型的政党制度。2018 年 3 月，习近平总书记在参加全国政协十三届一次会议上明确把中国共产党领导的多党合作和政治协商制度称为"新型政党制度"。这种新型政党制度为我国治理体系和治理能力的现代化发挥了重要作用，是中国共产党和中国人民最具影响力的制度创新,具有强大的生命力和独特优势。

一、当今世界三种主要政党制度的类型

作为民主政治的统治形式,政党制度取代君主专制是历史的一大进步。当今世界两百多个国家和地区绝大多数都有政党存在,正如美国学者比尔德所说的,"在每一个不是由独裁者或单一的专制阶级统治的文明国家里;也就是说,在容许有某种程度自由的国家里,政党必然会兴起"[1]。各种价值理念不同的政党,通过不同的形式执掌、参与国家权力,形成不同的政党关系和政党制度,这是人类政治文明多样性的体现。

垄断型政党制度是指一个国家只存在一个政党,或虽存在多个政党但只允许一个政党执掌、参与国家政权,如苏联的一党制、新中国成立前的国民党一党专制。实行垄断型政党制度的国家,一般都是先有政党成熟、后有国家构建。执政党既是旧的国家政权的推翻者,也是新的国家政权的缔造者,与选举无关。执政党的作用在于改造国家和社会,执政党就是政府,政府就是执政党,以党治国、党政不分、领袖崇拜等特点明显,民众对执政党的认同与对国家、社会制度的认同存在密切联系。垄断型政党制度因一党垄断国家的权力、资源及话语权,在短期会带来政治稳定、经济高效、社会有序,但在长期必然出现权力腐败和傲慢,特别是随着民众权利意识的增强,不满情绪不断增加,政局动荡的风险必然加大,甚至出现国家的解体。

竞争型政党制度是指存在两个或多个政党,各政党围绕国家政权进行竞取选票,在竞争中取胜的政党执掌国家政权。如:美国、英国的两党制,法国、德国的多党制等。实行竞争型政党制度的国家,一般都是先有国家建构、后有政党成熟,政党作用只是作为沟通国家和社会的桥梁。政党必须在国家宪政框架内活动,政党之争严禁军队介入,政党只有通过选举才能上台执政,无论是执政党还是在野党都要维护国家政权。民众对政党的认同与对国家、社会制度的认同没有必然的联系。竞争型政党制度的优势在于通过竞争性的选举,赋予民众选择权,反对党的存在也会使执政党的决策更审慎,但选举中的恶性竞争和执政

---

① [美]查尔斯·A.比尔德:《美国政府与政治》上册,朱曾汶译,商务印书馆1987年版,第68—69页。

党的变化,容易导致政策缺乏连续性并带来政局动荡、责任不清、政策反复、效率低下。

合作型政党制度是指一个国家虽存在多个政党,但政党的执政地位不是选举而来,而是历史形成的,在多个政党中只允许一个政党执政,但执政党不垄断国家政权,其他政党可以参与国家政权,与执政党一道致力于国家发展。东欧剧变前在一些东欧国家和中国实行,东欧剧变后主要在中国实行。合作型政党制度虽不存在多党竞争,但也体现民主的价值,执政党和参政党各安其责、各守其位,通过各种途径反映民情民意,满足了民众扩大政治参与的需求,有利于决策民主化科学化。合作型政党制度的优势在于,既能避免垄断型政党制度一党独裁、缺乏监督的弊端,也能避免竞争型政党制度多党纷争、政局动荡的弊端,在推动经济发展、政治稳定方面能发挥更大作用。但也存在着执政党权力过大,参政党监督有限,执政党一旦犯错误,就会给国家社会带来巨大危害的弊端。

综上所述,三种政党制度其实是各有利弊的。评判一个国家的政党制度优劣,关键还是要看哪种政党制度更适合本国国情,更能促进国家各方面的发展。正如美国著名学者亨廷顿所说的,"就政治发展而言,重要的不是政党的数量而是政党制度的力量和适应性。政治稳定的先决条件在于有一个能够同化现代化过程中所产生出来的新兴社会势力的政党制度"[①]。

二、三种主要政党制度在中国百年历史发展中的实践

从 1911 年辛亥革命到 1912 年袁世凯接任中华民国临时大总统,到 1927 年国民党南京政府成立,再到 1949 年中华人民共和国成立并至今,在这长达百余年的历史发展中,中国社会经历了竞争型、垄断型、合作型政党制度的实践,实践的结果是垄断型、竞争型政党制度都以失败告终,合作型政党制度取得了胜利,并发展至今。

1911 年辛亥革命的胜利虽然推翻了清王朝,结束了封建帝制,建立了中华民国,创立了民主共和制度,政权却掌控在以袁世凯为首的封建军阀和旧官僚

---

① 〔美〕塞缪尔·P.亨廷顿:《变化社会中的政治秩序》,王冠华译,生活·读书·新知三联书店1989 年版,第 388 页。

手中。为巩固民主共和制度,革命党人开始致力于政党选举。革命派、顽固派、立宪派等在议会政治的幻想下纷纷组党,一时间政党林立,但政党林立的结果不是各党和衷共济,而是争权夺利。1912年9月,北洋政府开始实行第一次国会选举,国民党虽在参众两院都获得了多数议席,但袁世凯派人暗杀了宋教仁。宋案发生后,国民党从血案中惊醒,认识到利用政党竞争断难实现民主共和。正如孙中山所说的,"失去一满洲之专制,转生出无数强盗之专制,其为毒之烈,较前尤甚"①。于是重回革命立场,但袁世凯不但在战场上武力消灭国民党,还在国会通过行贿和恐吓胁迫议员选举他为中华民国大总统,并在当选后立即宣布解散国民党,取消国会,密谋称帝。1916年袁世凯死后,中国社会进入了北洋军阀混战时期。民国初期的实践证明,竞争型政党制度不但解决不了中国的现实问题,反而成为军阀、政客、官僚争权夺利的工具,对社会发展造成严重危害。

1927年大革命惨遭失败后,在中国社会具有影响力的政党是国民党和共产党及介于国共之间的各民主党派。此后的二十二年中,国民党与共产党、民主党派经历了对立—被迫合作—重新对立三个阶段。1927年国共北伐即将胜利的前夕,国民党调转枪口大肆屠杀共产党人,并于1931年一手导演了"国民会议",以国家大法的形式建立了国民党一党专制,对共产党和民主党派实行军事打击和政治迫害。1936年西安事变爆发后,迫于共同抗日的目标,国民党暂时承认了共产党和各民主党派的合法地位。1945年8月抗战胜利后,国共两党举行了重庆谈判,1946年1月政协会议召开,会议就改组政府和军队进行了协商。但1946年3月国民党撕毁政协决议,1946年6月国民党大举进攻共产党中原解放区,10月宣布民盟为非法团体,其他民主党派也失去合法地位。历史再次证明,竞争型政党制度在中国行不通。当然,国民党实行一党专制、独揽国家一切权力的行为,最终也被人民抛弃,1949年国民党在大陆全线崩溃,垄断型政党制度也就此结束。

共产党与民主党派作为不同阶级利益的代表,因抗战的机缘走向合作。由于民主党派人数较少,又没有形成左右政局的强大势力,因而在政治舞台上难以扮演主角,只能在国共尖锐对抗中做出选择。伴随着战场上国共两党力量对比的变化,各民主党派发生分化,青年党、民社党跟随国民党逃到台湾,绝大多

---

① 《孙中山全集》第6卷,中华书局2006年版,第158页。

数民主党派与共产党携手合作。1949 年 1 月,民主党派领导人联合声明:"愿在中共领导下,献其绵薄,共策进行,以期中国人民民主革命之迅速成功,独立、自由、和平、幸福的新中国之早日实现。"①1949 年 9 月,中国人民政治协商会议的召开,标志着共产党领导的多党合作和政治协商制度正式形成。1979 年 10 月,邓小平明确指出:"在中国共产党的领导下,实行多党派的合作,这是我国具体历史条件和现实条件所决定的,也是我国政治制度中的一个特点和优点。"②对此,民建中央原主席成思危曾说:"西方的政党制度是'打橄榄球',一定要把对方压倒。我们的政党制度是'唱大合唱'……唱大合唱,就要有指挥,这个指挥无论是从历史还是现实来看,都只有中国共产党才能胜任。"③

三、只有契合以人民为中心的政党制度才经得起 中国历史和现实的检验

垄断型政党制度违背民主潮流,其失败是必然的。辛亥革命虽然推翻了封建帝制,但民主共和的道路困难重重。外有列强环伺,内有军阀混战,国民党组织又涣散无序。在这样的形势下,孙中山认为要维护民主共和制度必须整合政党的力量,由此提出了"以党治国"的思想,应该说孙中山在当时历史情境下借助政党力量加强国家建设的思想是有积极作用的。但孙中山逝世后,"以党治国"思想不断偏离民主共和轨道,成为国民党垄断政治权力、打压异己力量的思想基础。"党治与民治自然是不同的制度:在民治之下,政治取决于全体公民,在党治之下,则政治取决于一党的全体党员,换言之,党可以独裁,而不问党外人士的意见。"④1949 年国民党一党独裁的失败,证明一个无视广大人民的根本利益、无视其他党派的正当要求、违背民主政治潮流的专制政党,最终被人民抛弃是必然的。

竞争型政党制度契合西方特色的以个人为中心的自由主义民主。把个人权利置于国家之上的自由主义民主,与一人一票为核心的选举民主是相匹配

---

① 《五星红旗从这里升起》,文史资料出版社 1984 年版,第 216 页。
② 《邓小平文选》第 2 卷,人民出版社 1994 年版,第 205 页。
③ 成思危:《中国民主党派不是政治花瓶》,《人民日报》(海外版)2006 年 9 月 20 日。
④ 王世杰、钱端升:《比较宪法》,中国政法大学出版社 1997 年版,第 425 页。

的,具有内生性。但我国缺乏竞争型政党政治产生的政治环境和思想基础,一人一票为核心的选举民主,在我国缺乏内生性,所以民国初期政党竞争的结果不但没有实现民主共和,反而导致军阀混战。从现代政治文明的发展历程看,政党竞争由战场上的枪弹变为议会里的选票是一大进步,但这一进步的实现是有条件的,民国初期时不具备,抗战胜利后还是不具备。1945年底,来华调停国共冲突的美国总统特使马歇尔曾对周恩来说:"我唯一的目标是在中国终止冲突和建立一个两党制政府,必须要有一个反对党……没有一个真正的反对党作为竞争对手、提出批评、催促改革,就不可能出现国民政府或国民党的任何改革……因此,我曾想到,关心农民、关心中国这个最大阶级的共产党,可以作为一个有组织的合法的反对党而为中国人民做出非常重大的贡献。"①但因为国民党不愿与共产党和民主党派分享国家权力,所以当时即使外有国际调停,内有民意支持,选票依然难以替代枪弹成为当时中国的主旋律。最后,国共两党还是通过枪弹决定国家权力由谁掌握。

合作型政党制度契合中国特色的以人民为中心的人民民主。虽然中西方民主都是以人民主权为出发点,但人民民主不是从人的个体权利出发,而是从人民的整体权利出发,用人民整体的力量来构建民主共和。这种从人民整体权利出发,强调人与人的合作共存共赢的人民民主,是与协商为核心的民主相匹配的。共产党领导的多党合作制度的建立,是以人民为核心的人民民主在政党制度中的集中体现,既强调民主,由多党派来共同反映全国人民的意志,又强调集中,由共产党这个强有力的政党来统一全国人民的意志,最大限度保障人民群众的整体权利,有效避免多党竞争带来的政治动荡和一党专制带来的权力滥用,彰显了多党合作制度的价值和优势。可见,合作型的政党制度比竞争型的政党制度更适合于中国几千年来形成的民为邦本的治国理念。正如邓小平所说的,"在中国这样的大国,要把几亿人口的思想和力量统一起来建设社会主义,没有一个由具有高度觉悟性、纪律性和自我牺牲精神的党员组成的能够真正代表和团结人民群众的党,没有这样一个党的统一领导,是不可能设想的,那就只会四分五裂,一事无成。这是全国各族人民在长期的奋斗实践中深刻认识到的真理"②。

---

① 《马歇尔使华》,中华书局1981年版,第388页。
② 《邓小平文选》第2卷,人民出版社1994年版,第341—342页。

四、中国特色新型政党制度要永葆生机活力
仍需在实践中不断完善和发展

世界上成功的政党制度都是随社会实践的发展而不断完善的。我国的政党制度也不例外,也需要一代代共产党人和民主党派人士不断努力。时至今日,中国特色新型政党制度要永葆生机和活力仍需在实践中继续完善和发展。

第一,不断提升共产党执政领导的能力和水平,使共产党的领导地位执政地位永久巩固。领导是一个政治概念,是指党在政治、思想、组织领域依靠号召力、影响力、凝聚力带领广大民众进行公共行为的活动;执政是一个法律概念,是指党依照法定的程序和方式执掌国家政权,代表国家对社会公共事务进行管理。领导和执政叠加意味着党获得了对国家政权的领导,可通过国家政权的作用深入到社会各方面、各领域。但执政领导也是有边界的,执政党只能通过制定大政方针、通过党管干部等方式加以落实。而不能代替国家政权,不能直接使用立法、行政、司法等强制手段。所以,共产党的执政领导必须做到科学执政、民主执政、依法执政,并把科学执政、民主执政、依法执政统一于加强党的执政能力建设的伟大实践中,使共产党不仅政治过硬而且本领高强,并永远记住习近平总书记给全党敲的警钟:"党的执政地位和领导地位并不是自然而然就能长期保持下去的,不管党、不抓党就有可能出问题甚至出大问题,结果不只是党的事业不能成功,还有亡党亡国的危险。"①

第二,不断提升民主党派参政议政的能力和水平,使民主党派永远成为共产党的好参谋、好帮手。因为政党与国家关系的核心问题是执政,所以共产党与民主党派的关系除了要处理好领导与被领导关系之外,更要处理好执政与参政关系。共产党执政主要是共产党依法掌握国家政权,把党的路线方针政策转变为国家的法律。民主党派参政主要是民主党派"参加国家政权,参与国家大政方针和国家领导人选的协商,参与国家事务的管理,参与国家方针政策、法律法规的制定和执行"②。民主党派在参政议政过程中,必须加强思想、组织、制度

---

① 习近平:《在党的群众路线教育实践活动总结大会上的讲话》,《人民日报》2014 年 10 月 9 日。
② 《十六大以来重要文献选编》中,暨南大学出版社 2011 年版,第 676 页。

特别是领导班子建设;民主党派成员无论是以人民代表的身份参加国家权力机关工作,还是以公务员的身份参加各级政府、司法机关、监察机关工作,抑或是组织参加人民政协会议与共产党共商国是,或者是参加共产党召集的各种座谈会参政议政,都要体现较强的政治把握能力、参政议政能力、合作共事能力,做好参谋、帮手的角色,在全社会树立起良好的参政党形象。

第三,不断增强共产党和民主党派互相监督的意识和能力,使共产党与民主党派永远肝胆相照、荣辱与共。共产党与民主党派的监督是相互的,共产党对民主党派的监督主要是确保民主党派的政治纲领与共产党的政治原则、政治方向、重大方针政策一致;民主党派对共产党的监督,主要是确保共产党制定的各项方针政策正确,符合广大人民的根本利益,并帮助共产党发现错误、改正错误。因为共产党处于领导和执政地位,所以互相监督中主要是共产党接受民主党派的监督。正如邓小平所说的,"在中国来说,谁有资格犯大错误?就是中国共产党。犯了错误影响也最大。因此,我们党应该特别警惕……共产党员谨小慎微不好,胆子太大了也不好。一怕党,二怕群众,三怕民主党派,总是好一些"①。民主党派监督相比其他监督更具组织优势、地位优势、人才优势。要通过完善监督机制、畅通监督渠道把这些优势充分发挥出来。参政党的干部要勇于监督、善于监督,执政党的干部要真诚地接受监督,给民主党派提供良好的监督环境。

第四,不断提升共产党和民主党派政治协商的能力和水平,使协商合作的政党关系永久巩固。共产党作为执政党必须把政治协商纳入决策程序,就经济社会发展中的重大问题在决策前和决策执行过程中进行民主协商,广泛听取民主党派的意见建议。不论是共产党同民主党派的政党协商,还是共产党在人民政协同民主党派和各界代表人士的政治协商,都要坚持政党不论大小一律平等,都拥有平等的发言权,实现理性协商。除特殊的议题外,要尽可能做到先协商后决策。必须建立协商前的知情机制、协商中的互动机制、协商后的落实机制。使参与协商的各方主体在协商前都能做到情况明了、准备充分;在协商中都能对协商事项开展充分的交流与沟通;在协商后对取得的共识都能落实反馈。在协商的基础上凝聚共识是我国政党政治的重要使命。正如邓小平所说

---

① 《邓小平文选》第1卷,人民出版社1994年版,第270—271页。

的,"让各方面的意见、要求、批评和建议充分反映出来,以利于政府集中正确的意见,及时发现和纠正工作中的缺点、错误,把我们的各项事业推向前进"①。实践证明,通过多党合作和政治协商达成共识,是中国共产党提升执政能力实现民主决策、科学决策的重要环节,也是各民主党派在国家政治生活中发挥作用的重要途径。

---

① 《邓小平论统一战线》,中央文献出版社 1991 年版,第 156 页。

百年来中国共产党人精神谱系的
铸就、价值与传承

彭世杰

摘　要：党在百年发展历程中铸就了以伟大建党精神为源头的中国共产党人精神谱系，成为党从小到大、由弱到强的强大精神力量。这一精神谱系对坚持和发展中国特色社会主义、推进全面从严治党、践行党的初心使命、传承中华民族精神具有重要现实价值。当前，在传承中国共产党人精神谱系方面，依然存在理论阐释不够全面深入、融入党员干部教育不够突出、社会化大众化不够普及、代际认知差距较大等现实问题。要传承好中国共产党人精神谱系，就必须在增强研究阐释力度、提升宣传实效、统筹红色资源开发利用、融入群众性文化生活、注重对青少年群体的教育等方面下功夫。

关键词：中国共产党人精神谱系　铸就　价值　传承

作　者：彭世杰，浙江红船干部学院党史党建教研室主任、副教授，浙江省习近平新时代中国特色社会主义研究中心首批研究员，研究方向为中共党史党建。

中国共产党自成立以来，在其从苦难走向辉煌的百年历程中，产生了以伟大建党精神为源头的中国共产党人精神谱系。党的十八大以来，习近平总书记多次赴各地考察，论述并强调要让党的精神谱系绽放新时代光芒。在新的历史起点上，深入研究中国共产党人精神谱系，对于进一步激励和鼓舞广大党员干部不忘初心、牢记使命、永远奋斗，实现中华民族伟大复兴中国梦，具有重要理论意义和实践价值。

一、中国共产党奋斗历程铸就的百年红色精神谱系

中国共产党区别于其他政党的一个显著标志,就在于它从创建之时便具有一种与众不同的精神气质。一百多年来,我们党在伟大建党精神的引领下,在不同历史时期形成了一系列各具形态、内涵丰富的红色精神,这些红色精神连接起来就是一条完整的精神链条,共同构筑了彰显中国共产党精神品质和精神力量的精神谱系。这个精神谱系连缀起党的百年历史进程,内蕴着我们党的根本价值理念,外显着我们党的基本历史形象。

(一)中国共产党的创建孕育了作为党的精神之源的伟大建党精神

1921年,党的一大在上海法租界开幕,后因遭遇袭扰转移到浙江嘉兴南湖红船上召开并胜利闭幕,庄严宣告中国共产党的诞生。这一开天辟地的大事变,深刻改变了中国发展的方向和进程,开启了中国历史的新纪元,也铸就了中华儿女心中永不褪色的精神丰碑。中国共产党的成立,铸就了作为中国共产党精神之源的伟大建党精神。伟大建党精神体现了中国共产党人在革命起始阶段最质朴、最直接的价值追求和精神追求。在其引领下,早期革命先驱拉开了中国革命的序幕,设定了中国革命的最初航标,并引领着中国革命前行的步伐。在其影响之下,中国革命有了新的发展方向。中国革命历程表明,伟大建党精神构筑了中国共产党人最根本的政治底色,孕育了中国共产党的红色基因。

2021年7月1日,习近平总书记在庆祝中国共产党成立100周年大会上的讲话中,首次从理论层面提出并阐述伟大建党精神,并将其内涵概括为"坚持真理、坚守理想、践行初心、担当使命,不怕牺牲、英勇斗争,对党忠诚、不负人民"①。坚持真理、坚守理想,体现了中国共产党人以马克思主义为指导,坚持共产主义远大理想和中国特色社会主义共同理想,彰显了伟大建党精神的科学性;践行初心、担当使命,体现了中国共产党的政治责任和政治担当,在民族危亡之际勇担历史使命的精神,彰显了伟大建党精神的实践性;不怕牺牲、英勇斗

---

① 习近平:《在中国共产党成立100周年大会上的讲话》,《人民日报》2021年7月2日。

争,体现了中国共产党面对强大敌人毫不畏惧,在革命中宁可牺牲也在所不惜的大无畏精神,彰显了伟大建党精神的奉献性;对党忠诚、不负人民,体现了中国共产党的根本宗旨,对信仰、对组织、对人民的忠诚,彰显了伟大建党精神的价值性。

伟大建党精神的系统概括和阐述,精准标注了中国共产党的精神源头坐标,完善了党的革命精神链条的起始环节,实现了我们党的精神创建史和不懈奋斗史在时间序列上的高度一致性,使中国共产党人的精神谱系更加完整。以伟大建党精神为源头,中国共产党培育形成了一系列彰显马克思主义政党性质、反映民族精神、体现时代要求、凝聚各方力量的伟大精神。

(二)中国共产党的百年奋斗历程孕育形成了丰富的红色精神谱系

马克思说:"历史从哪里开始,思想进程也应当从哪里开始。"[①]中国共产党的红色精神集中体现在一代代中国共产党人领导人民进行革命、建设、改革的实践中。回望中国共产党的历史,党的百年历程既是一部波澜壮阔的探索、奋斗史,也是一部气势磅礴的精神孕育、发展史。"一百年来,党坚持性质宗旨,坚持理想信念,坚守初心使命,勇于自我革命,在生死斗争和艰苦奋斗中经受住各种风险考验、付出巨大牺牲,锤炼出鲜明政治品格,形成了以伟大建党精神为源头的精神谱系……"[②]经过梳理,可以绘制形成中国共产党人精神谱系(见表1),按照时间轴划分为创建时期、新民主主义革命时期、社会主义革命和建设时期、改革开放和社会主义现代化建设新时期、中国特色社会主义新时代五个时期,精神的确立原则主要为:一是由党和国家主要领导人概括或加以强调的;二是在特定历史时期对党和国家事业全局有重大影响、重要意义的;三是在广大党员群众中有普遍共识、社会大众耳熟能详的。

---

① 《马克思恩格斯选集》第 2 卷,人民出版社 2012 年版,第 14 页。

② 《中共中央关于党的百年奋斗重大成就和历史经验的决议》,《人民日报》2021 年 11 月 16 日。

表 1　中国共产党人精神谱系

时期	主干精神
创建时期	伟大建党精神
新民主主义革命时期	井冈山精神 古田会议精神 苏区精神 长征精神 延安精神 抗战精神 西柏坡精神 五四精神 抗联精神 遵义会议精神 红岩精神
社会主义革命和建设时期	抗美援朝精神 大庆精神、铁人精神 红旗渠精神 雷锋精神 "两弹一星"精神 焦裕禄精神 北大荒精神
改革开放和社会主义现代化建设新时期	特区精神 抗洪精神 抗击"非典"精神 抗震救灾精神 载人航天精神
中国特色社会主义新时代	劳模精神 工匠精神 科学家精神 抗疫精神 脱贫攻坚精神

在领导中国人民进行伟大斗争的历程中,中国共产党人以大无畏的精神面对危险和挑战,充分表现了我们党敢于直面困难、敢于迎接挑战的担当品质,产生了一系列伟大精神。在战火纷飞的革命年代,党的红色精神从孕育到不断发展,产生了以"坚定信念、艰苦奋斗,实事求是、勇闯新路,依靠群众、勇于胜利"为主要内涵的井冈山精神,以"革命理想高于天的忘我牺牲精神;敢于战胜一切敌人而不被敌人所屈服的革命英雄主义精神;顾全大局、紧密团结的集体主义精神;坚忍不拔、百折不挠的艰苦奋斗精神;一切从实际出发,坚持走自己道路的求实创新精神"为主要内涵的长征精神,以"坚定正确的政治方向,解放思想、

实事求是的思想路线，全心全意为人民服务的根本宗旨，自力更生、艰苦奋斗的创业精神"为主要内涵的延安精神，以"敢于斗争、敢于胜利，依靠群众、团结统一，谦虚谨慎、艰苦奋斗"为主要内涵的西柏坡精神。中华人民共和国成立后，我们党领导人民推进社会主义建设，产生了以"爱国、创业、求实、奉献"为主要内涵的大庆精神，以"忠于职守的敬业精神、刻苦钻研的钉子精神、艰苦奋斗的创业精神"为主要内涵的雷锋精神，以"亲民爱民、艰苦奋斗、科学求实、迎难而上、无私奉献"为主要内涵的焦裕禄精神，以"热爱祖国、无私奉献，自力更生、艰苦奋斗，大力协同、勇于登攀"为主要内涵的"两弹一星"精神。党的十一届三中全会以来，我们党领导人民推进改革开放新的伟大革命，产生了以"万众一心、众志成城，不怕困难、顽强拼搏，坚忍不拔、敢于胜利"为主要内涵的抗洪精神，以"万众一心、众志成城，团结互助、和衷共济，迎难而上、敢于胜利"为主要内涵的抗击"非典"精神，以"万众一心、众志成城，不畏艰险、百折不挠，以人为本、尊重科学"为主要内涵的抗震救灾精神，以"特别能吃苦、特别能战斗、特别能攻关、特别能奉献"的载人航天精神。党的十八大以来，以习近平同志为核心的党中央带领全国各族人民，统揽伟大斗争、伟大工程、伟大事业、伟大梦想，产生了以"爱岗敬业、争创一流，艰苦奋斗、勇于创新，淡泊名利、甘于奉献"为主要内涵的劳模精神，以"生命至上、举国同心、舍生忘死、尊重科学、命运与共"为主要内涵的伟大抗疫精神，以"上下同心、尽锐出战，精准务实、开拓创新，攻坚克难、不负人民"为主要内涵的脱贫攻坚精神，等等。这些红色精神植根于中国共产党领导中国人民进行革命、建设、改革开放和新时代的伟大实践当中，共同构成了中国共产党人精神谱系，是党的宝贵精神财富，为党的事业发展提供了强大的精神支柱。

二、中国共产党人精神谱系的时代价值

中国共产党一百多年来形成的精神谱系不仅是历史的，也是当下的、未来的。特别是进入中国特色社会主义新时代，我们面临的机遇和挑战都发生了深刻变化，世界处于百年未有之大变局。越是形势复杂、越是任务艰巨，越需要精神引领。以伟大建党精神为源头的中国共产党人精神谱系，是我们党立党兴党、执政兴国的宝贵精神财富,是推动党的事业的不竭动力,具有超越时空的恒久价值。

(一)矢志不渝接续奋斗、战胜各种风险挑战的坚强精神支撑

我们党在长期艰苦卓绝的奋斗历程中,历经重重困难、苦难、磨难,但不管环境如何险恶、路程多么坎坷,我们党始终秉承红色精神,带领人民群众不懈奋斗、砥砺前行。面对近代中国"千年未有之大变局",中国共产党人怀着对马克思主义的信仰,带领全国各族人民义无反顾、接续战斗,战胜了前进道路上的各种困难和风险,建立起人民民主政权,开辟了中国特色社会主义道路,进入了中国特色社会主义新时代,中华民族实现了从站起来、富起来到强起来的伟大飞跃。历史和实践表明,中国共产党人精神谱系是我们党激发强大力量的不竭源泉,是中国特色社会主义道路越走越宽的强大精神支柱。今天,我们前所未有地接近实现中华民族伟大复兴的目标,但前进的道路上还有许多"雪山""草地"需要跨越,还有许多"娄山关""腊子口"需要征服,这就要求我们必须传承弘扬好中国共产党人精神谱系,不断开辟中国特色社会主义事业新境界。

(二)加强党的全面领导、全面推进党的建设的强大思想武器

在革命年代,我们党就高度重视党的建设,把党的建设放在与革命工作同等重要的位置。毛泽东在《〈共产党人〉发刊词》中指出:"为了中国革命的胜利,迫切地需要建设这样一个党,建设这样一个党的主观客观条件也已经大体具备,这件伟大的工程也正在进行之中。"①第一次把党的建设比喻成"伟大的工程"。改革开放以来,我们党持续推进党的建设新的伟大工程,为中国特色社会主义事业的探索、发展提供了强有力的保证。党的十八大以来,以习近平同志为核心的党中央统揽"四个伟大",把加强党的领导贯穿于党的建设全过程,坚定不移全面从严治党,党在革命性锻造中焕发出新的强大生机活力。历史和实践表明,红色精神是我们党优良传统和优秀品质的集中体现,赋予我们党"勇于自我革命"的强大精神动力。党的十九大把"坚持党对一切工作的领导"作为坚持和发展中国特色社会主义基本方略,对新时代党的建设提出新的更高要求。我们必须继续从中国共产党人精神谱系中汲取力量,坚定不移地推进党的建设

---

① 《毛泽东选集》第2卷,人民出版社1991版,第602页。

这一新的伟大工程，毫不动摇地坚持和加强党的全面领导，毫不动摇地坚持和维护党的核心领导地位。

（三）激励党员不忘初心、牢记为民服务宗旨的不竭力量源泉

初心是一个人、一个组织做某件事情、开展某项事业的最初愿望、最初原因。一百多年前，面对灾难深重、积贫积弱到了极点的中国，一批先进知识分子在促进马克思主义与中国工人运动相结合中，创建了以"为中国人民谋幸福，为中华民族谋复兴"为初心的中国共产党。在建党之初，中国共产党就通过实际行动传递出不为自己为人民、不为小家为大家的初心情怀。此后，无论是弱小还是强大，无论是顺境还是逆境，我们党坚持与人民风雨同舟，始终不忘初心、牢记使命。历史和实践表明，中国共产党人精神谱系承载着中国共产党人的初心和使命，只要我们始终坚守共产党人的精神家园，深深扎根人民、紧紧依靠人民，就可以获得无穷力量。"一切向前走，都不能忘记走过的路；走得再远，走到再光辉的未来，也不能忘记走过的过去，不能忘记为什么出发。"①站在建党一百年的伟大历史时点，我们必须在传承党的精神谱系中始终把人民对美好生活的向往作为奋斗目标，坚持人民作为新时代阅卷人的地位作用，同人民想在一起、干在一起，不断战胜前进道路上的旋涡、暗礁和险滩，奋力谱写社会主义现代化建设新征程的壮丽篇章。

（四）弘扬中华民族精神、构筑世界精神文明的丰厚精神滋养

中国共产党人精神谱系是马克思主义与中华优秀传统文化相结合的产物，是中华优秀传统文化进入近代以后的升华。中国共产党自成立起，就自觉秉承"天下为公"的社会理想、"苟利国家生死以"的报国情怀、"留取丹心照汗青"的献身精神等优秀传统文化，并在各个时期的具体革命实践中进行创新发展。从伟大建党精神到西柏坡精神，从雷锋精神到杨善洲精神，从红旗渠精神到抗疫精神，这些富有时代特征、民族特色的宝贵财富，鼓舞着党和人民取得了举世瞩目的伟大成就。历史和实践表明，党的精神谱系积淀着中华民族最深层的精神追求，既代表着中华民族独特的精神标志，又蕴含着人类追求生存发展的普遍

---

① 习近平：《在庆祝中国共产党成立95周年大会上的讲话》，《人民日报》2016年7月2日。

真理力量,跨越时空、超越国界,富有永恒魅力和强大生命力。进入新时代,面对大发展大变革大调整的世界格局,必须大力弘扬中国共产党人精神谱系,不忘本来、吸收外来、面向未来,更好构筑中国人的精神家园、增强"四个自信",为人类文明进步贡献自身力量。

三、新形势下传承中国共产党人精神谱系存在的主要问题

当前,我们处在开启全面建设社会主义现代化国家新征程的特殊时刻,世界百年未有之大变局加速演进,国内国际两个大局多方面、深层次变化,同时外部环境日趋复杂,不稳定性不确定性因素明显增加。在社会思想文化相互激荡、价值观念日趋多元的新形势下,中国共产党人精神谱系的传承、弘扬面临着不少问题和挑战。

(一)地位作用彰显有待提升

开展严肃认真的党内政治生活是我们党的优良传统,也是新时代推进全面从严治党的重要抓手。运用我们党百年来实践中孕育形成的中国共产党人精神谱系来教育党员干部,应该成为党内政治生活的题中应有之义。但从现实来看,中国共产党人精神谱系教育在一些地方和单位党内政治生活中所占分量还不够重,很多时候仅作为党内思想教育的载体,传承弘扬还相对欠缺。特别是一个时期以来,党内政治生活中出现的一些突出问题,如:有的党员干部理想信念"总开关"常年失修、有的对党不忠诚不老实、有的纪律松弛脱离群众、有的党组织和党员过组织生活不严肃不认真,等等。这些问题的产生,很重要的一个原因就是没有传承好党的精神谱系,没有将党的百年精神谱系中蕴含的价值理念、宗旨观念、道德品质赓续好。

(二)挖掘阐释不够全面系统

当前,地方和学术界对中国共产党人精神谱系进行提炼研究宣传的重视达到了一个新的高度,但是也存在站位不高、低水平重复、相互争论、地域本位主义等问题。有的研究偏重从历史和精神文化的视角研究阐释红色精神,时代化和理论联系实际不够,特别是紧密联系习近平新时代中国特色社会主义思想开

展研究阐释不够。研究碎片化、阶段性特征明显,对单一精神的研究较多,着眼于整个精神谱系的关联研究、比较研究、系统研究较少,有的研究甚至相互割裂、相互冲突,有时候甚至存在对同一精神有多种不同表述的现象。研究力量比较分散,同一地方的高校、党校、党史研究室等社科研究机构各自为政,没有形成研究合力。有些地方存在片面化、地域化、狭隘化理解、研究、宣传的现象,将其作为整体进行的研究还比较少。

(三)教育作用发挥比较单一

党的十八大以来,党中央高度重视对党员干部的党性教育,红色精神被纳入党性教育体系当中,其地位得到充分彰显,其作用和价值得到充分发挥。但是,红色精神教育的载体和方式比较有限,很多时候仅局限于党校课堂之内,日常性、系统性、持久性不够。精品课程缺乏、优秀师资不足、现场教学泛同现场考察等问题仍不同程度存在,难以做到让人既"感动一阵子"更"受用一辈子"。一些革命教育基地现场教学表现形式有限、内容单一,局限于参观浏览、听取介绍;对红色精神现场教学的挖掘开发没有形成工作合力。一些红色资源开发利用水平不高,存在盲目开发、无序开发、重复建设等现象,甚至少数地方以教育培训之名行牟利之实,以建设红色教育基地之名变相建设楼堂馆所,红色教育在一定程度上存在商业化、娱乐化、庸俗化、简单化倾向,严重影响了红色精神教育的成效。

(四)传播广度效果亟待加强

红色精神是在党的主导下提炼概括出来的,只有被广大普通党员、人民群众认识、认知、认同,才能发挥其凝聚人心、凝魂聚魄的作用。在当前社会多元文化、各类思潮的冲击下,红色精神的传播空间不断被挤占。与流行文化相比,红色精神的话语体系、宣传方式等还跟不上时代步伐,有的传播内容比较抽象,不接地气;有的官话连篇,自说自话,难以走进寻常百姓家;有的对传播内容把握不准,甚至出现"高级黑""低级红"等现象;传播方式相对单一,以书籍报刊、电视等传统媒体为主,群众喜闻乐见的微视频、公众号、网络直播等新业态新应用运用不多、水平也不够高。尽管目前各地纷纷在微信、微博等新媒体领域开展宣传,但主要还是简单地将纸媒内容"搬"到网上,专业化传播、互动式传播较少,传播效果不够显著。

(五)代际传承问题存在难度

红色精神只有在一代代年轻人中接力传承下去,才会有长久生命力和持续活力。老一代作为历史的亲历者、见证者,对红色精神的理解和认同相对较易;和平稳定环境下成长起来的年轻一代,对红色精神产生认同则有一定难度。当前,青年思想活动的自主性、选择性、多变性、差异性明显增强,在青年一代中弘扬特定价值观的难度明显增强。尤其当代青少年生在新中国、长在红旗下,相较于老一辈物质生活极大富裕,对红色精神所代表的艰苦奋斗、顽强拼搏、无私奉献等核心价值缺乏感同身受,较难建立普遍认同基础。一项调查显示,红色精神对于 70 岁以上人口影响最大,大多数 70 岁左右老人的生活习惯和生活方式还与革命年代保持一致;年龄在 40—70 岁区间的人群,受红色精神的影响力存在随年龄的降低而减弱。

四、促进党的百年红色精神谱系整体性传承的路径思考

中国共产党已经走过了百年征程,百年征程铸就百年精神谱系,百年精神谱系推动百年征程发展。在中国共产党开启第二个百年征程的新的历史起点上,我们依然要传承好中国共产党人精神谱系,结合时代特点深化学习、宣传和教育实践,推动精神谱系融入全体共产党人的血脉和基因,为全面建设社会主义现代化国家提供不竭的精神动力。

(一)深化理论研究阐释

红色精神的传播离不开理论的支撑。要传承好中国共产党人精神谱系,用红色精神教育人、激励人、鼓舞人,就必须深入开展中国共产党人精神谱系的研究,提供有力的理论支撑。要把中国共产党人精神谱系研究列入中央层面课题、作为理论和党史研究的重大工程,推出更多有分量、有价值的研究成果。要结合我们党从诞生到发展、壮大一路走过的光辉历程,把各个时期各种精神串联起来,整合各方面研究力量,建立开放共享的研究数据库,开展系统研究、关联研究、比较研究,构建形成完整系统的红色精神谱系。加强红色精神解读诠释,向干部群众讲清楚精神谱系的基本构成、发展脉络和内在联系,毫不含糊地

辨析驳斥歪曲党的历史、亵渎英雄、贬低经典等错误观点。正如习近平总书记强调的,"无数革命先烈用鲜血和生命换来的江山为我们创造美好生活奠定了坚实基础,他们留下的优良传统是永远激励我们前进的宝贵财富,任何时候都不能丢"①。建议中央层面编制中国共产党人精神谱系手册或问答本,对系列红色精神内涵做出权威解读,确保一致性、严肃性。

(二)增强宣传教育实效

中国共产党人精神谱系的传承,既要运用好丰富历史遗迹和历史遗存,同时也要运用好新型科学技术手段。顺应传播趋势,加快推进传统媒体与现代媒体融合,利用好报刊、广播、电视、网络等各类媒体,加强网上红色精神展厅等阵地建设,强化对先进典型、英雄楷模的宣传,深入讲好革命故事、党的故事,推动学习弘扬红色精神在全社会蔚然成风。加强传播方式和话语方式创新,突出个性化制作、通俗化语言、可视化呈现、互动化传播等宣传特点,运用好移动应用、社交媒体、网络直播、短视频、自媒体公众号、VR虚拟现实等新技术新应用新业态,推动红色精神真正入脑入心。充分利用各种宣讲载体,创新宣讲形式,用群众愿意听、听得懂,喜欢听、听得进的话语方式,展现中国共产党人精神谱系。要通过艺术作品讲好中国共产党的故事,以鲜明的主题、多样的形式和生动感人的画面呈现给人民群众,感悟共产党人的高尚精神。

(三)统筹资源开发利用

红色精神是理论化、概念化的,必须依托系列红色资源来呈现。红色资源是弘扬红色精神的鲜活教材。建议中央层面制定出台红色资源保护和开发利用指导意见,明确职责分工,确立工作规范,理顺体制机制。统筹资源开发利用,建立全国统一红色联盟,整合工作力量和资源,推动跨区域交流合作,提升研究开发水平。近年来,嘉兴、井冈山、遵义、延安、西柏坡等革命圣地所在地联合组建了"革命圣地党建实践联盟",部分红色地标地区的党校、纪念馆组建了联盟,携手加强革命精神研究和资源开发利用。统筹发展红色教育和红色文化、红色旅游等产业,发掘保护利用好承载建党精神的遗址、遗迹、场馆、文物

---

① 习近平:《在江西调研考察时强调坚持改革创新推动农村发展弘扬优良传统加强党的建设》,《人民日报》2008年8月16日。

等,特别是要把一些标志性教育基地建设成为学习、弘扬中国共产党人精神谱系的生动课堂。

(四)融入大众文化活动

中国共产党人精神谱系是党领导人民在各个阶段的历史事件中形成的,不仅是党员干部加强党性修养、滋养灵魂的重要资源,也是人民群众提升道德境界的重要载体。群众性文化活动是面向广大群众的一种基础性文化活动形式,对普通群众的精神文化生活有着极大的影响。要把精神谱系宣传教育与开展各类群众性文化活动结合起来,大力实施红色文化惠民工程,运用好基层文化阵地和各类活动平台,精心培育以红色教育为主题、根植群众、服务群众的文化载体和文化样式,让红色精神"飞入寻常百姓家",滋润广大群众的心田。把红色精神宣传教育融入社会主义核心价值观教育实践,将红色精神所蕴含的价值目标、价值取向、价值准则体现在日常生活、学习和工作当中,内化为广大人民群众的精神追求。

(五)着力重点群体教育

青年兴则国兴,青年强则国强。青少年是党的红色江山代代延续的最可靠的后备力量,也应当是中国共产党人精神谱系传递的接续力量。青少年一代事关红色精神的薪火相传、永续发展。要把红色教育、传统教育纳入学校教育重要安排,作为思想政治教育的重要内容,推动红色精神进教材、进课堂、进学生头脑,全面融入校园文化建设,大力培育青年马克思主义者,从小培养青少年爱党、爱国、爱社会主义的感情。发挥爱国主义教育基地等作用,广泛开展体验式、浸润式、互动式教学,强化党的历史知识、光荣传统和优良作风、英雄模范事迹教育,引导广大青少年争当红色精神的传承者、守护者、践行者。针对新时代青少年群体特点,把握群体心理和传播规律,用故事与真情阐述红色精神的本质含义,摒弃传统的、枯燥的说教,不以强硬的理论灌输来弘扬红色精神,让青少年自觉、主动地接受革命精神的教化。

五、结　语

恩格斯指出:"一个知道自己的目的,也知道怎样达到这个目的的政党,一个真正想达到这个目的并且具有达到这个目的所必不可缺的顽强精神的政党——这样的政党将是不可战胜的。"①在中国共产党带领中国人民实现从站起来、富起来到强起来的伟大征程中，产生了以伟大建党精神为源头的中国共产党人精神谱系。尽管时代在不断发展，尽管党的历史方位和历史任务已经发生变化，但红色精神不会因时空限制而过时。在中国特色社会主义新时代，我们依然需要弘扬中国共产党人精神谱系，推进精神谱系的整体性传承，践行"为中国人民谋幸福，为中华民族谋复兴"的初心和使命，不断带领中国人民创造新的辉煌，实现中华民族伟大复兴的中国梦。

---

① 《马克思恩格斯全集》第 39 卷，人民出版社 1974 年版，第 139 页。

新时代党的纪律建设的理论、制度和实践创新

王兆婷

摘　要：党的纪律建设是马克思主义政党的本质属性，也是新时代中国共产党治国理政的显著特征。党的十八大以来，党的纪律建设理论创新中坚持全面从严治党的治本之策，奉行纪严于法、纪在法前的理念，掌握自我革命的锐利武器；制度创新中突出政治纪律的首要地位，健全完善巡视制度中亮出利剑，加强党内监督和群众监督；实践创新中履行党委纪委的责任严于问责，突出问题导向中执纪执法贯通，遵循惩前与毖后、治病与救人的辩证统一。

关键词：新时代　党的建设　纪律建设　创新

作　者：王兆婷，浙江经贸职业技术学院马克思主义学院副院长、副教授，研究方向为党的建设、思想政治教育。

党的十八大以来，以习近平同志为核心的党中央把纪律建设摆到空前的高度，将其纳入"四个全面"总体部署中，使之成为全面从严治党的治本之策，这是新时代党治国理政的显著特征。围绕全面从严治党战略，从理论、制度、实践三个维度系统阐述新时代加强党的纪律建设的创新贡献。这对于我们坚定不移地推进全面从严治党，以新时代党的自我革命引领新的伟大社会革命，全面建设社会主义现代化国家、实现中华民族伟大复兴的中国梦，具有十分重要的意义。

一、党的纪律建设的理论创新

任何思想的形成，都有其理论渊源和实践基础。中国共产党是依据马克思主义政党建设理论建立和发展起来的，马克思、恩格斯在创立无产阶级政党理论过程中，就十分重视纪律的作用。马克思指出："必须绝对保持党的纪律，否则将一事无成。"①列宁在推进俄共（布）建设中，从严格党员标准、严肃党的纪律、严守法律法规、严密监督体系等方面进行了实践探索，他指出："要使无产阶级政党能够正确地、有效地、胜利地发挥自己的组织作用（而这正是它的主要作用），无产阶级政党的内部就必须实行极严格的集中和极严格的纪律。"②中国共产党成立以来，坚持马克思主义政党建设理论，把严明纪律作为解决自身问题、维护团结统一、永葆先进性纯洁性的重要内容。习近平总书记在系列重要讲话中，多次提到全面从严治党，并且把纪律建设列入国家治理的总体规划，成为"四个全面"的内容之一。因此，新时代党的纪律建设的理论成果，是我们党继承和发展马克思主义政党建设理论的时代产物，也是总结运用党的纪律建设百年奋斗历史经验的结果，对中国共产党"建设什么样的长期执政的马克思主义政党、怎样建设长期执政的马克思主义政党"的规律性认识达到了新的高度，为新时代全面加强党的纪律建设提供了科学有效的理论指导。

（一）坚持全面从严治党的治本之策

进入新时代，面对党长期执政"四大考验""四种危险"，特别是人民群众反映强烈的"四风"等现实问题，习近平总书记站在新的历史方位和起点上，把党的纪律建设提升至空前的战略地位，强调纪律建设是"治本之策"③。

党的领导是纪律建设的根本。党的十九大报告指出："党政军民学，东西南北中，党是领导一切的。"④习近平总书记的话精准表达了党的领导地位，真真确确表达党是把方向、谋大局、定政策、促改革的"主心骨"，纪律建设必须在党的

---

① 《马克思恩格斯全集》第 29 卷，人民出版社 1972 年版，第 413 页。

② 《列宁专题文集：论无产阶级政党》，人民出版社 2009 年版，第 252 页。

③ 《习近平关于严明党的纪律和规矩论述摘编》，中央文献出版社、中国方正出版社 2016 年版，第 9 页。

④ 习近平：《决胜全面建成小康社会　夺取新时代中国特色社会主义伟大胜利——在中国共产党第十九次全国代表大会上的报告》，《人民日报》2017 年 10 月 28 日。

全面领导下。一方面,遵循把"两个确立""两个维护"作为最根本的政治纪律和政治要求,以铁的纪律始终保障党的坚强领导核心地位;另一方面,加强全面领导,既是指党的领导覆盖党和国家工作的各领域、各方面,也是指党的领导的力度与效度,即"政治领导力、思想引领力、群众组织力、社会号召力"①。党的领导是全面从严治党的核心,也是全面从严治党的出发点;纪律建设是全面从严治党的治本之策,也是党的建设的重要内容和纪律保障。

"全面"和"从严"是贯穿纪律建设全过程的关键。党的十九大报告围绕党的建设的目的、方针、主线、统领、根基、着力点和主要内容等方面,提出了新时代党的建设的总要求,党的十九大党章总纲增加第五条"坚持从严管党治党"。纪律建设作为党的建设伟大工程的重要组成,必然要遵循这个总要求和新部署,把"严"字贯穿于管党治党全过程和各方面,体现了纪律建设的"全面性"。此外,党的十八大以来,党的建设各项举措能落地见效,关键在于"严"字当头,真正做到了踏石留印、抓铁有痕。例如,严格执行《关于新形势下党内政治生活的若干准则》,重申严肃党内政治生活,严守政治纪律和政治规矩,体现了政治上从"严"的要求;无禁区、全覆盖、零容忍,"老虎""苍蝇"一起打,体现了反腐败斗争从"严"的特点;把"严以修身""严以用权""严以律己"作为对领导干部的基本要求,体现了从"严"治党的理念。通过"全面"和"从严",解决党内存在的问题,使全面从严治党的理念、举措转化为党员干部的价值准则和实际行动,达到纪律建设的良好效果。

(二)奉行纪严于法、纪在法前理念

习近平总书记敏锐认识到,纪法不分的问题给管党治党造成的被动局面,在党的十八届四中全会上首次提出"党规党纪严于国家法律"②新论断,强调"坚持纪严于法、纪在法前,实现纪法分开"③。这是党的十八大以来党的纪律建设的一次重大理论创新,鲜明厘清了党纪与国法之间的关系,二者在制定主体、适用对象、具体内容等方面都存在明显区别。党纪是党的组织和党员共同遵守的

---

① 习近平:《决胜全面建成小康社会 夺取新时代中国特色社会主义伟大胜利——在中国共产党第十九次全国代表大会上的报告》,《人民日报》2017 年 10 月 28 日。
② 《十九大以来重要文献选编》上,中央文献出版社 2019 年版,第 78 页。
③ 《十九大以来重要文献选编》上,中央文献出版社 2019 年版,第 64 页。

行为规范,国法是全体社会组织和公民的行为底线。纪严于法、纪在法前的前提是纪法分开,实行纪法分开是我国国家治理的内在要求,但绝不是要把纪律和法律完全分离,而是把党纪党规与国家法律有效衔接起来,执纪与执法相互贯通,形成全面从严治党与全面依法治国的强大合力。

纪严于法是党的先进性的本质要求。党章总纲第一条就对党的"两个先锋队"性质做出明确规定。党员是一个特殊政治身份。一旦入了党,就要比普通公民有更高的要求。作为普通公民只要遵守国家法律,而党员不仅要遵守国家法律,还必须受党纪党规的刚性约束,要讲忠诚、讲服从、讲纪律。建党以来,从井冈山时期"三大纪律八项注意"的庄严宣告,到新时代"纪律建设就是治本之策"的价值使命,百年大党纪律至上,向全世界深刻展现了党的先进性本质。相反,如果把适用公民的法律底线使用在党组织和党员身上,就大大降低了党员的标准,也就不能真正体现党的先进性。因此,必须以严明的纪律来约束所有党员,对党员要有一个更高的标准和更严的要求,告诫每个党员能够真正遵守党章党纪,全方位展示正能量,发挥示范和表率作用,永葆党的先锋队性质。

纪在法前,必须把纪律和规矩立在法律前面。这是加强纪律建设的一项基础性工作,也是党的十八大以来全面从严治党的基本经验之一。法律是国之重器,纪律是党之戒尺。从党员干部的腐败案件看,党员"违法"无不始于"破纪"。过去党内存在一些错误认识,部分党员干部中出现纪法混淆、法在纪前的错误倾向,他们把法律视作党内行为的底线和标尺,忽视对党员干部日常违纪行为的监督处理,纪检监察工作"走过场"。坚持纪在法前的理念,必须在国法之前,先用党纪为全党竖起坚固的防火墙,加固形成党员干部成长的护身符,把病虫害消灭在萌芽状态,防止小错酿成大祸。

(三)掌握自我革命的锐利武器

勇于自我革命是中国共产党的鲜明特征,是新时代党的建设的重要方略。没有哪个党派不犯错误,马克思主义政党的进步并非与生俱来,而是经过不断自我革命锻造出来的。实践证明,越是执政长久,越需要自我革命。中国共产党是马克思主义的忠诚信仰者、坚定实践者,百余年来,党在推进社会革命的过程中,始终坚持真理、修正错误,把自身锻造得更加坚强、成熟,领导人民不断从胜利走向胜利。党的十八大以来,党以刀刃向内的勇气,坚决整治顽瘴痼疾;以

"打虎""拍蝇""猎狐"的铁腕,出台最严措施反腐惩恶;以钉钉子的精神将"管党治党"落小落细落实,开启了"自我革命"的新境界。党的十九大把自我革命纳入新时代党的建设总要求,习近平总书记以"四个自我"深刻阐述了党的自我革命的核心要义,"自我净化、自我完善、自我革新、自我提高①。建庆百年之际,习近平总书记在党的十九届六中全会第二次全体会议上讲话中,再次强调"以伟大自我革命引领伟大社会革命,以伟大社会革命促进伟大自我革命"②。新时代党的自我革命,必须全面加强党的纪律建设。纵观百年大党的发展,我们党凭什么能够推进自我革命?凭的就是严明的纪律。无论是党自身存在的小问题、小毛病,还是党内积存多年的顽瘴痼疾,抑或是治病救人的"药",还是刮骨疗伤的"刀",都是对党的纪律建设的要求。全面从严治党永远在路上,党的自我革命任重道远,必须持之以恒、毫不动摇。因此,锻造严明的纪律、不断增强"四个自我"能力,是新时代党继续推进自我革命的锐利武器。

二、党的纪律建设的制度创新

党纪法规是管党治党建设党的重要法宝,拥有一整套完备且有效的党内纪律法规制度,是中国共产党的一大政治优势。自党的十八大报告明确提出"党的纪律建设"新概念以来,以中央八项规定为开端,党中央出台或修订的有关纪律要求的法规超过九十部,在制度创新中突出政治纪律的首要地位,健全完善巡视制度中亮出利剑,加强党内监督和群众监督。

(一)突出政治纪律的首要地位

习近平总书记多次系统阐释了政治纪律,明确其处于各项纪律的首要地位。党的十八届中央纪委二次全会提出:"严明党的纪律,首要的就是严明政治纪律。"③党的十八届四中全会指出违反政治纪律和政治规矩的"七个有之",党的十八届中央纪委五次全会提出党员领导干部要做到的"五个必须",党的十八

---

① 《十九大以来重要文献选编》上,中央文献出版社 2019 年版,第 735 页。
② 《习近平谈治国理政》第 4 卷,外文出版社 2022 年版,第 544 页。
③ 《习近平关于严明党的纪律和规矩论述摘编》,中央文献出版社、中国方正出版社 2016 年版,第 13 页。

届六中全会重申，"政治纪律和政治规矩是党最根本、最重要的纪律，遵守政治纪律和政治规矩是遵守党的全部纪律的基础"①。习近平总书记越讲越坚定、越讲越明确、越讲越具体。党的十九大强调："全党要坚定执行党的政治路线，严格遵守政治纪律和政治规矩，在政治立场、政治方向、政治原则、政治道路上同党中央保持高度一致。"②要求以政治纪律和组织纪律带动其他纪律严起来。习近平总书记围绕政治纪律发表的一系列重要讲话，深化了执政党对政治纪律的规律性认识，对新时代建设高质量的政党具有重大意义。

针对违反政治纪律的行为，习近平总书记在多次讲话中进行了严厉批评，通过立规修规扎紧扎密扎牢制度之笼，警醒广大党员干部严格遵守政治纪律和政治规矩。2015年，中共中央印发《中国共产党党员廉洁自律准则》，是第一部以正面倡导形式制定的党内廉洁自律规范，是面向全体党员发出的道德宣示和对全国人民的庄严承诺。党的十八大和十九大后，三年之内党中央两次修订《中国共产党纪律处分条例》，形成了党的六大纪律体系，列举了违反政治纪律的行为增至二十六条，内容主要包括：在重大原则问题上不同党中央保持一致，不按有关规定向组织请示、报告重大事项等。《关于新形势下党内政治生活的若干准则》明确规定把遵守政治纪律作为党内政治生活和党内监督的重要内容，《中国共产党问责条例》把党的纪律建设抓得不严作为主要问责情形之一，《中国共产党关于加强党的政治建设的意见》把坚决做到"两个维护"作为首要政治纪律。这一系列法规制度为强化党的政治纪律提供了更加完善的配套制度，向全党释放出用铁的纪律管全党、治全党的强烈信号。

面向全体党员干部加强政治纪律教育。党的群众路线教育实践活动、"三严三实"专题教育、"两学一做"学习教育等接续开展，虽不尽相同，却始终强调政治纪律。党的十九大后，在全党开展"不忘初心、牢记使命"主题教育，将"守初心"放在总要求的首位，就是要教育引导全党"坚定对马克思主义的信仰、对中国特色社会主义的信念，传承红色基因"③。2021年开展党史学习教育，也是把政治纪律教育作为重要内容，教育引导全党"坚定不移向党中央看齐，不断提

---

① 《习近平谈治国理政》第2卷，外文出版社2017年版，第181页。
② 习近平：《决胜全面建成小康社会　夺取新时代中国特色社会主义伟大胜利——在中国共产党第十九次全国代表大会上的报告》，《人民日报》2017年10月28日。
③ 《十九大以来重要文献选编》中，中央文献出版社2021年版，第87页。

高政治判断力、政治领悟力、政治执行力······自觉在思想上政治上行动上同党中央保持高度一致"①。从集中性、经常性到常态化、长效化,党中央一再强调政治纪律并不断丰富政治纪律教育的内容,就是要增强全党的政治纪律意识,形成遵从党章遵守纪律的高度自觉,确保全党上下始终同党中央保持高度一致。

(二)健全完善制度中亮出巡视利剑

党的巡视制度是马克思主义政党理论与当代中国实际相结合的创新成果。党的十八大之后,党中央从新时代从严管党治党的更高要求出发,重拾巡视利剑,习近平总书记亲自部署、亲自推动,把巡视作为加强党内监督的战略性制度安排,纳入全面从严治党总体部署。党中央制定巡视工作五年规划、听取中央巡视工作情况汇报,地方党委也都建立了听取巡视情况汇报制度、省级党委常委会和书记专题会研究巡视工作制度,推动巡视工作责任层层落实、自上而下全覆盖。党的十九大报告在充分肯定过去巡视工作成绩的同时提出了更高要求,"深化政治巡视,坚持发现问题、形成震慑不动摇,建立巡视巡察上下联动的监督网"②,出台了一系列巡视配套制度和程序,构建了较为完备的巡视制度体系,使巡视利剑作用更加彰显。

巡视工作必须首先体现政治性,加强政治监督。党的十九大后,巡视工作不断创新发展,习近平总书记在关于巡视工作的重要论述中,多次就政治监督问题提出明确要求,他指出:"巡视是政治巡视,其本质是政治监督。"③结合习近平总书记系列重要讲话以及党的十八大以来政治巡视的实践成果,2020年党中央及时制定了巡视工作五年规划,把"两个维护"作为根本政治任务,赋予政治巡视以更加明确的内涵要求,即"六个围绕一个加强""四个落实",为新时代巡视工作提供了根本遵循。与此同时,中央于2015年和2017年分别两次修订并完善了《中国共产党巡视工作条例》,以高位阶党内法规形式再次明晰了巡视的政治监督功能和本质属性。

做好巡视整改和成果运用,压实主体责任。制度的生命力在于执行,习近平总书记强调:"巡视发现问题的目的是解决问题,巡视整改不落实,就是对党不

---

① 《习近平谈治国理政》第4卷,外文出版社2022年版,第517页。
② 《十九大以来重要文献选编》上,中央文献出版社2019年版,第47页。
③ 习近平:《在中央政治局常委会会议审议巡视工作条例修订稿时的讲话》(2015年6月11日)。

忠诚、对人民不负责。"①按照中央要求,巡视工作条例对巡视成果运用要求更为严格、规定更加具体,要求巡视"双反馈"、整改"双报告"。2022 年出台的《关于加强巡视整改和成果运用的意见》,对落实巡视整改主体责任做出具体要求和刚性约束,统一领导、分级负责、层层压实,推动各级党组织扎实做好巡视工作的"后半篇文章"。

完善上下联动,构建巡视巡察联动监督格局。上下联动是党的十八大以来巡视制度的重大创新。巡视巡察工作能否实现联动和无缝对接,直接影响巡视工作的成效。根据新时代巡视工作的重点转移和实践需要,2020 年党中央印发了《关于加强巡视巡察上下联动的意见》,对巡视巡察上下联动的总体要求、目标任务、组织领导、工作机制、保障措施等做出明确要求,有效保证了巡视制度的上下贯通、规范运行、治理有效,各级各地也据此进行了创新探索,完善相关机制,推动巡视巡察工作高质量发展。

(三)加强党内监督和群众监督

加强纪律建设,必须对权力进行严格监督。长期以来,我们对党内监督都非常重视,党的十八大以来,党在马克思主义与中国实际结合的不断实践中,坚持党内监督和外部监督相结合,并落实在以党章为根本遵循的制度安排上。党的十八届六中全会审议并通过了两个重要文件——《关于新形势下党内政治生活的若干准则》和《中国共产党党内监督条例》,明确规定了党内监督的重要内容,作为当前以及今后一个时期内我们党如何加强自我监督的基本遵循。一方面,明确各级党组织、各级纪委、全体党员等各类监督主体的监督职责;另一方面,强调必须加强外部监督,特别是强化人民监督体制机制,让广大人民群众对党的各级领导干部进行监督,让权力晒在阳光之下、关进制度之笼,彰显我们党权力监督制约制度安排的中国特色和中国智慧。

加强纪委内部监督,防止出现"灯下黑",也是完善党内监督不可或缺的一环。纪委是党内监督的专责机关,要向同级党委和党员领导干部进行监督。那么,由谁来监督纪委呢? 例如,一些地方的同级监督,特别是对"一把手"监督顾虑较重,存在不同程度的不敢监督、不愿监督、不能有效监督的问题,导致本应

---

① 习近平:《在十八届中央政治局常委会第一百一十九次会议关于审议中国共产党廉政准则、党纪处分条例修订稿时的讲话》(2015 年 10 月 8 日)。

"红脸出汗"面对面监督,变成了"不痛不痒"协商监督。面对日常监督软弱无力现象,习近平总书记对纪检监察机关和党员干部寄予殷切期望,要始终忠诚于党、忠诚于人民、忠诚于纪检监察事业。纪检部门要铭记初心使命,扛起责任担当,深入学习中央文件精神、学习党纪党规国法,打牢纪法基础。各级纪委要强化自我监督,坚持刀刃向内,清理好门户,以更高标准、更严要求坚决履职尽责,不断增强党自我净化、完善、革新、提高的能力,始终维护党的肌体健康,永葆党的先进纯洁性。

三、党的纪律建设的实践创新

党的十九大对新时代党的纪律建设进行了系统部署和开拓创新。在实践创新中履行党委、纪委的责任严于问责,突出问题导向中执纪执法贯通,遵循惩前与毖后、治病与救人的辩证统一,使纪律建设的内容更加丰富完善,既深化了马克思主义政党建设的理论,也有效指导了新时代全面从严治党的实践。

(一)履行党委纪委的责任严于问责

习近平总书记指出,"不明确责任,不落实责任,不追究责任,从严治党是做不到的"①,"落实党委的主体责任和纪委的监督责任,强化责任追究"②。从党的十八届三中全会通过的《关于全面深化改革若干重大问题的决定》第一次明确规定"落实党风廉政建设责任制,党委负主体责任,纪委负监督责任"后,中央纪委历次全会都把落实"两个责任"作为工作部署的重要内容。党委主体责任是前提,纪委监督责任是保证,两者相互依存、相互联系、缺一不可,有利于分工合作、形成合力,共同保障全面从严治党向纵深发展。

落实"两个责任",从以下两个方面着手:一方面,各级党组织切实担负起本地区本部门的主体责任。中央巡视组反馈意见中第一条大都是"党的领导弱化",对此,党委书记要认真履行第一责任人职责,重要工作亲自部署、重要问题

---

① 《习近平关于严明党的纪律和规矩论述摘编》,中央文献出版社、中国方正出版社 2016 年版,第118 页。

② 《习近平关于严明党的纪律和规矩论述摘编》,中央文献出版社、中国方正出版社 2016 年版,第113 页。

亲自过问、重大事件亲自处置。实行一级对一级负责的管理体制，层层传导压力，抓好落实，做出示范，当好党风廉政建设"责任人"。违纪"零容忍"，坚决与之作斗争，追究相关责任。另一方面，纪委干部严于律己，铁面执纪，把主要精力用在检查监督上，用在执纪问责上，用在查处腐败上，为改革和发展保驾护航。此外，还要保障各级纪委监督权的相对独立性和权威性，明确纪委的责任分解、责任落实和责任追究。对于下级纪委不向上级纪委报告问题的情况要进行问责。还需明确的是，在行使监督职责的过程中，该发现的没有发现就是失职，该处理的而不处理就是渎职。纪委失职渎职也要接受相关责任追究和问责查处。

（二）突出问题导向中执纪执法贯通

问题是时代的口号。突出问题导向是我们党历经百年奋斗不断自我革命、取得显著成就的重要原因，也是新时代党的纪律建设要遵循的重要原则。党的十八大以来，党在纪律建设方面遇到了许多新情况新问题。从党内巡视中发现的问题看，一些党组织管党治党不严、组织涣散、纪律松弛，部分党员认识模糊，甚至理想信念不坚定，缺失精神之"钙"等。从人民群众反映的实际情况看，"'四风'问题依然存在，少数党员干部在工作中欺上瞒下，脱离群众，一些党员干部并没有真正干实事，甚至利用职务之便，以权谋私"①。究其原因，主要是原有的党纪处分条例纪法不分，把公民不能违反的法律底线作为党组织和党员的纪律底线，降低了对党组织和党员的要求。

面对新形势下党内存在的突出问题，党中央坚持以问题为导向，抓住党的建设中的重点环节，强化纪律的刚性约束和严格规范，突出针对性和可操作性。首先，党的十八大以来，为了适应新形势、新要求，党中央以直面问题、解决问题的"自我革命"精神和创造精神，把全面从严治党置于"四个全面""四个伟大"的总体布局中来定位。党的十九大进一步把全面从严治党作为新时代中国特色社会主义的基本方略之一，通过突出问题导向来实现强党强国的目标。其次，党中央及时从严制定或修订了系列党纪法规。如：《中国共产党纪律处分条例》中国共产党党内监督条例《中国共产党廉洁自律准则》《关于新形势下党内政治

---

① 王志强、荆慧兰：《建党百年来党的纪律建设的发展历程、基本特点与经验启示》，《求实》2021 年第 6 期。

生活的若干准则》等,这两大条例、两大准则都以党章为根本遵循,突出了管党治党的问题导向,彰显了纪严于法、纪在法前、纪法贯通的理念,把从严治党的实践成果转化为纪律条文,实现了党的纪律建设的与时俱进。此外,围绕反腐败问题,我国还修改了刑法、刑事诉讼法,制定了监察法、政务处分法,以法治思维和法治方式惩治腐败,在问题导向中创新了党纪与国法的有效贯通,实现了治党与治国的有机统一。

(三)遵循惩前与毖后,治病与救人的辩证统一

"惩前毖后、治病救人"是我们党在延安整风时期毛泽东首先提出的方针。"惩前"是为了"毖后","治病"是为了"救人",正如毛泽东所言,"我们揭发错误、批判缺点的目的,好像医生治病一样,完全是为了救人,而不是为了把人整死……把他的毛病治好,使他变为一个好同志"①。这一方针经过长期实践检验,到党的七大被正式写入党章。党的十二大修改党章时再次重申"惩前毖后、治病救人"方针,并且确定其为党的纪律建设的重要原则沿用至今。新时代加强党的纪律建设也特别强调这一方针,2018年新修订的《中国共产党纪律处分条例》明确规定:"处理违犯党纪的党组织和党员,应当实行惩戒与教育相结合,做到宽严相济。"②一方面,对违犯党纪的党员干部实行严"惩"。数据显示,党的十八大至2021年6月底,全国共查处违反中央八项规定精神问题63.7万件,55.8万人受到党纪政务处分。可见,坚持严的主基调,以严明的纪律管全党治全党,是党的纪律建设的一贯要求。另一方面,坚持"治",这是根本。对此,习近平总书记指出:"惩治,治是根本,惩是为了治。要通过加强纪律建设和纪检工作,管住纪律、看住权力,使干部向高标准努力,不犯或少犯错误特别是严重错误,这才是党组织对党员、干部最大的关心和爱护。"③因此,在党的纪律建设过程中应将这一部分内容予以重点关注,针对各级党组织和党员干部开展有效的纪律教育,通过抓早抓小、防微杜渐,给党员干部戴上纪律的"紧箍咒",让党员干部时刻保持严格的纪律意识,不犯或少犯错误,不触碰纪律和法律的高压

---

① 《毛泽东选集》第3卷,人民出版社1991年版,第827页。
② 《中国共产党纪律处分条例》,人民出版社2018版,第3页。
③ 习近平:《在第十八届中央纪律检查委员会第六次全体会议上的讲话》,《人民日报》2016年5月3日。

线。为此,党的十九大党章创造性地提出了监督执纪的"四种形态",即"让'红红脸、出出汗'成为常态,党纪轻处分、组织调整成为管党治党的重要手段,严重违纪、严重触犯刑律的党员必须开除党籍"①,在很大程度上防止"小问题"变成"大问题",有效避免违法犯罪情况的发生。通过以上举措,我们党坚持惩前与毖后、治病与救人的辩证统一,正面倡导与负面处分有机结合,思想建党与制度建党双向发力,使纪律建设成为常态,党的政治生态明显改观。

---

① 《中国共产党章程》,人民出版社 2017 版,第 49 页。

新时代中国共产党人理想信念
话语表达的类型与特征

任　媛

摘　要：中国共产党人理想信念作为精神之"钙"，在治国理政的各领域中发挥作用，坚定理想信念是党常抓不懈的重要工作。鉴于新时代话语表达重要性逐步上升，话语表达外在环境竞争色彩较为突出，话语表达更新要求日益突出，话语成为理解并推进新时代理想信念建设工作的重要视角。新时代中国共产党人理想信念的话语表达，逐步形成直接表达类、对象表达类、隐喻表达类三种类型，并在内在结构、发展演进、呈现形态三个维度上形成了有机集群、耗散结构和多样综合体的特征。

关键词：新时代　理想信念　话语表达

作　者：任媛，中共嘉兴市委党校讲师，研究方向为马克思主义中国化。

"坚定理想信念，坚守共产党人精神追求，始终是共产党人安身立命的根本。"①新时代，以习近平同志为核心的党中央高度重视理想信念工作，曾就中国特色社会主义、领导干部党性修养和能力培养、青少年成长、反腐倡廉、学习党史等多个问题提及理想信念。从话语的角度观察理想信念建设，是由理想信念同知识体系、价值理念、意识形态、文化等问题高度关联的本质所决定的。理想信念话语的本质是通过回答新时代关切党的发展的根本理论问题为全党信仰

① 《习近平谈治国理政》，外文出版社2014年版，第15页。

塑造夯土奠基,从而回应坚定发展方向、凝聚全党共识、应对意识形态风险等一系列治国治党挑战。因此,理想信念话语表达是守护主流意识形态的重要保障。新时代理想信念话语表达频次高发、内容丰富、特色鲜明,及时对新时代中国共产党理想信念话语表达的类型和特征进行梳理和分析,有利于推进我们对新时代党的理想信念建设工作的系统回顾,从而为社会主义现代化国家新征程的开启保驾护航。

一、问题的缘起

(一)新时代理想信念需要有解释力的话语表达

理想信念是共产党人基于奋斗目标、思想体系之上的信服、服膺的高度自觉状态,是"内容与范围大体与'信仰'一词相同"①的人类特殊精神现象。因此,情感形态成为理想信念的直接表现形态。但是,"强调情感在理想信念发生、形成过程中的重要作用,并不是否定理性认知的重要性"②,越是科学的信仰,理性占比越高。共产党人的理想信念属于科学信仰类型,更需要系统化、逻辑化的知识体系做支撑。而知识体系的结构化表达和有序呈现,一定会通过概念、命题、术语等话语表达体现出来。从这个意义上来看,理想信念建设就是话语表达建设。从话语自身来看,福柯认为"话语意味着一个社会团体依据其某些成规将其意义传播于社会之中"③,索绪尔认为语言是与社会构建相关的符号,这些都反映了话语的意义构建和愿景规划的功能。近代社会以来,随着信息传播技术的发展、人们受教育程度的提高和哲学社会科学事业的不断发展,话语作为知识的外在表征在理想信念生成中发挥的作用较之古代社会更加突出。新时代是中国共产党百年历史征程中的第四个历史时期,改革开放以来累积的一些理想信念问题越来越多地表现为重大理论问题,如:以批评和嘲讽马克思主义为"时尚"、马克思主义在学术研究中"失语、失踪、失声"、"西方的话语=科学的,中国的话语=非科学的"等削弱主流意识形态的看法,共产主义缥缈论、不

---

① 刘建军:《关于理想信念教育的几点理论思考》,《教学与研究》2004 年第 11 期。
② 韩丽颖:《论理想信念形成的三种形态》,《社会科学战线》2019 年第 12 期。
③ 王治河:《福柯》,湖南教育出版社 1999 年版,第 139 页。

问苍生问鬼神、不忠诚老实、贪图享受等精神空虚现象,对党百年奋斗中重大事件、重要人物、重要会议解读有误等错误党史观,对改革开放成功乃至新中国"两个奇迹"原因的错误归因,对现实中存在的问题歪曲丑化进而否定党的声音,等等。上述问题在理论上需要回应的是对后发国家现代化、非西方国家现代化经验的认识与总结,需要提炼有标志性、有解释力的话语表达。

(二)国际话语环境紧张需要重视理想信念话语表达

新时代的提出是基于内在的中国社会主要矛盾转化、中国特色社会主义事业进入新阶段而做出的历史方位判断,本质上是基于内因形成的,但是新时代又处在一个百年未有之大变局和全球性风险丛生的时代,以美国为首的西方国家在旧有全球治理秩序难以维持之际为保有既得利益格局对国际新生力量加大打压力度,中国以成为美国为首的西方国家打压的重点,除了贸易战、科技战,意识形态领域的竞争也十分突出,其中理想信念话语是西方国家博弈与打压的重点对象。第一,西方学界与政界多次设置多个话题对中国进行话语攻击。金融危机以来,西方国家在中国道路问题上,继续使用"中国崩溃论""历史终结论"等质疑中国、误导中国,或者是用"中国特色资本主义""中国威权体制"等西方理念来解读中国。在社会主义核心价值观被提出后,又通过"普世价值观"进行整体的竞争或者通过民主、自由、法治等进行反击,美国拜登政府甚至在 2021 年 12 月拙劣地召开了以"民主"为主题的"领导人民主峰会",力图在美式民主弊端频现的当下维护西方价值圭臬的地位。第二,西方国家输出各类社会思潮进行话语争辩。苏联解体、东欧剧变之后,西方凭借暂时的优势地位全方位借助"新自由主义""普世价值观"等各种思潮输出自己的发展模式、政治制度和价值取向。在中国对外开放过程中这些思潮也随之而来。根据《人民论坛》对中国 2010—2019 年社会思潮的梳理,以"'新自由主义''普世价值论'等为代表的一系列思潮曾一度高居榜首,其或为私有化、自由化开绿灯,极力反对公有制,或试图以'自由''民主''人权'的幌子歪曲社会主义核心价值观,或打着学术自由的旗号进行传播,具有相当大的迷惑性,在 21 世纪 10 年代之初的中国社会产生了不可小觑的负面影响"①。第三,西方国家利用各类事件设置话

---

① 贾立政、王妍卓、张忠华:《重大社会思潮十年发展变革趋势研判》,《人民论坛》2020 年第 1 期。

语陷阱。在中美关系上设置"修昔底德陷阱"，在中国的国际责任方面设置"金德尔伯格陷阱"、在香港修例风波中设置"港独"话题试图挑动颜色革命，在新疆棉花问题上污蔑新疆人民被强制劳动，甚至在新冠疫情这样的全球性流行病应对中通过"中国病毒""中国责任"等对中国进行打击和污蔑，这些话语陷阱必然带来巨大的意识形态风险。

（三）新时代中国共产党的实践发展需要更新理想信念话语表达

新时代是中国共产党人新的时代语境，从启后的角度来看，我国社会主义初级阶段后半段特征分外明显，发展起来的各种挑战表现为社会主要矛盾的转化、奋斗目标的新旧更替、风险化解的全球性关联。之前那种对内改革开启市场化，对外开放融入世界经济体系的语境下形成的话语表达面临部分"老化"，新的调整与更新势在必行。第一，从社会主要矛盾看，人民话语需求多样化。随着人民日益增长的物质文化需要同落后的社会生产之间的矛盾，转化为人民日益增长的美好生活需要和不平衡不充分的发展之间的矛盾，新的话语依旧要用接地气、暖人心的话说出人民的朴素心愿，更要充分考虑到人民全面均衡、提档升级、主观感受加重的需求特征以及在网络世界倾听诉说的时代趋势。话语重点由富至强、由突出物质到强调多方均衡、由侧重说理到情理交融、由线下语言到线上线下话语皆有。第二，从奋斗目标的角度来看，小康话语退出历史舞台。新时代是中国共产党"两个一百年"奋斗目标交汇期，意味着作为中国共产党第一个百年奋斗目标的全面小康的实现，以及作为第二个百年奋斗目标的社会主义现代化国家新征程的开启。其中自然伴随着源自中国传统文化、贯穿于改革开放与社会主义现代化建设时期的重要话语"小康"退出历史舞台。"小康"具有使用时间长、老百姓接受程度高、传统文化意蕴深的特点。这就对下一阶段衔接的话语提出了很高的要求。第三，从外部环境来看，话语表达需要兼具全球视野。"如果说，中国的改革开放在以往还有许多属于自身的特殊性问题的话，那么今天，我们改革发展需要解决的重大问题都是全球性问题，需要在开放中通过世界各国的合作才能得到解决。"①话语建设也是如此，新的话语同过去相比要更加具有全球视野和世界胸怀，更加具备历史纵深和传统根基，在

---

① 侯惠勤：《试论当代中国马克思主义、21世纪马克思主义》，《天津师范大学学报》2021年第3期。

把握历史主动中防止落入老路、邪路,超越现代化先行国家的翻版、再版,形成对自身现代化方案的思考。

二、新时代理想信念话语表达的类型

理想信念作为一种最高统摄功能的价值观体系,需要一整套、多层次的话语表达来支撑。党的十八大以来,中国特色社会主义进入新时代,逐渐形成一套包括理想、信仰、信念、信心、共产主义、马克思主义、中国特色社会主义、两个一百年、人类命运共同体、社会主义现代化、初心使命、中国梦等在内的话语表达,这些话语又可以分为三个类别。

(一)理想信念的直接表达类

理想信念的直接表达类话语是指包含理想、信念及梦想、目标、信仰、信心等相近意义的话语。

第一,新时代以来理想信念作为整体词组出现的频率越来越高。中国共产党人是重视理想信念教育的先锋队政党,长期奋斗过程中多以信仰、理想、信念等词汇出现。从 20 世纪末开始,党内文件正式出现了作为一个词组整体使用的理想信念。尽管 21 世纪初,理想信念也已经进入文献体系,但是使用频率大幅增加、使用场合更加多元、赋予的内涵更加丰富是在新时代以来。2012 年 11 月 17 日,在中央政治局第一次集体学习中,习近平总书记对理想信念提出了明确具体的要求,指出:"坚定理想信念,坚守共产党人精神追求,始终是共产党人安身立命的根本。……理想信念就是共产党人精神上的'钙',没有理想信念、理想信念不坚定,精神上就会'缺钙',就会得'软骨病'。"① 之后,习近平总书记结合马克思主义主流意识形态建设、党员干部能力建设、全面从严治党、青少年培养、党史学习教育、党的历史经验总结等问题在多个场合对理想信念问题进行论述。理想信念成为理解习近平新时代中国特色社会主义思想和理解中国共产党革命精神特质的首要切入点。

第二,新时代延续了理想话语的使用。"理想"一词在党内的使用一直贯穿

---

① 《十八大以来重要文献选编》上,中央文献出版社 2014 年版,第 80 页。

于中国共产党百年奋斗史中,强调的是理想信念中指向未来的目标,具有客观性。新时代以来,理想话语的使用以处理远大理想与共同理想的关系为核心。远大理想和共同理想的关系,是解决共产党人最高理想与发展现阶段的差距问题,在新时代集中表现为共产主义与中国特色社会主义的关系问题。党的十八大伊始,习近平总书记便在论述中国特色社会主义的重要问题时指出:"把践行中国特色社会主义共同理想和坚定共产主义远大理想统一起来,坚决地抛弃社会主义的各种错误主张,自觉纠正超越阶段的各种错误观念和政策措施。"①新时代对理想话语的运用体现为突出理想的目标指引功能,主要表现为一系列接续相连的奋斗目标的运用。这些话语既是近代以来百年民族复兴的不懈追求,展现了中华民族从历史低谷重回历史高点的过程,又是新中国成立以来的国家发展战略目标的时空展开,有清晰的时间节点,从"两个一百年"到"十四五"发展规划,呈现出中国共产党人接续奋斗的历史感、方位感和目标感。

第三,新时代丰富了信念话语的使用。信念的使用在党内略晚于理想,新时代加大了信念一词的使用频率,并同时使用了自信、信仰、信心等同义词、近义词,突出了认同、确信这一主观性态度在理想信念话语中的独特地位。首先,形成了自信的系列表达。从自信的对象看,党的十八大报告中首次提出中国特色社会主义道路自信、理论自信、制度自信,建党九十五周年又形成了文化自信,因此形成中国特色社会主义"四个自信"的表达。党的十九届六中全会第二次全体会议提出历史自信,强调对党的百年奋斗历史成就和奋斗精神的自信。从自信的主体来看,习近平总书记多次强调:"当今世界,要说哪个政党、哪个国家、哪个民族能够自信的话,那中国共产党、中华人民共和国、中华民族是最有理由自信的。"②其次,出现了信仰、信念、信心连用的情形。改革开放四十周年大会上的讲话中提到"信仰、信念、信心,任何时候都至关重要"③,党史学习教育动员大会上提到"信仰信念任何时候都至关重要""学史增信,就是要增强信仰、信念、信心"。这种连用展现了信念内部的层次感和信念不同于理想的独特性。

（二）理想信念的对象表达类

理想信念的对象类话语是指理想信念的具体对象,解决的是以什么为指引

---

① 习近平:《坚定理想信念 补足精神之钙》,《求是》2021年第21期。
② 习近平:《以史为鉴、开创未来、埋头苦干、勇毅前行》,《求是》2022年第1期。
③ 《十九大以来重要文献选编》上,中央文献出版社2019年版,第739页。

目标、信什么的问题。

首先,马克思主义、共产主义是最高理想信念,是理想信念对象体系中的根本和核心。关于马克思主义之于共产党人的信仰意义,邓小平曾在苏联解体、东欧剧变后谈道:"不要认为马克思主义就消失了,没用了,失败了。哪有这回事!"①新时代以来,中国共产党人在坚持强调马克思主义科学性基础上进一步突出了其信仰价值,马克思主义的信仰是党内文献中谈及理想信念时出现的高频词汇,如:党内文献中提及理想信念的对象时,第一条就是马克思主义信仰,2016 年全国党校工作会议上谈到马克思主义信仰是共产党人的本,2018 年纪念马克思诞辰 200 周年讲话中提到,中国共产党人是马克思主义的忠诚信奉者。关于马克思主义在理想信念中的作用机制,习近平总书记指出,"理想信念的坚定,来自思想理论的坚定"②,"坚定的理想信念,必须建立在对马克思主义的深刻理解之上,建立在对历史规律的深刻把握之上"③。为此,党的十八大以来,中央政治局带头集体学习了历史唯物主义、辩证唯物主义、马克思主义政治经济学的基本原理,重温《共产党宣言》经典著作,了解当代世界马克思主义思潮。在建党百年之际,结合党史学习教育开展了"党史、新中国史、改革开放史、社会主义发展史"的"四史"学习,在历史逻辑与理论逻辑的统一中达到对历史规律的认识。针对各种误解污蔑马克思主义、不信马列信鬼神的现象,党中央通过开展马克思主义学术研究成果、融入党员干部和青年学生的思想教育课程,确立马克思主义在意识形态领域指导思想地位为中国特色社会主义根本文化制度等方式,解决马克思主义边缘化、悬空化的问题。坚持在发展中坚持马克思主义,立足新时代,提出了当代中国的马克思主义、21 世纪的马克思主义、马克思主义新飞跃等命题,推动了马克思主义与时俱进。新时代以来,习近平总书记多次谈到共产主义。他明确地坚持共产主义是共产党人的远大理想,要求认识上厘清"共产主义渺茫论"对理想信念的负面影响,对社会上存在的关于共产党名称的质疑明确予以回击,在建党百年之际强调"中国共产党之所以叫共产党,就是因为从成立之日起我们党就把共产主义确立为远大理想。我们党之所以能够经受一次次挫折而又一次次奋起,归根到底是因为我们党有远大理想

① 《邓小平文选》第 3 卷,人民出版社 1993 年版,第 383 页。
② 《习近平关于全面从严治党论述摘编》,中央文献出版社 2016 年版,第 72 页。
③ 《习近平关于全面从严治党论述摘编》,中央文献出版社 2016 年版,第 70 页。

和崇高追求"①。

其次，中国特色社会主义、中华民族伟大复兴是理想信念在新时代的具体对象。中国特色社会主义的概念最早在党的十二届六中全会中提出，党的十八大以来进一步发展这一命题的内涵，强调了中国特色社会主义是在探索过程中形成的共同奋斗目标。习近平总书记论述了历代中国共产党领导人探索中国特色社会主义的过程，指出"中国特色社会主义，承载着几代中国共产党人的理想和探索，寄托着无数仁人志士的夙愿和期盼，凝聚着亿万人民的奋斗和牺牲，是近代以来中国社会发展的必然选择"②。中国特色社会主义问题作为习近平新时代中国特色社会主义思想解决的核心问题，形成了由远及近、相互衔接的目标话语，主要包括"两个一百年"、全面小康、社会主义现代化国家。其中，"两个一百年"是以建党百年和建国百年两个重要时间节点所做的战略目标规划，全面小康、社会主义现代化国家（党的十九大提出社会主义现代化强国）分别是"两个一百年"在21世纪前二十年以及21世纪中叶的奋斗目标。"两个一百年"的战略格局是在党的十五大上形成的，由于其交汇期出现在新时代，因此在新时代诸多重大事件都离不开"两个一百年"的具体背景，比如脱贫攻坚、全面深化改革、国家治理体系与治理能力现代化建设、"十三五""十四五"规划。党的十九大对第二个一百年也做了"富强民主文明和谐美丽"的内涵发展和"两个十五年"的战略步骤规划，从而使得党和国家的重大改革、事业发展全部纳入到了新的发展规划之中。全面小康作为党的十六大明确指定党在21世纪前20年的重要发展目标，成为新时代第一个八年内主要奋斗目标，是中国特色社会主义新时代必须兑现的政治诺言。全面建成小康社会之后，社会主义现代化国家的新目标进一步引发了有关美好生活、共同富裕、中国式现代化道路、人类文明新形态等新话题的讨论，以及共同富裕示范区建设、行动纲领颁布等具体政策实施。

中华民族伟大复兴是中国梦的内涵，通常与"两个一百年"连用，在动员激励全体中华儿女尤其是党外人士方面更具优势。2012年，习近平总书记在参观《复兴之路》展览后指出，"实现中华民族的伟大复兴，就是中华民族近代最伟大的中国梦。这个梦想凝聚和寄托了几代中国人的夙愿，它体现了中华民族和中

---

① 《十八大以来重要文献选编》下，中央文献出版社2018年版，第347页。
② 《十八大以来重要文献选编》下，中央文献出版社2018年版，第399页。

国人民的整体利益,它是每一个中华儿女的一种共同期盼"①。中华民族伟大复兴还把中国共产党人的理想信念,同中华民族近代以来孜孜以求的目标有机结合起来。"一百年来,中国共产党团结带领中国人民进行的一切奋斗、一切牺牲、一切创造,归结起来就是一个主题:实现中华民族伟大复兴。"②中华民族伟大复兴在新时代既具有"富起来到强起来""前所未有的接近世界舞台的中央"等现实基础,又具有许多新的现实考验,不是自然而然或者轻而易举就能实现的,新时代的"雪山""草地""娄山关""腊子口"等表达催人奋进,令人清醒。

除了上述两个较为突出的层次,党内文献中还出现过一些频次较少的理想信念对象的表达,如:信仰人民,人民就是共产党人理想信念对象的人格化体现。再如:坚定对党的领导的信念③,突显了党的领导在中国特色社会主义事业中的重要作用。另外,人类命运共同体虽然没有直接出现在理想信念对象体系中,但是由于其内涵的实质是全球发展的新战略,"其背后指向的正是一种新的全球现代性发展形式的酝酿"④,是社会主义和资本主义两种制度长期共存现实下国际秩序建设方案,体现了中国共产党人"为人类谋进步,为世界谋大同"的政党品格,也是共产主义、马克思主义、中国特色社会主义和中华民族伟大复兴内在的国际秩序愿景。

(三)理想信念的隐喻类话语

隐喻是一种修辞手法。在话语表达中,隐喻通过把宏大抽象的政治理念表达为人民群众可以感知的生活经验,搭建起人们理解复杂政治概念的认知框架。新时代以来,理想信念话语表达较之前的几个历史时期最大的特点在于:运用隐喻手法大为增加,形成了医学类、生产生活类、梦境类、身体类多种隐喻类型。第一,医学类隐喻。"精神之钙"作为理想信念功能作用的形象比喻在十八届中央政治局第一次集体学习中首次出现,借由医学概念的使用丰富了理想信念原有的精神支柱和政治灵魂的比喻,并由此衍生了"精神缺钙""精神软骨病"等后续概念的形象表达,说明理想信念为共产党人提供了精神自强自立的

① 《习近平谈治国理政》,外文出版社 2014 年版,第 36 页。
② 习近平:《在庆祝中国共产党成立 100 周年大会上的讲话》,《人民日报》2021 年 7 月 2 日。
③ 习近平:《论中国共产党历史》,中央文献出版社 2021 年版,第 7 页。
④ 刘洋:《全球现代性问题与人类命运共同体的重塑》,《厦门大学学报》(哲学社会科学版)2021 年第 6 期。

根本。第二类,生产生活类隐喻。理想信念是世界观、认识观和价值观的"总开关",这种工具类的生动类比展现了理想信念在诸多精神现象中起到管控全局的作用,并且出现了为了防止"跑冒滴漏"进行的拧紧的修理类比喻。新时代以来道路的隐喻也较多使用,其中追求第二个百年奋斗目标的过程可以叫作新的长征路、新征程,面临着风险挑战依旧可以用有许多"雪山""草地""娄山关""腊子口"进行形象的说明。第三类,梦境类隐喻。作为现阶段我国奋斗的主要目标,中国梦是习近平总书记于 2012 年在参观《复兴之路》展览后首次提出的,在中央政治局第二十次集体学习中形成了"实现'两个一百年'奋斗目标、实现中华民族伟大复兴的中国梦"固定搭配用法。中国梦把梦想引进了中国共产党的文献语言中,并进一步形成多重梦境范畴①的表达,不仅没有使得理想信念出现虚幻性,反而增加了理想信念浓厚的人文关怀和同"美国梦"相比毫不逊色的自信色彩。第四类,身体类隐喻。"初心使命"是中国共产党人对理想信念的又一次比喻生动、传播广泛、影响极大的表达,"党的初心和使命是党的性质宗旨、理想信念、奋斗目标的集中体现"②。具体而言,"初心使命"通过选择源自佛教用语、在现代社会广泛共情的词语,立足建党百年的历史关头,继承党内重视以史为鉴的优良传统,实现了理想信念同党的历史有效对接的作用。

三、新时代理想信念话语表达的特征

话语表达作为思想体系的外在表征和意识形态的内在表征,具有"对社会生活的解释功能,对个体价值观的塑造功能,对个体社会行动的规范功能"③。新时代,共产党人理想信念的话语表达,是新时代共产党人"由基本观点、分析框架、特定视角等构成的根本话语方式"④,功能的发挥基石在于对时代与现实的解释力,解释力进一步依赖的逻辑性、系统性、规范性需要一套而非一个、动

---

① 有学者梳理了中国梦的梦境范畴,认为包括生态梦、科技梦、航天梦等十五个具体梦境范畴。参见孙毅:《中国梦隐喻的思想钩沉与阐发——基于习近平系列重要讲话数据库的研究》,《南通大学学报》(社会科学版)2022 年第 1 期。

② 习近平:《坚定理想信念 补足精神之钙》,《求是》2021 年第 21 期。

③ 刘伟:《意识形态生产的三种形态:知识、话语和权力》,《马克思主义与现实》2018 年第 1 期。

④ 《马克思恩格斯文集》第 1 卷,人民出版社 2009 年版,第 552 页。

态而非静止、多面而非单一的话语表达来实现。

(一)从内在构成来看,新时代理想信念话语表达是层次分明、衔接紧密的有机集群

话语的知识属性决定了有效话语一定是话语集群,背后是以话语"纽结"构成的相互交织相互支撑的思想网络。如:马克思主义在确立新的世界观的时候形成一套新话语系统,其中既包括开创性使用的剩余价值、经济基础、生产关系等术语,又包括承继前人并更新内涵的辩证法、实践、阶级、资本、共产主义等术语,形成一个相互支撑和解释的话语集群,深入全面展现了历史唯物主义和辩证唯物主义的内涵。共产党人理想信念本质上解决的是旗帜和方向问题,是姓"马"姓"共"的问题,这也是共产党人知识体系中的顶层与核心层,需要一整套互相嵌套的话语予以支撑。由此观察新时代共产党人理想信念话语表达,可以发现这是一个以理想信念、信仰、自信、信心为红线,以马克思主义、共产主义——中国特色社会主义、中华民族伟大复兴为主轴,"两个一百年"、全面小康、社会主义现代化国家、人类命运共同体以及中国梦、初心使命、精神之钙、美好生活为两翼的有机集群。这些具体话语"在时间上由近而远,内容上由单一到综合,包涵社会的发展程度上由低到高"[①],覆盖范围由中国到世界,表达形式上由规范化到生活化。这样的有机集群凸显了马克思主义、共产主义的重要性,形成远大理想与共同理想的联系,实现了理想信念同当下共产党人现代化发展战略目标的统一,打通了政治语言与生活语言的关联,增强了话语表达内部的关联性和对实践的解释力。

(二)从发展维度来看,新时代理想信念话语表达是中心——外围的耗散结构

文化的发展并不是一个一蹴而就的过程,而是与时代互动的漫长的更替过程。张岱年先生在文化变迁的意义上使用物理学概念耗散结构[②]对文化结构做了界定,强调了文化结构的动态发展和系统同外界的能量交换。理想信念作为文化的深层结构,维持自身持续发展同样要遵循耗散结构的规律,具体而言,理想信念话语表达中外围与两翼是同开放环境密切互动的体系,不断实现新内容

---

① 胡义清:《习近平理想信念思想的特色探析》,《观察与思考》2017 年第 10 期。
② 张岱年在《中国传统文化精神》一文中提出文化结构本质上是一种耗散结构。

的补充或者知识的以新代旧，红线和主轴是最稳定的部分贯穿中国共产党理想信念话语表达发展的始终直至整个话语表达的终结。回顾科学社会主义一百七十多年的历史，马克思主义和共产主义始终贯穿其中，具体的奋斗目标、表达方式则随着地区、文化、时代的不同而有所不同。其中，放弃了马克思主义和共产主义旗帜的都更改了理想信念，照抄照搬或者是僵化教条具体话语的都熄灭了理想信念的生命力。中国共产党成立一百余年来，始终坚持把马克思主义及其中国化成果写在旗帜上，坚持把共产主义作为最高纲领和远大理想写入党章。与此同时，逐步形成"革命、建设、改革、新时代"以及"毛泽东思想、中国特色社会主义理论体系、习近平新时代中国特色社会主义思想"逐步发展的话语表达。

新时代以来，社会主要矛盾的转换使得人民对美好生活的向往成为大众话语的主要诉求，全面从严治党实践和建党百年使得初心使命成为党员关注的重要议题，第一个百年奋斗目标的准时兑现使得小康话语成为过去式，世界治理挑战需要给出中国方案，中华民族走向世界舞台的同时需要讲好中国故事，中国发展奇迹显示了西方解释系统的贫瘠，这些生活实践的发展使得原有中国共产党的话语表达出现一定程度的"老化"，必须进行更新。理想信念中最外围和两翼的部分最先进行调整，"两个一百年"逐渐聚焦到"第二个一百年"并进一步细化新的两步走战略，朴素的生活话语"初心使命""美好生活"等开始进入党的文献，面向世界的各类共同体、发展中国家的现代化、人类文明新形态、21世纪马克思主义等概念开始被逐渐提出。在外围和两翼话语的更新中，马克思主义和共产主义不仅没有被削弱，反而通过对社会的链接改掉了其高度抽象容易脱离现实变得遥远、缥缈的缺点，获得新的生命力。

（三）从呈现形态来看，新时代理想信念话语表达是类型复杂多样的综合体

话语涉及信息交换、知识生产、意义传播、价值博弈，这一本质决定了话语表达是类型多样的综合体。具体而言，话语的信息交换特点要求话语表达具有文字、图像、声音等不同表达方式。话语的知识生产特点要求话语表达"通过学术的生产和制作，概念、命题、象征符号和系统阐述等，形成学术话语表达"①，即有符号系统和阐述系统。话语的意义传播有两方面要求，一是要求老话、新话

---

① 郑杭生：《学术话语权与中国社会学发展》，《中国社会科学》2011年第2期。

都得有,"话语生产必须最大限度地保持与原典的一致性,又要致力于解决经典命题与核心话语所遭遇的挑战,援引经典要义又不拘泥于具体论述,克服典范话语与社会现实的冲突,使典范命题跨越时空语境仍彰显生命力"①。二是要覆盖政治领域、学术领域、生活领域。政治话语是根本话语方式,学术话语是话语表达的基石,生活话语是话语的运行方式,任何一方的缺乏都会使得话语表达发育不良。话语的价值博弈是意义传播的一个方面,侧重的是意义在传播过程中同其他话语表达开展竞争的特点。因此,话语表达既要形成批判性话语更要形成建构性话语,通过批判性话语进行话语争锋,通过建构性话语确立话语权威。除此之外,当代经济社会技术的发展所带来的公共话语与个人话语、网络话语与数据话语等②,都成为当下话语表达需要呈现的形态类型。

新时代共产党人理想信念的话语表达,从信息交换的角度首先表现为严谨文字形式,同时也综合运用展览馆、纪念馆、博物馆等场馆,积极创新新媒体、融媒体传播内容将声音和图像综合利用起来。新时代以来,一部部打动人心的文艺精品唱响主旋律,《山海情》《觉醒年代》等影视剧,《复兴之路》、百年党史主题展览等重要展览,《百炼成钢》《血与火:新中国是这样炼成的》等主旋律融媒体爆款都不断丰富拓展了话语的信息交换类型。从知识生产的角度看,既有作为显性状态符号系统的话语类型,即文中所提到的各种具体话语,又有作为隐形状态的阐释系统的话语类型,即对这些具体话语的本质、特点、历史脉络、现实实践、优越性、意义的阐释。从意义传播的角度看,既守住了马克思主义、共产主义的老话,又完善发展了中国特色社会主义、社会主义现代化、初心使命、美好生活等新话。而老话多是作为根本话语方式的政治话语,新话多是作为贴近生活反映朴素民意的日常话语或哲学社会科学的学术阐释。从价值博弈的角度来看,新时代理想信念话语表达的构建,贯穿着同西方话语表达的激烈竞争,既针对性指出西式话语对中国解读的有意无意的误区,又积极构建中国话语、中国故事引领认识发展。如:批判了西方的"普世价值"、西式民主,同时提出"共同价值""全过程人民民主"等有影响力和辨识度的话语。上述话语搭乘随着近年快速发展的信息技术、数字技术同步形成了网络话语甚至进一步发展出

---

① 刘伟:《意识形态生产的三种形态:知识、话语和权力》,《马克思主义与现实》2018 年第 1 期。
② 王增智:《运用数据话语推动话语表达建设》,《中国社会科学报》2020 年 12 月 24 日。

数据话语,如:各类"数说""数读"党代会报告以及政府工作报告。

四、结　语

　　新时代是中国发展新的历史方位,对内对于中国共产党、新中国、中华民族的发展有重要意义,对外对于世界社会主义运动、人类社会发展具有重大意义。新时代共产党人理想信念话语表达的构建,必将展现出新时代中国共产党人全新的实践创造、理论发展和历史意义,为百年大党开启第二个百年征程凝魂聚气,为中华民族伟大复兴增加自信,为世界破解时代难题贡献智慧。

第三编 共同富裕专题研究

共同富裕的政治经济学理论澄明[①]

赵光辉　张海波

摘　要:中国共产党一直以来把实现共同富裕作为社会主义的根本原则予以坚守,新时代共同富裕的"共同"成为"中心课题"又引发了全民的新关注。在马克思主义政治经济学的批判叙事中,公有制占主体地位的生产资料所有制以及其决定的以按劳分配为主体的分配方式,才是推进共同富裕的决定性的制度基础。资本的文明面和内在限度决定了我们在实现共同富裕的过程中既要鼓励和支持非公有制经济的发展,又要不断提升驾驭和控制资本的能力,引导和规范非公有制经济的发展。澄清了公有制和非公有制经济在实现共同富裕中的地位和作用,各种相关错误的认识和观点也就得到了廓清。

关键词:共同富裕　公有制　非公有制　政治经济学

作　者:赵光辉,温州大学马克思主义学院瓯江校区特聘教授,浙江省习近平新时代中国特色社会主义思想研究中心温州大学研究基地研究员,研究方向为马克思主义与当代社会发展;张海波,温州大学马克思主义学院讲师,研究方向为马克思主义基本原理与习近平新时代中国特色社会主义思想。

---

①　本文系国家社科基金一般项目"习近平新时代中国特色社会主义生态文明思想的历史维度研究"(19BKS046)、浙江省习近平新时代中国特色社会主义思想研究中心预立项课题"'绿水青山就是金山银山'理念与新时代美丽浙江建设"的阶段性成果。

一、一个老课题再次引发全民性新关注

"共同富裕"在中国迈进社会主义社会之后，并不是一个新鲜的语汇。1953年，《中国共产党中央委员会关于发展农业生产合作社的决议》中首次提出，通过农业社会主义改造"使农民能够逐步完全摆脱贫困的状况而取得共同富裕和普遍繁荣的生活"①。1955年，毛泽东在《关于农业合作化问题》《工商业者要掌握自己的命运》《在资本主义工商业社会主义改造座谈会上的讲话》中提出农民、民族资产阶级和地主经过改造后的共同富裕问题。总之，在毛泽东看来，通过对工商业和农业的社会主义改造，消灭个体小生产的私有制和资本主义的私有制，建立全民所有制和集体所有制，是实现全体人民共同富裕的基础和途径，但是在社会主义革命和社会主义建设时期我们并没有实现共同富裕。

自党的十一届三中全会提出把党的全部工作重心转移到经济建设、社会主义现代化建设上来以后，邓小平开始重新思考"共同富裕"的问题即社会主义的本质问题。邓小平认为："在改革中，我们始终坚持两条根本原则，一是以社会主义公有制经济为主体，一是共同富裕。"②坚持公有制的主体地位才能避免两极分化，允许一部分人、一部分地区先富起来才能逐步实现共同富裕。共同富裕是"大原则"，先富带后富是"步骤"。1992年，邓小平从社会主义本质的高度界定了共同富裕，认为"社会主义的本质，是解放生产力，发展生产力，消灭剥削，消除两极分化，最终达到共同富裕"③。在整个改革开放和社会主义现代化建设新时期，我们基本上就是按照这个思路在实践中推进共同富裕的。虽然我们始终强调公有制的主体地位，但是在鼓励和发展非公有制经济的过程中，也产生了"向资本主义退却"的论调。同时，出现了较大的两极分化又引起了人们的极大不满，产生了"背弃社会主义"的论调。总而言之，在改革开放和社会主义现代化建设新时期，我们更多的是在坚持公有制主体地位的基础上谋划和实现了共同富裕的第一步即"富裕"。

---

① 《建国以来重要文献选编》第4册，中央文献出版社1993年版，第662页。
② 《邓小平文选》第3卷，人民出版社1993年版，第142页。
③ 《十五大以来重要文献选编》上，人民出版社2000年版，第336页。

中国特色社会主义进入了新时代,在全面建成小康社会、开启全面建设社会主义现代化强国的新征程上,在党和国家事业取得历史性成就、发生历史性变革的基础上,习近平总书记在党的十九大报告中提出:到2035年全体人民共同富裕迈出坚实步伐,到2050年全体人民共同富裕基本实现。2021年4月,习近平总书记在广西考察时就提出"推动全体人民共同富裕取得更为明显的实质性进展",这一观点随后在中国共产党成立一百年大会上的重要讲话、党的十九届五中全会中不断重申。同年6月,《中共中央 国务院关于支持浙江高质量发展建设共同富裕示范区的意见》颁布;8月,中央财经工作委员会第十次会议专题研究推进共同富裕,就如何推进共同富裕做出部署,这标志着共同富裕进入实质性推进阶段。

如果说在改革开放和社会主义现代化建设新时期,我们推进共同富裕是在"富裕"上发力,那么中国特色社会主义进入新时代则标志着我们开始在"共同"上发力。在"富裕"上发力,虽然是我们最终实现共同富裕必不可少的阶段,但是在"共同"上做文章更能显示出社会主义的本质要求。也正是在这个意义上,有人认为共同富裕开始从奋斗目标转向实践操作层面。一时间,共同富裕成为学术研究、资本市场、社会议论的热门话题。

回到马克思,回到马克思主义,从根本上阐释清楚公有制经济和非公有制经济在实现共同富裕过程中的地位和作用,才能在原则高度上破解发展非公有制经济是"向资本主义退却""背弃社会主义"等错误观点,才能在原则高度上破解推进共同富裕实质性进展是"杀富济贫""传统社会主义的回归"等错误认识,同时也就意味着在原则高度上厘清了推进共同富裕的方向和道路。因此,回到马克思主义尤其是马克思主义政治经济学,澄清共同富裕的前提、划定共同富裕的边界,成为一个迫切的理论问题和时代课题。

二、共同富裕的政治经济学理论澄清

马克思的政治经济学批判在分析资本主义经济运动规律的基础上,不仅揭示了资本主义必然灭亡的社会发展规律,还揭示了无产阶级作为被剥夺者的历史使命;不仅阐明了资本的消极作用,还揭示出资本的文明面,这对于我们理解今天中国特色社会主义道路、理解实现共同富裕的必然步骤具有重要的理论意义和实践价值,也是我们破解各种错误论调的理论基础。

(一)消灭私有制的必然与共同富裕的出场

马克思、恩格斯在《共产党宣言》中就明确指出:"现代的资产阶级私有制是建立在阶级对立上面、建立在一些人对另一些人的剥削上面的产品生产和占有的最后而又最完备的表现。"[①]马克思后来在政治经济学中对资本主义市民社会进行了解剖,写下了以"资本主义生产方式以及和它相适应的生产关系和交换关系"[②]为研究对象的《资本论》。在《资本论》中,马克思分析了劳动形成价值的特性,构建了科学的劳动价值论,科学地解决了"什么样的劳动形成价值,为什么形成价值以及怎样形成价值"[③]这一根本性问题;在实现从劳动到劳动力转化的基础上,划分了可变资本和不变资本,详尽地分析了剩余价值的形成和来源,发现了绝对剩余价值和相对剩余价值的生产,从而揭示了资本主义剥削的秘密,说明了资本主义积累的历史发展趋势。

随着资本积累的加剧,"一个资本家打倒许多资本家"[④]。一方面,劳动和资本之间的矛盾进一步加大,整个社会分裂为无产阶级和资产阶级两大对立阶级,并且"工人和资本家的生活状况之间的鸿沟越来越深"[⑤]。这就是以私有制为基础的资本逻辑主导下的资本主义生产必然造成的一个结果——严重的两极分化。另一方面,资本积累造成了严重的垄断,这种垄断在促进资本积累的同时又最终成为资本主义生产的桎梏。当以私有制为基础的资本主义生产,随着资本积累和资本集中的规模不断扩大,最终导致生产资料的集中和劳动的社会化与资本主义的外壳不相容;换言之,当资本主义生产关系已经不能容纳自身迸发出来的生产力时,资本主义私有制灭亡的丧钟就会被敲响。马克思、恩格斯在《共产党宣言》中把共产党人的理论概括为一句话:"消灭私有制。"[⑥]

当消灭了资本主义私有制,建立起基于生产力高度发达基础上的公有制

---

① 《马克思恩格斯文集》第 2 卷,人民出版社 2009 年版,第 45 页。
② 《马克思恩格斯文集》第 5 卷,人民出版社 2009 年版,第 8 页。
③ 《马克思恩格斯文集》第 6 卷,人民出版社 2009 年版,第 21 页。
④ 《马克思恩格斯文集》第 5 卷,人民出版社 2009 年版,第 874 页。
⑤ 《马克思恩格斯文集》第 5 卷,人民出版社 2009 年版,第 597—598 页。
⑥ 《马克思恩格斯文集》第 2 卷,人民出版社 2009 年版,第 45 页。

（如果没有高度发达的生产力为绝对必需的实际前提，在贫穷、极端贫困普遍化的情况下，因为争夺生活必需品而开展的斗争必将导致"全部陈腐污浊的东西"的死灰复燃①），社会调节着整个生产，进行社会化大生产，人们的感觉不再是唯一的"占有"感觉，生产出来的产品不再是商品，才"能保证一切社会成员有富足的和一天比一天充裕的物质生活"②，人与人之间的对立消失，每个人在劳动中创造出来的产品变成了确证自身生命本质力量的对象物，成为他人全面发展的条件，这才产生出"共同富裕"。因此，在一定意义上可以说共同富裕是消灭两极分化的产物和结果，是消灭私有制的产物和结果。

（二）消灭私有制的历史性与非公有制存在的必然性

马克思在《资本论》第一版序言中曾经写道："问题本身并不在于资本主义生产的自然规律所引起的社会对抗的发展程度的高低，问题在于这些规律本身，在于这些以铁的必然性发生作用并且正在实现的趋势。"③也就意味着资本主义生产的规律是发展中确定不移的趋势。虽然资本主义发达的地方使无产阶级"苦于资本主义生产的发展"，同样资本主义落后的地方也"苦于资本主义生产的不发展"。因为从资本主义向共产主义的过渡，根源于资本主义内部的自我否定，根源于生产力与生产关系的矛盾运动及其辩证发展，所以共产主义是"历史地从资本主义中发展出来的，它是资本主义所产生的那种社会力量发生作用的结果"④。也正是在这个意义上，马克思"把经济的社会形态的发展理解为一种自然史的过程"⑤。

当我们如此去理解消灭资本主义私有制的历史性时，也就意味着私有制存在的历史合理性。消灭私有制的革命运动不是凭空产生的，而恰恰是在"私有财产的运动中，即在经济的运动中，为自己既找到经验的基础，也找到理论的基础"⑥。也正是在这个意义上，马克思才认为，"自我异化的扬弃同自我异化走的是同一条道路"⑦。具体到中国这样一个脱胎于落后的半封建半殖民地性质的

---

① 《马克思恩格斯选集》第 1 卷，人民出版社 2012 年版，第 166 页。
② 《马克思恩格斯选集》第 3 卷，人民出版社 2012 年版，第 814 页。
③ 《马克思恩格斯文集》第 5 卷，人民出版社 2009 年版，第 8 页。
④ 《列宁选集》第 3 卷，人民出版社 2009 年版，第 187 页。
⑤ 《马克思恩格斯文集》第 5 卷，人民出版社 2009 年版，第 10 页。
⑥ 《马克思恩格斯文集》第 1 卷，人民出版社 2009 年版，第 186 页。
⑦ 《马克思恩格斯文集》第 1 卷，人民出版社 2009 年版，第 182 页。

社会主义国家,尚处在社会主义初级阶段,虽然我们已经实现了从站起来、富起来到强起来的伟大飞跃,但我们依然还不具备完全消灭私有制的现实条件。当我们如是理解中国消灭私有制的历史进程,也就意味着我们在中国特色社会主义制度下实现共同富裕既是一个历史的过程,也是一个动态的过程,在不同时期有不同内涵。因此,实现共同富裕是一个"持久战",而不是一个"突击战"。①

总而言之,消灭私有制不仅具有必然性,还具有历史性。因此非公有制经济在当代中国还具有存在的历史必然性。

(三)资本的双重批判与非公有制的双重性

仰海峰教授认为:"《资本论》及相关手稿则建构了以资本逻辑为基础的批判理论。"②因此《资本论》为我们理解"资本"提供了理论域。《资本论》整体上给人以对资本主义生产方式的否定、对资本逻辑的否定的印象,加之我们对"批判"一词的理解偏颇,导致我们常常忽视了马克思在《资本论》中对"资本"批判的双重维度。

马克思在《资本论》第三卷第七篇第四十八章中对资本的文明作用进行了总结,他认为:"资本的文明面之一是,它榨取这种剩余劳动的方式和条件,同以前的奴隶制、农奴制等形式相比,都更有利于生产力的发展,有利于社会关系的发展,有利于更高级的新形态的各种要素的创造。"③结合马克思的这个论述,纵观马克思的整个政治经济学批判,可以把资本的文明作用归结为以下几个方面。

首先,资本有利于生产力的发展。作为不断使生产工具和生产关系发生变革的资本所主导的资本主义生产方式有利于生产力的发展是一个不争的事实。其次,资本消解了民族历史并构建了世界历史,打破了文明的地域界限,推动了人的解放。最后,资本打开了空前丰富的使用价值领域。尽管资本主义社会中堆积的大量商品,是工业的宦官"诱取黄金鸟"的工具,但是资本主义所创造的丰富的使用价值,依然是"未来人类个体的全面发展"的物质要素。

马克思在《资本论》中揭示了资本主义发展阶段的历史过渡性即资本主义的自我扬弃,这种自我扬弃根源于资本主义内部所孕育出来的否定自身、超越

---

① 郝永平、高惺惟:《破除对共同富裕的认识误区》,《经济日报》2022 年 8 月 1 日。
② 仰海峰:《马克思的社会转型思想》,《中国社会科学》2022 年第 2 期。
③ 《马克思恩格斯文集》第 7 卷,人民出版社 2009 年版,第 927—928 页。

资本逻辑的感性力量，这种否定自身的感性力量又来源于资本的非自洽性即资本所具有的内在的限度。因此，马克思说"资本就是一个活生生的矛盾"①，这种内在的不自洽性主要表现在以下四个方面。

第一，剩余劳动是对象化劳动的界限。资本为了增殖的需要，必须拿出其中的一部分作为可变资本（工人的工资）雇用工人。如果工人的劳动没有剩余，无法为资本增殖服务，那么资本就不会雇用工人，工人也就没有把自身生命本质力量对象化即劳动进而创造价值养活自己的机会。因此，工人仅仅是资本增殖的手段，而不是实现共同富裕的主体。第二，"必要劳动是活劳动能力的交换价值的界限"②。在资本运动中，资本主义生产的效率原则规定了劳动力这个商品的交换价值即工资是有上限的。因此工人得到的仅仅是作为工人维持自身生存所必需的那点可怜的工资，工人得到的仅仅是为"繁衍工人这个奴隶阶级"所必要的那份可怜的工作。这就意味着在私有制条件下，在资本逻辑中根本没有实现共同富裕的途径。第三，"剩余价值是剩余劳动和生产力发展的界限"③。在资本逻辑主导的生产过程中，一方面要大力推动生产力发展，另一方面每一次生产力的发展又内在地包含着此后对这种生产力的破坏的趋向。资本主义解决"相对过剩"的经济危机，就是以破坏掉已经取得的生产力为代价来重建平衡。只有把这种已经取得的生产力转移到无产阶级手中，才有可能避免遭到破坏，才能构成实现共同富裕的物质基础。第四，使用价值的生产受到交换价值的限制。如果生产出来的使用价值没有办法实现为交换价值，那么这种生产就不会进行。这同样导致了在资本主导的资本主义生产关系中无法实现共同富裕。

可见，作为"以物为中介的人与人之间的关系"④的资本，在推动生产力发展的文明面之下，又有自身的内在限度。作为"对别人的一定数量的无酬劳动的支配权"⑤的资本，决定了自由工人的"赤贫，潜在的赤贫"⑥。因此，从共同富裕的角度来看，就资本的文明面来说非公有制具备了存在的合理性，从资本的内在限度来说我们又要强化驾驭非公资本的能力。综合为一句话，就是毫不动摇

---

① 《马克思恩格斯全集》第30卷，人民出版社1995年版，第405页。
② 《马克思恩格斯文集》第8卷，人民出版社2009年版，第97页。
③ 《马克思恩格斯文集》第8卷，人民出版社2009年版，第97页。
④ 《马克思恩格斯文集》第5卷，人民出版社2009年版，第877—878页。
⑤ 《马克思恩格斯文集》第5卷，人民出版社2009年版，第611页。
⑥ 《马克思恩格斯全集》第30卷，人民出版社1995年版，第607页。

地鼓励、支持、引导非公有制经济健康发展。

三、公有制是实现共同富裕的制度保障

由政治经济学的理论叙事我们可以看出，共同富裕根源于公有制经济。如果没有公有制为基础，那么共同富裕就会沦落为"乌托邦"。回顾中国共同富裕的社会主义实践，自毛泽东、邓小平、江泽民、胡锦涛到习近平，始终把公有制经济作为实现共同富裕的经济基础，即根源于此。因此，无论是按照无产阶级和共产党剥夺剥夺者的理论逻辑，还是中国社会主义事业展开的实践逻辑，社会主义公有制经济才是实现共同富裕的经济基础。

在中国特色社会主义新时代，通过公有制推进共同富裕实现实质性进展，必须注意以下几点。

第一，在推进公有制经济高质量发展中夯实公有制经济的主体地位，在巩固公有制经济主体地位中筑牢共同富裕的物质基础。

只有推进公有制经济高质量发展，才是不断巩固和提高公有制主体地位、国有经济主导作用的根本途径，而不是通过所谓的"国进民退"来完成，更不是通过"资本的二次改造"来实现。推进公有制经济的高质量发展，必须不断完善国有资产管理体制，以管资本为主加强国有资产监管，改革国有资本授权经营体制，推动国有企业完善现代企业制度，公有制经济同样要在服从市场决定资源配置这一市场经济一般规律的前提下，充分发挥资本这一形式的文明面，全面提升国有资本的核心竞争力。总之，"让公有制的运行机制在适应社会化大生产和市场经济要求的基础上"①，而不是"滑回旧社会主义"即传统计划经济的道路上。

第二，发展公有资本主导的混合所有制，促进共同富裕。

大力发展公有资本主导的混合所有制经济，既是推动公有制经济适应社会主义市场经济的必然要求，又是推动公有制高质量发展的重要路径，更是推动共同富裕取得实质性进展的重要手段。大力发展公有资本主导的混合所有制

---

① 陈中南、包倩文、高德步：《新时代公有制促进共同富裕的实现路径探析》，《上海经济研究》2022年第2期。

经济,有利于各种所有制资本取长补短、相互促进、共同发展,激发国有资本的市场活力,实现增值保值,提高竞争力,同时也能够把公有制的优势和非公有制的优势实现有机结合,共同推动生产力迅速发展,从而为共同富裕提供坚实的物质基础;大力发展公有资本主导的混合所有制,不仅在资本增殖方面实现了放大功能,而且会把公有资本对共同富裕的推动作用放大即公有资本的"普照的光"性质。公有资本能够引导和带动非公有资本克服其自身的弊端,对焦共同富裕,从而在优势有机结合中做大"蛋糕"的同时能够更公平地分好"蛋糕"。

第三,加大国有资本划转社保基金力度,促进共同富裕。

当习近平总书记指出共同富裕是全体人民的富裕时,公有制在推动共同富裕的过程中首先要发挥其全面性的作用,因此在做大做强公有制经济的前提下,加大国有资本收益划转社保基金力度就成为公有制推动共同富裕的重要途径。这不仅是由公有制这一生产资料的性质决定的,也是社会主义制度的性质决定的,更是推进共同富裕的现实需要。当"增加低收入群体收入"成为实现共同富裕的保底工作,那么加大国有资本收益划转社会保险基金力度,提高广大人民群众的社会保障,尤其是提升养老金,重点是广大农村群众的基本养老金,对于共同富裕的实质性推进具有重要的意义。因为基本养老金是老年人这个群体的主要收入来源,对老年人的生活水平和生活质量具有重要的影响。因此,国有资本收益划转社保基金,提升社会保障水平,既是防治贫富分化的重要手段,也是增进社会公平的重要手段,更是推动共同富裕的重要手段。

第四,调整公有制经济收益的共享方式,促进共同富裕。

公有制经济尤其是国有企业的利润在留足企业可持续发展基金的基础上上缴公共财政。虽然取之于民、用之于民,但是作为主人的普通人民并没有太多的"获得感"。在全面落实共同富裕的今天,在推进共同富裕取得实质性进展的新时代,在我国国内生产总值突破一百万亿元大关、迎来从富起来到强起来的当下,我们已经具备实施"国有资产经营收益向全民分红"[①]的条件和基础。通过公有制经济收益方式的调整,建立国有资产全民分红制度,既是公有制经济社会主义属性的体现,又是公有制经济推动共同富裕的重要手段。

综上所述,没有公有制,就没有共同富裕。没有公有制的基础,就没有共同

---

① 程恩富、伍山林:《促进社会各阶层共同富裕的若干政策思路》,《政治经济学研究》2021 年第 2 期。

富裕的制度保障。因此,我们在中国特色社会主义推进共同富裕的过程中,要始终坚持公有制经济的主体地位不动摇,在推进公有制经济高质量发展中巩固公有制的主体地位,为实现社会主义共同富裕创造物质基础和物质保障。

四、非公有制经济是实现共同富裕的重要支撑

由政治经济学的理论叙事我们可以看出来,私有制是造成两极分化的重要根源。因此,非公有制经济作为资本逻辑主导的经济形式,本身并不能带来共同富裕,任其发展可能会造成严重的两极分化。但资本(这里指非公有资本,下同)具有双重效应,科学理解资本的双重效应,是我们正确理解中国特色的共同富裕之路、破解各种错误认识的关键之所在。在利用资本发展生产力的同时,我们也要看到资本并不是"万能的","私有化"也不能解决一切问题。相反,内生于资本逻辑的固有弊病导致资本的无序扩张和野蛮生产也带来了现实问题。因此,我们必须在公有制和非公有制的辩证逻辑中而不是在"二元对立"的逻辑中看待非公有制。从当前的生产力发展水平来看,我们还没有发展到再次消灭非公有制经济的历史阶段;当然也就不存在所谓的"杀富济贫""劫富济贫""私有资本的二次改造"等可能性了。

推动非公有制经济高质量发展,为实现共同富裕继续"做大蛋糕",必须注意以下几个方面。

第一,在坚持巩固基本经济制度中,推进非公有制经济高质量发展,推动共同富裕。

一方面,公有制和非公有制经济共同构成了我们国家的经济基础,根本不存在谁"进"谁"退"的问题,而是要推动二者共同的高质量发展;另一方面,推动非公有制经济高质量发展的根本途径同样是在遵循市场经济基本规律的基础之上,即在社会主义市场经济的轨道中。因此,既不存在"国进民退",也不存在"公有私有化"的问题。

第二,在坚持市场决定作用的同时,引导非公有资本"脱虚入实",推动共同富裕。

"实体经济领域是'做蛋糕',虚拟经济领域是'分蛋糕',而资本的本性是分

'蛋糕',不想做'蛋糕'"①。这也就是马克思所说的周期性的"狂想症"——"企图不用生产过程作中介而赚到钱"②。虚拟经济的特点给资本制造了不做或者少做"蛋糕"但能分到甚至多分"蛋糕"的空间,从而导致实体经济的萎缩,而实体经济才是实现共同富裕的物质基础。因此,我们要在坚持市场在资源配置中起决定性作用的同时,加强对资本的引导,健全对资本市场的管理,引导资本"脱虚入实",从而在非公有资本健康发展的同时,为实现共同富裕创造更多的物质财富,奠定共同富裕的物质基础。

第三,在坚持"毫不动摇"的同时,发挥好政府的作用,划定资本发展的边界,推动共同富裕。

澄清资本发展的边界,这既是资本健康发展的前提,也是为资本设置"红绿灯"的前提。说它是资本健康发展的前提,一方面,因为有了边界,资本自身知道应该在什么范围内发展,知道自己应该做什么不应该做什么。另一方面,因为有了边界,同时也就意味着为权力设定了边界,政府在发挥作用的过程中既不能缺位,也不能越位,从而做好"守夜人"的角色。说它是划定"红绿灯"的前提,因为只有这个边界清楚了,才能确定是设置"红灯"还是"绿灯"。为资本设置"红灯",并不意味着遏制和消灭资本,并不等于放弃支持非公有制经济的发展,"防止资本的无序扩张不等于放弃保护私有财产"③,而恰恰是引导非公有制经济健康发展的举措。

第四,健全非公有制经济的财税政策,发挥非公有制经济的正向作用,推动共同富裕。

在推进共同富裕的新时代,我们需要不断地完善关于非公有制经济的相关财税政策,让其在实现共同富裕中发挥更多的正向作用。虽然非公有制经济主要是按照生产要素进行分配,在本质上是所有权分配,但是国家可以通过相关的制度进行管理和调控,发挥国家政策在初次分配和再分配中的调控作用。例如,调整最低工资,调整非劳动因素取得的超高收入的个人所得税的边际税率,借鉴美国、法国等国家的退籍税,借鉴日本等国家的遗产税,借鉴美国等国家的资本利得税,等等,通过健全和完善这些相关的财税政策,合理调节高收入,缩小

---

① 刘凤义:《论社会主义市场经济中资本的特性和行为规律》,《马克思主义研究》2022 年第 9 期。
② 《马克思恩格斯文集》第 6 卷,人民出版社 2009 年版,第 68 页。
③ 乔晓楠、何自力、王奕:《防止资本无序扩张的政治经济学分析》,《南开经济研究》2022 年第 5 期。

不同阶层的收入差距,扩大中等收入群体的规模,推动共同富裕扎实向前迈进。

第五,完善非公有制经济参与慈善捐赠的激励机制,推动共同富裕。

2021 年,中央财经委员会第十次会议中提出,构建初次分配、再分配和三次分配共同推进共同富裕的基础性制度安排。中央提出"三次分配"后得到了一些企业和集团的积极响应,腾讯、阿里巴巴等先后捐出巨额资本作为推动共同富裕的专项资金。当然这一过程中也出现了一些不同的声音,如"强制捐款"的论调。我们重视三次分配的重要作用,发展社会慈善事业,我们鼓励有条件的企业和个人捐赠财物给穷人、弱者,推动共同富裕的实现,但前提是自愿性。"三次分配",不是"劫富济贫",更不是"被捐款"和"强制捐款"。我们要通过完善非公有制企业及企业家参与慈善捐赠的政治、经济激励机制,鼓励广大民营企业和企业家参与到慈善捐赠行列中来,为推动共同富裕发挥重要作用。

五、小　结

实现共同富裕是中国共产党人一以贯之的追求和目标,只是到了具备推进共同富裕扎实迈进条件的中国特色社会主义新时代,共同富裕成为"中心课题",再次引发了人民的关注。通过马克思主义政治经济学的理论澄清,我们可以看到公有制占主体地位的生产资料所有制以及其决定的以按劳分配为主体的分配方式,才是推进共同富裕的决定性的制度保障,资本的文明面和内在限度决定了我们既要鼓励和支持非公有制经济的发展,发挥其在实现共同富裕中"做大蛋糕"的正向作用,又要不断提升驾驭资本的能力,引导和规范非公有制经济的发展,限制其在实现共同富裕中"挤占蛋糕"的负向作用。片面地强调公有制经济而完全否定非公有制经济,或夸大非公有制经济的作用而忽视或者否定公有制经济的决定性作用,都是违背马克思主义的。总之,实现共同富裕是一个在社会主义市场经济轨道上推动公有制经济和非公有制经济高质量发展中,不断调整高收入、提升低收入、扩大中等收入群体比重的过程。

识别共同富裕的关键因素：
技术、中产阶级、治理

罗智芸

摘　要：共同富裕是社会主义的本质要求，是中国式现代化的应有之意。在"瑞典模式"销声匿迹和福利神话破灭后，西方马克思主义学者展开了对福利社会的观察、批判和反思，决定论、阶级和治理等概念重返论争焦点。作为福利社会的正向对照，共同富裕展现出强劲的生命力。"在高质量发展中促进共同富裕"，反映中国式现代化以经济改革与社会治理方式呈现的对效率和公平的追求，即抓住新产业革命的历史机遇、着力扩大中等收入群体规模、建设社会治理共同体。从共同富裕的系统构建出发，"技术""中产阶级""治理"成为可行性分析的三要素。从这个视角来看，共同富裕的本质是制度和价值的互动联通，既要实现富裕的全体全面全方位，更要注重强调防范技术的功能性屏障，探寻中产阶级再组织化的路径，增进治理主体的相互协同。

关键词：共同富裕　后马克思主义　技术决定论　艾伦·伍德

作　者：罗智芸，中共浙江省委党校马克思主义研究院讲师，研究方向为国家理论、文化认同。

共同富裕，是继全面建成小康社会后对中国式现代化的又一擘画，在中国式现代化的场景下，"富裕"映现了小康社会物质积累的阶段性胜利，"共同"要求以人民为中心，着力解决发展结构不平衡、发展体量不充分的问题。从着眼于脱贫攻坚到侧重中等收入群体、城乡发展差距、收入分配不均等短板，在绝对贫困治理取得显著成效的条件下,推进共同富裕需要聚焦区域、城乡、行业间的差异性失衡。这决定共同富裕的实践逻辑是全面富裕、共建富裕、全民富裕,是一项具有系统性特征的建设工程。由于共同富裕战略擘画和示范区尚处于整体谋划的起步阶段,因此识别推进共同富裕的关键因素,对实现中国式现代化是全体人民共同富裕的现代化尤显重要。从比较研究的角度而言,"福利社会"作为"共同富裕"的对照组已然不证自明,福利社会神话的破灭更招致了西方本土学者的批判。在资本主义进入知识经济的后工业时代,技术资本主义瓦解了传统创造财富的劳动主体和方式;与此同时,中国历经四十余年的改革开放也同样呈现出相似的问题与矛盾。以此为契机,借助西方马克思主义学者对福利制度的反思,针对现代社会的普适性问题,如新技术革命支持网络空间与真实世界的融合,甚至在边界模糊的情景下,虚拟世界凸显强劲的适应性和导向性。在技术革命的加持下,"技术资本主义"这种经济关系在阶层领域表现为,阶层流动加速与阶层固化同步进行,"草根逆袭"与"家族世袭"话题霸占日常生活。并且在"人人都是自媒体"的时代,相对收入差距被可视化和放大化,"患不均"成为新形势下动摇社会稳定的风险因素。可见,技术、中产阶级以及治理体现了知识经济时代的一统,在追求全体人民共同富裕的现代化的过程中,既需要考虑技术与资本逻辑共契的后发阶段是技术由一般性服务手段蜕变为资本特有的权力运行,"技术赋能""媚化资本""驯化民众"都对国家治理结构和能力提出了新挑战,又需要合理设定治理主体与客体的关系定位。总体而言,技术革命的外溢性负效应违背了技术服务社会的初衷,虚拟空间对真实世界的挤压,加大了评估共同富裕界定的难度。因此需要进一步定位影响共同富裕高质量发展的制约因素,进而提升对共同富裕实操性的集体认识和实践诉求。

一、西方马克思主义对福利社会的观察

西方马克思主义学者通过对现代资本主义国家的观察,认为在技术革命的加持下,社会阶层日益分化,尽管资本主义国家总体上仍然保持"两头小、中间大"的社会结构形态,但中产阶级内部的结构分化动摇了票选民主的根基。具体来看,技术革命改进了粗放型经济增长方式,促进了社会财富的大量增长,基

本满足社会大众的最低生活需要，以技术型和知识型为主体的中间阶层被视为社会的中坚力量。在此过程中，正如恩格斯所发现的"英国无产阶级实际上日益资产阶级化了"①。不仅是无产阶级内部出现了"资产阶级化的无产阶级"，工业无产阶级同时蜕化变质，分化为一般工人、职业工人和精英工人，他们彼此之间由于相对收入差距而与原组织脱离，共同体内部政治认同分化，马克思主义意义上的无产阶级在资本主义国家大幅度减少。技术革命不仅造成了工业无产阶级内部的分化，更侵蚀了无产阶级作为革命阶级自我革命、自我觉醒的意识。对此，不仅是马克思主义经典作家，包括列宁主张"把社会主义思想和政治自觉性灌输到无产阶级群众中去"反对自发性②，西方马克思主义学者同样指出，在同等的社会福利条件下，由于资本剥削手段的隐蔽、工会组织乃至资本家惯用的矛盾转移策略，使得工人一时难以分辨现象与本质的界限，将生存和发展困境归因为资本政治团体策略失误，搁置资本主义制度痼疾讨论，滑向拥护资本主义的阵营。尽管社会结构的变化和社会阶层的同化充满了迷惑性，但只是从人数上改变了两大阶级对立的表现形式，实质仍然是两极分化、阶级斗争。且由于资本积累形式的变化和阶级间由财富、教育、信息等资源不对称，财富越来越集中在少部分人手中，不仅是两大阶级之间，资本主义国家内部各阶层中的中间和边缘群体都会陷入资源争夺战中。因此，福利国家的阶级斗争，不仅是一对一的单向对抗，更潜藏着一对多、多对多的离散性和突发性社会风险的可能。

在此社会背景下，后马克思主义明确表示抛弃马克思的主体性和阶级概念，放弃关于社会主义取代资本主义的幻想。拉克劳和墨菲在《领导权与社会主义的策略》中指出，马克思主义理论的三个基本论题：生产力发展规律、工人阶级的普遍贫困和工人阶级代表社会主义根本利益，"这三个方面是错误的"③。依据是，马克思忽略了劳动过程，准确地说是劳动力劳动过程中技术指导的因素。他们认为，工人在劳动过程中并非完全处于被动地位，现代社会所需的劳动分工和生产集约化，一定程度上也依靠工人阶级对资本控制机制的反制。拉

① 《马克思恩格斯选集》第4卷，人民出版社2012年版，第434页。
② 《列宁选集》第1卷，人民出版社2012年版，第285页。
③ ［英］恩斯特·拉克劳、查特尔·墨菲：《领导权与社会主义的策略——走向激进民主政治》，尹数广、鉴传今译，黑龙江人民出版社2003年版，第85页。

克劳等人将此视为以劳动过程机械化为核心的惩戒阶段。之后,工人阶级和资本家进入相互认同、妥协的"契约惩戒阶段"。在该阶段,资本家迫于工人阶级斗争的压力改变其控制机制,例如:限定工作时间,工人阶级则因工会得以保障自己的利益。因此,在生产关系同时是一种政治机制的条件下,也就瓦解了生产作为中性的、自动的和单线的特性。拉克劳和墨菲进一步解构"工人阶级"概念。认为,由于现代资本主义国家工资制的普遍化,不仅是工人阶级在数量和重要性上急剧下降,工人阶级内部同样发生了分层、分化和分裂,高级技工、半技工和劳工共存。工人处于中心和边缘两端的表现,不仅是经济分化的自然过程,更会直接影响他们作为政治主体参与民主的有效性。而对于最后一个论题,他们指出,所谓的工人阶级的"客观利益",只代表分裂的社会代表中特定主体的调和,工人阶级内部的分裂在一开始就决定了,他们的主张是不真实的和缺乏同一性的。概而论之,拉克劳和墨菲通过解构决定论和"工人阶级",主张社会发展不能归结为生产力发展的结果,作为社会发展的革命力量——工人阶级,也因为客观利益基础的陷落,由多元主体,主要是基于相同政治认同的身份政治所取代。

技术资本主义不仅瓦解了社会阶层,佐证历史唯物主义的"缺陷"——生产力决定论的有限解释,更因为民族国家交往平台的扩展,准确地说,是国家在世界政治经济秩序中,军事暴力增强与非暴力合作的变化,传统国家依仗的"配置性资源"(吉登斯语,指经济),已经难以有力地解释后工业社会,由知识经济引起的国家与社会的双向失灵与意义危机。"经济决定论"不能视为决定社会组织和变迁的唯一解释,是他们的集体共识。因此,不仅是吉登斯试图以"第三条道路"冲破民主社会主义和新自由主义"左""右"之分的福利国家改革之路,鲍德里亚和杰索普同样分别以"符号政治经济学"和"文化政治经济学"对马克思主义进行发展。不同的是,鲍德里亚被视为是对马克思政治经济学的背离,忽略了劳动作为一个历史范畴的具体内涵。而杰索普借助文化,在资本逻辑和阶级逻辑外另辟蹊径,充分地参与到关于"治理"和"元治理"的讨论中。简单来说,文化政治经济学批判的是后福特主义国家治理失败,尤其是2008年以来金融危机后资本主义国家大范围内的滞涨,表征的是在以知识经济为核心范畴的资本积累逻辑中,资本统治集团内部展开了争夺积累方式统治权的竞争,①进而破坏了工业生产时期形成的积累策略、政治策略和文化领导权之间的平衡,政治与文化亦相互竞争,导致了文化领导权与文化生产之间的争夺战。所以,杰索普针对现代资本主义国家展开的文化政治经济学批判,批判的是资本主义国家在积累策略发生代际传递的现实情景中,国家难以摆脱前现代的工业生产逻辑,及时有效地调整相应的政治策略,提供灵活多变的文化产品,进而导致政治与文化相互形塑的环节发生断裂,造成整体性的系统危机。

二、艾伦·伍德的技术决定论批判

需要指出的是,尽管拉克劳和墨菲在解构马克思主义基本范畴、回应现实资本主义的过程中不乏真知灼见,但由于其已偏离历史唯物主义的传统,非决定论的社会历史观充满了随机性、偶然性,亦颇具争议。与哈贝马斯相比,他重建历史唯物主义的起点是借助"交往行为"补充社会劳动,而拉克劳等人否定基本范畴。他们代表了重建历史唯物主义的两种倾向,根本目的在于反思劳动价值论对于解释社会进化的有效性,后期艾伦·伍德等学者重新唤起对社会发展普遍规律的坚定信仰,驳斥以"技术决定论"遮掩资本主义特殊化和"欧洲中心论"的论调。

第一,还原历史决定论。艾伦·伍德说明现代性、资本主义、全球化等概念实质都是在同一论域阐明一个论断,即社会发展动力不是技术决定论。伍德指出,现代性起源于启蒙运动,然而启蒙运动中蕴含的要素不仅是资本主义的,还具有前资本主义,甚至大量的非资本主义要素。而将历史发展始终认为是技术发展的自然过程,实际上是诱导关于资本主义必然的共同认识,"否定或者掩盖资本主义的特殊性"②。受启蒙运动启发的现代社会、资本主义发展,与其说是脱嵌于其中的新生发展力量,不如说是在前资本主义向资本主义过渡中,借助、张扬了启蒙运动中适应于资本主义生产关系的要素。所以,将资本主义等同于

---

① Sum Ngai-Ling, Jessop B: *Towards a Cultural Political Economy*, Edward Elgar, 2013:183.
② [加]艾伦·梅克森斯·伍德:《现代性、后现代性或者资本主义?》,宁跃译,《国外社会科学》1998年第3期。

现代性不仅是倾向于将现代性视为历史的一种标准看法,更掩盖了从前资本主义社会向资本主义社会过渡的连续性,夸大资本主义的特殊性进而从意识形态层面合理化"欧洲中心论"的论调。所以,以"帝国主义的严重阻碍"来为"欧洲中心论"、奴隶贸易开脱①,实际上是转移矛盾焦点、混淆是非。欧洲成熟的资本主义发展模板在创制合理性的同时又制造出了制度的"牢笼",但站在"欧洲中心论"的立场,反而掩盖了其自救的道路。此外,更重要的是,以技术决定论延伸到社会发展的一切阶段,不仅是漠视前资本主义社会的发展史,更矮化了马克思的社会动力论,无法参与到全球化和后现代社会的讨论中。

第二,作为过程和关系的阶级。艾伦·伍德认为,阶级概念是理解马克思主义的核心,这需要进一步地从"作为过程和关系的阶级"两个层面来分析。首先是定位马克思解释历史发展的起点和动力——阶级斗争,其次是阶级消亡是马克思一直宣扬的无产阶级革命的最终目标。所以,在马克思论述社会革命的具体语境中,工人阶级之所以重要,原因在于只有工人阶级的产生和发展模式甚或是自身追寻的最终价值,才能超越一般阶级追求永恒的铁律。伍德认为,马克思跨越了政治精英和阶级固化的庸俗追求,在以"阶级"作为分析单位的前提下,构建了远超自由民主的阶级革命观和社会历史观,"没有这一点也就没有马克思主义"②。"阶级"作为分析单位和核心概念,串联起了马克思的社会批判理论和社会发展规律。针对所谓"新的'真正的'社会主义"将阶级与社会基础分割,否认政治与经济的必然联系,视阶级为社会主义方案中无关紧要的附庸,伍德指出,这实际是陈腔滥调的"新修正主义"。因此实际的问题是,如何保留工人阶级在新社会运动中的革命性,答案是把握工人阶级的结构性变化。进而在她思考阶级的理论纬度中,除传统马克思主义经济决定论的视角之外,还包括结构定位。在她看来,结构定位是一种与地质学分层模式类似的界定,相当于"阶层"的一般理解,由于划分标准不同,可能存在多种形式的阶层。

第三,国家是任何一种形式的公共权力。艾伦·伍德认为,全球化对民族国家建设提出了更多的要求。在全球化时代,资本充满了同质性,在现行市场开放条件下,加剧了国内市场对国际资本的依赖,附庸经济形式的畅销携带着

① [加]艾伦·梅克森斯·伍德:《资本主义的起源——一个更长远的视角》,夏璐译,中国人民大学出版社2015年版,第25页。
② [加]艾伦·梅克森斯·伍德:《新社会主义》,尚庆飞译,江苏人民出版社2002年版,第12页。

极富黏着性的资本逻辑，展示了主权国家对全球化负面效应的依从，而帝国经济一方面尽力与之保持距离，却造就了更高需求的资本帝国主义。对标资源和市场化配置，要求整个社会政治经济秩序"高度制度化和规范化"[①]，国家作为公共资源的所有人和支配者，相应地成为该项任务的首要负责人。所以，对部分地区和国家而言，国家不仅没能从国内党派之争中脱离出来，而且在国际交往日甚和全球资本主义的环境下，深受资本异质性之害，成为多元主义话语体系下资本的附庸。然而，马克思主义关于社会发展规律的思考是在资本主义范畴内完成的。这种分析框架的矛盾与其批判鲍威尔混同宗教解放与政治解放相似，即由观察样本——资本主义国家得出的结论，在何种程度上适用于整个社会发展阶段。基于此，艾伦·伍德认为，有必要区分"提高生产力"和"变革生产力"[②]，前者是社会发展的普遍要求，而后者则专属于资本主义，这与伍德一直强调资本主义具有特殊性相关。但这种特殊性并不是认同以技术决定论的视角，主张资本主义与前资本主义的非连续性，相反，按照马克思主义的解释，二者的连续性正好揭露资本主义被遮蔽的特殊性。由此资本主义的特殊性就表现为集前资本主义、非资本主义等要素为一身。所以，"国家"的一般性概念，被重新定义为"任何一种形式的公共权力"，文明国家既是阶级统治，更是公共权力的代表。

三、技术—阶层—治理：共同富裕可行的要素定位

通过拉克劳、墨菲与伍德的论争可见，后马克思主义立足技术资本主义社会的观察，从反还原论的角度重新审视阶级、国家，在达成解构马克思主义理论诉求的同时，如何应对福利危机的实践诉求仍然束手无策；而以艾伦·伍德为代表的政治马克思主义者，在资本社会价值冲突加剧、价值认同失范的外在表征之外，坚守阶级分析方法，搭建起其与人类社会发展规律的逻辑链条，指出资本主义"变革生产力"的特殊性和马克思主义"提高生产力"一般要求的本质区

---

① ［加］艾伦·梅克森斯·伍德：《资本的帝国》，王恒杰、宋兴无译，上海译文出版社2006年版，第2页。

② ［加］艾伦·梅克森斯·伍德：《民主反对资本主义——重建历史唯物主义》，吕薇洲、刘海霞、邢文增译，重庆出版社2007年版，第80页。

别。福利主义滋生的社会问题以及后马克思主义边缘化的话语现状,表明探讨技术资本主义,无论是以领导权为政治分析的核心范畴,还是以"符号政治经济学"超越劳动价值分析,都旨在于"解释"资本主义的新变化,而问题的关键在于破除危机,达成对国家现代化制度保障和政治想象的规范性需要。在此条件下,西方马克思主义学者定位技术资本主义、指涉中产阶级和国家互动在全球治理范畴中的整体转型,为现阶段探索共同富裕可行性研究提供了视角。

第一,防范技术的功能性屏障。进入新一轮科技革命迭变期,人工智能有力地推动了经济发展,在实体经济背后,由大数据支撑的虚拟经济日益成为新一代社会大众生活的另一场域。鲍德里亚的"符号"经济证明由物的消费过渡到符号消费,是后工业社会消费逻辑的主导,是由符号到物并主要以实物为表现形式的经济发展阶段;在虚拟经济时代,依赖的是云计算、大数据,"资本裹挟""数据为王""流量变现"主导着网络空间的生产、交换和消费。通过线上线下终端结合,在智能化的同时对个体和社会组织发起了挑战。"对就业和收入分配带来深刻影响,包括一些负面影响",习近平总书记对产业变革的辩证思考,说明防范技术功能性屏障的重要性。因为技术的开发主体、应用范围、传播速度、线性效果,决定并支持受众迅速形成差异显著的收入结构。所以,在缺乏培训教育的情况下,社会弱势群体不仅难以共享技术发展成果,更可能成为技术弊端的首要冲击对象。反思西方马克思主义学者分析"技术—阶层分化—解构工人阶级"的理路,属于"由果到果"的无效拆解。因此,为推进共同富裕,制约技术消解共享经济的公共性,关键是从源头确立法治观念、完善制度保障、配置治理结构。

第二,探寻中产阶级再组织化的路径。正如西方马克思主义学者的分析,技术资本主义被遮蔽的主要影响是作用于社会阶层,中产阶级首当其冲,阶层分化、政治站队、利益互斥成为组织生活的常态。与阶层分化孪生的是阶层固化,技术革命加速中产阶级内部边缘群体跌落,层级下降,侧面维系和稳定中产阶级作为利益共同体的集体画像。因此,中产阶级的稳定性不仅表现为与低收入群体互斥,更成为支撑其代际传递和阶层亲缘的组织力量。由此,在高质量发展中推进共同富裕,不仅是目标价值层面的发展成果由人民共享,更需要定位发展主体,发挥中等收入群体共建共治共创的治理能力。正如习近平总书记所指出的"扩大中等收入群体比重""推动更多低收入人群迈入中等收入行列"

"防止社会阶层固化，畅通向上流动通道"，依靠高校毕业生、技术工人、中小企业主、个体工商户、进城农民工、公务员，创造"创新致富"的良好社会环境，运用再分配机制，加大税收、社保、转移支付等调节力度和精准性，保障低收入群体，认同中等收入群体，规范高收入群体。以缩小收入差距为突破口，畅通阶层流动渠道，改阶层认同为文化认同，凝聚集体共识，引导中产阶级的再组织化，树立社会责任感和使命感。

第三，增进治理主体的相互协同。在"共同富裕"相关问题的研究中，相当一部分学者基于对中国社会的观察，提出发展质量、资源分配、社会保障、税收制度、相对绩效、老龄化社会、户籍管理等对共同富裕基础和发展的挑战。中国由于体量大、发展快，相应地在总体发展趋势向好的同时，显性危机和隐性风险共存，在现代性造就的风险社会在西方国家随处可见的情况下，更应该充分认识共同富裕的长期性、艰巨性和复杂性，坚持循序渐进。因此，共同富裕的制度设计"要使各发展主体有动力、有能力朝着共同富裕的目标迈进"[1]，成为推动社会结构和功能调整，重塑和规范社会主体间关系的治理思维。党的十八届三中全会后，"国家治理现代化"的学界共识不仅是确立国家的元治理地位，更重要的是承认国家之外，市场主体、社会组织或民众自治组织"大有可为"的自觉意识和治理能力。因此，国家治理现代化与共同富裕的双重耦合，产生的外溢效应是从结构、功能到主体的全方位覆盖。从规范和引导的角度审视共同富裕的中国式现代化进程，顺应技术分工和虚拟经济的生产生活方式，要求激发社会活力，解放社会主体参与治理的限制，引导自媒体合理合法聚势赋能，搭建城市与农村治理交流的平台，形成共性问题议事协商的体制机制。重要的是，社会大众高度认可共同富裕可行性方案，强化主人翁意识，自觉担负社会责任，凝心聚力共谋发展。

推进共同富裕，问题的关键是如何在内外矛盾交织、国内改革发展的艰巨任务下，运用战略性优势条件，构筑网络技术异化防火墙，凝聚社会大众对共同富裕的政治认同，拓展社会治理主体的范畴并搭建其政治参与和社会互动的体制机制。"中国特色社会主义是实现中华民族伟大复兴的必由之路。"[2]这是新

---

① 郁建兴、任杰：《共同富裕的理论内涵与政策议程》，《政治学研究》2021年第3期。
② 习近平：《不断巩固中华民族共同体思想基础，共同建设伟大祖国，共同创造美好生活》，《人民日报》2022年3月6日。

时代中国"成功密码",也是不断推进全体人民共同富裕的战略思维和工作部署。依托中国特色社会主义制度保障,确保以人民为中心,目标是实现人民群众共同富裕。"马克思主义教育工人的党,也就是要教育出一个无产阶级的先锋队,使他能够夺取政权并引导全体人民走向社会主义,指导并组织新制度……"①工人政党的有机整体性表现为先锋队定位、夺权建制路径和人民价值取向。所以,综合"必由之路"的历史揭示和"无产阶级政党先锋队"职责,对照西方马克思主义学者对福利制度的现实观察和评判分析,其启示性在于重视技术异化、阶层分化和治理碎片化,要求亮出中国特色社会主义底色,以制度优势规范技术改革,以文化认同铸牢民族凝聚力,以国家治理规避治理失效风险;而艾伦·伍德捍卫马克思主义历史决定论的努力,置于推进共同富裕的时代任务下,不仅是要警惕慎思以技术决定论为中心的西方话语,防止过度对接"舶来品"——现代化招致的"利益至上""价值失范""文化失位",从不断推进马克思主义中国化时代化的发展角度而言,更要结合世情国情社情,丰富关于阶层结构的系统性认识,使国家由权威逻辑主导的单一行为体,转变为法治逻辑下的复合型政治组织,着眼于建设人民满意的服务型政府。

---

① 《列宁选集》第3卷,人民出版社2012年版,第131—132页。

系统论视域下推进民族地区
共同富裕的路径探究

葛天博

摘　要:实现共同富裕是社会主义的本质规定和奋斗目标,推进民族地区共同富裕是其应有之义。民族地区共同富裕需要整个国家、社会的共同努力,确保少数民族一个都不能少。在这个过程中,系统观念是具有基础性的思想和工作方法。基于建党一百周年总结的"十个坚持"经验,同样无差别适用于民族工作。"十个坚持"形成了新时代系统推进民族地区共同富裕的体制机制,对于整体推进中华民族伟大复兴目标的实现具有顶层意义。

关键词:系统论　共同富裕　十个坚持

作　者:葛天博,绍兴文理学院浙江省铸牢中华民族共同体意识研究基地副教授,研究方向为民族理论和民族经济。

2021年11月11日,中国共产党第十九届中央委员会第六次全体会议公报中指出,自1921年7月1日中国共产党成立以来,党领导全国各族人民取得了历史性成就,"积累了宝贵的历史经验"[①],即包括"坚持党的领导,坚持人民至上,坚持理论创新,坚持独立自主,坚持中国道路,坚持胸怀天下,坚持开拓创新,坚持敢于斗争,坚持统一战线,坚持自我革命"[②]在内的"十个坚持"。"十个

---

① 《中国共产党第十九届中央委员会第六次全体会议公报》,人民出版社2021年版,第15页。
② 《中国共产党第十九届中央委员会第六次全体会议公报》,人民出版社2021年版,第15页。

坚持"是党运用系统方法推进马克思主义理论中国化及其创新的新成果,"在这个过程中,系统观念是具有基础性的思想和工作方法"①。"十个坚持"同样适用于新时代民族工作,不仅为促进民族地区经济发展提供了思维镜像,而且为推进民族地区实现共同富裕迸发扛鼎之力。

一、坚持党的领导统领民族地区共同富裕

在推进民族地区共同富裕过程中坚持党的领导,就是在"不断增强各族群众对伟大祖国、中华民族、中华文化、中国共产党、中国特色社会主义的认同"②形成中,以坚持党的领导作为检验民族地区共同富裕是否保持正确方向的标准,自始至终能够把各族人民紧密团结在各级党组织的周围。

历史证明,在百年血与火的熔炼中,中华民族优秀儿女在挽救民族危亡、寻求民族独立解放的过程中,积极站在革命的立场上传播先进的马克思主义。无论是在大革命时期、土地革命战争时期、抗日战争时期、解放战争时期以及后来的社会主义革命与建设时期、改革开放与中国特色社会主义建设新时期,直至当下中国特色社会主义新时代,全国各族人民始终紧密团结在中国共产党的周围,在各级党组织引领下,各族人民群众真正感受到中国共产党建设中华民族共同体的信心与决心,自觉形成"一心向党"③的政治认同。

中华人民共和国成立以后,各民族不仅在经济发展方面不断缩小差距,而且有力地促进各民族共同繁荣。《宪法》规定"坚持中国共产党领导",为推进民族地区共同富裕提供了法理依据。要维护党的权威,全面增强党在民族地区"经济、政治、文化、社会和生态"等"五位一体"总体布局中的领导权威,持续强化各族人民对中国共产党推进民族地区共同富裕领导权威的认同。以贯彻落实党内法规和国家法律为主要治理手段,提升民族地区人民群众在学法用法过程中增强接受中国共产党领导的思想自觉。要加强历史教育,通过各族人民喜

---

① 习近平:《关于〈中共中央关于制定国民经济和社会发展第十四个五年规划和二〇三五年远景目标的建议〉的说明》,《人民日报》2020 年 11 月 4 日。

② 习近平:《在全国民族团结进步表彰大会上的讲话》,人民出版社 2019 年版,第 8 页。

③ 国家民族事务委员会:《铸牢中华民族共同体意识——全国民族团结进步表彰大会精神辅导读本》,民族出版社 2021 年版,第 4 页。

欢乐见的传播方式,推动各族人民常态化长效化学习党史、新中国史、改革开放史、社会主义发展史,自觉增进历史认同。

二、坚持人民至上筹划民族地区共同富裕

"为中国人民谋幸福、为中华民族谋复兴"[①]的目标,是中国共产党持之以恒的使命。"江山就是人民,人民是江山。"[②]中国共产党打江山的根本意义在于让全国各族人民当家作主,推进民族地区共同富裕的落脚点是推进中华民族共同体建设,最终实现中华民族伟大复兴,其根本的意义在于实现各族人民对美好生活的向往。

坚持人民至上,就是在坚持党的领导下,用人民是否满意作为评价一切工作的标准。经济发展应以人民生活得到改善作为检验人民至上的理念是否贯穿经济发展全过程,改革开放成果应以人民共享得到切实保障作为人民至上的实践证明,人民至上不仅在物质和精神两个层面上得到全局性反映,而且要在国家政治制度建设方面得到全要素体现。通过法治国家、法治政府、法治社会建设保障人民民主,扩大人民参与民主全过程、建立全方位民主协商、提升人民监督质效,最大程度在推进民族地区共同富裕新阶段中充分聚集人民力量。

坚持人民至上,就是要不断满足各族人民不断增长的美好生活需要。要完善中国特色协商民主制度,持续改善党群关系和干群关系,推动全过程人民民主落地落实,在立法和政策制定过程中体现各族人民的共同意志。要推进民族地区经济发展,采取特色产业培育、资源产业化、国家重大项目带动、东西部对口协作、产业数字化等促进措施,加快推进民族地区经济社会发展,持续缩小地区间差距,逐步夯实推进民族地区共同富裕的物质基础。要创新民族地区教育制度,深化民族地区双语教育教学模式改革,实施民族地区双语教师培养专项工程,深入挖掘各民族传统文化,对民族文化进行创造性转化,不断增强民族地区共同富裕的文化基础。

---

① 习近平:《在庆祝中国共产党成立 100 周年大会上的讲话》,人民出版社 2021 年版,第 3 页。
② 习近平:《在党史学习教育动员大会上的讲话》,《求是》2021 年第 7 期。

三、坚持理论创新赋能民族地区共同富裕

"没有革命的理论，就不会有革命的运动。"①理论创新就是根据马克思主义基本原理，运用马克思主义历史唯物主义辩证法，实事求是分析当下中华民族共同体意识形成、发展的客观环境与主观意识。在总结过去一百年推进民族地区共同富裕的经验基础之上，不断推进理论指导实现和实践生发理论的创新工作。

理论创新是中国共产党成立以来领导中华民族实现"民族独立、人民解放，国家富强、人民幸福"的历史经验②，当代国际局势遇到百年未有之变局，"如果发生重大风险又扛不住，国家安全就可能面临重大威胁"③。应对总体国家安全需要"打牢民族团结的思想基础，最大限度团结各族群众"④，这就需要通过理论创新推进民族地区共同富裕。"理论一经掌握群众，也会变成物质力量。"⑤没有理论创新，旧有的理论就会因为客观条件变化而导致在解决民族问题中出现教条主义、经验主义，不仅不利于民族团结，还会贻误中华民族伟大复兴的进程。

坚持理论创新，应遵循历史逻辑、理论逻辑和实践逻辑的辩证统一。要学深吃透经典著作，深刻理解马克思主义理论体系中的逻辑结构，领悟系列论断与当时政治、经济、文化和社会之间的内在联系。要弄懂经典作家提出真理性论断的时代背景与理论内涵之间的关联，为当下分析推进民族地区共同富裕所处的时代环境提供理论基点和分析工具，推进实践创新与理论创新相结合。要强化主体能动意识，各级党员干部在落实民族地区共同富裕政策过程中，要充分发挥主观能动性，善于创造性地运用马克思主义民族理论基本原理，分析、看待和解决当前民族地区共同富裕过程中遇到的问题，并以此推动中国特色社会主义民族理论发展。

---

① 《列宁专题文集（论无产阶级政党）》，人民出版社2009年版，第70页。
② 《中国共产党第十九届中央委员会第六次全体会议公报》，人民出版社2021年版，第4页。
③ 《十八大以来重要文献选编》中，中央文献出版社2016年版，第833页。
④ 习近平：《在十八届中央政治局第十四次集体学习时的讲话》，《人民日报》2014年4月27日。
⑤ 《马克思恩格斯文集》第1卷，人民出版社2009年版，第11页。

四、坚持独立自主品质扛鼎民族地区共同富裕

"走自己的路,是党百年来奋斗得出的结论。"①所谓独立自主,就是认清国内国外两个格局中的民族问题以及相互之间的彼此影响与转化,坚持国家主权第一,既不模仿西方的民族自决模式,也不照搬西方的民族联邦体制,而是根据中华民族"多元一体"的本质特征解决现实中的民族问题。

冷战结束后,"冷战时期的许多民族问题超越了传统安全视野中的国家边界而带有跨国性"②,形成民族问题跨国化、跨国问题民族化等对多民族国家发展存在长久持续威胁的深层次问题。特别是进入 21 世纪之后,国内外民族分裂势力、宗教极端势力彼此勾结,对中华民族伟大复兴形成现实风险。"当前,我国面临对外维护国家主权、安全、发展利益,对内维护政治安全和社会稳定的双重压力。"③面对民族问题全球化的时代情势,必须独立自主推进民族地区共同富裕,才能从意识源头上化解不利于民族团结的各种不利因素。

民族问题的世界性,决定了其他国家和地区的民族地区发展经验的可学性。"坚持把国家和民族发展放在自己力量的基点上"④,这是推进民族地区共同富裕的出发点。"独立自主是中华民族精神之魂,是我们立党立国的重要原则。"⑤为此,要坚定中国特色社会主义民族理论不动摇,把马克思主义民族理论与中国解决民族问题的具体方法相结合,学习、借鉴世界范围内先进的民族理论和国外解决民族问题的成功经验,构建具有中国气派的民族理论话语权。要坚定中国特色社会主义经济制度不动摇,把国家和民族发展放在"量力而行、尽力而为"的基点上,通过不断完善中国特色社会主义市场经济制度,发挥政府调控与市场配置双向功能,促进民族地区加快发展。要坚定社会主义核心价值观

---

① 《〈中共中央关于党的百年奋斗重大成就和历史经验的决议〉辅导读本》,人民出版社 2021 年版,第 76 页。
② 张明明:《论非传统安全》,《中共中央党校学报》2005 年第 4 期,第 111—116 页。
③ 《十八大以来重要文献选编》上,中央文献出版社 2014 年版,第 506 页。
④ 《〈中共中央关于党的百年奋斗重大成就和历史经验的决议〉辅导读本》,人民出版社 2021 年版,第 76 页。
⑤ 《〈中共中央关于党的百年奋斗重大成就和历史经验的决议〉辅导读本》,人民出版社 2021 年版,第 76 页。

教育不动摇，在社会各阶层群体中夯实民族认同的价值观基础，发扬中国精神，传承和弘扬红色精神谱系，推动各族群众团结奋进。

五、坚持中国道路守正民族地区共同富裕

坚持中国道路，就是"既不走封闭僵化的老路，也不走改旗易帜的邪路"①。一切以推进共同富裕为中心，通过物质文明、精神文明、政治文明、社会文明和生态文明建设不断改善民生，用中国式现代化发展方式解决人民日益增长的美好生活需要和不平衡不充分的发展之间的矛盾，凝聚民族团结精神，守正推进民族地区共同富裕的方向。

在推进民族地区共同富裕过程中，中国共产党始终坚持从中国具体的现实国情出发，领导全国各族人民在政治建设、经济发展、文化繁荣、社会进步、生态和谐等方面坚持走中国特色社会主义道路。"十三五"期间国家财政向民族地区实施转移支付资金达到 3800 多亿元、均衡性转移支付超过 20000 亿元，现阶段民族地区在交通、通信基础设施建设方面取得了显著成效。②

每一个民族国家都有与自身发展相匹配的内部条件和外部条件，在发展的道路上必须坚持走与自己国情、社情、民情相符合的道路。要完善民族地区共同富裕政策，始终把人民对美好生活的向往作为评价是否坚持中国道路的标准，坚持国家支持与自力更生相结合，促进民族地区经济高质量发展。要健全民族区域自治制度，不断完善民族平等、团结、区域自治制度，不断夯实平等团结互助和谐的社会主义新型民族关系。要推进民族地区法治建设，党的十八大以来，不仅提出"必须坚持各民族一律平等"，而且强调"必须坚持依法治理民族事务"③。以《宪法》《民族区域自治法》等高阶法律为基础，系统完善党的民族政策法规体系，逐步推进民族地区共同富裕的法治化建设。

---

① 胡锦涛：《坚定不移沿着中国特色社会主义道路前进 为全面建成小康社会而奋斗》，人民出版社 2012 年版，第 6 页。

② 国家民族事务委员会：《铸牢中华民族共同体意识——全国民族团结进步表彰大会精神辅导读本》，民族出版社 2021 年版，第 133 页。

③ 习近平：《以铸牢中华民族共同体意识为主线 推动新时代党的民族工作高质量发展》，《人民日报》2021 年 8 月 29 日。

六、坚持胸怀天下共享民族地区共同富裕

在中华民族形成的数千年历史中，胸怀天下是多民族以维护中华民族利益为要义的包容悦纳格局的体现。1949 年，中华人民共和国成立之后，中华民族一方面在国内加快社会主义建设；另一方面，与国外争取和平独立解放的民族建立不结盟合作关系，共同反对国际强权主义和霸权主义，为世界和平做出了巨大贡献。进入中国特色社会主义新时代，中国共产党坚持共同发展，走共同富裕道路，把自身发展同国际秩序构建联系起来，胸怀发展中国家民族命运。通过举办多种合作论坛与实际有效的援助方式，增进世界范围内多民族联系，促进其他民族地区经济发展，维护地区安全，积极推进世界和平。

人类社会是普遍联系的群体，尽管因为历史、地域、文化、种族的原因形成不同的民族，然而，从人类当今建立的世界关系来看，各民族之间因为这样或者那样的原因而产生政治、经济、文化与社会的有机联系。在合作中，由于文化传统、民族认同、政治理念、经济发展等方面的差别，各民族之间又存在着利益博弈与竞争矛盾。合作与竞争并存是世界民族之间的主要矛盾，推动了世界各民族发展，而矛盾的主要方面是民族之间的合作。中华民族作为世界民族之林中的主要成员，对于世界民族和平秩序的发展与维系具有纽带作用，胸怀天下既是实现中华民族伟大复兴汲取外部先进经验的要求，也是凝聚内部力量推进民族地区共同富裕的使然。

坚持胸怀天下的格局，要放眼世界，深刻认识人类命运共同体是人类社会发展的必然趋势，中华民族伟大复兴既是中国人民的大事，也是人类社会的大事，关系到国际社会秩序的稳定与发展。要深化合作，深入开展国际区域合作，通过多种形式的经济贸易往来，深化"一带一路"互利双赢机制，拓展沿线地区经济发展的合作范围。要增进交流，通过举办多种合作论坛与实际有效的援助方式，增进世界范围内民族联系，促进其他民族地区经济发展，维护地区安全，积极推进世界和平。推进民族地区共同富裕是建设中华民族共同体和人类命运共同体的基点，折射中华民族为愿与世界其他民族共享发展的"无我"精神。

七、坚持开拓创新加快民族地区共同富裕

百年来中华民族奋斗史不仅是一部浴血奋战、披荆斩棘的开创史，而且是一部"实践是检验真理的唯一标准"的实践创新史。开拓就是面对未来尚未被人类实践探明的领域，坚定马克思主义信仰，坚持中国特色社会主义道路，为人类社会发展行将到达的下一个阶段用先驱精神引领世界各民族的前进方向；创新就是面对诸多尚未被彻底解决的民族问题，坚持马克思主义历史唯物主义辩证法，坚持中国特色解决民族问题的正确道路和制度创新，为其他国家和地区解决民族问题提供中华民族的实践和制度样本。

开拓创新既是推进民族地区共同富裕的精神内核，也是凝聚中华民族向心力的进取信念。经济全球化在为各国发展带来经济距离大缩短的同时，也为各国发展带来了新的挑战，即相互之间的差距越来越小而引发更加激烈的国际化竞争。改革开放以来，我们用几十年时间走完了发达国家几百年走过的发展历程，经济总量跃升为世界第二，制造业规模跃居世界第一，创造了世界发展的奇迹。① 然而，与西方发达国家在高精尖科学技术、军事领域、金融方面、人均生产总值等方面相比，还存在一定的距离。改革开放取得的巨擘成就证明，开拓创新是中华民族伟大复兴实现中国梦的不二选择，民族地区共同富裕是中国梦内在的结构元素。

坚持开拓创新走出推进民族地区共同富裕新道路，要强化创新意识，深化只有民族地区共同富裕才能实现国家富强与人民富裕相统一的认知，让创新思维贯穿党和国家推进民族地区发展和治理的一切工作之中。要遵循创新规律，牢牢遵循科技创新是民族生命力的基本规律，完善科技发明市场化机制，提升自主知识产权在世界市场竞争力，大力扶持民族地区传统工艺的现代创新与就地转化。要厚植创新文化，文化认同是最深层次的认同，把创新精神熔铸于文化现代化的全过程，正确处理中华文化和本民族文化的关系，夯实民族地区共同富裕的文化基础，提升民族地区文化产业的经济价值，不断为共同富裕注入多元化的发展质料。

---

① 袁赛男：《改革开放塑造大国新形象》，《经济日报》2012 年 12 月 7 日。

八、坚持敢于斗争巩固民族地区共同富裕

中华民族自 1840 年第一次鸦片战争之后的历史证明,一个民族只有敢于同国内外反动势力作斗争,才能维护本民族的切身利益。"第一次胜利的成果,只有通过较激进的一派取得第二次胜利才会巩固下来"①,各民族独立解放的胜利成果必须通过第二次胜利,即中华民族伟大复兴才能得以巩固下来,这一续进的过程不是别的行动,而是一场斗争意识的再出发,即以通过斗争维护民族地区共同富裕的成果。

一个民族只有在安全的前提下,才能理性地解决民族问题。自 1840 年以来至 1949 年中华人民共和国成立,中华民族一直为民族独立和人民解放而斗争。"各族人民生活当中的问题的解决方案……在丝毫没有受到王朝更迭和外敌入侵干扰的情况下"②,才能和平实施。在国际竞争日益激烈的时代,铸牢中华民族共同体是凝聚中华民族竞争力、敢于斗争的意志基础。"中华民族是一个"③的共同体意识,必定在中华民族伟大复兴中转化为参与国际竞争的重要力量源泉,进而成为巩固民族地区共同富裕成果的斗争精神。

在推进民族地区共同富裕与中华民族共同体建设的叠加过程中,要坚持发扬斗争精神,弘扬爱国主义为核心的民族精神,发扬改革创新的时代精神,敢于向一切挑战中华民族集体尊严的行为作斗争,从敢于斗争转向善于斗争,推进民族地区共同富裕的巩固防线。要坚定斗争意志,反对大汉族主义和狭隘民族主义,自觉维护国家最高利益和民族团结大局,推进民族地区共同富裕在各个方面发生深层次、根本性变革。要坚守斗争责任,各级党员干部时刻提高警惕,以巨大的政治勇气和强烈的责任担当,强化共同富裕领域里思想形态正本清源,向一切有碍于推进民族地区共同富裕的各种挑战给予足够的斗争。

---

① 《马克思恩格斯文集》第 4 卷,人民出版社 2009 年版,第 539 页。
② [印]拉宾德拉纳特·泰戈尔:《民族主义》,刘涵译,中国对外翻译出版公司 2014 年版,第 13 页。
③ 顾颉刚:《我为什么要写"中华民族是一个"》,《西北通讯》1947 年第 2 期。

九、坚持统一战线聚力民族地区共同富裕

统一战线是调动一切资源实现社会动员的有效技术，百年来中国共产党领导全国各族人民战胜一切困难，在赢得中华民族独立和人民解放的过程中，统一战线发挥了巨大的社会动员作用，成为三大法宝之一。中华人民共和国成立之后的各个时期，以民族团结为主线的统一战线，通过民族慰问团，民族人士参观内地，扶持民族地区经济、文化、教育、医疗事业发展，培养少数民族干部等多种途径和各种形式，在不同时期将各族人民紧密团结在一起，凝聚为中华民族巩固新生人民政权的斗争力量，开启社会主义的建设力量。

肇始于 1978 年的改革开放，经过各民族四十多年的共同努力，取得了举世瞩目的成绩。党的十八大之后中国特色社会主义建设进入新时代，统一战线在新的历史环境中发挥出推进民族地区共同富裕的凝聚作用。各民族当然不能代替中华民族的全部，中华民族只能用各民族的团结一致来形成。因此，只有推进民族地区共同富裕，才能取得各民族对中华民族的认同基础，从而自觉地把自己视为中华民族大家庭的一员。中华民族认同意味着各民族的身份自觉，而各民族作为中华民族身份的自觉，就是中华民族共同体意识的体现和内化。

"各民族之间的相互关系取决于每一个民族的生产力、分工和内部交往的发展程度。"①坚持统一战线，通过各族人民大团结大联合，解决民族地区共同富裕所需的人心和力量。要不断加强思想政治引领，充分发挥思想政治教育的政治导向功能，积极创新民族地区共同富裕的教育理念、内容和方法，形成海内外中华儿女心往一处推进民族地区共同富裕的局面。要不断完善协商民主制度，落实全过程人民民主，团结一切可以团结的力量，调动一切可以调动的积极因素，最大限度凝聚民族地区共识，汇聚起实现共同富裕的伟力。要不断加强统战干部队伍建设，坚持和创新新时代"枫桥经验"，全面贯彻党的民族政策，不断提高民族地区统战能力，凝聚民族地区积极参与共同富裕的社会力量。

---

① 《马克思恩格斯文集》第 1 卷，人民出版社 2009 年版，第 520 页。

十、坚持自我革命增效民族地区共同富裕

正如"一个完整的人并不体现在他的力量上,而是体现在他的完善上"①一样,中国共产党百年来不断通过自我革命实现自身的不断完善,既克服了"左"倾错误,又防范了右倾。"我们的干部,在处理民族问题的时候,大汉族主义常常会不自觉地表露出来"②。实践证明,中国共产党之所以能够从建立抗日民族统一战线上升到中华民族共同体,根本原因就在于中国共产党自我革命的勇气及其取得的成就,在各民族心目中对中国共产党充满了毋庸置疑的信任。

2021 年 8 月 29 日,中央民族工作第五次会议提出,"必须以铸牢中华民族共同体意识为新时代党的民族工作的主线"③。这决定了以往从概念诠释、思想统一、观念更新等意识形态意义上推进民族地区共同富裕的动员机制,转向各民族为中华民族伟大复兴而行动起来的实践机制。推进民族地区共同富裕是推进中华民族共同体建设的出发点和归宿点,并贯穿中华民族伟大复兴全过程。在中华民族共同体建设的过程中,多元资源和多样利益的整合与满足驱动了推进民族地区共同富裕动员机制的形成,对创新认同机制提出了时代要求。

坚持自我革命,应牢记"勇于自我革命是中国共产党区别于其他政党的显著标志",是中国特色社会主义民族理论不断发展的内在精神。要保证民族地区共同富裕不变质,清醒意识到新时代推进民族地区共同富裕是一场自我革命,要始终坚持中国共产党的领导。要保证民族地区共同富裕不变色,必须始终不渝地走中国特色社会主义道路,不断实现人民对美好生活的向往,不断推进全体人民共同富裕,持续推进中华民族共同体建设。要保证民族地区共同富裕不变味,必须始终坚持习近平新时代中国特色社会主义思想指导民族工作,在深刻把握中华民族几千年历史演进的客观规律前提下,以各族人民为主体,深化各民族交往交流交融,不断解放和发展民族地区社会生产力,巩固和完善各项民族制度。

---

① [印]拉宾德拉纳特・泰戈尔:《民族主义》,刘涵译,中国对外翻译出版公司 2014 年版,第 51 页。
② 国家民族事务委员会政策研究室:《中国共产党主要领导人论民族问题》,民族出版社 1994 年版,第 48 页。
③ 习近平:《以铸牢中华民族共同体意识为主线推动新时代党的民族工作高质量发展》,《人民日报》2021 年 8 月 29 日。

十一、结　语

　　"十个坚持"是中国共产党百年历史经验的高度概括，是马克思主义中国化的再创新，对于推进民族地区共同富裕系统体制机制的构建具有指导思想的地位，并贯穿推进民族地区共同富裕的全过程。它既是当下推进民族地区共同富裕方略的设计指南，也是未来推进民族地区共同富裕不断迈上新台阶的理论力量。

城乡融合视域下共同富裕的时代建构

孙米莉

摘　要:新时代实现共同富裕是一项系统工程,是中国实现社会主义现代化的关键性标志,是实现人民对美好生活需求的必然要求。城乡对立及其结构的不合理长期影响中国城乡关系的协调发展,成为新时代实现共同富裕的最大障碍。新时代要构建共同富裕,首先必须构建新型城乡关系,实现城乡关系由对立向融合转化。在当下中国,以高质量城乡融合推进新时代共同富裕的实现要求以乡村振兴为着力点,坚持人民主体地位,加快推进农业转移人口市民化,注重中小城市与乡村的融合,实现融合空间经济价值、生态环境价值与生活价值的统一。这将为世界提供后资本实践的中国样本。

关键词:城乡融合　城乡对立　共同富裕　新时代

作　者:孙米莉,湖州师范学院讲师,研究方向为马克思主义城市哲学。

实现全体人民的共同富裕是未来很长一段时间我国经济社会发展的核心目标。改革开放四十余年来,我们在很多领域很多方面取得了傲人的成绩,但发展不平衡、不充分的问题越来越突出,已经成为新时代实现共同富裕的主要制约因素。而其中最大的不平衡就是城乡发展不平衡,最大的不充分就是农村、农业发展的不充分。新时代要求城乡高质量融合发展,这成为推进新时代共同富裕构建的关键。

一、新时代共同富裕的理论意蕴

新时代共同富裕是习近平新时代中国特色社会主义思想的重要组成部分，是马克思主义中国化的重要内容，是对马克思共同富裕思想在新时代的继承与发展。

（一）马克思共同富裕思想是建构共同富裕新时代内涵的基本遵循

物质富足、生活富裕一直以来都是人类追求的目标，共同富裕更是马克思主义的价值诉求、伦理向度。马克思并未直接使用共同富裕这个概念，也未曾专门撰文论述何谓共同富裕以及如何实现共同富裕等，但马克思思想中蕴含着既丰富又深刻的共同富裕思想。

首先，马克思从人们的"吃喝住穿"等方面的"物质利益难题"出发，关注社会贫困与社会公平问题。"当人们还不能使自己的吃喝住穿在质和量方面得到充分保证的时候，人们就根本不能获得解放。"①在对如何解决现代资本主义社会贫困问题的过程中，马克思指出"'解放'是一种历史活动，不是思想活动"②，诸如理性精神、自我意识等形而上的哲学话语无益于现实物质利益难题的解决，强调通过人类的物质生产实践提高社会生产力是解决社会贫困问题的基础。否则，"只会有贫穷、极端贫困的普遍化"③。据此，马克思开始从政治经济学批判视角审视社会贫困问题，使得"物质利益难题"不再是单纯的经济学现象，也不是单一的社会问题，而开始与人类解放这一高层次的、也是终极的目标联系起来。

其次，共同富裕是人类解放的必然指征。"人类解放"涵盖了"共同富裕"，"共同富裕"为"人类解放"奠定了基础，"人类解放"是"共同富裕"的目标追求。马克思对资本主义财富生产与财富分配中的异化现象进行了批判，"资产阶级借以在其中活动的那些生产关系的性质绝不是单一的、单纯的，而是两重的；在

---

① 《马克思恩格斯文集》第 1 卷，人民出版社 2009 年版，第 527 页。
② 《马克思恩格斯文集》第 1 卷，人民出版社 2009 年版，第 527 页。
③ 《马克思恩格斯文集》第 1 卷，人民出版社 2009 年版，第 538 页。

产生财富的那些关系中也发展一种产生压迫的力量"①。对此,恩格斯在《反杜林论》中曾设想:在社会主义社会,"通过社会化生产,不仅可能保证一切社会成员有富足的和一天比一天充裕的物质生活,而且还可能保证他们的体力和智力获得充分的自由的发展和运用"②。马克思、恩格斯看到了财富对于人的巨大意义,"物质利益难题"需要解决,但不只是"物质性"层面的,他们还看到了人的生存与发展诉求,也就是在物质财富高度发展的情境下实现人的自由而全面的发展,这也是始终贯穿于马克思主义理论的一条主线。当生产力充分发展,物质财富极大丰富,"那时,财富的尺度,决不再是劳动时间,而是可以自由支配的时间"③,我们将有条件实现全体人的自由而全面的发展。

最后,我们可以把马克思在《哥达纲领批判》中的一些论断解读为就实现共同富裕的具体方案给出的理论设想。第一,马克思批判了拉萨尔"劳动是一切财富的源泉"的观点,提出"劳动不是一切财富的源泉"④。指出拉萨尔的论断只是空泛地谈论劳动创造财富,却忽略了其背后的生产资料所有制状态,掩盖了工人与资本家在占有生产资料方面的严重不平等现象。第二,提出了联合劳动共享发展的思想。马克思提出由社会占有全部生产资料,据此劳动者联合起来进行劳动;同时,他们中的每一个成员都参加到社会财富的生产之中,也因此极有可能参与到劳动产品与社会财富的分配与管理中。这样一来,这种联合体可以创造更多的共享产品,从而在愈加广泛的范围内实现共享发展。第三,提出收入分配方式具有阶段性差异。在共产主义的初级阶段或第一阶段,劳动仍然是更多劳动者的谋生手段,按劳分配是基本的分配原则,强调多劳多得,少劳少得,等量劳动获取等量报酬。但是,在初级阶段,社会依然明显存在劳动者因天赋、社会关系、个人体力、智力等方面的差异,从而带来内涵上的不平等,在这时,等量劳动交换维护了形式上的"平等权利",但不可能是纯粹的、完全的平等。到了共产主义的高级阶段,"各尽所能,按需分配"将成为主导分配方式,分配方式不是一以贯之,而是具有渐进性的特征。

总之,马克思共同富裕思想是一个有机的整体,是建立在对资本主义社会

---

① 《马克思恩格斯选集》第 1 卷,人民出版社 2012 年版,第 234 页。
② 《马克思恩格斯文集》第 9 卷,人民出版社 2009 年版,第 299 页。
③ 《马克思恩格斯文集》第 3 卷,人民出版社 2009 年版,第 200 页。
④ 《马克思恩格斯文集》第 8 卷,人民出版社 2009 年版,第 423 页。

贫困现象及其根源的深刻批判基础之上的建构，其总体目标具有普遍性，发展逻辑具有层次性，分配方式具有渐进性。

（二）新时代全面把握共同富裕新内涵

新时代共同富裕既是对马克思共同富裕思想的继承，又是在联系中国具体实际基础上对其的发展与创新。习近平总书记在《扎实推进共同富裕》一文中指出："共同富裕是社会主义的本质要求，是中国式现代化的重要特征。我们说的共同富裕是全体人民共同富裕，是人民群众物质生活和精神生活都富裕，不是少数人的富裕，也不是整齐划一的平均主义。"[①]这是对新时代共同富裕科学内涵的精辟概括，是对中国共产党人革命与建设宝贵经验的历史总结，也是新时代指引共同富裕建构的重大战略思想。

第一，在所有制结构上，坚持公有制为主体，多种所有制经济共同发展。新时代共同富裕坚持历史唯物主义，在具体分析中国正处于社会主义初级阶段这一事实的基础上，主张多种所有制经济共存。历史经验与教训告诉我们，生产关系落后或者太超前于生产发展力水平将对生产力发展起到阻碍作用，前者必须适合后者的发展需要，只有如此才能推动生产力的进步和高质量发展，并为共同富裕的实现积累物质基础。

第二，在利益主体上强调覆盖全体人民，是全体人民的共同富裕。共同富裕是全体人民都富裕，而不是少数人的富裕。"全体人民"彰显的人民主体地位，既是对马克思共同富裕思想的继承，又一定程度结合了当下中国社会主义民主政治的原则，保障人民群众的主体性，更大程度发挥人民群众的积极性、主动性。在实践层面则表现为"发展为了人民，发展依靠人民，发展成果由人民共享"。这里必然要求统筹区域发展、城乡发展，最终实现全体人民的共同富裕。

第三，在内涵形式上强调共同富裕是社会总体性成果，是全体人民的全方位的全面福祉。共同富裕是全面的富裕，包括物质生活和精神生活层面。遵循马克思共同富裕思想，物质利益的解决只是共同富裕的低层次目标，只是人类解放的一个基础方面，未来社会是深度发展的自由人的联合体。自由全面的发展必然是物质富足与精神繁荣的协调统一。新时代共同富裕要求不仅有高质

---

① 习近平：《扎实推进共同富裕》，《求是》2021 年第 20 期。

量的经济发展,还要有丰富多彩、积极向上、繁荣开放的文化产品与精神食粮以及社会主义民主政治,美丽中国的良好生态,等等。

第四,在推进过程以及发展层次上强调共同富裕不是同等程度的富裕,是存在合理差距的普遍富裕,是普遍富裕基础上的差别富裕。共同富裕的实现本是一个具体的历史过程,没有纯粹的平等,只有"相对平等"。共同富裕并不是整齐划一、一模一样的均等富裕,而是指全体社会成员都实现了富裕生活,但实现富裕的时间、富裕的程度存在合理差别;区域之间、城乡之间,实现富裕的时间有前后、富裕的程度有高低,但最终都要实现共同富裕。

二、以城乡融合发展推进共同富裕的历史必要性分析

(一)新中国城乡二元对立结构的形成

1949 年中华人民共和国成立,为了改变国家积贫积弱的状况,推行工业化成为建国初期党和国家的工作重心。推进工业化,尤其是发展重工业,需要大量资金的投入。而对于当时的中国而言,只有通过城乡分治,以农业支持工业,为工业化提供资金支持。于是,为实现工业化,一套分割城乡的二元经济体制被建立起来,通过实施人民公社制度、粮食统购统销制度和城乡分治的户籍制度,格局日益巩固。到 20 世纪六七十年代,城乡分治的二元结构体制进一步得到强化,不仅形成了重城轻乡、重工轻农的社会发展格局,而且形成了利益不等条件下的工农两大利益集团,城乡差距日益明显。

党的十一届三中全会拉开了改革开放大幕,改革措施首先在农村落地,家庭联产承包责任制是当代中国工农城乡关系演进历程中第一个重要的里程碑,拉开了中国城乡关系由对立走向缓和的序幕。但是,这一时期,城乡二元结构某些领域的改革进展缓慢,有的甚至表现出的是进一步加深了城乡二元对立。20 世纪 90 年代中后期到 21 世纪初,中国城市化快速推进,城市化规模之大、速度之快是史无前例、绝无仅有的,城市与乡村发展的情形也正如马克思恩格斯所表述的那样,"城市已经表明了人口、生产工具、资本、享受和需求的集中这个

事实;而在乡村则是完全相反的情况:隔绝和分散"①。虽然国家发展政策并没有忽视农村这一块,甚至自 2003 年以来非常重视"三农"问题,但主要还是一种以城市为中心的城乡统筹理论,依然是立足城市来"统"农村,以城市的标准来解决农村相对"欠缺"的问题,对城乡作为异质空间的平等地位尊重不足,城乡之间生产要素的双向流动机制没有建立起来,城乡空间没有实现协调发展,城市高度繁荣、农村发展不足的局面并没有得到根本的改变。

(二)城乡二元对立结构对共同富裕的制约

马克思认为,城乡对立是社会分工和生产力深入发展的历史产物,人类社会进入特定历史阶段必然产生城乡对立。"物质劳动和精神劳动之间最大的一次分工,就是城市和乡村的分离。城乡之间的对立是随着野蛮向文明的过渡、部落制度向国家的过渡、地方局限性向民族的过渡而开始的,它贯穿着全部文明的历史直至现在。"②城乡对立一般有两种形态,第一种形态可以称为"本然的"对立,是生产力还处于较低的发展水平,城市与乡村一经分离就表现出来的,诸如城乡居民生活方式不一致而产生的对立,城乡区域功能存有差异而产生的对立,等等;第二种形态的对立,则是在私有制基础上,城市成为资本充分展开的空间场所、成为资本主义社会生产和分工的必要基础,城市崛起,农村走向衰落,城市普遍占领乡村而出现城乡二元对立现象。中国城乡二元对立结构是农业支持工业,并在工业化推动城市化快速发展的过程中形成的,一定意义上是工业文明统摄农业文明、城市支配农村的表现。持续存在的城乡二元结构严重制约了新时代共同富裕的实现。

首先,城乡差距拉大,作为现代人生存与发展的空间形态——城乡共生关系受到威胁。越来越多的人口涌向城市,在短时间内城市人口激增,基础设施、公共服务、社会保障以及城市治理等都面临着极大的挑战,一系列城市问题接连产生。而同时城乡之间生产要素单向流动,乡村没有了发展的动力、活力,逐渐走向衰败,农业人口生活贫困,城乡居民收入差距拉大,乡村甚至面临消失的危机,城市与乡村共生关系受到威胁。"城市总是不断地从农村地区吸收新鲜的、纯粹的生命,这些生命充满了旺盛的肌肉力量、性活力、生育热望和忠实的

---

① 《马克思恩格斯文集》第 1 卷,人民出版社 2009 年版,第 556 页。
② 《马克思恩格斯文集》第 1 卷,人民出版社 2009 年版,第 556 页。

肉体。这些农村人以他们的血肉之躯,更以他们的希望使城市重新复活……但一旦我们让村庄消失,这一古老的安全因素也将消失。这一危险目前人类仍须看到并预防。"[1]

其次,城市的快速发展,承载着资本的急剧扩张,造就了异化了的主体际关系和社会关系。城市与乡村之间这种对立"个人屈从于分工、屈从于他被迫从事的某种活动的最鲜明的反映,这种屈从把一部分人变为受局限的城市动物,把另一部分人变为受局限的乡村动物,并且每天都重新产生二者利益之间的对立"[2],在这种情况下,人无法拥有作为人的本质力量。"新型的工业社会可能创造史无前例的财物,但是,这是以牺牲基本的人类价值为代价的"[3]。城乡二元结构,促生了"城里人""农村人",甚至由于农业转移人口市民化存有极大的制度障碍而出现农民工"城乡两栖":进不去的城市,回不了的农村。

最后,对自然的极速破坏,城乡空间关系不可持续。分工与生产力的资本本性使得自然成为生产和科技理性攫取的对象,主客关系模式完全漠视了自然存在的必要性和重要性,不尊重"自然"的生态法则,肆意破坏,一定程度造成现代人"现代性"与"乡愁"的生活方式失衡,使得城与乡的空间关系表现出不合理性和不可持续性,人自由而全面发展的需求被抹杀。

三、由城乡对立走向城乡融合——构建新时代共同富裕

《中共中央关于制定国民经济和社会发展第十四个五年规划和二〇三五年远景目标的建议》提出,坚持把解决好"三农"问题作为全党工作重中之重,走中国特色社会主义乡村振兴道路,全面实施乡村振兴战略,推动形成工农互促、城乡互补、协调发展、共同繁荣的新型工农城乡关系,加快农业农村现代化。

"工农互促、城乡互补、协调发展、共同繁荣的新型工农城乡关系",代表着中国工农城乡关系演进到了新的历史高度,这是对城乡统筹发展的一次全面的超越和提升。城乡融合意在通过市场机制和政府推动两种方式的有机结合,来

---

① 〔美〕刘易斯·芒福德:《城市发展史》,宋俊岭、倪文彦译,中国建筑工业出版社2005年版,第57页。
② 《马克思恩格斯文集》第1卷,人民出版社2009年版,第556页。
③ 〔美〕乔尔·科特金:《全球城市史》,王旭等译,社会科学文献出版社2014年版,第148页。

解决城乡统筹未能解决的城乡空间平等协调发展的问题。做到既不顾此失彼，也不厚此薄彼，协调城乡发展，恢复乡村发展生机，改善乡村生活，使得城乡发展能够相向而行，共同为实现第二个百年奋斗目标夯实基础。

(一)消除城乡对立是实现共同富裕的关键

马克思主义认为，城乡对立不是永久的，城乡融合发展是城乡关系演变的必然趋势。在未来的共产主义社会，全体社会成员"共同享受大家创造出来的福利"[①]，每个人的才能得到全面自由的发展。马克思主义主张，通过消除城乡对立，推动城乡融合发展来实现人的自由而全面发展这一共同富裕的高层次目标。实现这一过程，马克思认为需要三个主要条件。

一是动力支撑。社会分工与生产力的发展，是城乡融合发展的内在动力。马克思恩格斯认为，社会分工和生产力的不断发展推动了城乡的分离和对立，但同时也将必然推动城乡之间对立态势的消除。生产力的发展不断推动社会分工的变革，随着旧的分工方式的覆灭和新的分工方式的变革，使得人们不再需要从事旧的分工和限制性劳动，由此也能够自由创造生产出充足丰富的社会商品，社会成员也能够根据个人发展和自我价值实现需要，在劳动的联合体中获得自由而全面发展的机会，"当社会已经得到充分改造，从而可能着手消灭在现代资本主义社会里已达到极其尖锐程度的城乡对立"[②]，城乡关系走向融合发展。

二是主体保证。人是城乡关系的主体，是社会生产能力发展的前提和基础。在历史形成的城乡对立关系中，人是被自己的创造物所奴役的，城乡居民片面发展，自身成为谋生的手段。城乡融合发展中，人将成为社会生产自由自觉的主体和决定力量，"私有制只有在个人得到全面发展的条件下才能消灭，因为现存的交往形式和生产力是全面的，所以只有全面发展的个人才可能占有它们，即才可能使它们变成自己的自由的生活活动"[③]。在生产力不断提升的过程中，人要发挥主观能动性，利用机会完善个人发展，并有意识地为消除城乡对立、实现城乡融合发展而努力。

---

① 《马克思恩格斯选集》第1卷，人民出版社2012年版，第308页。
② 《马克思恩格斯文集》第3卷，人民出版社2009年版，第283页。
③ 《马克思恩格斯全集》第3卷，人民出版社1960年版，第516页。

三是所有制基础。生产资料公有制,是缓和城乡差距和消除城乡对立的制度保障,是实现城乡融合发展的所有制基础。"城乡之间的对立只有在私有制的范围内才能存在"①,只有废除了私有制,由社会全体成员构成的共同联合体才可以实现共同地和有计划地利用生产力,才能把生产发展到能够满足所有人的需要的规模,才能结束牺牲一部分人的利益来满足另一部分人的需要的状况,最终彻底消灭阶级和阶级对立,实现全体社会成员共享创造出来的福利,消除城乡对立,实现城乡融合,使全体社会成员得到全面发展。

(二)新时代城乡高质量融合发展中进一步推进共同富裕

新时代构建新型城乡关系是实现共同富裕的关键所在,城乡一体化融合发展成为我们构建新型城乡关系的目标指向。共同富裕是全体人民的共同富裕,要实现城乡居民共同富裕,首先必须要解决"三农"问题,而"城乡发展一体化是解决'三农'问题的根本途径"②。新时代中国特色社会主义共同富裕的实现,当以马克思主义为基本遵循,以乡村振兴促进城乡融合,将是新时代为解决乡村问题、实现共同富裕提供中国后资本实践的理论指引,为世界提供中国经验和中国智慧。

1. 实施乡村振兴战略,实现城乡产业融合,促进生产力发展

乡村振兴是提高我国乡村居民收入水平和生活质量、缩小城乡发展差距、实现全体人民共同富裕的必然选择;是解决当前我国社会主要矛盾的必然要求;乡村振兴关系到能否实现城乡可持续发展,是一项战略性基础工程,是推进国家治理体系和治理能力现代化的重要基石;乡村振兴还是建设"美丽中国"的关键环节。

实施乡村振兴战略,一方面要坚持农民主体地位。充分尊重农民意愿,切实发挥农民在乡村振兴中的主体作用,调动亿万农民的积极性、主动性、创造性,把维护农民群众根本利益、促进农民共同富裕作为出发点和落脚点,促进农民持续增收,不断提升农民的获得感、幸福感、安全感。另一方面,要坚决破除体制机制弊端,坚持市场在资源配置中起决定性作用;同时,更好发挥政府作

---

① 《马克思恩格斯全集》第 3 卷,人民出版社 1960 年版,第 57 页。

② 胡锦涛:《坚定不移沿着中国特色社会主义道路前进　为全面建成小康社会而奋斗——在中国共产党第十八次全国代表大会上的报告》,《人民日报》2012 年 11 月 18 日。

用,使二者有效合力,进一步推动城乡要素双向自由流动、平等交换,为城乡融合发展提供体制机制保障。

2.加快推进农业转移人口市民化,保障城乡融合发展的主体条件

农业转移人口市民化是目前城乡融合发展遭遇的最大障碍。农业转移人口市民化是破解城乡二元结构的重要举措,新型城镇化与城乡融合发展必然要求以人为核心,城市化是"人"的城市化,"我们还是要记住卢梭的话:'房屋只构成镇,市民才构成城。'以各种象征形式及人类形式传播一种文化的代表性内容的能力,就是城市的一大特征:它是充分发挥人类能力及潜力的条件,包括在农村或更原始的地区"①。

但由于农业转移人口在农村的合法权益得不到法律保护和价值体现、市民化成本过高、公共服务享受程度以及就业稳定程度低等问题相互交叠,农民工城乡两栖问题突出,市民化进程缓慢,这样对提高土地利用率和劳动生产率、促进高质量发展以及缩小城乡差别、实现共同富裕非常不利。要实现城乡融合发展,必须加快推进农业转移人口市民化。首先,要深化城乡融合改革,比如浙江在农村土地制度和集体产权制度"两制"改革上走在全国前列。习近平同志在浙江工作时,就高度重视村经济合作社股份合作制改革。目前,浙江建立了农村集体产权制度体系;率先创新宅基地"三权分置"、集体经营性建设用地入市、闲置农房激活等经验做法,保障了农民的基本权益,助力乡村要素的市场化以及农民财产权利的实现,使得农业转移人口没有后顾之忧。其次,关注"人"的城市化,从制度设置层面考虑农业转移人口的价值感、获得感及归属感,实现真正意义上生产、生活的城市化。

3.注重中小城市与乡村的融合,实现经济价值、生态环境价值和生活价值的统一

现代社会,城市居民渴望农村的魅力,而农村居民寻求城市的优势。可以说城乡居民都在谋求两者的协调和统一,在充分发挥各自活力的同时追求二者的结合与和谐。而"城乡之间的结合是实现工业与农业、人与自然以及人与人

---

① ［美］刘易斯·芒福德:《城市发展史》,宋俊岭、倪文彦译,中国建筑工业出版社2005年版,第100页。

的结合,确保形成综合价值的生活空间条件"①,城乡融合确保形成具有经济价值、生态环境价值和生活价值的空间就足够了。中国中小城市数量众多,跟乡村存在合适的联络距离,绝大多数农村居民是比较希望在附近的中小城市寻找工作场所、购物场所、游玩场所以及医疗卫生场所和文化教育场所。应该努力振兴中小城市,提供均等的公共服务政策和资源,从而使中小城市与乡村实现融合。

城乡融合,最终诉求是实现共同富裕,物质财富的极大丰富、精神富足以及实在的获得感、幸福感和安全感。不管是城市还是乡村,不能单独化为经济空间或生态环境空间或生活空间,要满足人的自由全面发展需求,空间必须是多种价值、多种功能的。城乡融合发展,最应该提供的是这种融合的空间,兼有经济价值、生态环境价值和社会生活价值,真正实现工业与农业、人与自然的融合发展,以及人与人的和谐共处。

---

① 〔日〕祖田修:《农学原论》,张玉林等译,中国人民大学出版社 2003 年版,第 210 页。

基层党建引领共同富裕的
逻辑理路与实践路径

——基于浙江省仙居县的调查

刘　芬

摘　要: 实现共同富裕,不仅是经济问题,更是关系到党的执政基础的重大政治问题。通过发挥基层党建引领作用,壮大集体经济,带领广大群众增收致富、实现农村社会经济发展,才能朝着共同富裕的目标飞速前进。首先概述基层党建引领共同富裕的历史逻辑、理论逻辑和现实逻辑;随后辩证分析新时期基层党组织在引领共同富裕方面的有利因素和现实困境;最后结合仙居县的调查资料,分别从把经济发展成效纳入基层党员考核体系、把思想教育作为基层党建工作核心任务、把盘活资源作为激发发展活力的有效方法等方面,总结基层党建引领共同富裕的实践路径,为更好发挥基层党组织在共同富裕中的重要作用提供了经验借鉴。

关键词: 基层党建　共同富裕　战略协调能力　乡村振兴

作　者: 刘芬,中共仙居县委党校高级讲师,研究方向为马克思主义哲学。

共同富裕实践不只是一种社会收入分配格局的调整,而是整个国家治理体系的系统性变革,是社会文明形态的历史性跃升,蕴含着极其丰富和艰巨的制度变革内涵。坚持党的领导是实现共同富裕的基本前提,以持续、深入推进党的建设为抓手,特别是关注基层党组织的建设和发展,才能更好发挥党建引领价值,确保在21世纪中叶顺利地、高质量地完成共同富裕的目标。近年来,仙居县各地基层党组织大胆突破、勇于创新,积极探索具有地方特色的经济发展模式,成功打造了共同富裕的"仙居样板",确保了新时期乡村振兴战略的稳步实施和共同富裕目标的顺利实现。

一、基层党建引领共同富裕的逻辑理路

发挥基层党建在带动乡村社会经济发展、引领村民走向共同富裕方面的功能作用,不仅仅是提高中国共产党执政能力的内在要求,同时也是消除城乡二元壁垒、巩固拓展脱贫成果的现实需要。只有理顺基层党建引领共同富裕的历史逻辑、理论逻辑和实践逻辑,才能为下一步基层党建工作的具体开展指明方向。

(一)历史逻辑:改变农村相对落后问题的迫切需要

实现共同富裕是我国人民自古以来的理想。但是近代以来,腐朽的封建专制制度、帝国主义的掳掠、官僚资产阶级的盘剥,加剧了中国农村的贫困程度。中国共产党自成立之日起,始终把为人民谋幸福作为初心使命。可以说,党的百年奋斗史,就是一部消除贫困、带领人民走向共同富裕的奋斗史。中华人民共和国成立后,在党的领导下先后完成了土地改革、"三大改造",打破了束缚在农民身上的枷锁,让农民群众走上了自力更生的光明之路;改革开放后,农民生产热情更加高涨,社会生产力得到空前发展。党的十八大以来,乡村振兴战略稳步实施,决战脱贫攻坚取得全面胜利,全面建成小康社会的百年目标顺利实现,为共同富裕目标的实现提供了更为坚实的物质基础。党的十九大报告明确指出:"新时代我国社会主要矛盾是人民日益增长的美好生活需要和不平衡不充分的发展之间的矛盾,必须坚持以人民为中心的发展思想,不断促进人的全面发展、全体人民共同富裕。"[①]显然,扎实推动共同富裕取得实质性进展,正是中国共产党为人民谋幸福的民生政治建设,在新时代的重要实践形式。

(二)理论逻辑:马克思主义关于党的执政能力建设理论的创新发展

马克思将生产力的高度发达和物质产品的极大丰富视为实现人的自由全

---

① 习近平:《决胜全面建成小康社会 夺取新时代中国特色社会主义伟大胜利——在中国共产党第十九次全国代表大会上的报告》,人民出版社 2017 年版,第 19 页。

面发展的"绝对必需的实际前提"①，一再强调"当人们还不能使自己的吃喝住穿在质和量方面得到充分保证的时候，人们就根本不能获得解放"②。只有建立在高质量发展基础上的共同富裕，才能为人民群众追求多元化的美好生活，实现个人的全面自由的发展创造现实的可能。一个政党要想得到群众的拥护和支持，必须要能够带领人民群众过上美好生活、走向共同富裕。人民性是马克思主义最鲜明的理论品格，按照马克思对于共产主义的构想，必须要实现社会共享，消除阶级对立、城乡差距，实现每个人的全面自由的发展。中国共产党将马克思主义与中国具体实际相结合，对共同富裕有了更为深刻、更加全面的理解和认识。共同富裕，必须是全民富裕、全面富裕，真正做到发展成果由人民共享。

(三)现实逻辑:党组织解决新时期社会主要矛盾的重要抓手

农村地区特别是地理位置相对偏远、经济基础相对薄弱的农村，是实现共同富裕的短板。目前来看，虽然消灭贫困的目标已经实现，但是农村经济发展任务仍然十分艰巨。以党建为引领，发挥基层党组织在开展思想政治教育、化解农村发展矛盾、完善农村基础设施、促进社会经济发展等方面的多重价值，让农业经济水平得到提升、农村自然环境更加美丽、农民生活更加幸福美好，逐渐补齐共同富裕的短板，才能早日实现全面富裕、全民富裕。

二、基层党建引领共同富裕的现实基础

近年来，党中央的大力支持、基层党组织的创新实践，以及市场经济的成熟发展和科学技术的日新月异，为基层党建引领共同富裕提供了有利条件。与此同时，也应认识到基层党员队伍综合素质参差不齐、基层群众价值观念多元化发展以及配套的激励机制和监督体系不健全等问题的存在，严重制约了基层党建在引领共同富裕中的能动性和创造力。只有辩证看待新时期基层党建引领共同富裕的机遇和挑战，才能汲取经验、采取对策，为下一步基层党建工作更好开展奠定基础。

---

① 《马克思恩格斯选集》第 1 卷，人民出版社 2012 年版，第 166 页。
② 《马克思恩格斯选集》第 1 卷，人民出版社 2012 年版，第 154 页。

（一）基层党建引领共同富裕的有利因素

1.党的政策支持

国家层面，从 2004 年到 2021 年，中央"一号文件"连续十八年聚焦"三农"问题，其中包含了促进农民增收、农业基础设施建设、水利改革发展、农业供给侧结构性改革、全面推进乡村振兴等一系列主题内容，可见党中央对"三农"工作的高度重视。党的十八大以来，党中央发展农业农村的决心进一步增强，各种扶持政策、指导文件更加密集地出台，特别是《中国共产党农村工作条例》《乡村振兴战略规划（2018—2020 年）》的出台，为农村社会经济发展指明了方向、提供了保障，为实现共同富裕提供了有力的支持。地方层面，仙居县被列入浙江省第一批《一事一议财政奖补支持打造共富村试点县（市、区）名单》，作为台州市唯一入选的试点县，省、市两级对仙居县基层党建引领共同富裕提供了强有力的政策支持、资金支持，其中仅财政奖补资金就高达 2060 万元，为打造"共富式"仙居乡村提供了全方位的保障。

2.党的建设新的"伟大工程"的持续推进

为了更好地发挥党建引领在促进农村经济发展、实现共同富裕等方面的核心作用，党的十八大以来党中央更加重视和全方位加强党的建设新的伟大工程。特别是全面从严治党重大战略的实施，从政治建设、思想建设、制度建设、人民群众监督等方面，铸造了一支作风优良、迎难而上、不断创新、脚踏实地的基层党员队伍，在提高基层党建工作成效、维护党的良好形象，以及带领群众勤劳致富等方面发挥了至关重要的作用。随着新的伟大工程的持续推进，基层党组织的战斗堡垒和先锋模范作用进一步增强，这也为共同富裕的早日实现提供了强有力的保障。

3.市场经济和科学技术的快速发展

在中华人民共和国成立后的很长一段时间内，由于生产技术相对落后，基层党员多数情况下都是以"劳动模范"的形式带领群众脱贫致富。改革开放以来，市场经济的蓬勃发展和科学技术的快速更新，让生产力得到飞速发展，农业机械化、自动化水平快速提升，农业产业模式也呈现出多样化的发展趋势。在这一背景下，基层党组织要敢于创新、开拓视野、汇集群智，不仅要做"劳动模范",更要成为"技术模范""创业模范",带领广大群众因地制宜探索特色发展模式,将资源优势转化为经济发展优势,带领全村人民走出一条致富捷径。仙居县福应街道让党员化身数字达人当农民、当专家、当主播,利用"亲农在线"开展"云指导",向农民科普生产新技术,在提高农民经营收益方面效果显著。

(二)基层党建引领共同富裕的现实困境

1.基层党建工作人员的综合素质参差不齐

农村经济社会的发展和共同富裕目标的实现,需要基层党建工作人员发挥能动作用和体现引领价值。面对新的形势和新的挑战,基层党组织承担了更大的责任与压力,相应地对基层党建工作人员的数量和质量也提出了更高的要求。现阶段在基层党员队伍建设上面临的问题主要有两个:其一是基层党员人数不足,特别是年轻的、有学历、有能力、能创新的优秀党员明显不足。在基层党建工作中,党员身兼数职的情况并不少见,由于精力有限,很难保证实现共同富裕进程中党建引领作用的发挥。其二是基层党员素质参差不齐,有些党员虽然能力较强、经验丰富,但是缺少主动服务意识和创新创造意识,也会使得党建引领价值大打折扣。因此,新时代的党建工作队伍建设必须要协调好基层党员数量增加和质量提升的关系,通过培养一支具有复合能力、胜任能力的优秀基层党建队伍,才能保证党建工作高质量开展。

2.多元的价值理念增加了共同富裕的难度

在互联网时代,多元思潮的交融和碰撞,必然会导致价值理念的多元化。在发展农村社会经济的过程中,多元价值理念对共同富裕产生了如下消极影响:一是群众会基于自身利益考量,对不同的经济发展模式产生较大的分歧,如有的主张优先保护农村生态环境,还有的认为当务之急是发展农村经济。持有不同观点的群众互不相让,因为难以达成共识而掣肘农村建设与发展。二是部分村民存在错误的价值观念,思想道德滑坡,为了谋取个人私利而采取不正当手段,甚至不惜牺牲集体利益。三是拜金主义、享乐主义有抬头趋势,一部分村民在物质生活水平得到提升后,出现了懈怠、懒惰心理,失去了继续奋斗和前进的动力。这些因为多元价值理念而引起的矛盾、问题如果不能及时解决,也会成为共同富裕道路上的绊脚石。

(三)引领共同富裕的激励机制和保障机制不健全

在基层党建引领共同富裕的工作中引入激励机制,有助于进一步激发为农村经济发展做出贡献的基层党组织成员的工作动力,这样才能使他们在面对各种复杂矛盾和疑难问题时,能够主动担起责任,保障农村经济建设和社会发展。目前来看,有关部门确实采取了物质激励、提拔晋升等一系列激励举措,但是在具体实施过程中还存在激励机制落后、保障机制缺失的问题。例如,为了支持孩子读书、买房,有些基层党员不得不外出务工,留守在村里的党员因为年龄偏大、创新能力不强,无法承担起引领乡村经济发展的重任。另外,实现乡村振兴和共同富裕,还需要一系列的外在保障机制。目前来看,人才保障机制不完善导致农村地区年轻的、有一定文化水平的新型职业农民较少;而发展特色产业和农村电商时,也因为人才匮乏导致农业产业和农村经济发展面临诸多的阻力。

三、基层党建引领共同富裕的实践路径

党的十九大以来,仙居县的各个街道、乡镇在上级部署和支持下,充分发挥基层党建的积极性、创造力,因地制宜探索和尝试多种致富路径,取得了显著成效。同时,针对以往工作中存在的短板,统筹实施了把经济发展指标纳入基层党建考核体系、面向群众开展思想教育、盘活闲置资源创造经济价值等一系列措施,为实现共同富裕奠定了扎实的物质和制度基础。

(一)把握一条主线:把经济发展作为促进共同富裕的首要考量

发展乡村经济是打破城乡二元壁垒、实现共同富裕的根本前提,同时也是新时期考量基层党建工作实效的一项重要指标。对于国家来说,只有牢牢抓住经济建设这个中心,才能发展中国特色社会主义,实现中华民族伟大复兴;对于农村来说,只有实现经济发展、产业兴旺,才能让百姓的生活水平得到提升,进而为乡村振兴战略的稳步实施、农村社会经济的有序发展提供物质保障。尤其是在一些地理位置偏远、经济基础薄弱、资源比较匮乏的农村,经济发展已经成为基层党建工作的首要任务。近年来,仙居县福应街道以优化营商环境、做强工业园区为突破口,聚焦企业发展需求,出台多项扶持政策,为工业园区提供近

2000 亩的发展空间,吸引了一大批国内及合资企业,在增加税源的同时,也为本地居民提供了更加多样的就业岗位。除此之外,很多基层党组织还尝试了智慧农业、农村电商等新颖发展模式。其中"党支部＋合作社＋农户＋村集体经济"模式在试点应用中取得良好效果,"新农人"孵化等职业农民技能培训帮助很多青年农民掌握新知识、新技术,为推动仙居县农村经济发展和农业产业升级发挥了积极作用。下一步,还要把经济发展成效纳入基层党员的考核体系中,倒逼基层党员充满活力地投入到地方经济发展中去,为乡村经济发展提供技术与智力支持。

(二)激发内生动力:把思想引领作为提升群众组织力的根本方法

做好思想教育、强化思想宣传,是激发群众干事创业内生动力的有效方法和根本保证。基层党组织要把思想教育作为树立良好形象、拉近与群众距离的重要途径,在宣传惠民政策、开展思想教育的过程中切实提高群众的政治领悟力、调动群众的情绪感染力、增强群众的科技创新力。基层党组织要转变思想观念,站在群众的角度看问题、想办法,既要通过乡村经济振兴满足群众对于美好物质生活的需求,同时也要致力于实现乡村生态振兴、乡村文化振兴,让百姓的精神文化生活得以丰富,在提升群众幸福感的同时,共享乡村振兴成果。近年来,全县正积极开展"共富夜谈"活动,通过组织机关、乡镇、村级干部共商共讨,通过群策群力、汇集群智,为共同富裕提供思想支撑和智力支持。共建共享的共同富裕实践,是每个人在参与社会劳动实践中不断挖掘和发挥自身的创造性潜能,在普遍性的参与实践中展示人的本质力量的过程。安岭乡的基层党组织带领群众以"茶"为媒,搭建"茶为基础,旅为融合,文为内涵,康为延伸"的共富模式,在党群密切合作中走出了一条特色化的致富道路;双庙乡的党员干部扎根基层、四处走访,挖掘翁森文化,依托地方特色文化积极打造"渔樵耕读"产业群,在弘扬优秀传统文化的同时,构建以文化为核心的产业链,在直接带动地方经济发展的同时,也为周边村民提供了稳定的收入来源,让共同富裕再次提速。

(三)注入外在活力:把盘活资源作为共同富裕的有效途径

战略协调能力是指基层党组织利用沟通、宣传、动员等一系列手段,整合各类资源、协调各方力量,更好、更快地完成某项战略任务的能力。它既是新时期党组织领导能力的一种直接表现,同时也是发挥党建引领效能的基本保障。在国家政策扶持和各级政府努力下,现阶段农村的资金、技术、人才等资源已经得到了极大丰富,如何盘活资源,在资源优化配置中发挥最大利用价值,成为对基层党组织战略协调能力的一种考验。近年来,仙居县开展"摸清家底"专项活动,对本县可利用的闲置房屋、闲置土地、闲置山林等资产资源进行登记造册,通过发展民宿、集体用房租赁等方式盘活闲置资源。其中,西亚村通过出租60亩废弃采石场,每年可以为村集体经济带来5万元的额外收入。除了开发利用闲置资源外,仙居县还积极培育本地特色产业,振兴村引进上万羽大白鹅,成立近百亩孵育基地,探索出"合作社＋基地＋低收入农户"的发展模式,每年增收超过30万元。除了优化资源配置激发乡村振兴的内生动力,基层党组织还注重提升乡村经济发展的外在活力。积极吸引外出务工的青年农民回乡创业,鼓励在外求学的大学生毕业后返乡创业,通过开办民宿、农家乐,发展农村电商产业和观光农业,不仅增加了农民的经济收入,提供了稳定的收入来源,而且为乡村振兴战略的实施和共同富裕目标的实现夯实了基础。

(四)注重统筹协进:把高效领导和制度规范作为共同富裕的可靠保障

在共同富裕的道路上,既要坚定不移地坚持党的领导,同时也要与时俱进地提高基层党组织的领导能力。以高效的领导,带领广大群众不断探索更加适合本地经济基础、资源禀赋、区位条件的共富道路。在乡村振兴和共同富裕的道路上,不可避免会遇到各种矛盾和挑战,高效的领导和规范的制度,能够为各项工作开展提供外部支持,确保发展目标的顺利实现。基层党组织高效领导是实现共同富裕的基本保障。高效地领导基层党组织,可以运用新理念、新技术、新模式带领乡村经济实现高效发展。例如,在基层党组织的带领下,仙居县上张乡姚岸村围绕红色亲子游、物业转租、农家乐整体管理运营、红色教育培训四大特色旅游项目,开发"红色党建＋红色旅游＋红色教育"发展模式,村集体经济年增收超过二十万元。在取得阶段性成绩的同时,定期组织开展"共富示范村谋划推进会",对各乡镇、街道取得的成功经验进行总结,对先进的发展模式进行推广;对遇到的各种问题和困难,摆到台面上共同商讨对策,真正做到共话发展、齐谋共富。高效领导基层党组织,还能主动做好群众动员工作,激发村民参与民主管理的积极性，将法治、德治、自治有机统一起来，实现乡风文明、村民幸福、社会和谐的乡村组织振兴目标，为实现共同富裕创设了良好环境。

四、结　论

坚持党建引领实现共同富裕，一方面能够在化解矛盾、迎接挑战、解决问题的过程中，切实提高基层党组织的自身素质和治理水平；另一方面，也能让基层党员干部始终牢记为人民服务的根本宗旨，切实把提升群众物质生活与精神文化水平，实现共同富裕当成为之努力奋斗的目标。仙居县在基层党组织的努力下，乡村振兴战略稳步实施，群众生活水平显著提升，农业农村经济稳中向好发展。共同富裕是一种广泛参与的社会实践的产物。如何让每个人"全面地发展自己的一切能力"，健全最有利于激发每一个人的创造性潜能的制度体系，或许是下一步党建引领共同富裕的根本任务。

从全面小康到共同富裕:党的百年奋斗目标与基本经验

胡细华

摘　要:全面建成小康社会是党向人民、向历史做出的庄严承诺,足以载入人类社会发展史册,充分体现了中国特色社会主义集中力量办大事的制度优势。全面建成小康社会是扎实推进共同富裕的基础和前提,实现全体人民共同富裕是全面建成小康社会的出发点和落脚点,两者相辅相成,良性发展。共同富裕是社会主义的本质要求,是中国式现代化的重要特征。党的百年伟大实践为共同富裕积累了宝贵的历史经验:坚持和加强党的全面领导是根本政治保证,高质量发展是经济基础,乡村振兴是关键支撑。

关键词:全面小康　共同富裕　百年奋斗　基本经验

作　者:胡细华,浙江海洋大学马克思主义学院副教授,研究方向为马克思主义理论与思想政治教育。

2021年8月17日,习近平总书记在中央财经委员会第十次会议上的重要讲话中强调,"共同富裕是社会主义的本质要求,是中国式现代化的重要特征","要坚持以人民为中心的发展思想,在高质量发展中促进共同富裕"。[①] 共同富裕最终的落脚点,就是让人民过上更加幸福美好的生活。扎实推进共同富裕是党的十九届六中全会提出的战略任务。新发展阶段,党必须在全面建成小康社

---

① 习近平:《扎实推动共同富裕》,《求是》2021年第20期。

会的基础上,主动作为,久久为功,全面建成社会主义现代化强国和协同推进共同富裕。

一、全面建成小康社会的伟大成就和历史意义

习近平总书记在庆祝中国共产党成立一百周年大会上的重要讲话中庄严宣告:"经过全党全国各族人民持续奋斗,我们实现了第一个百年奋斗目标,在中华大地上全面建成了小康社会,历史性地解决了绝对贫困问题。"[①]这一历史性成就,迈出了实现共同富裕的关键一步,具有伟大的历史意义。

(一)历史性解决了困扰中华民族几千年的绝对贫困问题

在迎来中国共产党成立一百周年的重要时刻,我国脱贫攻坚战取得了全面胜利,完成了消除绝对贫困的艰巨任务。这"是中国人民的伟大光荣,是中国共产党的伟大光荣,是中华民族的伟大光荣!"[②]中国人民长期饱受贫困问题困扰,贫困程度世所罕见,"摆脱贫困,成了中国人民孜孜以求的梦想,也是实现中华民族伟大复兴中国梦的重要内容"[③]。党的十八大以来,习近平总书记亲自部署、亲自指挥、亲自督战,带领全党全国各族人民以前所未有的力度推进精准扶贫和脱贫攻坚,脱贫攻坚取得了伟大胜利。现行标准下 9899 万农村贫困人口全部脱贫,832 个贫困县全部摘帽,12.8 万个贫困村全部出列,如期全面建成小康社会。据统计,2021 年国内生产总值超过 114.4 万亿元,全国居民人均可支配收入为 35128 元,比 2020 年实际增长 8.1%,中等收入群体不断扩大,我国已迈进中高收入国家行列,人民群众的获得感、幸福感、安全感不断增强。

(二)极大地彰显了中国特色社会主义制度优势

全面建成小康社会是党向人民、向历史做出的庄严承诺,"足以载入人类社会发展史册,也足以向世界证明中国共产党领导和中国特色社会主义制度的优越性"[④],充分体现了中国特色社会主义集中力量办大事的制度优势。"制度优

---

① 习近平:《在庆祝中国共产党成立 100 周年大会上的讲话》,人民出版社 2021 年版,第 2 页。
② 习近平:《在全国脱贫攻坚总结表彰大会上的讲话》,《人民日报》2021 年 2 月 26 日。
③ 习近平:《在全国脱贫攻坚总结表彰大会上的讲话》,《人民日报》2021 年 2 月 26 日。
④ 《习近平谈治国理政》第 2 卷,外文出版社 2017 年版,第 84 页。

势是一个国家的最大优势,制度竞争是国家间最根本的竞争。"①中国特色社会主义制度具有超强的政策执行能力、资源整合能力和社会动员能力,能够形成"全国一盘棋"治理样式,这是其他制度无法比拟的。特别是 2020 年面对突如其来的新冠疫情,党中央集中统一领导,果断决策、沉着应对,集中全国力量打了一场疫情防控攻坚战,最大限度保护了人民生命安全和身体健康。疫情防控的"中国之治"与"西方之乱"形成鲜明的对比,中国特色社会主义制度优势性得到了充分彰显。

(三)迈出了实现共同富裕的关键一步

共同富裕是马克思主义的一个基本目标。按照马克思、恩格斯的构想,共产主义社会将实行各尽所能、按需分配,"每个人的自由发展是一切人的自由发展的条件"②,这实际上就是共同富裕。共同富裕也是自古以来中国人民的一个基本理想。历史上人们提出的"均田免粮""耕者有其田""平均地权"等愿望,反映了几千年来中国人民对共同富裕的渴望和追求。但由于受到阶级的局限,也受到生产力水平和制度的制约,共同富裕的理想一直没有也不可能实现。③ 共同富裕凝聚了几代中国共产党人的夙愿,是我们党团结带领人民一直为之奋斗的目标,是每一个中华儿女的共同期盼。全面建成小康社会迈出了实现共同富裕的关键一步。百年来,我们党团结带领人民用近 30 年的时间完成了新民主主义革命,建立了新中国;用 40 多年时间进行了改革开放,取得了伟大的历史性成就,实现了第一个百年奋斗目标;到 2035 年,要基本实现现代化,到 21 世纪中叶,要全面建成社会主义现代化强国。中华民族伟大复兴已经进入不可逆转的历史进程,任何势力、任何艰难险阻都难以阻挡这一历史进程。

(四)创造了人类社会发展的中国样本

全面建成小康社会"创造了减贫治理的中国样本,为全球减贫事业作出了重大贡献"④。摆脱贫困一直是困扰全球发展和治理的突出难题。全面建成小康社会,拓展了发展中国家通向现代化的道路,给世界上那些既希望加快发展

---

① 《习近平谈治国理政》第 3 卷,外文出版社 2020 年版,第 119 页。
② 《马克思恩格斯文集》第 2 卷,人民出版社 2009 年版,第 53 页。
③ 逄锦聚:《在建设社会主义现代化中协同推进共同富裕》,《政治经济学评论》2022 年第 1 期。
④ 习近平:《在全国脱贫攻坚总结表彰大会上的讲话》,《人民日报》2021 年 2 月 26 日。

又希望保持自身独立性的国家和民族提供了全新选择。纵观党情国情世情,不难认识到全面建成小康社会对于人类社会发展的重大意义。改革开放以来,我国 7.7 亿农村贫困人口摆脱贫困,减贫人口占同期全球减贫人口的 70% 以上。党的十八大以来,以每年减贫 1000 万人口的规模和速度,提前 10 年实现联合国 2030 年可持续发展议程中的减贫目标,赢得国际社会广泛赞誉,这个成绩属于中国,也属于世界,为人类减贫做出了重大贡献。"精准扶贫"成为"当今世界反贫困领域具有标志性、引领性意义的中国智慧和中国方案"[①]。

二、共同富裕道路的百年实践与创新发展

我们党自 1921 年成立以来,团结带领中国人民为争取民族独立、人民解放和实现国家富强、人民幸福而不懈奋斗,已经走过一百多年光辉历程。党和人民百年奋斗,书写了中华民族几千年历史上最恢宏的史诗。[②]党始终坚持以人民为中心的发展思想,将全体人民共同富裕作为一切工作的出发点和落脚点。建党初期就确立了全心全意为人民服务的宗旨,中华人民共和国成立后,党深刻践行了党的性质和宗旨要求,在社会主义革命、建设和改革事业中继续发展党的人民立场,提出了"立党为公、执政为民""以人为本""以人民为中心""人民至上"等核心理念,并将其贯穿于共同富裕道路的全过程。

(一)新民主主义革命为实现共同富裕创造了根本社会条件

新民主主义革命的胜利,拉开了实现共同富裕的序幕。中国共产党团结带领中国人民,浴血奋战、百折不挠,创造了新民主主义革命的伟大成就。新民主主义革命的胜利,彻底结束了旧中国半殖民地半封建社会的历史,彻底结束了旧中国一盘散沙的局面,彻底废除了列强强加给中国的不平等条约和帝国主义在中国的一切特权,为实现全体人民共同富裕创造了根本社会条件。中国人民从此站起来了,中华民族任人宰割、饱受欺凌的时代一去不复返了。

---

① 陈瑞来:《从全面小康汲取智慧和力量》,《红旗文稿》2021 年第 22 期。
② 《中共中央关于党的百年奋斗重大成就和历史经验的决议》,人民出版社 2021 年版,第 1—2 页。

（二）社会主义革命和建设为实现共同富裕奠定了根本政治前提和制度基础

"中国人民不但善于破坏一个旧世界，也善于建设一个新世界，只有社会主义才能救中国，只有社会主义才能发展中国！"[①]我们党团结带领人民进行社会主义革命，消灭了在中国延续几千年的封建剥削压迫制度，确立社会主义基本制度，推进社会主义建设，战胜帝国主义、霸权主义的颠覆破坏和武装挑衅，为实现共同富裕奠定了根本政治前提和制度基础。中华人民共和国的成立，标志着中华民族伟大复兴进入了一个新的历史阶段。社会主义革命是中华民族有史以来最为广泛而深刻的社会变革，实现了一穷二白、人口众多的东方大国大步迈进社会主义社会的伟大飞跃。

（三）改革开放和社会主义现代化建设为实现共同富裕提供了新的体制保证和物质条件

党的十一届三中全会实现了新中国成立以来党的历史上具有深远意义的伟大转折，确立了党在社会主义初级阶段的基本路线。我们党坚定不移推进改革开放，开创、坚持、捍卫、发展中国特色社会主义，确立了充满活力的社会主义市场经济体制，将全面深化改革进行到底，坚持摸着石头过河和加强顶层设计相结合，注重改革的系统性、整体性和协同性，党和国家事业焕发出新的生机活力。经济社会发展的新成就为全面建成小康社会、实现第二个百年奋斗目标夯实了基础，也为实现共同富裕提供了充满新的活力的体制保证和快速发展的物质条件。

（四）新时代中国特色社会主义的伟大成就为实现共同富裕提供了全方位的制度保证、物质基础和精神力量

党的十八大以来，中国特色社会主义进入新时代。党团结带领全国各族人民，自信自强、守正创新，统揽伟大斗争、伟大工程、伟大事业、伟大梦想，创造了新时代中国特色社会主义的伟大成就，创立了习近平新时代中国特色社会主义思想。党的十八大以来，坚持和加强党的全面领导，统筹推进"五位一体"总体布局、协调推进"四个全面"战略布局，坚持和完善中国特色社会主义制度、推进国家治理体系和治理能力现代化，坚持依规治党、形成比较完善的党内法规体系，战胜

---

① 《中共中央关于党的百年奋斗重大成就和历史经验的决议》，人民出版社2021年版，第14页。

一系列重大风险挑战,实现第一个百年奋斗目标,明确实现第二个百年奋斗目标的战略安排,党和国家事业取得历史性成就、发生历史性变革,为实现共同富裕提供了更为完善的制度保证、更为坚实的物质基础和更为主动的精神力量。

三、党探索共同富裕道路的基本经验

扎实推进共同富裕关键在党。我们党是工人阶级的先锋队,同时也是中国人民和中华民族的先锋队。党是人民中优秀分子的组合,把全心全意为人民服务作为根本宗旨,党一经诞生,就把"为中国人民谋幸福、为中华民族谋复兴确立为自己的初心使命"[①]。

(一)坚持和加强党的全面领导是实现共同富裕的根本政治保证

办好中国的事情,关键在党。中国共产党成立百年来,在探索共同富裕的道路上始终坚持党的领导,发挥社会主义制度可以集中力量办大事的优势。党作为完成民族独立、人民解放和国家富强、人民富裕的历史工具,必须时刻保有强大的初心、担起伟大的历史使命。这种初心和使命,源自党的本心使然、源自党成立的初衷,也源自中国人民的信赖信任、源自中华民族的期许厚望。在全面建设社会主义现代化国家新征程上,我们要秉持"江山就是人民,人民就是江山"的理念,牢牢站稳人民立场,坚持人民至上,坚持以人民为中心的发展思想,锚定实现中华民族伟大复兴的目标不懈奋斗。

践行初心、担当使命鲜明体现了党的性质宗旨。马克思、恩格斯在《共产党宣言》中明确指出,"共产党人不是同其他工人政党相对立的特殊政党。他们没有任何同整个无产阶级的利益不同的利益"[②],"在实践方面,共产党人是各国工人政党中最坚决的、始终起推动作用的部分"[③],"过去的一切运动都是少数人的,或者为少数人谋利益的运动。无产阶级的运动是绝大多数人的,为绝大多数人谋利益的独立的运动"[④]。作为共产党人的"圣经",《共产党宣言》影响感染

---

① 习近平:《在庆祝中国共产党成立100周年大会上的讲话》,人民出版社2021年版,第3页。
② 《马克思恩格斯文集》第2卷,人民出版社2009年版,第44页。
③ 《马克思恩格斯文集》第2卷,人民出版社2009年版,第44页。
④ 《马克思恩格斯文集》第2卷,人民出版社2009年版,第42页。

了全世界数以亿计的共产党人。马克思、恩格斯曾指出,要必须始终坚持无产阶级政党的统一领导,这是因为"共产党人不是同其他工人政党相对立的特殊政党。他们没有任何同整个无产阶级的利益不同的利益"①。列宁将马克思、恩格斯关于共同富裕的理论构想运用于苏维埃俄国的实践中,提出无产阶级政党要争得广大劳动群众的热烈拥护,强调"劳动群众拥护我们,我们的力量就在这里。全世界共产主义运动不可战胜的根源就在这里"②。毛泽东曾读过100多遍《共产党宣言》,深谙这一经典著作的精髓要义和价值取向。他曾在1944年9月8日的一次讲演中说,"我们这个队伍完全是为着解放人民的,是彻底地为人民的利益工作的",还说"中国人民正在受难,我们有责任解救他们,我们要努力奋斗"。③ 改革开放以来,邓小平强调,实现共同富裕是社会主义的本质特征,强调"贫穷不是社会主义"④"发展才是硬道理"⑤"解放生产力,发展生产力……最终达到共同富裕"⑥,"共同致富,我们从改革一开始就讲,将来总有一天要成为中心课题"⑦。以江泽民为核心的党中央,提出"三个代表"重要思想,"使全体人民朝着共同富裕的方向稳步前进"⑧。进入新时期,以胡锦涛为总书记的党中央着力解决社会发展过程中存在的问题,坚持科学发展理念,以实现共同富裕目标。习近平总书记在"七一"重要讲话中,鲜明提出了"坚持真理、坚守理想,践行初心、担当使命,不怕牺牲、英勇斗争,对党忠诚、不负人民的伟大建党精神"⑨,伟大建党精神根源于中华优秀传统文化,形成于民族救亡图存的求索实践,集中体现了党的性质宗旨。党的十九大报告则进一步强调,中国特色社会主义最本质的特征是中国共产党领导。

由此可见,从毛泽东憧憬共同富裕,到邓小平鼓励先富共富,再到习近平总书记倡导共享共富,均体现了共同富裕观念的传承和发展。⑩ 从邓小平的论述

---

① 《马克思恩格斯文集》第2卷,人民出版社2009年版,第44页。
② 《列宁选集》第1卷,人民出版社1995版,第269页。
③ 《毛泽东选集》第3卷,人民出版社1991年版,第1005页。
④ 《邓小平文选》第3卷,人民出版社1993年版,第225页。
⑤ 《邓小平文选》第3卷,人民出版社1993年版,第377页。
⑥ 《邓小平文选》第3卷,人民出版社1993年版,第373页。
⑦ 《邓小平文选》第3卷,人民出版社,1993年版,第364页。
⑧ 《江泽民文选》第3卷,人民出版社2006年版,第543页。
⑨ 习近平:《在庆祝中国共产党成立100周年大会上的讲话》,人民出版社2021年版,第8页。
⑩ 谭劲松、李思思:《准确把握习近平共享发展思想——从鼓励部分先富到共享发展》,《海派经济学》2017年第4期。

来看,鼓励部分先富是共同富裕前提下的先富,共同富裕这个前提是被牢牢抓住的,从习近平总书记的论述来看,共享发展需要共同富裕来体现。[①]

(二)高质量发展是实现共同富裕的经济基础

共同富裕的目标是为了满足人们对美好生活的需要,人的需要的满足程度是由人们在社会生产实践中创造出来的物质财富所决定的,因此,"共同富裕首先要富裕"[②]。高质量发展中推进共同富裕,就是要践行创新、协调、绿色、开放、共享的发展理念,大力提升自主创新能力,塑造产业竞争新优势,提升经济循环效率,激发各类市场主体活力,更要让发展成果最大限度地惠及社会弱势群体,提高低收入群体增收能力和收入水平,不断缩小区域、城乡、群体之间的差异。因此,实现共同富裕目标要靠经济高质量发展来解决,中国共产党百年史,就是坚持不断解放和发展社会生产力的历史。早期共产党人就认识到,中国要振兴实业;新民主主义革命时期,党进行土地改革运动,促进了工农业生产。中华人民共和国成立后,党开始着手恢复被战争破坏的国民经济,完成了社会主义改造。改革开放以来,我国的经济发展速度非常快,经济体量跃居世界第二。与此同时,人民对生活美好的需要求也在不断加强,这不但要求经济发展保持一定的发展速度,更要求高质量发展经济,在高质量发展中扎实推动共同富裕,是实现全体人民共同富裕取得更为明显的实质性进展的必然要求。党的十八大以来,习近平总书记对实现共同富裕做出了一系列重要论述和实施了一系列重大措施。脱贫攻坚战全面胜利为全面共同富裕奠定了基础,新发展理念体现我国始终坚持经济领域的高质量发展。

(三)推动乡村振兴是实现共同富裕的关键支撑

推进共同富裕,短板和弱项在乡村,优化空间和发展潜力也在乡村,必须更加聚焦乡村发展振兴,继续做大分好"蛋糕"。走好共同富裕的乡村振兴之路,需要推动更多资源要素向农村流动。农村在财政投入、设施配置、人才储备、服务水平等方面滞后于城市地区,要持续推进区域协作,深化城区与农村在新兴产业、公共服务、生态环境等领域的合作,促进劳动、资本、技术、信息等资源要

[①] 程恩富、伍山林:《促进社会各阶层共同富裕的若干政策思路》,《政治经济学研究》2021 年第 2 期。
[②] 郁建兴、任杰:《共同富裕的理论内涵与政策议程》,《政治学研究》2021 年第 3 期。

素在农村流动。加快打通城乡要素流动通道,推动城乡基础设施统一规划、建设、管护,逐步实现同规同网。推动培育一批乡村创客,大力发展乡村旅游、生态产业、传统手工、特色农业等门槛低、参与面广、根植于民间的富民特色产业,完善企业与农民利益联结机制,让农民分享更多乡村产业增值收益。要加大人力资本投入,激发高素质农民增收潜力,让更多普通农民通过自身努力进入中等收入群体。进一步落实对农民群体的减税降负、就业创业支持、技能提升政策和增收措施;减轻农民家庭在教育、医疗、养老、育幼、住房等方面的支出压力,增强政策的托底保护。积极探索农村基本经营制度+"三位一体"合作经济的新型经营体系,建设现代农业服务中心,建立农户与现代农业有效衔接机制;加快农业转移人口市民化进程,改善偏远乡村公共服务供给,基本建成具有地方特色的共同富裕美好社会。总之,共同富裕是全体人民的富裕,农民农村共同富裕是全体人民共同富裕的重要组成部分。新发展阶段促进农民农村共同富裕应"从巩固拓展脱贫攻坚成果、全面推进乡村振兴、加强农村基础设施和公共服务体系建设等四个方面着力"①。

共同富裕目标为奋进新时代、走好新征程进一步指明了前进方向,只有进一步加强和坚持党的领导,我们才能团结带领全国各族人民不断开辟中华民族伟大复兴的光明前景。我们要从中华民族伟大复兴战略全局和世界百年未有之大变局出发,立足向全面建成社会主义现代化强国的第二个百年奋斗目标迈进的现实需要,认识和把握当前国内国际复杂形势,自觉坚持以习近平新时代中国特色社会主义思想为指导,增强"四个意识"、坚定"四个自信"、做到"两个维护",以实现中华民族伟大复兴为己任,增强做中国人的志气、骨气、底气,更加坚定实现全体人民共同富裕的信心。

---

① 傅夏仙、黄祖辉:《扎实促进农民农村共同富裕》,《中国社会科学报》2021 年 11 月 25 日。

莫尔《乌托邦》中共同富裕思想因子探微

董俐伶　陈华兴

摘　要:自阶级社会产生以来,阶级矛盾就一直存在。伴随着资产阶级不断成熟发展,资产阶级与无产阶级的矛盾也更加尖锐。托马斯·莫尔对受压迫受剥削而过着悲惨生活的社会民众抱有深切的同情,他辛辣地批判资本主义的残酷无情,试图构建一个人人都能过上幸福美好生活的"乌托邦"社会。莫尔在《乌托邦》中实行的经济公有制、政治民主制、社会崇德向善、对自然敬重保护等思想是社会主义的天才思想火花,内含着丰富的共同富裕的思想因子。这对于新时代我们追求共同富裕的目标与实践具有重要的启示意义。

关键词:乌托邦　空想社会主义　共同富裕

作　者:董俐伶,浙江工商大学马克思主义学院硕士研究生,研究方向为马克思主义理论;陈华兴,浙江工商大学马克思主义学院名誉院长、教授,研究方向为马克思主义基本原理与马克思主义中国化。

托马斯·莫尔(St. Thomas More,1478—1535)的空想社会主义思想,诞生于资本主义从封建制度母体中萌芽发展时期,在当时的生产力水平之下,"乌托邦"社会中极大丰富的物质生产生活资料确实无法实现。这种不成熟的理论是同不成熟的资本主义生产状况、不成熟的阶级状况相适应的。空想社会主义"固然批判了现存的资本主义生产方式及其后果,但是,它不能说明这个生产方式,因而也就不能对付这个生产方式;它只能简单地把它当做坏东西抛弃掉"①。然而,《乌托邦》作为第一部提出社会主义思想的文学作品,经济上的公有制、按需分配、共同劳动等思想,政治上的民主制、平等、法治等思想,社会上崇德向善,自然上敬重自然,保护环境等思想,开创了空想社会主义思想的历史先河,它与社会主义的价值理想正向契合,具有丰富的共同富裕的思想因子。正如恩格斯所说的,"他们终究是属于一切时代最伟大的智士之列的,他们天才地预示了我们现在已经科学地证明了其正确性的无数真理"②。

莫尔出身在英国律师家庭,年幼时跟随着大主教莫顿,从小就开始学习拉丁文。在父亲的要求下莫尔从牛津大学转回伦敦学习法律,并成长为伦敦受人们敬重的知名律师。15世纪末至16世纪初期,人文主义思潮在英国盛行开来,莫尔和著名的人文主义者伊拉斯谟常常研究学问,大量阅读和研究了拉丁文和希腊文献,对柏拉图、亚里士多德等古希腊罗马著名思想家的作品有着深刻的理解。尤其是柏拉图的《理想国》,对莫尔编写《乌托邦》产生了深刻影响。其中,柏拉图对于消灭私有制,建立公有制经济,建立和谐稳固的秩序,追求社会公平正义的思想最为显著。莫尔对人文主义的推崇,使他成为一名坚定的人文主义信徒,并在实践中积极践行人文主义精神。考茨基在书中阐述了人文主义思想对莫尔创造《乌托邦》的重要作用,"只有在人文主义的范围内,才能发生社会主义理论","因为他是一个人文主义者,所以他的眼界超出了他的时代和他的国家水平以外"。③ 英国的人文主义作家与同期欧洲其他国家的人文主义作家相比,发表的作品并不是很多,但莫尔算是英国少有的多产作家,除《乌托邦》外,莫尔还著写了《国王理查三世史》《答路德》《关于异端邪说的对话》《驳廷得尔的答复》等著作。

莫尔的《乌托邦》出版时原文名称是《关于最完美的国家制度和乌托邦新岛的既有益又有趣的金书》,简称为《乌托邦》④。莫尔用当时欧洲学术界通用的拉丁文编写了这本著作,用拉丁文的行文规则编撰出这么一个词语,事实上拉丁

---

① 《马克思恩格斯选集》第3卷,人民出版社2012年版,第402页。

② 《马克思恩格斯选集》第3卷,人民出版社2012年版,第37页。

③ [德]考茨基:《莫尔及其乌托邦》,关其侗译,华夏出版社2015年版,第203页。

④ 本文参考的是戴镏龄先生1982年根据鲁滨孙的英译版和美国耶鲁大学出版社1965年出版的《莫尔全集》第四卷《乌托邦》(*The Complete Works of St. Thomas More Vol.4 Utopia*)拉丁文英文对照本修订版。

文的"乌托邦"(Utopia)是根据两个意为"无"(ou)、"地方"(topos)的希腊语虚构的,原意是乌有之乡的意思。在《乌托邦》一书中也包含了这种虚构的词,书中的人物拉斐尔·希斯拉德(Raphael Hythloday)就是用希腊语"空话"和"善于谈笑取乐"虚构了这么一位"空谈的见闻家"。除了人名是虚构的,地名也是。在书中提到的亚马乌罗提城(Amaurote)也是由希腊语杜撰的,意思是指"不清楚的""晦暗的"城。乌托邦中主要的河流阿尼德罗(Anyder)在希腊语中也是指"无水的",也就是不存在的河。① 文中还有很多诸如物名、人名、官职名等这种由希腊语虚构的词。从构词上看,莫尔的"乌托邦"就是暗指这是一个虚幻假设,在现实生活中并不存在的地方。莫尔的《乌托邦》,从现实角度看,是指虚幻的地方,但从作者的写作意图看,是希望构建一个与残酷现实相反的理想社会。所以在这一点上,莫尔编撰的乌托邦也包含了"Eutopia",指的是伊甸园这般的幸福美好的地方。②

中世纪后期,封建制度的权威开始被一系列变革所削弱,莫尔生活在封建社会发展末期,此时资本主义正在封建制社会母体中萌芽发展,英国也从封建农业向资本主义农业方向发展。而16世纪初期的英国,封建君主注重经济发展,实行重商主义政策,并设置高关税来阻止制成品(如羊毛织品、皮革、金属制品等)的输入和原材料(如羊毛等)的输出。在都铎王朝,从亨利七世开始促进羊毛加工业的计划,也正是因为这样的商业政策使得毛纺织业快速发展。养羊成为获取财富的重要手段,于是英国与资产阶级相接近的封建新贵族和资产者,通过暴力驱赶农民,强占大量的土地,并用篱笆围住的方式来宣示占有土地的范围,利用大量的土地来长草,以便实现放牧数以万计的羊。莫尔在《乌托邦》中写道:"你们的绵羊本来是那么驯顺温良,那么容易喂饱,可是我听说,现在却变得极其贪婪,并且极其凶猛,甚至会吃人。"③农民被侵占土地和居住的村庄,失去了赖以生存的物质生产以及生活资料,被迫成为无家可归者,英国政府不但不给出解决办法,更有甚者要颁布严厉惩治流浪汉的政令。在莫尔看来,

① [英]托马斯·莫尔:《乌托邦》,戴镏龄译,商务印书馆1982年版,第3页。
② 蒲国良:《社会主义思想:从乌托邦到科学的飞跃(1516—1848)》,北京师范大学出版社2018年版,第32页。
③ [英]托马斯·莫尔:《乌托邦》,戴镏龄译,商务印书馆1982年版,第61页。

"这样的执法,表面上冠冕堂皇,实则不公平,也不会收到什么实际效果"①。这些被剥夺了一切,没有任何可以傍身的技术和知识的可怜人,就成为最初的无产者。在1515年莫尔受命前往法兰德斯,调节英国和荷兰因为羊毛呢绒贸易条约产生的纠纷,也是在这个时候莫尔开始撰写《乌托邦》。在书中,莫尔以对话的方式假借书中主人公之口来表述自己对现实社会的批判,寄托对美好社会生活的向往,具有丰富的共同富裕思想因子。

一、物质丰富 财产公有

莫尔在乌托邦中坚决抵制私有制,禁止私人占有劳动产品,认为私人财产的出现会使得社会上的少数人占据社会绝大多数的财富,而社会上大多数人就只能被迫贫困,如果不废除私有制,社会就不可能公平,人民生活也不会幸福。乌托邦社会是一个没有剥削、没有压迫、经济上实行公有制的社会。乌托邦的土地、森林、矿藏、房屋、劳动工具等生产资料皆为乌托邦人民共有,一切所生产的产品也都归全体人民所有,并通过国家机构进行统一的仓储和分配。这是避免因为懒汉或不务正业的人占有社会财富,而造成其余人的贫困,所以任何人无法将自己取得的一切财物以个人名义绝对占有。在生活资料的分配上,乌托邦"对物资分配十分慷慨。这儿看不到穷人和乞丐。每人一无所有,而又每人富裕"②。首先是乌托邦的房屋。乌托邦人的房屋是统一分配的,一模一样的构造,外观美丽,制造优良,布局合理。每家门前都通往街道,屋后连接花园,每一住房的正面错落隔开,中间有相距二十呎③宽的大路。设置的折门更方便推拉,任何人都可随意进出。为了防止人们起占有私心,乌托邦人每过十年就要以抽签的方式重新分配住房,来保证住房分配的公平性。关于服装,基本上除了性别与婚否外,也没有什么差别,统一分配给有需要的人,乌托邦人衣着朴素,讲究实用性。例如,他们在劳动时间,穿的是可以使用七年的经久耐用的粗皮服,当他们需要外出时则只需要一件外套,颜色也是全岛一致的羊毛纯色。乌托邦

---

① 蒲国良:《社会主义思想:从乌托邦到科学的飞跃(1516—1848)》,北京师范大学出版社2018年版,第40页。

② [英]托马斯·莫尔:《乌托邦》,戴镏龄译,商务印书馆1982年版,第61页。

③ "英尺"的旧称。

人只是追求服装的实用性,他们不需要也没有理由需要更多的不同样式的服装。因为更多样式的服装并不会显得更加暖和或者更加漂亮。在饮食方面,乌托邦会在规定的用餐时间,让全体居民在各区指定厅馆用餐,他们也可以从市场将食品领取回家自行烹饪,而且一般是先为病人提供所需食物。乌托邦还规定了用餐时间要符合作息规律,午膳时间因下午的劳作会相对较短,而晚膳时间则为了让乌托邦居民得到充分的休息,维持健康的身体,预留了充分的时间。在医疗救护上,乌托邦在邻近城郊设有四所公立医院,面积宽广,每个医院的面积就像一个小镇大小。乌托邦医院的设计,目的是让病人就医环境能够更加舒适,让传染病病人可以得到隔离治疗。医院的设备非常完善,医疗人员技术高明,照顾细微周全,用以保障全体居民的健康。乌托邦人从不讳疾忌医,乐于去医院接受良好的治疗。关于休闲娱乐活动,乌托邦人出门游览或探望朋友,只需要获得相关部门的准许,而这种准许是极易获得的。在出行过程中,与在家的时候是一样的,所需要的一切都可以向当地机构申领,所以乌托邦人的出游根本无须担心得不到他们所需要的东西。乌托邦人在公有制的社会环境中,从来不需要担心物资的缺乏。莫尔说:"在乌托邦,一切归全民所有,因此只要公仓装满粮食,就决无人怀疑任何私人会感到什么缺乏。"①这一制度是建立在物资产品极大丰富的基础之上的,而实现社会财富的充足就需要人人参与劳动,乌托邦里每个人都需要参加劳动,全国实行普遍义务劳动制。乌托邦人以农业劳动为根本,也有手工业劳动,劳动由国家统一安排。当某个地区出现劳动力缺乏的情况时,国家会统一调度,补充缺乏的劳动力,使得地区生产均衡。包括外出游历的人,也需要在当地每天参加劳动做出贡献。莫尔批判在私有制社会中少部分人因为自己的贪婪欲望占据过量的产品,而造成了整个社会的物资分配不均和多数人的悲惨生活。私有制就是产生这一切罪恶的根源。他认为只有像乌托邦一样,推行公有制才能使人类获得真正的公平和幸福。

二、共同劳动 精神富裕

在乌托邦,规定适龄符合体力要求的男女都要参与劳动。乌托邦人以务农

---

① [英]托马斯·莫尔:《乌托邦》,戴镏龄译,商务印书馆1982年版,第61页。

为主,除此之外,他们还要从事手工艺生产劳动。手工艺生产技艺,包括毛织、麻纺、瓦工、冶炼、木工等,一个人可以学习掌握两门手工艺技术,并自主选择一项参与劳动。乌托邦中有一小部分担任学术研究工作的人,他们如果不能达成原有的学术预期,则会被调回做工。同样地,如果有做学术研究成绩显著的工人也会被指定去钻研学问。乌托邦人从事的都是有益的工作,他们将一天平均分为二十四小时,一天当中只安排六个小时用于劳动,保证八个小时的睡眠时间。乌托邦人只需要六个小时就能够生产出整个社会所需要的产品,并且会有专门的官职人员监督,防止有人超负荷工作。这是因为在乌托邦人人劳动,避免了社会上游手好闲的一大群人只吃不干。在金钱社会之中,存在着劳动者为了追逐利益,为骄奢淫逸的富人生活提供享受而去干一些不务实的行业。可见,在这样的社会中,势必会出现生活资料的短缺,造成生产产品的劳动者本身却无法维持基本的生活。而当全部的人都参与劳动,去投身于对社会有益的工作中去,那么满足生活的必需和便利,就能够在一定时间内得到大量生产,甚至是不需要六个小时就能实现。所以六个小时的劳动时间还绰绰有余,乌托邦的宪法规定,"在公共需要不受损害的范围内,所有公民应该除了从事体力劳动,还有尽可能充裕的时间用于精神上的自由及开拓,他们认为这才是人生的快乐"①。乌托邦人提倡正当的娱乐来追求快乐幸福,在谈及追求人生的快乐时,莫尔还列举了一些非真正的不应当追求的快乐。例如,华丽美艳的服饰,正如前文所提及的服装,身穿华服就认为自己很高贵,觉得理所应当受到应有的荣誉。莫尔却认为,这一切不过只是假象罢了,从衣服的材质来看都是羊毛,所谓的高贵只是欺骗自己的行为。空虚无益的荣誉,不过是一种虚假的快乐。希望通过别人的点头哈腰、卑躬屈膝来彰显自己与众不同的身份地位。一些人自认为的高贵来自祖辈财富的名誉,即便如今将祖产坐吃山空后依旧觉得自己高人一等。还有不能明辨珠宝的真假,却仍然痴迷其中,将其夸张供奉的一类人。不断积累财富只为了满足自己的占有欲而不愿花掉的人,以及对财宝百般小心的守财奴。另外,疯狂沉迷于赌博和打鸟猎兽等,也是追寻愚蠢乐趣的行为。

乌托邦人认为的快乐分为肉体和精神两部分。肉体的快乐来自身体器官恢复和身体官能的触动,比如进食和听音乐。所以乌托邦人非常注重身体的健

---

① [英]托马斯·莫尔:《乌托邦》,戴镏龄译,商务印书馆1982年版,第59页。

康。精神上的快乐,认为是从拥有理智,观察真理,对美好生活的满意以及对未来幸福的期盼中获得的。乌托邦中的每个人都有享受快乐的自由和权利。他们非常重视学习,幼儿时期就被教导要读有益的书,并且将教育与实践相结合,每当有体力劳动的机会时就会从事具体操作,并且所有人都将劳动后的剩余时间用来学习。事实上,乌托邦的关键职位也都是从做学问的人当中挑选担任的。乌托邦人学习的内容也非常广泛,他们善于学习各科知识,并且将理论学习应用到实践当中。乌托邦人对于知识非常渴求,在莫尔看来,"一个没有精神创造的生活是毫无价值、不值得生活的"①,所以乌托邦人对于智力活动的探讨,一直都是乐此不疲的。经过学问的研究锻炼,乌托邦人善于发明创造,进而促进社会生活的舒适便捷。他们也不排斥外来文化,来旅游观光的游客,如果是才智出众或者拥有很多游历见识与经验,则会受到当地人更加热情的欢迎。此外,乌托邦人会在晚饭后与音乐相伴,会燃香,喷香水,做一些让人心情愉悦的事情。在花园里或者是在餐厅内,大家演奏音乐,相互谈心,或者进行一些益智游戏。在空闲间隙,会进行学术探讨。在乌托邦,"一切没有危害的享乐都不应该被禁止"②。他们有充裕的时间用于精神层面的富足,并认为这是最为重要的快乐。

三、崇德向善 社会和谐

乌托邦人追求快乐,同时"他们认为最主要的精神快乐来自对道德行为的实践和对高尚生活的自我意识"③。在乌托邦,家庭是社会的细胞。在家中以老人为尊,包括就餐时也是让长者先用餐,将珍稀的美味佳肴首先提供给长者。长者会在就餐时的观察和交谈中了解青年的性格和学识,并提出适当的建议。整个社会都是以尊重老人、关爱老人为价值倡导。在家庭婚姻关系中,乌托邦人也是追求平等和融洽,重视婚姻双方的品德,背信弃义的行为是深受唾弃的,只有在尊重双方意愿的前提下才可以进行婚姻相关事宜的商定。在 16 世纪时

---

① [德]考茨基:《莫尔及其乌托邦》,关其侗译,华夏出版社 2015 年版,第 275 页。
② [英]托马斯·莫尔:《乌托邦》,戴镏龄译,商务印书馆 1982 年版,第 64 页。
③ [英]托马斯·莫尔:《乌托邦》,戴镏龄译,商务印书馆 1982 年版,第 79 页。

期,教士是最受人尊敬的职位。在乌托邦,对于这种最为尊贵的职位的选拔,会要求候选人拥有贤良的品德,并且将此当作选拔的唯一标准。乌托邦对于青年孩童的教育,也是交由教士负责的。在他们看来,培养青少年的良好品德与教授他们读书学习是同等重要的事情。此外,乌托邦人对于高尚品德的尊崇,还体现在对国家做出重大贡献的伟人身上,为他们在广场上树碑立像,也用作后人的景仰学习,来纪念其不朽的功绩。莫尔认为,一个国家的发展好坏,取决于为国家办事的官职人员的品德。在乌托邦,官员拥有高尚的品德修养,人们在和谐友好的气氛中相处,官员受到人民群众的自发的尊重。乌托邦人主张"幸福不是每一种快乐,而只是正当高尚的快乐。德行引导我们的自然本性趋向于正当高尚的快乐,如同趋向至善一般"①。在德行的指示下,要求人们注意不要做出利己损人的行为。所以乌托邦人不仅是自己尊崇良好的德行,更号召人人相互帮助以达到更愉快的生活。在良好的社会风气下,全体乌托邦人自觉地遵守社会纪律,维护社会公共秩序和公共利益。

四、民主法治 社会公平

乌托邦在政治上实行民主选举制度。每 30 户居民选举产生 1 名官员,称为摄护格朗特,每个区共有 200 名。每 10 名摄护格朗特包括每个摄护格朗特所掌管的各户居民都归属特朗尼菩儿掌管,现在称为飞拉哈。每天会安排 2 名摄护格朗特参与元老院会议,以确保大家都能了解所发生的社会事务。乌托邦人也通过摄护格朗特对元老院的各项活动进行监督,这样就保证了社会权力的正常运行。乌托邦最高决策机构是议事会和全岛公民大会。乌托邦共有 54 座城市,每个城市分为 4 个区,每个区有 200 名摄护格朗特,他们以秘密投票的方式选举出最能胜任的人担任总督。总督和飞拉哈组成的议事会,用于协商解决各项社会事宜。乌托邦法律规定,劳动者可以广泛参与国家事务的管理,任何有关国家公共事务的事情都必须经由议事会和全岛公民大会充分讨论后才能决定。乌托邦通过民主选举产生政府官员,并且利用互相监督的方式来防止官员对民众产生特权压迫,保证公职人员的公正廉洁。公职人员如果工作失职,

---

① [英]托马斯·莫尔:《乌托邦》,戴镏龄译,商务印书馆 1982 年版,第 72 页。

将会立马被撤换。所以乌托邦人和官职人员相处得友爱和谐，整个社会都是"老百姓称官长为父，官长也力尽父职"①的融洽场景。莫尔一直强调社会的公平，社会的井然有序需要公平来维护。他认为，如果不彻底废除私有制，产品的分配就根本无法实现公平；不设定法律明令禁止国王拥有过大的权力，就无法禁止政府人员卖官鬻爵、贪污腐败的行为，社会就会失去公平秩序。莫尔指出了现实社会的不公正之处。如：法律罪罚不相称的不合理、社会贫富差距显著且不断扩大等。所以乌托邦的财产公有，按需分配很好地实现了社会公平。那么在立法层面上，莫尔认为，在阶级社会中法律的颁布和执行只是为了维护剥削者的利益，而国王是这一地位最高的剥削者，更是能够让法律成为国王的特权，在这种情况下，国王即是公正的代表。"这些人采用欺骗和暴力手段攫取了颁布法律的权力。"②莫尔作为伦敦知名法官，深切明白在当时学习法律是上层社会的选择，并且需要巨大的成本。但是那个时代法律条文繁多复杂，难以理解，所以普通人根本无法运用法律为自己伸张权益，乞求公正对待。"既然公布任何法律都是为了使每个人不忘尽职，深奥难解的法律只能对少数人起这种作用（因为少数人懂得它），至于法律上较为简单而明显的意义则是人人会弄通的。"③所以，在莫尔描述的乌托邦，法律条例极少且容易理解。这样简单的法律才是真正公平的法律，才能真正做到保护人民权益。而且乌托邦人都受过良好的教育，具备较高的文化素养，每个人都精通法律，所以也不需要繁多复杂的法律来约束人们的行为。

五、敬重自然 爱护生态

乌托邦人尊重自然，对于环境保护非常重视。乌托邦岛的地理特征是，两头尖中部宽，呈新月状。乌托邦人注重因地制宜，重视地理环境带来的天然屏障作用和便利的地理交通。"由于到处陆地环绕，不受风的侵袭，海湾如同一个巨湖，平静无波，使这个岛国的整个腹部几乎变成一个港口，舟舶可以通航各

---

① ［英］托马斯·莫尔：《乌托邦》，戴镏龄译，商务印书馆 1982 年版，第 90 页。
② ［苏联］奥西诺夫斯基：《托马斯·莫尔传》，杨家荣、李兴汉译，商务印书馆 1984 年版，第 131 页。
③ ［英］托马斯·莫尔：《乌托邦》，戴镏龄译，商务印书馆 1982 年版，第 91 页。

地,居民极为称便。"此外,乌托邦"港口出入处甚是险要,布满浅滩和暗礁","不管敌人舰队多么壮大,都容易被诱趋于毁灭"。且"岛的外侧也是港湾重重。可是到处天然的或工程的防御极佳,少数守兵可以阻遏强敌近岸"①。所以,乌托邦人敬重自然带来的保护功能和便利交通。另外,乌托邦人非常享受自然所带来的赏心悦目的快乐。"乌托邦人酷爱自己的花园"②,他们在花园中种植各种果树及花草,科学种植,花草果树也长得很葱郁丰硕。乌托邦人重视花园的管理,以至于要与各街区在花园上一较高下,"一见而知,花园是对全城人民最富于实惠及娱乐性的事物"。基于花园与乌托邦人的生活质量息息相关,"这个城的建立者所最爱护的似乎也是花园"。同时,乌托邦人注重对自然环境的保护。在亚马乌罗提城,有条小河,发源于城郊,所以乌托邦人认识到自然与人息息相关的重要性,在河流源头处筑上外围工事,避免外敌将河流改道或投毒污染。而且,"他们不允许将任何不洁净的东西带进城市,以防止空气受腐朽物的污染而引起疾病"③。说明乌托邦人已经有了尊重自然和保护环境的意识。

总之,莫尔对"乌托邦"社会的物质公有,人人自觉劳动,社会民主法治、和谐友善、生态良好的社会氛围的赞许和向往,同样也是如今时代人民对于美好社会的向往追求。马克思、恩格斯所设想的未来社会,是"生产将以所有的人富裕为目的"④的社会,是"所有人共同享受大家创造出来的福利"⑤的社会。在社会主义条件下,社会应该"给所有的人提供健康而有益的工作,给所有的人提供充裕的物质生活和闲暇时间,给所有人提供真正的充分的自由"⑥,"人人也都将同等地、愈益丰富地得到生活资料、享受资料、发展和表现一切体力和智力所需的资料"⑦。从这一点看,"乌托邦"社会的全民劳动、物质共享、重视德行和文化教育的生产生活方式,在一定程度上是马克思、恩格斯观点的源头之一,也是共同富裕的思想因子。虽然它因缺乏现实基础而陷入空想境地,但其在美好幸福生活上的孜孜以求,对当今社会主义的发展还是具有重要的借鉴和启示意义的。

① [英]托马斯·莫尔:《乌托邦》,戴镏龄译,商务印书馆1982年版,第47页。
② [英]托马斯·莫尔:《乌托邦》,戴镏龄译,商务印书馆1982年版,第52页。
③ [英]托马斯·莫尔:《乌托邦》,戴镏龄译,商务印书馆1982年版,第61页。
④ 《马克思恩格斯选集》第2卷,人民出版社2012年版,第787页。
⑤ 《马克思恩格斯选集》第1卷,人民出版社2012年版,第308页。
⑥ 《马克思恩格斯全集》第28卷,人民出版社2018年版,第652页。
⑦ 《马克思恩格斯选集》第1卷,人民出版社2012年版,第326页。

从共同富裕的思想演进与实践脉络看百年大党治国理政的内在逻辑

陈荣荣　方俊瑞

摘　要:实现共同富裕,既是新时代的重要特征,也是中国共产党人初心使命的重要内核。党把对共同富裕的追求贯穿于革命、建设、改革和新时期的始终,百年党史可以说是一部共产党人孜孜追求共同富裕的历史。伴随时代的发展,国情的变化,共同富裕思想内涵经历了一个逐步完善的演进过程,并在实践中不断深入,也彰显出中国共产党百年治国理政的内在逻辑。

关键词:共同富裕　理论逻辑　实践历程　内在逻辑

作　者:陈荣荣,浙江工业职业技术学院党委宣传统战部副部长、副教授,研究方向为马克思主义中国化;方俊瑞,浙江工业职业技术学院马克思主义学院教师,研究方向为中国史。

全体人民共同富裕是新时代的重要标志。党的十九大报告指出,新时代是"逐步实现全体人民共同富裕的时代"①。习近平总书记在《关于〈中共中央关于制定国民经济和社会发展第十四个五年规划和二○三五年远景目标的建议〉的说明》中明确指出:"共同富裕是社会主义的本质要求,是人民群众的共同期盼。我们推动经济社会发展,归根结底是要实现全体人民共同富裕。"②党的十九届

---

① 习近平:《决胜全面建成小康社会 夺取新时代中国特色社会主义伟大胜利——在中国共产党第十九次全国代表大会上的讲话》,人民出版社 2017 年版,第 11 页。
② 《习近平谈治国理政》第 4 卷,外文出版社 2022 年版,第 116 页。

六中全会通过的《中共中央关于党的百年奋斗重大成就和历史经验的决议》强调，要"坚定不移走全体人民共同富裕道路"。这表明，实现共同富裕不仅仅是经济问题，更是关系到党执政基础的重大政治问题，是社会主义现代化区别于资本主义现代化的本质特征。

一、共同富裕思想的来源

思想不是凭空而来的，具有其历史依据和理论来源。党的共同富裕思想直接来源于马克思主义思想，但植根于中国社会的土壤中，不可避免地受到"天下大同"和古代朴素"共富裕"思想的影响。

(一)共同富裕思想的历史溯源

共同富裕是中华民族早已有之的理想追求。古代中国就有"小康"和"大同"的说法。《诗经》中"民亦劳止，汔可小康"，表达了早先劳动人民对宽裕生活的追求。道家"小国寡民"折射出大众反对剥削，希望能过上幸福生活的诉求。儒家则提出了更为系统的"天下为公"的"大同"社会理想，虽然没能科学地阐述共同富裕，但对"天下为公"的向往，对社会和谐、正义有序的寻求，体现了当时人们的朴素共同富裕思想。

到了近代，进步的中国人积极探索"均富"之路。太平天国主张建立"无处不均匀，无人不饱暖"的社会制度。康有为《大同书》理想化地提出了"公生产"和"土地公有"论，要建立一个人人平等的社会。民主革命先驱孙中山提出了"三民主义"，针对积贫积弱和贫富不均的问题，融合社会主义学说，认为"民生主义，而以社会主义为归宿，俾全国之人，无一贫者，同享安乐之幸福则仆之素志也"①，谋求社会大众的富裕。从传统中国的朴素共富思想到近代社会的均富思想，这些是党提出共同富裕理论的历史依据和本土因子。

(二)共同富裕思想的理论来源

共同富裕思想最直接的来源是马克思列宁主义，简单地说，就是社会全体

---

① 孟庆鹏编：《孙中山文集》，团结出版社1997年版，第325页。

成员摆脱贫困，生活富裕，社会消除两极分化。因此，建立社会主义社会是实现共同富裕的根本前提。

马克思、恩格斯建立了科学社会主义理论，认为实现共同富裕的物质基础是高度发达的社会生产力。马克思指出："社会生产力的发展将如此迅速，以致尽管生产将以所有人的富裕为目的，所有的人的可以自由支配的时间还是会增加。因为真正的财富就是所有个人的发达的生产力。"①恩格斯认为："我们的目的是要建立社会主义制度，这种制度将给所有的人提供健康而有益的工作，给所有的人提供充裕的物质生活和闲暇时间，给所有的人提供真正的充分的自由。"②生产资料私有制是社会两极分化的根源。只有实行公有制，消除两极分化，共同富裕才能得到保障，而实现共同富裕需要一个漫长的过程，不是一蹴而就的。马克思、恩格斯是人类历史第一次把共同富裕建立在唯物主义之上，形成了共同富裕思想的雏形，为后世社会主义政党和国家建设共同富裕指明了基本方向。

列宁则基于苏联社会主义建设实践，丰富了马克思主义关于共同富裕的内涵，把共同富裕从理论转化成实践。列宁认为，"在社会主义制度下，全体工人，全体中农，人人都能在决不掠夺他人劳动的情况下完全达到和保证达到富足的程度"③。也就是说，社会主义制度是实现共同富裕的制度保障，而且社会主义共同富裕是在不掠夺他人劳动成果的情况下实现的，这和资本主义剥削劳动者剩余价值有着本质区别。尽管列宁领导苏联社会主义建设时间不长，对共同富裕的实践处于尝试阶段，但他第一次真正意义上让共同富裕从理念走向实践，是社会主义政党谋求共同富裕过程中一笔宝贵的财富。

二、共同富裕思想的百年演进

自 1921 年成立以来，中国共产党始终坚持为人民谋幸福、为民族谋复兴，始终致力于共同富裕美好社会的建设。从发展角度看，中国共产党人对共同富

---

① 《马克思恩格斯选集》第 2 卷，人民出版社 2012 年版，第 786—787 页。
② 《马克思恩格斯全集》第 21 卷，人民出版社 1965 年版，第 570 页。
③ 《列宁全集》第 35 卷，人民出版社 1985 年版，第 470 页。

裕思想的诠释,随着时代的变迁和实践的发展而不断深入。

(一)中华人民共和国成立前后的初步成形

建党前后,面对压在中国人民头上的"三座大山",早期的共产主义者在革命实践中就产生了共同富裕思想的萌芽。陈独秀说:"财产私有制虽不克因之遽废,然各国之执政及富豪,恍然于贫富之度过差,决非社会之福。"①李大钊在设想建设社会主义时也指出:"使生产、消费、分配适合的发展,人人均能享受平均的供给,得最大的幸福。"②在追求共同富裕的道路上,彼时的共产主义者更关注分配问题,从土地革命的"打土豪,分田地"到解放战争通过的《中国土地法大纲》,都是希望通过合理的社会分配尽可能"得最大的幸福",相对于"富裕",更追求"共同"的平均。新民主主义革命时期,中国共产党人要实现共同富裕,首先要解决的是推翻旧制度,帮助穷苦民众翻身。因此,谋求民族独立,建立人民政权成为该时期共同富裕思想的逻辑起点。

社会主义政权建立后,以毛泽东为主要代表的中央领导集体在探索社会主义建设的道路上,清醒地认识到实现共同富裕必须走社会主义道路,必须大力发展生产力,"只有联合起来,向社会主义大道前进,才能达到目的"③,毛泽东说道:"现在生产关系是改变了,就要提高生产力……不搞科学技术,生产力无法提高。"④党的第一代中央领导集体也意识到,实现共同富裕会是一个漫长的过程,建设一个强大富裕的社会主义中国大致需要一百年的时间。但在谋求共同富裕的实践中,"共同"成为谋求"富裕"的前提,社会追求全体同步富裕,未能完全跳出平均主义的窠臼。

(二)改革开放以来的特色发展

改革开放以来,以邓小平为主要代表的第二代中央领导集体总结社会主义建设时期正反两面经验教训,把共同富裕提升至社会主义本质的高度。邓小平认为:"社会主义与资本主义不同的特点就是共同富裕,不搞两极分化。"⑤社会

---

① 陈独秀:《独秀文存》上,首都经济贸易大学出版社2018年版,第9页。
② 朱文通等整理:《李大钊全集》第4卷,河北教育出版社1999年版,第507页。
③ 《毛泽东选集》第5卷,人民出版社1977年版,第197页。
④ 《毛泽东文集》第8卷,人民出版社1999年版,第351页。
⑤ 《邓小平文选》第3卷,人民出版社1993年版,第123页。

主义制度前提下,实现共同富裕必须同中国特色社会主义发展紧密联系在一起,发展生产力是当前唯一正确的途径。1986年,邓小平进一步提出:"社会主义原则,第一是发展生产,第二是共同富裕。我们允许一部分人先好起来,一部分地区先好起来,目的是更快地实现共同富裕。"①不仅如此,邓小平还注意到了社会分配问题,要求"先富带后富"一定要避免贫富差距过大和两极分化,要坚持社会主义公有制是基本前提,可以依靠非公有制经济的共进发展,但要尊重个人的物质利益,坚持按劳分配为主体。这些标志着中国特色社会主义共同富裕思想的正式形成。邓小平的共同富裕思想为中国的改革开放提供了行动指南,也为我党继续奋进共同富裕,解决遇到的各种问题提供了理论依据。

以江泽民为主要代表的第三代中央领导集体继承并发展了毛泽东、邓小平的共同富裕思想。在坚持"发展第一"的前提下,把共同富裕的焦点放在科学把握"效率与公平"的关系上来。党的十四届三中全会总结出"效率优先,兼顾公平"原则,肯定"先富带后富"的同时,既反对平均主义,又防止收入分配悬殊,要求"把调节个人收入分配、防止两极分化,作为全局性的大事来抓"②。社会公平成为该阶段实现共同富裕的明确目标。世纪之交,江泽民提出了"三个代表"重要思想,他指出:"建设有中国特色社会主义的各项事业,我们进行的一切工作,既要着眼于人民现实的物质文化生活需要,同时又要着眼于促进人民素质的提高,也就是要努力促进人的全面发展。"③实现物质文明和精神文明的双富裕,把满足人民文化需求和精神文明建设提上新高度,把共同富裕内涵放大到社会经济和人的全面发展上,进一步拓宽了共同富裕的思想内涵。

以胡锦涛为主要代表的中央领导集体提出"以人为本"的科学发展观及社会主义和谐社会理念,继续丰富了共同富裕的思想内涵。胡锦涛强调要"妥善处理效率和公平的关系,更加注重社会公平"④,把社会公平置于更加突出的位置,党的十七大报告提到了"发展为了人民,发展依靠人民,发展成果由人民共享"。社会主义和谐社会更是共同富裕进入改革关键时期的内在要求。实现共同富裕要依靠发展,但这个发展是社会全面发展和可持续发展相结合的发展,

① 《邓小平文选》第3卷,人民出版社1993年版,第172页。
② 《江泽民论有中国特色社会主义(专题摘编)》,中央文献出版社2002年版,第56页。
③ 江泽民:《论"三个代表"》,中央文献出版社2002年版,第179页。
④ 《十六大以来重要文献选编》中,中央文献出版社2006年版,第604页。

是经济、社会、资源和环境保护相协调的发展。科学发展观与和谐社会理念为实现共同富裕提供了科学的发展思维和方法,这一时期的共同富裕是"以人为本"的共同富裕,是"协调发展"的共同富裕。

(三)新时代以来的新构建

党的十八大以来,习近平总书记围绕什么是共同富裕、为什么要实现共同富裕和如何实现共同富裕等问题做了系统阐释,开创了新的话语体系和思想境界,奠定了扎实推进共同富裕的思想基础。党的十九大报告把"基本实现社会主义现代化"和"全体人民共同富裕迈出坚实步伐"作为第二个百年奋斗目标的第一个阶段,把"我国建成富强民主文明和谐美丽的社会主义现代化强国"和"全体人民共同富裕基本实现"作为实现第二个百年奋斗目标的第二个阶段,就是将共同富裕同实现中国特色社会主义现代化贯通起来,共同富裕也成为中国式现代化的重要标志。

习近平总书记对共同富裕做出全新深刻的阐释:"共同富裕是全体人民共同富裕,是人民群众物质生活和精神生活都富裕,不是少数人的富裕,也不是整齐划一的平均主义。"[①]新的历史方位下,全体人民共同富裕成为新时代共同富裕的目标指向,新时代的共同富裕是物质财富和精神财富的统一体。习近平总书记还把全体人民共同富裕纳入实现中华民族伟大复兴的战略体系,指出"实现中华民族伟大复兴的中国梦,就是要实现国家富强、民族振兴、人民幸福"[②],共同富裕从社会主义本质的基本内涵跃升为社会主义的本质要求。

习近平总书记还提出了新时代推进共同富裕的总体思路,即"坚持以人民为中心的发展思想,在高质量发展中促进共同富裕,正确处理效率和公平的关系,构建初次分配、再分配、三次分配协调配套的基础性制度安排,加大税收、社保、转移支付等调节力度并提高精准性,扩大中等收入群体比重,增加低收入群体收入,合理调节高收入,取缔非法收入,形成中间大、两头小的橄榄型分配结构,促进社会公平正义,促进人的全面发展,使全体人民朝着共同富裕的目标扎实迈进"[③]。在共同富裕的道路上,从"做大蛋糕"到"分好蛋糕",突出高质量发

---

① 习近平:《扎实推动共同富裕》,《求是》2021年第20期。
② 《十八大以来重要文献选编》上,中央文献出版社2014年版,第324页。
③ 习近平:《扎实推动共同富裕》,《求是》2021年第20期。

展,更加注重人民群众对于经济发展成果的共享共富,强调把人民群众的获得感、幸福感和安全感作为重要依据,"坚持把人民拥护不拥护、赞成不赞成、高兴不高兴作为制定政策的依据"①。在推动人类命运共同体的进程中,习近平总书记还主张同世界分享实施共同富裕的"中国方案",为全球经济发展和实现人民富裕提供"中国智慧"。

回首峥嵘岁月,共同富裕思想不断从中国的革命、建设、改革开放和新时代的生动实践中汲取营养,与时俱进,形成了现在有中国特色的共同富裕完善体系。这个过程既是马克思主义不断同中国国情紧密结合的过程,也是马克思主义中国化时代化的现实表现。

三、共同富裕的百年实践

作为使命型政党,中国共产党对共同富裕的目标追求和实践探索从未中断。在党的领导下,我们的共同富裕之路越走越宽,形成了极具中国特色的现代化共同富裕道路。

(一)新民主主义革命时期的初步实践

党成立之初,以中华民族独立富强为己任。党的一大、二大提出了共产主义奋斗目标,革命的前途是向社会主义和共产主义转变。但由于斗争环境严峻复杂,党尚未掌握革命的主导权,共同富裕基本停留在理论宣传和研究层面。

1927年,毛泽东考察了湖南农民运动并撰写调研报告,中国共产党逐渐走上了农村包围城市的武装革命道路。土地革命战争阶段,共同富裕的主要对象是饱受压迫的广大农民阶级,并未覆盖到全体社会成员,通过"打土豪,分田地"的绝对斗争手段,把地主阶级的利益平均分配到农民阶级手中,这是由历史所处的阶段决定的。抗日战争时期,中共中央在陕甘宁边区制定了一套较为完整的新民主主义社会建设的纲领与政策,出台《陕甘宁边区施政纲领》,毛泽东作了《经济问题与财政问题》的报告,明确要求发展人民经济和公营经济,争取人民的物质福利和富裕生活。这是我们党第一次在区域范围内对共同富裕的初

---

① 《习近平谈治国理政》第3卷,外文出版社2020年版,第182页。

步实践。解放战争过程中,党在解放区内开展全面土地制度改革,实行保护人民利益的方针政策,最终取得了新民主主义革命的伟大胜利,建立了独立建设共同富裕的自主系统。正是对共同富裕对象的明确定位,帮助饱受压迫的农民阶级实现自由和富裕,中国共产党成功实现了全中国的解放,建立了新生政权,为中华人民共和国成立后共同富裕的继续实践创造了根本条件。

(二)社会主义革命和建设时期的曲折实践

中华人民共和国成立之初,采用产业集体化,建立产业合作社的方式来实现共同富裕。1953 年 12 月 16 日,党中央发布《关于发展农业生产合作社的决议》,确立了"逐步克服工业和农业这两个经济部门发展不相适应的矛盾,并使农民能够逐步完全摆脱贫困的状况而取得共同富裕和普遍繁荣"[①]的目标,要建设好独立完整的工业体系,为实现共同富裕创造产业基础,这也是我党历史上第一次把"共同富裕"写进中央文献里。1956 年,随着社会主义三大改造的完成,社会主义制度正式确立,共同富裕有了制度保障。

虽然实现共同富裕的根本前提有了着落,但受生产力限制,经济形态单一,又过度强调"同步富裕",注重绝对平等,导致了实际上的共同贫穷,甚至出现了冒进的"大跃进"、吃"大锅饭"等现象。无论如何,这是中国共产党人第一次真正意义上在全国范围内自主探索共同富裕建设,以毛泽东为主要代表的党中央第一代领导集体意识到实现共同富裕是一个长期而又艰巨的过程。

(三)改革开放以来的加快奋进

党的十一届三中全会正式确定了改革开放的总方针,工作方向回到了经济建设上来。党重新调整利益结构,确定按劳分配原则,打破平均主义模式,把生产力发展作为衡量生活水平、是否富裕的根本准则,逐步走出了一条具有中国特色的共同富裕道路。

1978 年,邓小平提出"在经济政策上,我认为要允许一部分地区、一部分企业、一部分工人农民,由于辛勤努力成绩大而收入先多一些,生活先好起来,就必然产生极大的示范力量,影响左邻右舍⋯⋯使全国各族人民都能比较快地富

---

① 《建国以来重要文献选编》第 4 册,中央文献出版社 1993 年版,第 662 页。

裕起来"①，开创了"先富带后富"的方针。在此影响下，形成了"三步走"和"两个大局"战略构想。"三步走"：第一步，从 1981 年到 1990 年，国民生产总值翻一番，解决人民温饱问题；第二步，从 1991 年到 20 世纪末，国民生产总值再翻一番，人民生活水平达到小康水平；第三步，到 21 世纪中叶，人均国民生产总值达到中等发达国家水平，人民生活比较富裕，基本实现现代化。"两个大局"：一个大局就是东部沿海地区加快对外开放，使之较快地先发展起来，中西部地区要顾全这个大局；另一个大局就是当发展到一定时期，就要拿出更多的力量帮助中西部地区加快发展，东部沿海地区也要服从这个大局。这是邓小平的共同富裕思想走向实践的重要环节，用量化的方式为社会主义现代化发展注入了一针强心剂，带动了全国人民建设社会主义的热情。1986 年开展的扶贫攻坚计划，也是邓小平推动共同富裕的重要实践。这些都十分符合我国社会主义初级阶段的发展规律。

不可否认，改革开放，实施共同富裕初期，中国人民在致富道路上取得了不少成就，但城乡、区域间的差距也越来越明显。到以江泽民为主要代表的党中央第三代领导集体，继续朝着共同富裕的道路奋进，并实施了若干解决共同富裕道路上出现问题的重大举措。在继续坚持发展是第一要务的前提下，针对贫富差距问题，党的十五大制定了一系列缩小收入分配差距的具体方针政策，在"三步走"的基础上进一步细化，提出新的"三步走"战略举措。同样，在遵循"两个大局"部署，为解决区域协调发展问题，1994 年，颁布了《国家八七扶贫攻坚计划（1994—2000 年）》，把脱贫攻坚、共同富裕的战场转移至生产生活条件恶劣的中西部革命老区和少数民族地区；1999 年 6 月，江泽民在西安主持召开"西北五省区国有企业改革和发展座谈会"，第一次提出了"西部大开发"战略举措，指出："西部大开发的根本任务就是发展生产力，必须坚持以发展为主题，以发展的眼光、发展的思路、发展的办法来解决前进中的问题。"②通过东、中、西部区域经济协调发展，促进共同富裕建设。

21 世纪以来，党的十六大提出全面建设小康社会的历史任务，并要求在投资项目、税收政策和财政转移支付等方面加大对西部地区的支持。党的十六届

---

① 《邓小平文选》第 2 卷，人民出版社 1994 年版，第 152 页。
② 《江泽民论有中国特色社会主义（专题摘编）》，中央文献出版社 2002 年版，第 183 页。

三中全会针对国民经济结构不合理、农民收入增长缓慢、就业矛盾突出等问题通过了《中共中央关于完善社会主义市场经济若干问题的决定》,以胡锦涛为主要代表的中央领导集体十分重视区域间的协调发展,运用多种手段,建立社会公平机制,实施了持续推进西部大开发、全面振兴东北老工业基地和大力促进中部崛起的系列举措,以缩小区域间贫富差距。党的十六届五中全会通过《中共中央关于制定国民经济和社会发展第十一个五年规划的建议》,要求实施建设社会主义新农村的重大历史任务,积极改善城乡居民社会、医疗保障体系,以社会主义新农村建设达到城乡共同富裕,解决一系列重大民生问题。这一阶段的共同富裕从"大社会"着眼,从"小家庭"入手,从过去宏观的经济发展、分配制度等延伸到具体的个人。

(四)新时代全面迈上新台阶

党的十八大以来,以习近平同志为核心的党中央对我国共同富裕事业进行了创造性的发展,实施了乡村振兴、精准扶贫、建设现代化经济体系、推进共享发展战略和改革收入分配制度等新举措,推动了共同富裕的新突破。

2013年,习近平总书记在湖南湘西考察时提出"精准扶贫"的概念;2015年,在贵州调研时提出了"精准扶贫"的方法论,实施了"中央统筹、省市负责、市县落实"的扶贫机制,创造性地提出了"五个一批"工程,通过精准识贫、科学扶贫、产业扶贫、搬迁扶贫、生态扶贫和教育扶贫等措施。到2020年,新型国际标准下的9899万贫困人口全部脱贫,困扰中华大地上无数先贤的绝对贫困问题得到彻底解决,证明了中国只有坚持走中国特色社会主义道路才能实现共同富裕。

发展是实现全体人民共同富裕的基础和关键。新发展理念下,我国正在加快构建现代化产业体系,打造"创新、协调、绿色、开放、共享"的发展格局,促进现代化经济体系的快速建立与发展,推进了"一带一路"建设、京津冀协同发展、长江三角洲区域一体化发展和粤港澳大湾区建设等一系列开放发展战略,在缩小地区间贫富差距、城乡差距和区域差距等方面取得了很大进步。为确保共同富裕阶段性任务的完成,正在努力打造以国内大循环为主、国内国际双循环相互促进的新发展格局。

2021年,浙江共同富裕先行示范区建立,通过扩大浙江中等收入群体规模,探索实现共同富裕的可行性。先行示范区不断提高发展效益,深化改革收入分配制度,增加城乡居民收入,实现城乡基本公共卫生服务均等化,奠定实现共同富裕的物质基础。打造文化高地,满足人民群众日益增长的美好生活需要,贯彻落实习近平生态文明思想,建设生态文明,实现全方位的物质和精神双富裕。坚持和发展新时代的"枫桥经验",有效提升社会稳定性,为全方位构建全体人民共同富裕的发展体系提供保障。

一百多年来,中国共产党始终扎根于中国的实际国情,取得了消灭绝对贫困和全面建成小康社会的巨大成就。当前,共同富裕已经进入了一个新的历史阶段,扎实推动共同富裕将又是一项长期而艰巨的任务。

四、百年大党治国理政的内在逻辑

建设中国特色社会主义现代化,实现全体人民共同富裕,不是西方现代化发展的翻版,也不是其他社会主义国家现代化的再版,而是中国共产党领导中国人民探索建设的创新版,是一次人类文明史上的全新实践。只有坚持党的领导,紧紧依靠人民,发挥中国特色社会主义制度优越性,才能把全体人民共同富裕推向新的历史方位。

(一)始终根据社会实践具体发展调整方向

共同富裕的内涵和实践是随着时代的发展而变化的。中国在全面建成小康社会进程中所取得的伟大成就,再次证明中国特色社会主义制度和中国特色共同富裕道路具有无可比拟的优越性和顽强的生命力。中国特色共同富裕理论始终坚持在实践中发展,并指导实践的进步,始终坚持不断丰富完善自身体系,是具有鲜明中国特色、明显制度优势、强大自我完善能力的正确道路。作为马克思主义共同富裕理论与中国实际相结合的产物,中国特色共同富裕理论形成于中国特色社会主义伟大实践的进程中,是由一系列相互嵌套、相互融合、相互促进的制度保障、实现路径所构成的,具有坚实的历史根基、实践根基。坚实的历史与实践基础也是中国特色共同富裕理论优势不断彰显的关键因素,其发展历程就是中国革命、建设、改革开放和新时代的历史发展进程的一个缩影,历史最终选择了中国特色共同富裕理论。

（二）始终以人民至上的指导思想开展工作

人民是历史的创造者,共同富裕离开了人民的参与和奋斗就不可能变成现实。中国特色共同富裕理论是中国共产党带领人民经过长期奋斗积累而创造的成果,人民至上是其核心价值导向。在这一伟大实践中,必须通过尊重人民群众主体地位和首创精神来凝聚更强大的智慧力量,促进共同富裕程度和水平不断提升,这也集中体现在中国实现共同富裕的动力源于人民、目标为了人民、实现依靠人民、成效由人民评判等方面。所以,要加大共同富裕的社会宣传,警惕西方式的"福利主义陷阱",阐述好共同富裕的重要价值,努力在全社会形成全体人民共同富裕的基本共识,形成人人参与、人人奋斗、人人共享的生动局面,引领全体人民朝着共同富裕扎实迈进。

（三）始终充分发挥集中力量办大事的优势

中国特色社会主义制度最为显著的优势,就是集中优势社会力量办大事,能充分调动社会不同群体,集中一切力量以克服各类风险挑战。实现共同富裕是国家战略层面的一项系统性工程,绝不是某个地区或者某个系统单独就能实现的,而要通过严密的组织机构、宏观的政策调配,要能坚决贯彻党中央的决策部署,把党中央顶层设计的战略安排和习近平总书记关于扎实推进共同富裕的新要求,落到实处。中国共产党领导下的社会主义国家具有凝聚优势、动员优势和保障优势,在党的领导下,中国在未来能够战胜一切并取得不断的胜利。

（四）始终坚持以社会主义基本制度为核心

社会主义制度是我国的根本制度,以其为核心的各项制度体系共同构成了我国在制度层面上无可比拟的优势。实践再次证明,随着世界经济形势的不断动荡和新冠疫情所带来的巨大冲击,世界各国只有中国实现了疫情的坚决阻击和经济的快速恢复,其本质原因就在于中国共产党领导下的中国特色社会主义制度具有强大的生机与活力,具有其他任何制度所不能比拟的优势。中国共产党成立百年来,立足基础底线,坚持理念引领,在制度保障和安全保障中扎实推动共同富裕。

（五）始终坚持"人类命运共同体"的情怀

中国实现了共同富裕飞跃式发展,社会变化显著,为全人类的共同富裕提供了中国经验。国际社会特别是发展中国家,也需要中国来贡献共同富裕的"中国方案",从而真正实现构建人类命运共同体的美好愿望。只有不断有效提升我国在国际社会上的话语权和传播力度,才能实现共同富裕的先进模式和经验做法的输出与普及,从而为解决世界范围的贫困提供中国模式,做出中国贡献。

共同富裕视野下城市社区治理机制
及未来趋势探微[①]

吴　帅

　　摘　要:共同富裕是全体人民通过辛勤劳动和相互帮助,最终达到丰衣足食的生活水平,也就是消除两极分化和贫穷基础上的普遍富裕,是中国特色社会主义理论的重要内容之一。新时代,随着经济社会的发展,我国社会主要矛盾发生了历史性变化,这对共同富裕提出了更高的要求。社区是人民群众生活的重要场所,对推动人的全面发展、社会全面进步起着重要作用。在共同富裕的背景下,人民日益增长的美好生活需要和城市社区治理水平在邻里文化、党群建设、智能治理等方面还存在不足。新冠疫情之下社区更成为疫情防控的焦点,这将成为新时代社区治理发展的重要节点,在此过程中酝酿着未来社区等未来城市的社区治理模式,通过对社区治理新趋势的分析,探讨构建新时代城市社区治理机制的路径。

　　关键词:共同富裕　城市社区　治理机制　未来社区

　　作　者:吴帅,杭州职业技术学院马克思主义学院讲师、社区发展与治理研究中心主任,浙江省马克思主义执政党建设研究中心特约研究员,研究方向为马克思主义中国化、社会治理。

————————
　　① 本文系国家社科基金项目"中国科层政治与项目制的组织选择、张力及复合机制研究"(18CSH047)的阶段性成果。

习近平总书记在《求是》杂志上发表重要文章《扎实推动共同富裕》,指出"共同富裕是社会主义的本质要求,是中国式现代化的重要特征"[①]。浙江作为高质量发展建设共同富裕示范区,以缩小地区差距、城乡差距和收入差距为主攻方向,特别在以收入分配制度改革为核心的一系列社会改革方面,在推动公共服务优质共享方面,在创新引领先富带后富政策体系方面,在打造共同富裕现代化基本单元方面开展了先行探索。社区是社会的基本单元,在共同富裕的背景下建构良性的社区治理机制是一个重要的问题。习近平总书记指出,"要深入推进社区治理创新,构建富有活力和效率的新型基层社会治理体系","打造共建共治共享的社会治理格局"。[②] 这意味着要推动社会治理重心向基层下移,在基层社会治理中加强社区治理机制建设。

随着城市化进程的不断推进,传统以散居为主的居住方式已被集中规模化的社区居住方式所取代。社区不但是当前城市居民的基本居住方式,也是城市治理的重要领域。社区治理必然成为基层社会治理的重点。从"新时期"到"新时代",社会主要矛盾已经转化,这种不平衡不充分的发展之间的矛盾同样体现在全国近十万个城市社区治理中。"城市社区治理是在社区范围内,依托治理的多方主体和治理方式的多样性,共同对社区公共事务进行有效的管理,从而增强社区凝聚力、提高社区居民自治能力、增进社区公共生活整体利益最大化和可持续发展的过程。"[③]当前,城市社区治理在新时代取得了重大进展,为城市发展及社会进步做出了重要贡献,但是社区归属感不强、社区服务不完善、社区治理主体单一等问题依然存在,在共同富裕的背景下社区治理要改变长期以来社区的逆向负责制,改变只对上负责而无暇顾及基层群众切身需要的状况,探索新时代的社区治理机制。

一、从"新时期"到"新时代"城市社区治理范式的转变

新时代,我国社会主要矛盾的变化是城市社区治理转变的基本依据。社会

---

① 习近平:《扎实推进共同富裕》,《求是》2021年第20期。

② 《习近平谈治国理政》第3卷,外文出版社2020年版,第353页。

③ 张平、隋永强:《一核多元:多元治理视域下的中国城市社区治理主体结构》,《江苏行政学院学报》2015年第5期。

质量理论提出"以人的发展为起点,从人的'社会型'出发,超越个人与社会的二元对立——既承认社会体系的制约性,也强调个人行动的能动性……为公民提供社会经济保障是基础和前提,社会凝聚、社会包容和社会赋权,既是手段也是结果[①]"。在共同富裕的背景下,社区对于居民来说不仅是"住"的需要,按照马斯洛需求理论,人们对社区的需求已经从基本的生理、安全需要逐渐上升到爱与归属感、尊重和个人实现的需要。"人是社会关系的集合,这一性质决定了人们不仅有生存的基本需求,还有与时代发展相适应的多元化、多层次需求。个人及其家庭融入社区、社会的需求,自我实现的需求等。"[②]根据马克思关于人的全面发展理论,社区已经成为人的全面发展和社会全面发展的重要载体。社区治理作为基层社会治理的重要内容,是国家治理体系的基础,随着国家对治理体系和治理能力现代化的空前重视,城市社区治理范式必将发生重大转变。"实现社区治理体系和治理能力现代化,既是在新时代实现社会治理重心下移和服务下沉的必然要求,也是完善国家治理体系、实现国家治理能力现代化的重要保证。"[③]因为城市社区的重要性,很多地方政府都有创新社区治理的冲动,在"GDP 锦标赛"逐渐落幕之后,社区治理创新逐渐成为基层政府政绩的重要标尺。然而,各地的探索效果各异,更多的是盆景式的昙花一现,缺乏长效可推广的社区治理模式。"在社区治理的区域、领域以及群体发展中,治理不平衡不充分的矛盾依然存在,同时,随着新一代信息技术的应用,强者越强、弱者越弱的马太效应显现,进一步拉大了发达地区与欠发达地区之间的差距。"[④]

以浙江为例,一方面,从 2001 年开始,浙江部署实施社区体制改革,以原居委会范围为基础建立城市社区,到 2021 年底浙江常住人口城镇化率预计提高至 72.7%,浙江城市化率比全国常住人口城镇化率 60.6% 高出 10 余个百分点,杭州更是高达 78.5%。浙江社区治理的经验做法在《社区》《中国社区报》"一刊一报"上被大量报道,发文数量在 2019 年度排全国第四,明显高于其他省份。根据城镇化发展 S 曲线理论,浙江已进入城市化的"下半场",亟须构建新

---

① 李迎生、吕朝华:《社会主要矛盾转变与社会政策创新发展》,《国家行政学院学报》2018 年第 1 期。

② 李迎生、吕朝华:《社会主要矛盾转变与社会政策创新发展》,《国家行政学院学报》2018 年第 1 期。

③ 周立、曹海军:《中国城市社区治理发展态势》,《中国城市社区治理报告(2019)》,中国社会出版社 2019 年版,第 29 页。

④ 周立、曹海军:《中国城市社区治理发展态势》,《中国城市社区治理报告(2019)》,中国社会出版社,2019 年版第 39 页。

时代城市社会治理新机制。另一方面,城市化进程已进入新阶段,粗放型"摊大饼"式城市空间资源利用模式已融合不断加深的情况下,新时代城市社区呈现出一些相似的特点:一是人口快速流动。城市及城市边缘的社区人口不断积聚,乡村空心化现象日益严重。二是居住不断集中和多样化。城市边界不断扩大,集居成为常态,居民结构也随之发生改变,城乡人口、本地与外来人口以及各阶层居民不断汇集,不同生活习惯、行为方式乃至不同文化,在集居中同时呈现并发生碰撞,使社区既充满变化活力,也面对如何取得"最大公约数"的难题。三是对社区治理的要求不断提高。新建社区不但需要专业的物业管理,也需要建设社区文化以及提供其他必要的社区服务,如养老、心理服务等。上级部门对社区的要求越来越高,群众对加装电梯、弱点改造、小区绿化等事关生活品质的项目有较高期待。社区工作千头万绪,社区工作人员分身乏术,导致很多社区的原本服务居民的工作难以落实。城市社区一方面正在从传统的居民管理向现代社区治理转变,在探索实践中形成了许多有益的经验;另一方面,矛盾和问题也在不断积聚和深化,亟待通过创新城市社区治理机制加以解决。

二、当前城市社区治理的特征和存在的问题

"社区治理的核心在于利益相关方的平等参与,制定出具有约束力的规则,构建有效的、回应性的治理结构。"[1]从"新时期"到"新时代",各地紧紧围绕社区治理和服务创新关键环节,在提升社区治理精准化、精细化水平方面追求实效,不断推陈出新。其特征一是突出党建引领作用,强调"党是领导一切的"。在社区治理中,党组织的设置更加规范化,党建在社区工作中占了很大的分量。二是积极探索"互联网＋社区服务"的新方式。"2018 年,城市社区服务供给的投入力度不断加大,这为构建智慧型城市社区提供了基础。"[2]社区治理逐渐改变过去人工为主的治理模式,信息化和职能化带来智能垃圾分类设备,物联网系统大范围使用,以微信群为代表的社交网络逐渐形成虚拟社区。三是社区治理

---

[1]　周立、曹海军:《中国城市社区服务分析》,《中国城市社区治理报告（2019）》,中国社会出版社 2019 年版,第 97 页。

[2]　周立、曹海军:《中国城市社区服务分析》,《中国城市社区治理报告（2019）》,中国社会出版社 2019 年版,第 97 页。

创新举措频出。存在过度创新和创新经验难以扩散到竞争性地区等问题。"当前基层治理创新领域不乏'盆景',但缺乏'森林'之现状。"①四是社会资本参与。一些社会组织通过政府购买服务的形式成为社区服务的第三方,为社区治理注入了新的力量。基于"打造共建共治共享的社会治理格局"的总体目标,新时代城市社区治理的特征与其说是新特点,不如说是对社区治理探索的延续,围绕"提高社会治理社会化、法治化、智能化、专业化水平"持续解决问题中逐渐构建新的社区治理机制。在调研中,城市社区治理表现出来的问题与新时代社会主要矛盾即"人民日益增长的美好生活需要和不平衡不充分的发展之间的矛盾"依然明显。

(一)物业的专业化管理能力及服务水平与居民对社区和谐美好生活的需求存在较大差距

目前,90％以上的社区居民对其所在社区的物业管理不满意,即便在一些高档社区,物业管理水平及服务能力也仍有较大提升空间。2017 年 6 月下旬,发生在杭州蓝色钱江小区的保姆纵火案,反映了品牌物业在非常态物业管理上的窘境及其背后的诸多管理漏洞,尤其对受难者及小区居民在灾后所期望得到的善意未能给予及时有效的回应和充分表达,凸显了当前社区物业管理中普遍存在的重物轻人、重理轻情的严重失衡倾向。

(二)业委会运作的水平及能力与居民对社区和谐美好生活的需求存在较大差距

虽然城市社区大部分都成立了业主委员会,但是业委会成立时不合规的情况仍然突出,不少小区业委会初创时并不具备按照业主大会议事规则由业主选举产生的条件,因此往往顶着规则走个过场,或者由社区指派人员组建,或者由个别业主匆匆上位;由于先天不足,许多业委会在实际运作时,或形同虚设,或乱作为。因此,社区的业主与业委会之间常常形成社区中矛盾和问题的焦点,尤其当社区物业管理等一系列现实问题发生,而居民的有关诉求得不到业委会积极回应的时候,矛盾就会不断加剧。社区业委会非正常更换的频率相当高,并且基本上是业主为维护自身在社区中的权益而自发动议更换。更换后的业

---

① 黄晓春、周黎安:《"结对竞赛":城市基层治理创新的一种新机制》,《社会》2019 年第 5 期。

委会具有较好的群众基础,其合法性得到了加强。但是,一方面在客观上,它必须面对之前包括与社区的行政性机构如何开展有效合作等种种难题;另一方面在主观上,也存在自身水平及能力亟须提升的问题。

(三)社区党组织的职能发挥与居民对社区和谐美好生活的需求存在较大差距

浙江城市社区实现了党组织全覆盖,这项基本制度对于把党和政府的相关政策和要求及时有效地贯彻到社会基层具有重要意义。但是,现在的社区党组织的工作职能与社区的工作实际存在着错位问题,突出表现为前者在社区工作中"自上而下"的号召多,上下有机结合的工作举措少;围绕社区实际展开的工作职能少,应对上级管理部门考核要求的事务多。目前,不少社区的党组织难以在基层工作中发挥核心和引领作用。基层党建与社区治理存在着较为严重的"两张皮"现象。因此,在社区运行中,带有行政性色彩的社区组织往往成为社区中矛盾和问题的另一个焦点。"'结对竞赛'的这种创新要素叠加机制很容易导致与实际需求脱节的形式主义作风,这也成为基层负担日益加重的重要影响因素。"[①]如何有效发挥社区党组织的作用,直接关乎党委政府在基层的工作成效和工作形象。

(四)社区居民的素质与居民本身对社区和谐美好生活的需求存在较大差距

伴随急速城市化造就的集中规模化的社区生活,不但带来人口数量不断积聚,更带来社区人口结构和来源的多元多层及复杂化。因此,社区居民素质参差不齐,整体水平有待提升的情况普遍存在,这也成为目前社区矛盾多问题多的重要原因。"未能通过相应的网络服务平台向群众推送相应的公共文化服务和文化产品……由于面对的是相对自由的群体,难以集中起来发布信息,因此通过纸质、言传的方式各种活动宣传效果明显不佳,导致社区活动参与度低。"[②]当前,社区发展中存在注重居住功能、忽略教化功能,多"闭门不出"、少邻里交往,这些都给孕育社区文化、推动社区教育带来很大的困惑,成为社区提升和谐

[①] 黄晓春、周黎安:《"结对竞赛":城市基层治理创新的一种新机制》,《社会》2019年第5期。

[②] 周立、曹海军:《中国城市社区文化建设分析》,《中国城市社区治理报告(2019)》,中国社会出版社2019年版,第124页。

美好生活的一大难题,也是当前社区建设中必须破解的一个带有基础性的问题。

(五)社区基本的生活功能与社区周边的商业活动不能得到合理有效的平衡,给社区建设和谐美好生活带来严重的困扰

据调查,目前不少城市社区周边的商业行为存在破坏社区环境以及油烟、噪声、污水等扰民的问题,也经常引起社区居民和商家之间的矛盾冲突。在政府组织的多次整顿下,尤其在近期大力度的环保整治下,问题有所缓解或解决,但是整顿整治"风头"过去后,往往又死灰复燃,逐渐成为社区生活中的一大顽疾。这凸显了城市社区必须面对的如何破解片面行政化及其消极影响的重大课题。

综合来看,当前城市社区治理中受制于政府管制模式、社会组织发展、居民参与意愿等因素,还需要充分利用社会资本、社区精英阶层、志愿者等重要资源,拓展社区活动参与路径,提升社区自治能力,优化社区治理机制。

三、新时代城市社区治理机制的未来趋势和构建路径

"治理是通过一定权力的配置和运作对社会加以领导、管理和调节,从而达到一定的目的。"①在市场化、城镇化、工业化、信息化交织的时代背景下,城市社区治理面临着前所未有的挑战。"社区是城市的细胞,城市政府需要建构扎根社区的城市服务网络,才能保证对城市居民服务的有效递送,并动员社区居民积极参与城市管理。"②伴随着快速的工业化和城市化,传统关系纽带出现断裂。同时,市场经济的发展,使得部分人群偏重关心自己的私人生活,而忽视公共生活,社区内部出现原子化状态,社区缺乏凝聚力和向心力。正如《使民主运转起来——现代意大利的公民传统》中描述的"在个体居民的眼里,公共事务是别人的事务——即高级人士的事务,'老板们的''政治家们的'——不是自己的事务。很少人有心去参加关于共同利益的思考,这样的社会提供给他们的机会也

---

① 徐勇:《中国农村村民自治》,华中师范大学出版社 1997 年版,第 22 页。
② 徐林:《花园城市的"管"与"治"——新加坡城市管理的理念与实践》,中国社会科学出版社 2021 年版,第 284 页。

不多……陷在这种恶性循环里，几乎每个人都觉得无力、受剥削和不幸福"①。
"这种状况在新冠疫情暴发时暴露了城市社区传统治理机制的弱点，人们迫切
需要一个能够提供更多资源、服务，更加精准、精细，能够实现政府治理与社会
调节、居民自治良性互动的社区治理机制。"②党的十九大报告明确指出："加强
社会治理制度建设，完善党委领导、政府负责、社会协同、公众参与、法治保障的
社会治理体制，提高社会治理社会化、法治化、智能化、专业化水平。"③在新时代
人们对于"针对社区人文价值缺失，如何树立'以人为本'价值坐标，重塑邻里关
系，推进历史文脉传承和文化再生，强化人文氛围、规则意识等社区软实力，推
进社区自治与居民参与式治理，创造有利于人才落户的新机制等，已成社区治
理补短板的重中之重"④。这是在进入中国特色社会主义新时代，加强社会建设
及基层社会治理创新的基本遵循。针对当前城市社区治理中存在的亟待解决
的矛盾和问题，需要通过加快社区治理和服务创新来带动基层治理水平提升，
夯实社会建设的基础。

首先，加强各级党委对城市社区工作的领导，落实各级政府对城市社区必
须履行的工作职责。要从中国特色社会主义新时代"五位一体"总体布局的高
度，充分认识新时代社区治理的重要性。探索在各级党委建立社会建设委员
会，统筹指导社会建设及有关的各项工作，并领导协调各级政府承担落实相关
的工作责任。从当前城市社区治理运行的现状和发展的需求来看，仅把社区治
理定位于平安建设或将社区工作的责任落实仅归口于一个政府管理部门尚显
不足。现行的社区治理体制使社区中存在的矛盾和问题并不能得到及时有效
的反馈和处理；党和政府在社区中设立的基层组织也难以充分发挥应有的作
用。在基层社会治理体制的总体考虑上，应从新时代加强社会建设的高度，充
分考虑城市化发展进程中社区治理的重要性、复杂性和全面性，按照党的十九
大报告对社会治理制度建设的要求，通过创立以党委社会工作委员会为中心的

---

① ［美］罗伯特·D.帕特南：《使民主运转起来——现代意大利的公民传统》，王列、赖海榕译，中国
人民大学出版社 2015 年版，第 121 页。

② 阮重晖：《完善服务体系 提高治理能力——社区疫情防控的杭州实践》，《光明日报》2020 年 3 月
13 日。

③ 习近平：《决胜全面建成小康社会 夺取新时代中国特色社会主义伟大胜利——在中国共产党第
十九次全国代表大会上的报告》，人民出版社 2017 年版，第 49 页。

④ 孟刚：《未来社区建设的时代背景和浙江追求》，《浙江经济》2019 年第 7 期。

社会治理体制机制,进一步强化党和政府对社区工作的领导。

其次,以社区党组织为核心,同时充分兼顾并发挥不同社会主体在社区中的地位和作用。当前社区治理中普遍存在多个社会主体并存的格局,其中既有业主及居民等社区的主体人群,又有在社区运行管理中发挥不同作用的党组织、业主委员会、物业管理机构以及相关社会组织等。目前的基本状况是:一方面,社区党组织在通过社区的其他社会主体贯彻落实上级要求和部署的过程中,由于手段单一,加之不少"自上而下"的指示并不能反映社区的实际需求,因此实际作用和效果均相当有限,往往流于形式且难以持续;另一方面,社区中居民的真实需求以及由此产生的种种问题并不能得到社区管理的相关各方及时有效回应,或者在某方面得到回应却也不能在相关各方之间得到有效的协调和处理。长此以往,社区中矛盾就会持续累积并逐步升级。要理顺和完善社区运行的关系,开创和维护和谐美好有品质的社区治理局面,一方面,必须强化社区党组织在社区的核心领导职能。在社区党组织与上级党委的社会建设委员会及上级政府的相关职能部门之间建立直接联系沟通的工作机制,落实上级党委政府对社区工作的指导、协调与责任要求;把党和政府对社区工作的政策要求与社区的工作实际有机结合,依据社区工作需要,调整和完善现有对社区工作的考核体系及考核办法,使后者真正成为社区党组织在社区中发挥核心领导作用的"发动机"。另一方面,在社区党组织的指导和督促下,依据社区事务由居民自治的原则,鼓励更多社会主体参与社区的民主协商,基于社会共识,在社区各主体之间构建起相关方合作的工作机制,做到"有事好商量,众人的事情由众人商量"。在这方面,应充分借鉴十余年来杭州实践"社会复合主体"的有益经验,把社区中各主体的外在关联,通过"社会复合主体"的架构和运作机制转化为内在关联。

最后,有效整合外部社会资源,引入相关社会组织参与社区治理,在提供社会化、专业化服务方面发挥积极作用。罗伯特·桑普森提出:"缺少社会资本是社会解体社区的基本特征之一。""长期以来,邻居层面的社会资本——社区的监督、社交、指导,以及组织——的下降,是中心城市危机的一个重要特征。"[1]"在一个继承了大量社会资本的共同体内,自愿的合作更容易出现,这些社会资

---

[1] [美]罗伯特·D.帕特南:《独自打保龄》,刘波等译,中国政法大学出版社2018年版,第329页。

本包括互惠的规范和公民参与的网络。这里所说的社会资本，是指社会组织的特征，诸如信任、规范以及网络，它们能够通过促进合作行为来提高社会的效率。"①帕特南的社会资本理论对新时代社区治理机制的构建依然具有重要意义。新时代的社会组织建设有了长足发展。不同类型、不同性质的社会组织在为社会提供社会化、专业化等服务方面发挥了重要作用。一方面，要积极开展与相关社会组织的合作，把能为社区提供社会化专业化服务的社会组织积极引入到社区的建设之中，尤其在教育、养老、文化等方面使之充分发挥专业机构及专业人才的作用；另一方面，相关社区党组织要注意引导社区避免出现"泛社会化"的倾向，即在社区中发生党组织的领导作用弱化，由社会组织取代其职能，以及完全向社会组织购买社区服务的问题。"社会资本能够缓解社会经济不利所产生的潜在影响。"②在当前经济下行的情况下，未来社区建设既利于改善民生、促进投资、拉动产业，更利于推动经济社会转型发展。

四、结　语

从"新时期"到"新时代"，城市社区治理的区别在党的建设要求、数字治理的理念、治理创新的动力、社会资本的参与等方面出现了一些积极的变化。新时代的社区治理体现在更多促进人的全面发展和社会的全面进步的举措上。因为新时代城市社区治理还在探索中，一个完善的、可复制可推广的社会治理机制尚未完全建立，对社会治理机制的探讨更多的还处于理论探索阶段，比如是否可以尝试从社区的人文价值、公民参与、智能化水平来衡量当前的社区治理水平。"针对社区人文价值缺失，如何树立'以人为本'价值坐标，重塑邻里关系，推进历史文脉传承和文化再生，强化人文氛围、规则意识等社区软实力，推进社区自治与居民参与式治理，创造有利于人才落户的新机制等，已成社区治理补短板的重中之重。"③当前，城市社区治理迫切需要探索新路径，其中未来社区是浙江省对社区治理机制探索的有益尝试。通过未来社区九大场景未来邻

---

① ［美］罗伯特·D.帕特南：《使民主运转起来——现代意大利的公民传统》，中国人民大学出版社2017年版，第197页。

② ［美］罗特·D.帕特南：《独自打保龄》，中国政法大学出版社2018年版，第337页。

③ 孟刚：《未来社区建设的时代背景和浙江追求》，《浙江经济》2019年第7期。

里、教育、健康、创业、建筑、交通、能源、物业和治理等纬度对新时代社区治理进行衡量亦具有实践意义。"建构在管理技术演进和高科技发展基础上的城市管理的'超前治理',更大意义上体现在城市管理理念的重构和城市管理流程的再造,而不仅仅是硬件平台建设。"①所以,社区治理不应该过度迷信新技术,而应基于当前社会主要矛盾的变化,以人为本为价值准则,针对社区治理存在的问题,构建一种新型社区治理模式。尽管这种机制还未完全建立,但是我们依然可以从"未来社区、老旧小区改造、未来社区建设与城中村改造、拆迁安置房建设、老旧小区综合改造提升、智慧安防小区建设"等各种社区建设探索中看出未来趋势。以未来社区为代表的社区治理新探索有望成为浙江打造中国特色社会主义"重要窗口"的一个社会支撑点,为全国的社区治理探索一条坚持"社区性"主导性,可借鉴、可复制、可推广的中国社区治理道路。浙江正在以未来社区建设为契机,推动数字技术赋能社区治理。在这次疫情防控中,大数据、人工智能、云计算等数字技术发挥了重要作用,通过未来社区建设造福民生,拉动内需,带动产业发展。在未来社区建设中进一步加强数字技术应用,结合"最多跑一次"改革,搭建跨部门"多元协同"社区治理基础数据库,通过阿里云等平台实现各条业务线专业数据信息流畅对接和交互相行。抓住疫情后新基建的有利时机,以疫情为未来社区数字化的导向,建立一个基于未来社区建设开放、标准、统一的数字化基础设施。加大未来社区的物联网、5G等先进技术装备力度,与阿里社区云等专业平台深度合作,建立完善便捷的社区数据系统和线上服务平台,减少因信息不对称或信息发布延时而造成的公共卫生风险。未来社区的探索对我国城市社区治理有积极的推动作用。基于新时代我国社会主要矛盾的变化——人民对美好生活的需要对城市社区治理提出更高的要求。

---

① 徐林:《花园城市的"管"与"治"——新加坡城市管理的理念与实践》,中国社会科学出版社 2019年版,第281页。

后　记

由浙江省马克思主义执政党建设研究中心（省院合作重点建设平台）、浙江省社科院 21 世纪马克思主义研究中心与浙江省教育厅宣教处、浙江省马克思主义学会、浙江省中国特色社会主义理论研究中心联合召开的每年一次的浙江省马克思主义理论研讨会，是全省哲学社会科学界学习、研究、宣传中国特色社会主义理论体系和党的路线、方针、政策的重要载体，是促进马克思主义、中国特色社会主义理论研究相关专家学者交流工作、沟通信息、加强联系、促进合作的重要平台。它对加强理论研究，推进马克思主义理论研究和建设工程，促进全省马克思主义理论研究部门的各项工作发挥了重要作用。

为了凝聚全省马克思主义理论研究队伍、持续开展浙江省马克思主义理论研究，更好地反映浙江省马克思主义理论研究状况和进展情况，为浙江省马克思主义理论研究和建设工程提供学术交流平台，浙江省马克思主义执政党建设研究中心推出《马克思主义理论研究（16）》。文集选取了第十六届浙江省马克思主义理论研讨会（绍兴会议）的优秀获奖论文等二十余篇，反映浙江省马克思主义理论研究的新成果。今后每年将在召开全省马克思主义理论研讨会的基础上，评出一批优秀成果，推出一期理论文集，及时反映浙江省马克思主义理论研究，特别是马克思主义中国化理论研究的进展情况，为浙江省马克思主义理论研究和建设工程做贡献，为浙江省改革开放和社会主义现代化建设提供理论支撑和智力支持。希望各位专家学者踊跃赐稿、批评指正。

本书由浙江省马克思主义执政党建设研究中心、浙江省社科院 21 世纪马克思主义研究中心具体负责编辑，浙江省马克思主义学会副会长、浙江工商大学马克思主义学院名誉院长陈华兴教授对本书的编辑给予了高度关注。唐晓燕、傅歆具体编辑书稿,黄宇、唐晓燕负责统稿,黄宇做最终审定。各篇文章作者文责自负。限于我们水平,书中难免有不当之处,敬请赐教惠正。

浙江省马克思主义执政党建设研究中心
浙江省社科院 21 世纪马克思主义研究中心
2023 年 3 月

图书在版编目(CIP)数据

马克思主义理论研究. 16，浙江省马克思主义理论研究文集 / 黄宇主编. — 杭州：浙江工商大学出版社，2023.11

ISBN 978-7-5178-5776-1

Ⅰ. ①马… Ⅱ. ①黄… Ⅲ. ①马克思主义理论－理论研究－文集 Ⅳ. ①A81

中国国家版本馆 CIP 数据核字(2023)第 202473 号

马克思主义理论研究(16)

MAKESI ZHUYI LILUN YANJIU(16)

浙江省马克思主义理论研究文集

主　编　黄　宇

副主编　唐晓燕

责任编辑	沈明珠
封面设计	胡　晨
责任校对	都青青
责任印制	包建辉
出版发行	浙江工商大学出版社
	（杭州市教工路 198 号　邮政编码 310012）
	（E-mail：zjgsupress@163.com）
	（网址：http://www.zjgsupress.com）
	电话：0571－88904980，88831806（传真）
排　　版	杭州朝曦图文设计有限公司
印　　刷	浙江全能工艺美术印刷有限公司
开　　本	710mm×1000mm　1/16
印　　张	20.5
字　　数	333 千
版 印 次	2023 年 11 月第 1 版　2023 年 11 月第 1 次印刷
书　　号	ISBN 978-7-5178-5776-1
定　　价	78.00 元